CW01549745

بسم الله الرحمن الرحيم

Le Grand Livre des prénoms arabes

Albin Michel, 2009

© **Éditions Dar Albouraq**

Face à l'Université d'al-Azhar-Beyrouth
B.P. : 13/5384
Beyrouth, Liban
Tél. / fax : 00 96 11 788 059
Site Web : www.albouraq.com
E-mail : albouraq@albouraq.com

Distribué par :

Comptoir de vente :
Librairie de l'Orient
18, rue des Fossés-Saint-Bernard
75005 Paris
Tél. : 01 40 51 85 33
Fax : 01 40 46 06 46
Face à l'Institut du Monde arabe

Site Web : www.orient-lib.com
E-mail : orient-lib@orient-lib.com

Albouraq Diffusion Distribution
Zone industrielle
25, rue François-de-Tessan
77330 Ozoir-la-Ferrière
Tél. : 01 60 34 37 50
Fax : 01 60 34 35 63

E-mail : distribution@albouraq.com

Tous droits de reproduction, d'adaptation ou de traduction, par quelque procédé que ce soit, réservés pour tous les pays à l'éditeur.

2009

Albin Michel
ISBN 978-2-22618-299-9
EAN 9782226182999

Albouraq
ISBN 978-2-84161-369-4
EAN 9782841613694

Illustration de la couverture
Cécile Eyen - http://www.cecileeyen.net

Le Grand Livre des prénoms arabes

Éric et Néfissa Geoffroy

ALBIN MICHEL / ALBOURAQ

À Elias et Inès

Avant-propos à la nouvelle édition

Le public apprécie depuis plus de quinze ans Le *Grand Livre des prénoms arabes*. A l'origine, ce livre a été suscité par l'impérieuse nécessité de donner aux parents, ainsi qu'aux organismes en relation avec la naissance et l'éducation, un ouvrage de référence. Son succès ne s'est jamais démenti ; les témoignages de reconnaissance nous parviennent de toutes parts pour nous dire qu'aujourd'hui de nombreux enfants portent un prénom que des parents attentifs ont choisi à travers les pages de nos précédentes éditions. Des consulats de pays du Maghreb ont même utilisé l'ouvrage comme référence pour reconnaître tel ou tel prénom.

Néanmoins, nous avons souhaité élargir notre sélection. Dans cette dernière version augmentée, nous nous sommes autorisé une plus grande collecte de prénoms (environ 5 700), espérant ainsi satisfaire un large lectorat, dans le respect de la pluralité des identités culturelles et religieuses. Pour autant, ce n'est pas un dictionnaire qui listerait tout ce qui existe en la matière, comme nous en voyons souvent sur le marché : vous n'y trouverez donc pas des noms d'idoles, de diables, des prénoms synonymes de laideur, de méchanceté, de difformité physique, des prénoms auxquels correspond un homophone disgracieux en français… C'est avant tout un guide qui propose un corpus compatible avec le désir de « bien prénommer ». Le soin accordé à la transcription et la francisation, à la traduction et au commentaire participe de cet effort.

Pour ouvrir ce livre au champ culturel occidental, des correspondances sémantiques ont été établies, lorsque c'était possible, entre prénoms arabes et prénoms occidentaux.

Introduction

Le nom arabe

Essence et apparence

Les grammairiens arabes s'accordent à reconnaître deux étymologies possibles au terme *ism*. Selon la première étymologie, ce mot a pour racine SMW, qui signifie « être haut », « s'élever », dont dérive le mot ciel. Ici, le nom est considéré sous son aspect principiel, « céleste ». Il désigne alors la réalité essentielle du nommé. Selon la seconde, *ism* a pour racine WSM, qui signifie « mettre une marque ou un signe sur quelque chose », « définir », « avoir un beau visage ». C'est l'aspect formel du nom qui est cette fois envisagé, et qui définit la réalité manifestée du nommé.

Ces deux étymologies du mot *ism* sont complémentaires et mettent en lumière la double dimension de l'être : la première relève de l'essence, la seconde de l'apparence.

Le Coran (2 : 30-33) relate que lorsque Dieu voulut charger Adam d'être son représentant (*khalîfa*) sur Terre, Il lui enseigna le nom de toutes ses créatures. Par cette transmission, Dieu démontra aux anges la suprématie de l'homme sur eux. Ainsi, la connaissance de la nature des êtres passe par celle de leur nom (*ism*).

L'identité arabe traditionnelle

La société arabe connaît un système d'identification traditionnelle qui remonte à la période préislamique et permet de distinguer précisément chaque individu. Fondé sur les liens du sang, il inscrit l'individu au sein d'un ordre social qui préserve ses origines et oriente son avenir. Le prénom, reçu en propre à la naissance, n'est que le premier élément d'un ensemble d'identifiants. A ce sujet, on raconte, l'anecdote d'un envoyé égyptien qui, déclinant son identité à un prince mongol, s'entendit répondre : « Vous autres, vous avez chacun au moins trois noms pour faire croire que vous êtes nombreux ! »

Ces éléments d'identification sont, par ordre d'importance, les suivants :

- Le prénom (*ism*) : c'est la seule dénomination de l'identité intime de l'individu : exemple : 'Alî, Fâṭima.
- Le nom de paternité, *kunya* : il est composé du mot Abû (*père*) ou Umm (*mère*), et du prénom du fils aîné ; exemple : Abû-l-Ḥasan (*père de Ḥasan*), Umm Salama (*mère de Salama*). Le prénom d'une fille peut être mentionné dans une *kunya* ; un rare exemple : Abû Lubâba.

La *kunya* (*nom de paternité*) du prophète Muhammad est donc Abû-l-Qâsim (*père de Qâsim*), du prénom de son premier fils qui mourut avant d'avoir atteint l'âge de deux ans. « Portez mon nom, mais ne portez pas ma *kunya* » a-t-il dit (Bukhârî). Selon les interprètes du hadith, cet interdit n'aurait été en vigueur que de son vivant : il fallait éviter qu'un de ses contemporains ne s'appelle comme lui – Muḥammad Abû-l-Qâsim –, source possible de confusion.

Le fait de porter une *kunya* est perçu par les Arabes comme un signe d'honorabilité ; nommer quelqu'un par cette appellation est un témoignage de respect ou d'affection. De plus, appeler une femme par sa *kunya*, plutôt que par son prénom, c'est, selon une conception traditionnelle, respecter sa personne intime tout en l'honorant en tant que mère. A telle enseigne que 'Aïcha, qui n'avait pas d'enfant, obtint de son époux la permission de se faire appeler Umm 'Abd-Allâh (*mère de 'Abd-Allâh*), par référence au fils de sa sœur : une *kunya* peut donc être portée sans se référer à la descendance. Parfois, la *kunya* est donnée à un nouveau-né et tient lieu de prénom : la troisième fille de Muhammad fut nommée Umm Kulthûm (*mère de Kulthûm*) lors de sa naissance.

La *kunya* peut aussi être un surnom. « Abû » ne signifie plus alors « *père* », mais « *celui qui possède telle caractéristique ou telle qualité* ». 'Alî reçut du Prophète le surnom d'Abû Turâb (*l'homme à la poussière*). Un jour, endormi le long du mur de la mosquée, 'Alî avait le dos poussiéreux, et le Prophète le lui frotta en lui disant affectueusement : « Lève-toi, ô Abû Turâb ! » Cette *kunya* resta le nom par lequel 'Alî aimait le plus se faire appeler.

- Le nom de filiation, *nasab* : il est composé du mot Ibn (*fils*) ou Bint (*fille*), et du prénom du père ; exemple : Ibn 'Abd al-'Azîz (*fils de 'Abd al-'Azîz*), Bint Muḥammad (*fille de Muḥammad*). Le prénom de la mère est plus rarement mentionné ; exemple : Ibn Umm Maktûm (*fils de Umm Maktûm*). Notons le cas du prophète 'Isâ (*Jésus*) mentionné de nombreuses fois dans le Coran sous le nom de 'Isâ Ibn Maryam (*Jésus, fils de Marie*). L'emploi de deux *nasab* successifs, par la mention du nom du père puis du grand-père, permet de déterminer plus sûrement une identité ; exemple : Ibn Idrîs Ibn al-'Abbâs (*fils d'Idrîs*, lui-même *fils de 'Abbâs*).

- Le nom d'origine, *nisba* : adjectif d'attribution, il se termine au masculin par *î* et au féminin par *iyya*. Il indique le lieu d'origine, de séjour (ville, région, pays), l'appartenance à une tribu, ou un rite juridique ; exemple : at-Tirmidhî (*originaire de la ville de Tirmidh*). Une même personne peut posséder plusieurs *nisba* ; exemple : al-Qushayrî al-Nisâbûrî al-Ḥanafî (*de la tribu de Qushayr, de la ville de Nishapour et de rite hanafite*).
- Le surnom, *laqab* : il peut être honorifique, et se rapporter à la religion ou au pouvoir ; exemple : 'Imâd ad-Dîn (*le pilier de la religion*), Sayf ad-Dawla (*le sabre de l'Etat*) ; il peut n'être qu'un sobriquet ; exemple : al-Jâḥiẓ (*qui a la cornée de l'œil saillante*).

A ces éléments peut s'ajouter éventuellement l'indication du métier exercé ; exemple : Farîd ad-Dîn 'Aṭṭâr (*Farîd ad-Dîn, le Parfumeur*).

A titre d'exemple, le nom complet du Prophète est Abû-l-Qâsim (*kunya*) Muḥammad (*ism*) Ibn 'Abd-Allâh Ibn 'Abd al-Muṭṭalib (double *nasab*) al-Hâshimî (*nisba*).

La mention de l'ensemble de ces informations à la suite du prénom constitue donc une véritable carte d'identité. L'histoire a retenu l'identification complète des auteurs classiques et nous la retrouvons à la tête de leurs ouvrages. Toutefois, c'est souvent par un seul de ces éléments que les grandes figures de la civilisation arabo-islamique sont finalement connues et mentionnées ; exemple : 'Aïcha (*ism*), Abû Ṭâlib et Umm Ayman (*kunya*), Ibn Mâjah et Ibn Sîrîn (*nasab*), al-Bukhârî (*nisba*), al-Mutawakkil (*laqab*).

La pertinence de ce mode d'identification montre l'intérêt qu'accordaient les Arabes à la généalogie. C'est à partir de cette science que la transmission s'établissait, tant d'un point de vue littéraire que religieux. Les musulmans l'ont utilisée de manière systématique pour l'authentification des traditions prophétiques et de la parole rapportée.

L'identité arabe aujourd'hui

Aujourd'hui, le nom de paternité (*kunya*) n'est guère utilisé, si ce n'est dans certains milieux très traditionnels en Orient, ou, parfois, en tant que surnom de guerre. Ces divers identifiants traditionnels sont souvent passés dans le registre des prénoms et se donnent comme tels actuellement.

Dans le monde arabe, deux manières de s'identifier officiellement se pratiquent : soit une suite de trois prénoms (comme en Egypte), à savoir celui de la personne, puis celui de son père, puis de son grand-père (double *nasab* sans le mot *ibn*) avec parfois, en supplément (comme en Jordanie), le nom de l'arrière-grand-père en quatrième position ; soit le prénom suivi d'un nom de famille héréditaire (au Maghreb). Ce dernier usage est un héritage du colonialisme : souvent fixé arbitrairement au départ, le nom de famille s'inspire de la tradition du surnom (*laqab*), il peut donc avoir un sens péjoratif, ou moqueur.

Le fait que la femme musulmane prenne le nom de famille de son époux est également emprunté au système occidental. En effet, le statut islamique lui permet de conserver son identité de naissance tout au long de sa vie, tant pour préserver ses origines que pour sauvegarder ses intérêts personnels.

C'est à ce même titre que l'adoption (*tabannî* : « *faire de quelqu'un son propre enfant* »), dans sa conception occidentale, n'est pas reconnue en islam puisqu'elle efface les origines de l'orphelin recueilli en lui attribuant une « nouvelle-fausse » identité, celle des parents adoptifs. En effet, le respect de la filiation participe de la notion d'intégrité de l'être. Au demeurant, l'orphelin jouit dans le droit islamique d'une protection toute particulière : il est recueilli mais garde son identité d'origine et ses droits à l'héritage.

La tradition du prénom en islam

Influence du nom sur le nommé

Le prophète Muhammad montra en maintes occasions l'importance qu'il accordait à la signification des noms, qu'il s'agisse de noms de personnes, de peuples ou de lieux (pays, villes, montagnes, vallées, etc.). Il leur reconnaissait d'exercer sur le nommé une influence subtile, positive ou négative selon leur sens. Ainsi, abordant un jour un passage entre deux montagnes, il s'enquit du nom de ces lieux. Leur appellation de mauvais augure lui déplut et il changea de route. Un autre hadith nous le montre demandant qui voudrait bien traire une brebis. Un homme se leva et se proposa.

- Quel est ton nom ? demanda le Prophète.
- Murra (*amertume*).
- Rassieds-toi.

Le Prophète renouvela sa demande et un autre homme se leva.

- Quel est ton nom ?
- Ḥarb (*guerre*).
- Rassieds-toi.

Le Prophète interrogea encore. Un troisième homme se proposa.

- Quel est ton nom ?
- Ya'îch (*qui vit*).
- Trais donc la brebis, autorisa enfin le Prophète.

Ibn al-Musayyib rapporte qu'un jour son grand-père se rendit auprès du Prophète :

- Quel est ton nom ? lui demanda celui-ci.
- Ḥazn (*sol dur et inégal, qui apporte difficulté et affliction*).
- Tu t'appelleras désormais Sahl (*plaine, qui procure aisance et facilité*).
- Je ne changerai pas le prénom que m'a donné mon père !

Et Ibn al-Musayyib de conclure : « Depuis, l'affliction (*ḥuzûna*, mot dérivé de *ḥazn*) n'a cessé de nous éprouver[1]. »

Commentant cette influence du nom, le cheikh Aḥmad al-'Alawî (m. en 1934) en donne une explication simple et frappante : « Chaque nom possède une influence qui s'attache à l'âme de celui qui le prononce [...] Si, par exemple, un homme répète plusieurs fois le mot " mort ", il ressentira en son âme une impression due à la mention de ce nom, surtout s'il persiste en celle-ci, et il n'est pas douteux que cette impression sera différente de celle que l'on éprouve en prononçant les mots " richesse ", " gloire " ou " pouvoir " [...] Tout homme normalement sensible sera conscient de l'influence que peut avoir sur son âme le nom qu'il prononce. Or, si nous admettons cela, nous sommes obligés de croire que le nom de Dieu a aussi une influence sur l'âme comme les autres noms, chacun laissant l'empreinte particulière qui lui correspond[2]. »

'Aïcha a dit : « Le Prophète changeait tout prénom laid » (Tirmidhî). Les Arabes de la Jâhiliyya (période préislamique) avaient en effet pour habitude de donner à leurs fils des prénoms belliqueux, propres à forger en eux une nature combative. A cette époque, l'esprit de clan était souverain et les rivalités tribales allaient bon train. Des prénoms tels que Kalb (*chien*), Ḥarb (*guerre*), Ṣakhr (*roc*), Murra (*amertume, malheur*) étaient très courants, ainsi que les noms de tribus (Quraych...). Par contre, les noms précieux inspirés de la nature étaient réservés aux esclaves : Rayḥân (*plante très parfumée*), Yâqût (*hyacinthe*), Lu'lu' (*perle fine*), etc. Les Arabes avaient d'ailleurs coutume de dire : « Nous nommons nos fils pour nos ennemis et nos jeunes esclaves pour nous-mêmes. »

La mise en œuvre de l'idéal islamique ne pouvait avoir lieu sans réformer certains traits de société. En changeant les prénoms laids, le prophète Muhammad réalisait le fondement de sa mission, tel qu'il l'énonçait lui-même : « Je n'ai été envoyé que pour parfaire les nobles mœurs » (Mâlik). Les exemples en la matière abondent, concernant aussi bien les personnes que les tribus ou les lieux. Ainsi, il remplaça le nom d'une des filles de 'Umar, 'Âṣiya (*désobéissante*), par celui de Jamîla (*belle*) ; un homme appelé Ḥarb (*guerre*) fut renommé Silm (*paix*) ; un autre, Muḍṭaji' (*alité*), vit son nom changé en Munba'ith (*ressuscité*) ; une tribu connue sous le nom de Sha'b aḍ-Ḍalâla (*la tribu de l'errance*) reçut celui de Sha'b al-Hudâ

1. Ces exemples sont tirés de l'ouvrage d'Ibn Qayyim al-Jawziyya : *Tuḥfat al-mawdûd bi-aḥkâm al-mawlûd.*

2. M. Lings, *Un saint musulman du vingtième siècle*, Paris, Editions Traditionnelles, 1973, p. 133.

(*la tribu de la guidance*) ; le toponyme de 'Ifra (*terre brûlée et peuplée de démons*) devint Khaḍra (*terre verte et fertile*), etc.

Les plus beaux prénoms

Les dires (*ḥadîth*) du prophète Muhammad au sujet des prénoms sont peu nombreux, mais très précis. En voici l'essentiel.

- **« Au Jour de la Résurrection, vous serez appelés par vos noms et les noms de vos pères : choisissez donc de beaux noms »** (Abû Dâwûd).

Dans cette parole, l'expression « vos noms » désigne le prénom (*ism*) et la *kunya* (père de), et l'expression « les noms de vos pères » désigne le *nasab* (fils d'Untel, lui-même fils d'Untel). L'importance de la *kunya* et du *nasab* est ici mise en évidence.

- **« Les plus beaux noms sont ceux qui contiennent les notions de louange et d'adoration. »**

Il s'agit de prénoms tels que Aḥmad (*le plus loué*), Muḥammad (*le lieu par excellence de la louange*), qui sont construits à partir du mot *ḥamd* (*louange*), et tels que 'Abd-Allâh (*serviteur de Dieu*) ou 'Abd al-Ḥaqq (*serviteur de la Vérité*), prénoms composés du mot *'abd* (*serviteur, adorateur*) et d'un des noms divins.

- **« Les noms les plus aimés de Dieu sont 'Abd-Allâh (*serviteur de Dieu*) et 'Abd ar-Raḥmân (*serviteur du Tout-Miséricordieux*) »** (Muslim).

C'est sous les attributs de la miséricorde que l'islam aborde Dieu. Ces noms, Allâh et Ar-Raḥmân, sont présents dans la formule par laquelle le musulman consacre les actes de sa vie : « Bismi-Llâh ar-Raḥmân ar-Raḥîm (*au nom de Dieu, le Tout-Miséricordieux, le Très-Miséricordieux*). »

- **« Portez les noms des prophètes »** (Abû Dâwûd).

L'islam considère le prophète Muhammad comme le sceau des prophètes, et la synthèse de toutes les modalités prophétiques antérieures. Pour un musulman, aimer Muhammad c'est, de ce fait, vénérer tous les prophètes qui le précédèrent (cf. Coran 3, 84-85). En matière de prénom, le Prophète a manifesté cette réalité en nommant le fils qu'il eut de Maria, son épouse copte, Ibrâhîm (Abraham). La plupart des noms des prophètes cités dans le Coran sont très répandus dans l'ensemble du monde islamique – Ilias (Elie), Youcef (Joseph)…

« Celui qui nomme son fils Muhammad (très loué), par amour pour moi et pour attirer ma bénédiction sur cet enfant, entrera au Paradis avec lui[3]. »

Ce hadith n'a pas été vain car le prénom du Prophète est devenu, depuis le VIIe siècle, l'un des prénoms masculins les plus attribués dans le monde,

3. Suyûṭî, *Al-ḥâwî lil-fatâwî*, Le Caire, t. II, p. 41-42.

si l'on recense ses nombreuses adaptations dans les langues d'accueil. On ne compte plus les personnages illustres qui ont porté et portent encore ce prénom : oulémas, sultans, généraux, poètes…

Usages islamiques

En arabe, les noms divins sont définis par l'article *al* (*le*) et désignent Dieu en tant que source unique de telle ou telle qualité. Ces noms lui sont donc exclusifs. Les musulmans s'en sont parés en tant que prénoms, mais en les faisant précéder du mot *'abd* (*serviteur*) ; exemple : al-Karîm (*le Généreux*), nom divin ; 'Abd al-Karîm (*le serviteur du Généreux*), prénom.

Ces attributs divins peuvent aussi se faire humains et se porter sans la notion de servitude (introduite par *'abd*), comme le prénom Karîm (*généreux*), adjectif indéterminé. Certains musulmans ne s'y autorisent pas, par respect ; d'autres y voient un témoignage de l'origine divine de l'homme. Dans le Coran, Dieu a rendu l'homme *samî'* (*entendant*) et *basîr* (*clairvoyant*), deux qualificatifs qui se réfèrent aux noms divins as-Samî' et al-Basîr. Des prénoms très courants comme 'Alî (*noble et élevé*) et 'Azîz (*cher, puissant*) sont les formes indéterminées – et donc relatives –, des noms divins al-'Alî (*le Sublime*) et al-'Azîz (*le Tout-Puissant*). Pour autant, les noms divins ayant trait à la majesté et à la seigneurie ne se prêtent pas aussi facilement à l'usage de prénoms.

Les musulmans observent donc des règles de convenance (*adab*) envers Dieu. On rapporte qu'un jour, un groupe d'hommes rendit visite au Prophète. L'un d'entre eux était surnommé Abû l-Hukm (*le détenteur du jugement*) : les siens avaient recours à lui pour juger leurs différends. Entendant ce nom, le Prophète s'exclama : « Dieu seul est le Juge (al-Hakam) et à Lui appartient le jugement (*hukm*) », puis il donna à cette personne une autre *kunya*, celle d'Abû Sharîh, du nom de son fils aîné (d'après Abû Dâwûd).

Certains juristes musulmans déconseillent, voire interdisent, le port des noms des anges : Jibrâîl (Gabriel), Mikâîl (Michel)..., d'autres n'y voient aucun inconvénient. Le prénom Ridwân, qui est le nom d'un ange gardien du paradis, se donne couramment ; dans ce cas, c'est plutôt en vertu de sa signification (*satisfaction, contentement*) qu'en référence à l'ange qui porte ce nom. Par ailleurs, ces prénoms sont très courants chez les chrétiens arabes.

Quelques prénoms encore, évoquant la bénédiction (*Baraka*), la réussite (*Aflah*), le gain (*Rabâh*)..., sont parfois déconseillés, de manière paradoxale. En fait, il s'agit d'éviter de dire, par exemple : « *Baraka* n'est pas ici », ce qui pourrait laisser entendre qu'il n'y a pas de *bénédiction* (*baraka*) en ce lieu. L'usage courant de ces prénoms prouve qu'une telle mesure de précaution n'est guère observée.

Il est rapporté que Zaynab Bint Jahsh, épouse de Muhammad, s'appelait à l'origine Barr (*pieuse, bienfaisante*) : comme elle tirait vanité de son prénom, le Prophète le changea pour celui de Zaynab (Bukhârî). Cet exemple, tiré du hadith, pose le statut du prénom élogieux : ce n'est pas une source de glorification personnelle, mais un idéal à atteindre.

Il est parfois surprenant de constater l'existence de prénoms péjoratifs, répertoriés de fait dans les dictionnaires de prénoms ; ceci est généralement imputable à des coutumes populaires censées protéger du mauvais œil : des parents éprouvés par la perte d'enfants en bas âge décident de donner à leur nouveau-né un prénom repoussant dans l'espoir d'éloigner l'ange de la mort, 'Azrâ'îl.

L'islam prône la beauté du prénom : à un homme qui le questionnait au sujet des droits de son enfant, le Prophète répondit : « Donne-lui un beau prénom, une bonne éducation et établis-le de façon convenable » (Ṭûsî).

Choisir un prénom arabe

Arabité et islamité

Depuis maintenant plus de quatorze siècles, une grande majorité de musulmans de par le monde choisit pour ses enfants un prénom arabe. Cet attachement à la langue arabe plonge ses racines dans la source même de l'islam : le Coran. Celui-ci, en effet, fut révélé au prophète Muhammad en langue arabe. « Certes le Coran est une révélation du Seigneur des mondes ! L'esprit fidèle est descendu avec lui sur ton cœur afin que tu sois au nombre de ceux qui avertissent. C'est une révélation *en langue arabe claire* » (Coran 26 : 192-195). Le musulman, même non arabe, sacralise sa vie quotidienne par l'accomplissement en arabe des cinq prières rituelles[4]. Cela explique le fait que l'arabe perdure dans le vécu quotidien des peuples musulmans non arabisés.

Le Prophète a dit : « J'aime les Arabes pour trois raisons : je suis arabe, le Coran est en arabe et la langue des gens du Paradis est l'arabe » (Ṭabarânî). Dans ce hadith, la langue arabe se trouve au cœur de trois éléments essentiels : la nature prophétique, le message coranique et la *fiṭra*, la nature originelle de l'homme. Cela explique l'importance accordée au concept de l'arabité en islam.

Mais choisir un prénom arabe, lors d'une naissance ou d'une conversion, ne relève pas pour autant d'une obligation légale islamique. Il est rapporté que le prophète Muhammad envoya une délégation au gouverneur copte d'Egypte afin de l'inviter à devenir musulman. Celui-ci déclina l'offre, mais lui fit parvenir de nombreux présents, dont deux esclaves coptes nommées Maria et Sîrîn. Ces deux femmes se convertirent à l'islam et la première devint la concubine du Prophète. Toutes deux gardèrent cependant leur prénom d'origine.

4. Chez les chrétiens du Proche-Orient, la messe est de même célébrée en arabe.

Sous le califat de ʿUmar Ibn al-Khattâb, l'expansion islamique franchit les frontières du monde arabe. En quelques décennies un vaste espace, allant de l'Espagne à la Chine, s'ouvrit à l'islam. L'arabisation s'étendit de façon inégale d'une contrée à l'autre, mais partout la langue arabe imprégna profondément les domaines religieux, culturel et politique, marquant définitivement l'identité des peuples concernés.

Une « islamisation » des prénoms s'opéra par adoption de prénoms évoquant les valeurs et les idéaux de l'islam : les noms des prophètes, ceux du prophète Muhammad, de sa famille et de ses compagnons, ainsi que les noms composés à partir des attributs divins. Les Turcs introduisirent les prénoms composés du mot *dîn* (*religion*), surnoms honorifiques à l'origine. Dans les régions où la population musulmane fut entièrement arabisée, les prénoms locaux s'estompèrent peu à peu au profit des prénoms arabes.

Ailleurs, dans le monde musulman non arabophone, très majoritaire, prénoms en langue arabe et prénoms locaux se sont côtoyés et se côtoient jusqu'à nos jours. On y choisit souvent deux prénoms : un arabe, et l'autre dans la langue locale. Les prénoms arabes y connaissent souvent une assimilation par la langue locale, en fonction de ses particularités phonétiques : Muhammad se prononce et s'écrit Mohamed au Maghreb, Mehmet en Turquie, Mamadou en Afrique noire, Magomed en Tchétchénie, Mamode à la Réunion…

La quête du sens

Depuis la révélation coranique, la langue arabe est restée essentiellement la même. Si un Arabe de l'époque de Muhammad et un lettré d'aujourd'hui pouvaient par extraordinaire se rencontrer, ils parviendraient à se parler sans interprète. Il n'est donc pas nécessaire de procéder à une recherche sur l'étymologie des prénoms arabes pour en comprendre le sens. Ce n'est pas le cas des prénoms usités en France dont les origines variées brouillent les pistes.

Les prénoms arabes ont donc l'avantage, pour la plupart, de laisser apparaître clairement leur sens : ce sont souvent des mots de la langue courante ; des adjectifs (Jamila : *belle*), des superlatifs (Achraf : *plus noble*), des intensifs (Abbas : *lion*), des diminutifs (Soukayna : *la petite paix*), des noms communs au singulier (Nour : *la lumière*), duel (Nourayn : *deux lumières*) ou pluriel (Anouar : *les lumières*), des participes actifs (Aqila : *intelligente*) ou passifs (Mansour : *victorieux*), des noms verbaux (Imane : *foi*), parfois des verbes (Yazid : *il accroît*), voire une simple lettre de l'alphabet arabe (Noun). Ils désignent des qualités physiques, morales, intellectuelles, spirituelle, des éléments de la nature, des animaux, des noms de lieux… Les prénoms plus rares nous viennent du répertoire raffiné de la langue classique, celui de la poésie où le lion et la gazelle arborent des dizaines d'acceptions ! Les Arabes eux-mêmes utilisent les guides de prénoms pour chercher la signification de noms anciens appartenant notamment aux répertoires de la faune et de la flore, des lieux, des tribus anciennes…

Choisir un prénom arabe en fonction de son sens est donc une démarche naturelle puisque celui-ci est le plus souvent transparent. Choisir Hamza (*lion*) plutôt que Nassim (*brise légère*), c'est marquer une personnalité. Donner un prénom qui a un « sens » indique naturellement une « direction », un idéal à atteindre. L'enfant qui s'appellera Karim (*noble et généreux*) saura que, dans son essence, il possède les qualités de noblesse et de générosité ; peut-être cherchera-t-il à se montrer digne de son nom, son entourage ne manquera pas de le lui rappeler.

Tel un moule qui façonne, le prénom se choisit parfois pour réparer un défaut, compenser une faiblesse : c'est appeler par exemple Ayyach (*débordant de vie*) un petit garçon chétif, Taskine (*apaisement*) un bébé nerveux, Nour (*lumière*) un nouveau-né qui verrait le jour dans la grisaille d'une banlieue... Le prénom pour autant ne peut pas tout : Ḥadda (*limite*) se donnait parfois à une fille que les parents espéraient être la dernière d'une descendance exclusivement féminine…

Les prénoms phares de l'islam sont bien sûr ceux du prophète Muhammad et de sa famille (Ali, Fatima, Aïcha…), des Compagnons et des grandes figures de l'islam (Aboubakr, Khalid…). Ce sont les prénoms dits « islamiques ». Dans ce cas, ce n'est pas tant leur signification qui est prise en compte dans l'attribution du prénom que les qualités spirituelles incarnées par les personnalités[5] en question. Ces noms illustres deviennent des valeurs exemplaires et les musulmans les brandissent telles des bannières. C'est l'équivalent du saint-patronage chrétien. Le prénom s'inscrit dans une relation subtile entre le prénommé et son illustre prédécesseur. Au Sénégal, par exemple, les musulmans portent le plus souvent deux prénoms : le premier islamique et le second puisé dans la langue africaine. Dans les moments de colère, seul le prénom africain est employé…

Tendances actuelles

Mohamed, la variante maghrébine simplifiée de Muhammad, reste le prénom arabe le plus fréquemment attribué aujourd'hui dans les familles musulmanes de France, en dépit de toutes les modes. Il connaît même actuellement un pic de popularité, peut-être en réaction à l'affaire des « caricatures de Mahomet »… Conformément à l'usage, il est encore donné au fils aîné d'une famille, parfois en premier terme d'un nom composé, le deuxième étant choisi parmi les nombreuses autres appellations qui qualifient le Prophète : Mohamed-Amin, Mohamed-Yassin ; moins solennels que celui de Mohamed, ces prénoms sont choisis comme substituts, et

5. Khadija, l'un des prénoms féminins les plus honorés en Islam – celui de la première femme du Prophète –, désigne ainsi « *un petit chameau mort-né, un prématuré* ».

portés en son honneur. Les plus prisés sont Amine (*digne de confiance*), Badr ou Bader (*pleine lune*), Chafiq (*compatissant*), Habib (*bien-aimé*), Kamil (*parfait*), Karim (*noble et généreux*), Moustafa (*élu pour sa pureté*), Nour (*lumière*), Mounir (*lumineux*), Hédi et Mehdi (*guide*), Taha et Yassin (titres de deux sourates coraniques)…

Les parents continuent à aimer pour leurs garçons les noms des prophètes d'origine hébraïque, qui sont autant coraniques que bibliques. Certains de ces prénoms ont toujours été en usage chez les musulmans : Ibrahim (Abraham), Ismaïl (Ismaël), Youcef (Joseph), Younès (Jonas)… D'autres l'étaient plus rarement : Adam, Nouh (Noé), Elias (Elie), Zakaria (Zacharie), Aïssa (Jésus)… Arborer les noms des prophètes met en évidence la reconnaissance qu'ont les musulmans des religions antérieures, élément d'ouverture indispensable pour évoluer dans nos sociétés mondialisées.

Concernant les filles, le prénom préféré reste celui de Maryam (avec les variantes Mariame, Meryem, Myriame, Maria…), nom de Marie dans le Coran, seule femme qui y soit nominalement citée. La prospérité du prénom Maryam en terre occidentale n'est pas non plus fortuite.

Afin de s'adapter au milieu français et aux tendances actuelles, des stratégies variées sont adoptées pour simplifier les prénoms : l'orthographe est allégée par l'abandon du redoublement des consonnes (Nordine pour Noureddine) ; les noms composés avec le mot *dîn* se décomposent, et seule la première partie est conservée (Sayf pour Sayfedine, Imad pour Imadedine, Isam pour Isamedine) ; les prénoms courts, faciles à prononcer et donc potentiellement assimilables sont privilégiés (Anas, Kamel, Selma, Rim, Amel, Sofiane, Sana, Bilal, Nadir, Lamia…) ; le corpus est renouvelé : les prénoms arabes étant des mots de la langue, il suffit d'en choisir d'autres (Wijdane, Salsabil, Nourane, Ambrine…) ; on joue la carte biculturelle en recherchant un prénom arabe auquel correspond un homonyme français ou occidental (Inès, Lina, Nadia, Sofia, Marina, Frida, Louisa, Sara, Janna, Adela, Camila, Mona, Rayan, Omer, Rémi…). Enfin, d'autres prénoms aux consonances familières se sont imposés tels Yanis, Mélissa, Linda, Suzanne, Sabrina, Sonia dont la fortune va croissant. D'ailleurs, certains parents ignorent que ce sont des prénoms étrangers à la langue arabe. Le recours aux prénoms non arabes n'est pourtant pas récent, ainsi de l'usage courant des prénoms persans inspirés des *Mille et Une Nuits*, ou tirés des registres de la flore et de la faune.

État d'âme et état civil

Au cours de ces dernières décennies, la carte d'identité française s'est enrichie de nouvelles sonorités. L'introduction des prénoms arabes par l'immigration maghrébine a joué de chance avec l'engouement des Français pour des prénoms aux allures étrangères ou originales : chaque jour, des petits Amine et Amina naissent dans nos maternités au même moment que des Kevin et Leslie ; sur les bancs de l'école républicaine, Leila et Léa sont assises côte à côte ; Djamel et Zinedine font vibrer les foules.

A l'instar des prénoms d'origine latine, grecque, celtique, scandinave, germanique qui, par vagues successives, marquèrent à jamais l'état civil des Français, les prénoms d'origine arabe sont désormais inscrits définitivement dans notre champ culturel occidental.

- **Quel prénom ?**

La question du choix d'un prénom peut se poser différemment selon qu'il s'agit d'un enfant né de parents arabes, d'un couple mixte, ou encore de parents musulmans non arabes.

Les Arabes musulmans choisissent en règle générale un prénom arabe, pour perpétuer la tradition et marquer leur appartenance linguistique, culturelle et religieuse. Les Arabes chrétiens du Proche-Orient choisissent leur prénom dans le même corpus que les musulmans, à l'exception des prénoms dits « islamiques ». Abdallah, par exemple, est partagé par les deux communautés. Par ailleurs, ils ont en propre des prénoms « chrétiens » traditionnels, ceux des apôtres tels que Boutros (forme grecque de Pierre) ou Matta (Mathieu), et des saints chrétiens tels que Gergi (Georges), Antoun (Antoine)... De nos jours, ils adoptent souvent les prénoms occidentaux du calendrier chrétien.

Les musulmans non arabes se tournent aussi vers la langue arabe. A leurs yeux, un prénom choisi en cette langue valorise plus que tout autre l'identité spirituelle de leur enfant. Ce faisant, ils expriment leur souhait d'inscrire leur enfant dans un devenir islamique, non seulement dans le cadre familial, mais aussi au sein de la société qui l'entoure.

D'autres cherchent des solutions intermédiaires en donnant par exemple deux prénoms, l'un arabe, l'autre occidental. Dans ce cas, le jeu des correspondances offre des solutions judicieuses : l'option sémantique permet de coupler Fawzi et Victor (*victorieux*), Nour et Lucie (*lumière*), Rahima et Clémence (*clément*), Nahla et Mélissa (*abeille*), Malik et Régis (*roi*) ; l'option phonétique associe Safia et Sophie, Nawal et Noëlle, Amel et Amélie, Farid et Alfred ; enfin, les prénoms bibliques ou évangéliques parlent d'eux-mêmes : Daoud et David, Youssouf et Joseph, Yahia et Jean, Maryam et Marie, Hawa et Eve.

Le conseil d'usage, lors du choix d'un prénom arabe, est de veiller à ce que celui-ci soit de sonorité agréable et en harmonie avec le nom de famille, facile à prononcer et à écrire pour des francophones, ne se prêtant pas à des jeux de mots.

- **Combien de prénoms ?**

Il est loisible aux parents de donner plus d'un prénom à leur enfant, voire de créer des prénoms composés, tel celui de la petite May-Lin née il y a peu. Traditionnellement, *kunya*, *nasab* et *laqab* jouaient le rôle de prénoms supplémentaires. En Occident, les deuxième et troisième, voire quatrième prénoms, ont aussi des fonctions particulières : ils rappellent, aujourd'hui encore, le nom des parents et des grands-parents, des parrains et des marraines.

Les rituels de la naissance

En islam, la conception et la naissance sont accompagnées de différents rituels :

- La première mesure de protection a lieu dès la conception de l'enfant. Le prophète Muhammad a dit : « Lorsque les deux époux s'unissent, que l'homme dise : " Bismi-Llâh (*au nom de Dieu*) ; ô mon Dieu ! Éloigne de moi Satan et éloigne-le de celui dont Tu vas nous gratifier [6]. " Ainsi, si l'enfant naît de ce rapport, Satan ne pourra lui nuire » (Bukhârî).
- Dès que l'enfant vient au monde[7], le père (le plus souvent), à l'exemple du Prophète, prononce l'*adhân* (*grand appel à la prière*), dans l'oreille droite du nouveau-né et l'*iqâma* (*petit appel à la prière*) dans l'oreille gauche, afin que ces paroles soient les premières qu'il entende ici-bas. Elles sont considérées comme un appel à la vie rituelle, moyen par lequel Dieu permet à Ses serviteurs de retourner vers Lui.
- Des demandes de protection et de bénédiction pour l'enfant sont alors adressées à Dieu ; par exemple : « Ô mon Dieu ! Enseigne-lui le Livre (c'est-à-dire le Coran) et la Sagesse (c'est-à-dire la *Sunna* : l'exemple prophétique) et instruis-le dans la religion ! »

اللّهمَّ علِّمْهُ الكِتابَ والحِكْمَةَ وفَقِّهْهُ في الدِّين

Allâhumma 'allim-hu l-kitâb wa l-ḥikma wa faqqih-hu fî d-dîn.

- Souvent le père (ou quelqu'un le remplaçant) procède au *taḥnîq* : il mastique un peu l'extrémité d'une datte, puis la passe contre le palais ou les gencives du nouveau-né en appelant la bénédiction divine sur

6. Cette formule est la suivante : بِسْمِ اللهِ أَللَّهُمَّ جَنِّبْنِي الشَّيْطَانَ وَجَنِّبْ الشَّيْطَانَ مَا رَزَقْتَنَا
Bismi-Llâh, Allâhumma jannib-nî ash-shayṭân wa jannib ash-shayṭân mâ razaqtanâ.

7. En Islam, les cheveux et les ongles coupés ne sont ni jetés, ni brûlés, mais enterrés. Il en va de même pour le placenta et le cordon ombilical : à l'image du mort que l'on enterre, tout élément qui se détache du corps au cours de la vie retourne à la terre.

lui. Le Prophète pratiquait le *taḥnîq* avec les enfants, mais également avec des Compagnons adultes.

- Selon différentes traditions prophétiques, le prénom peut être donné dans un laps de temps allant du premier au septième jour[8]. Les exigences actuelles de l'état civil imposent un délai maximum de trois jours pour déclarer une naissance. Cette obligation administrative cadre bien avec le hadith suivant où l'on voit le Prophète donner un prénom à son fils dès sa naissance : « Un garçon m'est né cette nuit, annonça Muhammad, et je l'ai nommé du nom de mon père [c'est-à-dire ancêtre] Ibrâhîm » (Bukhârî).
- L'islam recommande aux parents d'annoncer la naissance de leur enfant à la famille et aux amis. Dans le Coran, c'est la conception de plusieurs prophètes qui est annoncée par Dieu aux hommes ; ainsi celle de Yaḥyâ (Jean-Baptiste) à Zakariyyâ (Zacharie) : « Ô Zakariyyâ ! Nous t'annonçons l'heureuse nouvelle de la venue d'un garçon qui s'appellera Yaḥyâ. Nous n'avons attribué ce nom à personne d'autre avant lui (Coran 19 : 7). »
- La *'aqîqa*, qui consiste à faire le sacrifice d'un mouton (ou d'une brebis) pour une fille et de deux pour un garçon, a lieu le septième jour après la naissance, ou plus tard si cela n'a pas été possible. A cette occasion, l'animal sacrifié est offert en repas à l'entourage. Le Prophète a dit : « Pour tout enfant, une *'aqîqa* », et il a précisé que le malheur est ainsi éloigné de l'enfant (Bukhârî). Cet acte rituel est recommandé mais n'est toutefois pas d'obligation légale. Le sacrifice, fait ainsi au nom de l'enfant, a le statut de « rançon » (*fidya*) payée à Dieu afin qu'Il soit le Garant (*wakîl*) du nouveau-né et le protège contre tout mal.
- La circoncision (*khitân*) du petit garçon a lieu de préférence le septième jour après sa naissance, lors de la *'aqîqa* mentionnée ci-dessus. C'est en ce jour que Ḥasan et Ḥusayn, les petits-fils de Muhammad, ont été circoncis. Cet acte rituel est une tradition (*sunna*) qui remonte au prophète Ibrâhîm, envoyé par Dieu pour rétablir le culte monothéiste pur (*dîn ḥanîf*). La circoncision fait partie de ces actes purificateurs qui participent de la *fiṭra* (pureté originelle de l'homme). Elle est considérée obligatoire chez les malikites, les chafi'ites et les hanbalites, et très recommandée (*sunna mu'akkada*) chez les hanafites. La circoncision, effectuée ainsi en bas âge, est un acte bénin dont le petit garçon ne souffre pas.
- Au septième jour, il est également conseillé de couper les cheveux de l'enfant (garçon ou fille) et de donner en aumône (*ṣadaqa*) l'équivalent de leur poids en or ou en argent. Tout comme la circoncision, cette pratique est un acte purificateur.

8. L'enfant qui n'a vécu que quelques instants ainsi que l'enfant mort-né reçoivent un prénom, ce qui n'est pas le cas pour le fœtus incomplètement formé.

Notice explicative

Les listes de prénoms sont présentées comme suit :

- Les prénoms sont classés dans quatorze chapitres thématiques.
- A l'intérieur des chapitres, les prénoms sont classés par racines [9], signalées par une puce (•), dans l'ordre alphabétique arabe.
- Ils sont disposés en deux colonnes : **masculin** à gauche et **féminin** à droite.
- Le **surnom** apparaît en **caractères gras.** Les variantes orthographiques reproduisent certaines variantes phonétiques dialectales.
- Chaque prénom est suivi d'une notice comportant sa transcription technique, *sa traduction en italique*, et un éventuel commentaire. La transcription technique (voir système de transcription) permet au lecteur francophone de connaître la prononciation correcte du prénom en arabe.
- S'il y a lieu, une correspondance est établie avec un prénom dit « occidental », masculin ou féminin, porteur d'un sens similaire.
- Trois index alphabétiques accompagnent l'ensemble : en écriture arabe, en écriture latine et les correspondances.

La civilisation arabo-musulmane constitue la toile de fond de l'ouvrage et se découvre à travers les noms divins et leurs nombreuses déclinaisons, ceux des prophètes, de Muhammad, de ses Compagnons et de tous ces personnages emblématiques qui marquèrent à jamais les arts, les sciences et la spiritualité. La langue arabe en est le fil conducteur : le regroupement par thèmes et le classement par racines permettent au lecteur d'explorer le champ sémantique de son choix et de découvrir le principe de dérivation, fondamental en arabe. Dans le but de garder une fiabilité linguistique, les prénoms fantaisistes au sens non répertorié et à la catégorie grammaticale non identifiée, ainsi que les variantes dialectales trop éloignées de l'arabe littéral, ont été, en général, écartés.

N.B. : Les dates indiquées sont celles de l'ère chrétienne.

Système de francisation

La francisation des prénoms, qui opère une inévitable réduction du champ phonétique de la langue arabe, s'effectue comme suit :

- Disparition du ع qui n'a pas de correspondance dans les langues occidentales.

9. En arabe tout mot découle d'une racine composée généralement de trois lettres : exemple : Hamid, Ahmed, Mohammed et Mahmoud proviennent de la racine ḤMD qui a pour thème la *louange*.

- Disparition des consonnes emphatiques : ظ - ط - ض - ص.
- Assimilation des lettres ح et ه , toutes deux rendues par la seule lettre *h*.
- La lettre interdentale ث est écrite *th*, mais aussi *t* (prononciation marocaine) et *s* (prononciation orientale).
- La lettre interdentale ذ est écrite *dh*, mais aussi *d* (prononciation marocaine) et *z* (prononciation orientale).
- Le خ est écrit *kh* et le غ *gh* mais, pour cette dernière lettre, nous proposons également le *r*.
- La lettre و accompagnée de la voyelle *a* est écrite *wa* ou *oua*.
- La lettre ق est écrite *k* ; nous proposons aussi une graphie avec *q*, bien qu'en français le *q* ne s'écrive pas sans un *u* à la suite.
- Pour alléger la graphie française, le redoublement des consonnes n'est pas systématiquement transposé.
- Signalons enfin au lecteur, algérien notamment, que le ج est transcrit *j*, et non *dj*. Les prénoms commençant par un ج sont donc répertoriés à la lettre *j* (exemple : Jamila, et non pas Djamila).

Système de transcription

ء - ’	ز - **z**	ف - **f**
ب - **b**	س - **s**	ق - **q**
ت - **t**	ش - **sh**	ك - **k**
ث - **th**	ص - **ṣ**	ل - **l**
ج - **j**	ض - **ḍ**	م - **m**
ح - **ḥ**	ط - **ṭ**	ن - **n**
خ - **kh**	ظ - **ẓ**	ه - **h**
د - **d**	ع - ‘	و - **w**
ذ - **dh**	غ - **gh**	ي - **y**
ر - **r**		

Voyelles brèves : a - i - u / voyelles longues : â - î - û

LES PRÉNOMS ARABES

1 - LES PROPHÈTES
2 - LA VIE RELIGIEUSE
3 - LES SECRETS DE L'ÂME
4 - LA SAGESSE
5 - L'EXCELLENCE
6 - LES QUALITÉS DE CŒUR
7 - LA PUISSANCE
8 - LE BONHEUR
9 - LA BEAUTÉ
10 - LA LUMIÈRE
11 - L'EAU
12 - LA TERRE
13 - LE BESTIAIRE
14 - LES DEUX MONDES

1.
Les prophètes

A. D'Adam à Jésus
B. Muhammad
C. Famille de Muhammad

« Les prophètes sont les enfants d'une même famille :
différentes sont leurs mères,
mais unique est leur religion »

(parole du prophète Muhammad)

A. D'ADAM À JÉSUS

Les noms des prophètes que l'on trouve ici sont cités dans le Coran, à l'exception de Seth et de Daniel. Leur nom coranique est suivi de leur nom biblique. Ces noms sont classés selon l'ordre chronologique. Ils sont accompagnés parfois des noms de mères, d'épouses ou de filles.

MASCULIN **FÉMININ**

Adam, Adame آدَم

Âdam : Adam, premier homme et premier prophète. De l'hébreu : *roux, rouge comme le sang (dam), formé de terre rouge, brun* ; surnommé **Abû al-Bachar** : *le Père des humains.*

Hawa, Haoua حَوَاء

Ḥawâ' : Eve, épouse d'Adam. De l'hébreu : *vie, source de vie.* [Correspondance : Vivian, Vivien / Viviane, Eve, Eva, Evelyne]

Chithe شِيث

Shîth : Seth, de l'hébreu : *don*. Fils d'Adam, il fut le « don » fait par Dieu à son père pour compenser le meurtre d'Abel, tué par son frère, Caïn.

Idris إِدْرِيس

Idrîs : Enoch, signifie en hébreu *docte, savant*. La tradition islamique lui attribue l'usage initial du calame (*plume de roseau*) et l'origine de la couture. Il est un des quatre prophètes élevés aux cieux (Coran 19 : 57) d'où le surnom de **Rafî' Allah** (*élevé par Dieu*).

Nouh نُوح

Nûḥ : Noé, de l'hébreu : *repos, consolation*. Afin d'échapper au déluge, il construisit une arche, sur les ordres de Dieu. La 71e sourate du Coran porte son nom. Surnommé **Najî Allah** (*sauvé par Dieu*). [Correspondance : Noé, Noah]

Houd هُود

Hûd : prophète arabe du peuple de 'Âd. La 11e sourate du Coran porte son nom. Parfois identifié au patriarche biblique Eber. Signifie : *qui se repentent et se tournent vers Dieu* (pluriel de hâ'id).

MASCULIN **FÉMININ**

Salih صَالِح

Sâliḥ : prophète arabe du peuple de Thamûd. Parfois identifié à Shélah fils de Juda, mentionné dans la Genèse. Signifie : *intègre, probe, vertueux.*

Ibrahim إِبْراهِيم

Ibrâhîm : Abraham, de l'hébreu : *Père de la multitude*. La sourate 14 du Coran porte son nom. Ce prophète, qui fut chargé de rétablir le culte monothéiste pur (*ad-dîn al-ḥanîf*), est particulièrement honoré en islam. La variante dialectale de ce prénom est **Brahim**. [Correspondance : Abraham]

Khalilallah خَلِيل الله

Khalîl-Allâh : *l'ami de Dieu, le confident de Dieu*. Qualificatif donné à Abraham dans le Coran (4 : 125).

Sara سَارَة

Sâra : Sarah, première épouse d'Abraham et mère d'Isaac. De l'hébreu : *souveraine, princesse*. [Correspondance : Sarah]

Ishak, Ishaq إِسْحَاق

Isḥâq : Isaac, prophète, fils d'Abraham et de Sarah. Signifie en hébreu : *que Dieu rie, sourie, soit favorable.* Ce nom lui vient des rires qui accueillirent l'annonce de sa future naissance, car sa mère était trop vieille pour enfanter. [Correspondance : Isaac]

Rafqa, Rafka رَفْقَة

Rafqa : Rebecca, épouse d'Isaac et mère de Jacob. Signifierait en hébreu : *rassasiée* ou *liée* ; en arabe, mot dérivé de *rifq : bienveillance, douceur de l'amitié.* [Correspondance : Rebecca, Rivka]

Hajar, Hajer هَاجَر

Hâjar : *émigrante, étrangère.* Hagar ou Agar, d'origine égyptienne, seconde épouse d'Abraham et mère d'Ismaël : les rites du pèlerinage à La Mecque suivent ses traces lorsqu'elle fut chassée par Sarah, la première épouse, jalouse de sa maternité. Elle est surnommée **Umm al-'Arab** (*la Mère des Arabes*).

MASCULIN **FÉMININ**

Ismaïl, Ismaël إسْمَاعيل

Ismâ'îl : Ismaël, fils d'Abraham et de Hagar. De l'hébreu Ishmaël : *Dieu entendra*. Il fut en effet exaucé à diverses reprises, notamment lorsque, enfant, il fut abandonné dans le désert avec sa mère : Dieu, entendant ses cris, fit jaillir la source de Zemzem pour étancher sa soif. Ismâ'îl est aussi appelé **Abû al-'Arab** (*le Père des Arabes*). Smaïn, variante maghrébine. [Correspondance : Ismaël / Ismaïla]

Lout لُوط

Lûṭ : *qui se grave dans les cœurs*. Loth, neveu d'Abraham, et prophète de Sodome et Gomorrhe. Du fait des mœurs dépravées du peuple de Loth, la dérivation en langue arabe du nom Lout a pris un sens sexuel négatif : le prénom est donc fortement connoté.

Yakoub, Yaqoub, Yacoub يَعْقُوب

Ya'qûb : Jacob, fils d'Isaac et de Rebecca, frère jumeau d'Esaü. Ya'qûb naît le second en tenant son frère par le *talon* (*'aqib*). Il vient donc immédiatement après (*'aqaba*) Esaü à qui il achètera plus tard son droit d'aînesse contre un plat de lentilles. Il reçoit le nom d'Israël (*celui qui a lutté avec Dieu*) après un combat singulier. Il laissera une longue *postérité* (*'aqib*), et ses fils – ou leurs descendants – sont les ancêtres éponymes des douze tribus d'Israël. [Correspondance : Jacob, Jacques, Jack, James / Jacqueline, Jackie]

Rahil رَاحِيل

Râḥîl : Rachel, épouse de Jacob. Labân, le père de Rachel, imposa à Jacob quatorze années de travaux pour obtenir la main de Rachel, ainsi qu'un mariage préalable avec la sœur de celle-ci, Léa (de l'hébreu : *fatiguée* – à force de pleurer sur son sort, car elle était promise à Esaü qu'elle n'aimait pas) ; mère de Joseph et de Benjamin. Signifie en hébreu *brebis* (en arabe, ce mot s'apparente au thème du *voyage*). [Correspondance : Rachel, Raquel]

Dina دينَا

Dîna : fille du prophète Jacob et de Léa ; de l'hébreu : *la justice*. En arabe, ce prénom est adopté car il a le sens de *pluie continue* et d'*obéissance* ; il est aussi assimilé à la variante féminine du prénom masculin Dîn : *religion* ; *croyance* ; *rétribution*.

MASCULIN | **FÉMININ**

Youssouf, Youcef يُوسُف

Yûsuf : Joseph, fils du prophète Jacob et de Rachel, gratifiée d'un fils après une longue stérilité. Signifie en hébreu : *que Dieu ajoute* [d'autres enfants à celui qui vient de naître] ! Rachel eut en effet un deuxième fils, **Ben Yamîn**, (*le fils de la droite*). La 12e sourate du Coran, qui a pour titre Yûsuf, raconte l'histoire de Joseph : ses frères, jaloux de l'amour que lui portait leur père, le jetèrent dans un puits ; vendu comme un excale, il devint par la suite vice-roi d'Egypte grâce à sa sagacité et son don d'interpréter les rêves. [Correspondance : Joseph, José / Josépha, Joséphine, Josiane, Josée]

Zoulaykha, Zolaïkha زُلَيْخَة

Zulaykha : femme d'al-'Azîz (Putiphar), gouverneur d'Egypte. Elle tomba éperdument amoureuse de Joseph qui était très beau (Coran, sourate 12).

Ayyoub, Ayoub أَيُّوب

Ayyûb : Job, prophète qui endura de lourdes épreuves durant sa vie, mais sa foi fut toujours plus forte : il est un symbole de patience. Signifie : *qui se repent et revient vers Dieu.* [Correspondance : Job]

Rahma رَحْمَة

Raḥma : *miséricorde, clémence*. Epouse de Job, elle assista son mari durant ses épreuves et le soigna.

Chouayb شُعَيْب

Shu'ayb : Jethro, beau-père du prophète Moïse, prophète arabe de la ville de Madyan. Shu'ayb est le diminutif de sha'b (*tribu, peuple*) ; il laissa en effet une nombreuse progéniture.

Madyan, Madiane مَدْيَن

Madyan : nom de la ville et du peuple du prophète Jethro, beau-père de Moïse. Jethro est appelé **Abû Madyan** : *le Père des gens de Madyan*.

MASCULIN **FÉMININ**

Moussa مُوسَى

Mûsâ : Moïse, de l'hébreu Moshé : *tiré, sauvé des eaux*. Pour échapper à la répression du Pharaon, Moïse, nouveau-né, fut placé dans une corbeille et confié aux flots du Nil par sa mère. Il fut *sauvé* des eaux par Âsiya, femme de Pharaon (Coran 3 : 53). [Correspondance : Moshé, Moïse]

Kalimoullah كَلِيم أَلله

Kalîm Allah : *interlocuteur de Dieu.* Nom donné à Moïse, qui parla directement à Dieu sur le mont Sinaï. Prophète et messager de Dieu, il reçut la Thora (*loi* en hébreu), c'est-à-dire les cinq premiers livres de la Bible, appelés aussi les *Livres de Moïse*.

Safoura صَفُورَا

Ṣafûrâ : Séphora, de l'hébreu Tsiporah : *oiselle*. Fille du prophète Jethro et épouse du prophète Moïse : celui-ci ne put l'épouser qu'après huit années de labeur au service de son père. [Correspondance : Séphora]

Haroun هَارُون

Hârûn : Aaron, de l'hébreu : *qui veut un chant d'allégresse* ; prophète ayant eu pour fonction d'être le porte-parole de son frère cadet, le prophète Moïse. Celui-ci avait en effet un défaut d'élocution car, enfant, il porta une braise à sa bouche pour déjouer la ruse de Pharaon qui cherchait à évaluer sa clairvoyance. Les noms de Mûsâ et de Harûn sont presque toujours associés dans le Coran.

Zoulkifl ذُو الكِفْل

Dhû-l-kifl : Ezéchiel, de l'hébreu *Yeh'aseq, Dieu me renforcera* ; signifie en arabe : *celui qui a reçu double rétribution*. Prophète durant la captivité des juifs à Babylone, il lutta contre l'idolâtrie. Mentionné deux fois dans le Coran. Certains savants musulmans l'identifient au Bouddha, qui reçut l'illumination sous le figuier (*at-tîn*). [Correspondance : Ezéchiel]

MASCULIN **FÉMININ**

Danial, Daniel دَانِيَال

Dânyâl : Daniel, prophète au temps de la captivité des juifs à Babylone, il fut jeté dans la fosse aux lions qui l'épargnèrent ; de l'hébreu : *jugement de Dieu* ou *Dieu est mon juge.* [Correspondance : Daniel, Dan, Dani, Danaël / Danièle, Danielle, Daniela, Danaé]

Daoud دَاوُد، دَاوُود

Dâwud / Dâwûd : David, prophète et roi, sa capitale est Jérusalem ; père de Sulaymân. Son combat victorieux contre le géant Goliath est évoqué dans le Coran. De l'hébreu : *aimé, chéri*. [Correspondance : David, Dave / Davina]

Soulayman سُلَيْمان

Sulaymân : Salomon, prophète et roi, constructeur du Temple de Jérusalem. De l'hébreu Shlomo (*pacifique*), c'est le diminutif en arabe de Salmân (*qui jouit d'une parfaite sécurité, qui est en paix* ; *qui a un cœur très pur*). Se prononce **Slimane** au Maghreb et **Soliman** en Turquie. [Correspondance : Salomon, Salaün / Salomé]

Balqis, Bilqis بَلْقِيس، بِلْقِيس

Balqîs / Bilqîs : reine du royaume de Saba (Yémen). Elle épousa Sulaymân. Leur rencontre est relatée dans la 27e sourate du Coran.

Ilyas, Ilias, Élias, Ilies إِلْيَاس

Ilyâs : Élie, prophète de Baalbek (ville du Liban actuel), de l'hébreu Eliyah : *Yah est mon Dieu*. Selon la tradition musulmane, ce prophète a été élevé vivant au ciel. Au Moyen-Orient, ce prénom est principalement porté par les chrétiens, alors qu'au Maghreb il est couramment utilisé par les musulmans. Les variantes **Lies, Liess** correspondent à la prononciation maghrébine. [Correspondance : Elie, Elian, Ilian, Théo / Elia, Eliane, Eline, Ilia, Iliana, Théa]

MASCULIN **FÉMININ**

Elyacin إِلْ يَاسِين

Il-Yâsîn : ce prénom est considéré soit comme une variante du prénom Ilyâs (cf. Coran 37 : 130), soit comme un pluriel, avec le sens de *ceux qui appartiennent à Ilyâs*, c'est-à-dire ceux qui suivent la sagesse d'Elie. On admet aussi la lecture Âl Yâsîn (*famille de Yâsîn*), qui revêt plusieurs sens ésotériques.

Eliassa أَلْيَسَع

Al-Yasa' : Elisée, prophète et compagnon d'Elie. De l'hébreu Elisha' : *Dieu est mon Sauveur*. En arabe, le mot est apparenté à la notion de largesse (*yasa'*). [Correspondance : Elisée]

Younous, Younès يُونُس

Yûnus : Jonas, prophète de Ninive ; vient du mot hébreu *yôna(h)* : *colombe* ; Yûnus est de la même racine arabe que *uns* : *intimité* (entre Dieu et l'homme). La 10e sourate du Coran porte son nom. Le prophète Muhammad l'estimait beaucoup, et disait : « Ne me préférez pas à Yûnus Ibn Matta. » [Correspondance : Jonas, Jonah]

Zounnoun ذُو النُّون

Dhû-n-Nûn : *l'homme au grand poisson*. Qualificatif coranique de Jonas : en colère contre les gens de Ninive qui refusaient de le croire, il embarqua sur un bateau ; jeté à la mer par ses compagnons de voyage pour calmer une tempête, il fut avalé par une baleine et y survécut quarante jours. Dhû-n-nûn al-Miṣrî : savant et saint égyptien du IXe siècle.

Noun, Noune نُون

• Nûn : *baleine* ; *grand poisson* ; *vingt-cinquième lettre de l'alphabet* ; Nûn (ن), lettre isolée par laquelle commence la sourate *Le Calame* (Coran 68).

Zakariya زَكَرِيَّا

Zakariyyâ : Zacharie, père de Yaḥyâ (Jean) et prophète. De l'hébreu : *Dieu se souvient*. Zacharie avait la charge de s'occuper de Marie. Dans le Coran, Dieu lui annonce la naissance miraculeuse de Yaḥyâ (19 : 7-8). [Correspondance : Zacharie]

MASCULIN | **FÉMININ**

Yahya يَحْيَى

Yaḥya : signifie en arabe *qu'il vive !* Ce nom coranique désigne Jean (de l'hébreu Yohânan : *Dieu a fait grâce*). En islam, Jean est considéré comme un prophète ; dans le Coran, Dieu annonce sa prochaine venue à son père Zacharie : « Son nom sera Yahya, Nous ne lui avons pas donné auparavant d'homonyme (19-7). » Cousin de Jésus, il est surnommé Baptiste par les chrétiens pour le différencier de Jean l'Evangéliste, un des douze apôtres de Jésus : il baptisa Jésus dans les eaux du Jourdain. [Correspondance : Jean, Yan, Yann, Yannick, John, Joan, Johan, Giovanni, Hans, Hansi, Evan, Ivan / Jeanne, Jane, Jenny, Joana, Johanna, Ivana]

Aïssa, Issa عِيسَى

'Îsâ : Jésus ; forme arabe du nom hébreu Yehoshua signifiant *Dieu est généreux*, ou *Dieu sauve*. En islam, Jésus a le statut de prophète et d'envoyé divin (*rasûl*) ; il est la « Parole de Dieu », un « Esprit émanant de Lui » (Coran 4 : 171), et son retour sur terre avant la fin du monde pour anéantir l'Antéchrist (*Dajjâl*) et rétablir paix et justice est annoncé. **Al-Masîḥ** est également une appellation coranique de Jésus et signifie *l'oint* (du verbe *masaḥa* : *oindre, passer la main*), c'est-à-dire *celui qui est consacré par l'onction rituelle, Messie* (hébreu) ou *Christ* (grec). En Afrique, une variante féminine du prénom Aïssa est courante : **Aïssatou, Aïssata.** [Correspondance : Jésus, Joshua, Josué]

Maryam, Mariam مَرْيَم
Meryem, Meriem

• Maryam : Marie, mère de Jésus. Signifie en syriaque : *élevée*. Seule femme nominalement mentionnée dans le Coran ; la 19e sourate porte son nom, et raconte la conception de Jésus et sa naissance au pied d'un palmier. Dans le Coran, Jésus est souvent désigné comme **'Îsâ Ibn Maryam** : 'Issa, fils de Maryam. Maryam est aussi le prénom de la sœur d'Aaron (*Ukht* Hârûn) et de Moïse. [Correspondance : Marie, Mary, Myriam, Marion, Marisa, Maryse, Manon]

Batoul, Bétoul بَتُول

• Batûl : *détachée du monde, consacrée à Dieu, vierge* (du verbe *batala* : *séparer, détacher*). Al-Batûl : la Vierge Marie ; cette appellation désigne aussi Fatima (*qui se tient à l'écart du péché*). Toutes deux sont considérées comme « femmes parfaites » par la tradition musulmane.

B. MUHAMMAD

Muhammad[10] est né vers 570 à La Mecque, en Arabie. A partir de l'année 610, il reçoit la révélation coranique ; il délivre alors à son entourage le message de l'islam, qui s'inscrit dans la continuité des traditions monothéistes précédentes. En 622, menacé par les siens dont il combat les traditions polythéistes, il trouve refuge à Médine. Il y fonde la première communauté musulmane à partir de laquelle rayonnera la nouvelle religion. Il y meurt en 632.

Muhammad est considéré en islam comme étant le « sceau des prophètes » (*khâtim al-'anbiyâ'*), c'est-à-dire le dernier prophète (*nabî*) envoyé par Dieu à l'humanité. Il est en outre un « envoyé de Dieu » (*rasûl Allâh*) chargé d'apporter une nouvelle Loi divine, comme le furent avant lui Abraham, Moïse et Jésus. Simple berger, puis caravanier, Muhammad fut choisi pour sa pureté : il est « le prophète illettré » (*al-nabî al-ummî*), auquel fut révélé le Coran, livre inimitable. L'islam voit en cela le miracle par excellence de Muhammad.

Les nombreux noms par lesquels le Prophète est mentionné ou loué ont des origines diverses.

- Le nom que lui donna, à sa naissance, son grand-père 'Abd al-Muṭṭalib : « Je l'ai nommé Muḥammad car j'ai voulu qu'il soit loué au ciel, par Dieu, et sur terre, par les créatures de Dieu » (Ibn Hishâm).
- Les *kunya* (noms de paternité) : Abû-l-Qâsim (*père de Qâsim*), Abû az-Zahrâ' (*père de Zahrâ'*)...
- Les noms par lesquels, dans le Hadith (tradition prophétique), le Prophète se définit : « J'ai cinq noms : Je suis Muḥammad ; je suis Aḥmad ; je suis al-Mâḥî, par lequel Dieu efface l'incroyance ; je suis al-Ḥâshir, qui rassemble les gens derrière lui ; je suis al-'Âqib, celui après lequel il n'y aura plus de prophète » (Bukhârî).
- Les surnoms (*laqab*) que lui donnèrent ses compagnons : Badr (*pleine lune*)... et ceux par lesquels la tradition islamique le loue et le vénère. Dans son recueil d'oraisons *Dalâ'il al-Khayrât* (« Le Guide des bienfaits »), l'imam al-Jâzulî cite, sous forme de litanie, quelque deux cents noms attribués au Prophète. Beaucoup de ceux-ci ont trait à sa mission prophétique : Khâṭib al-Umam (*le prédicateur des communautés*), Shafî' (*intercesseur*)...

Dans la liste suivante, n'ont été retenus que les prénoms pouvant être portés. Quand elle existe, la forme féminine de ces prénoms est répertoriée dans les listes thématiques.

10. L'appellation « Mahomet », souvent utilisée en français pour désigner le prophète de l'islam, n'est pas toujours appréciée par les musulmans qui y voient une déformation malveillante : il n'est jamais donné comme prénom sous cette graphie.

MASCULIN **FÉMININ**

Iklil إِكْلِيل

• Iklîl : *diadème.*

Mouammil, Moamil مُؤَمِّل

• Mu'ammil : *qui espère et médite.*

Imam, Imame إِمَام

• Imâm : *qui est devant, qui dirige la prière, chef spirituel.* Le Prophète est appelé **Imâm al-Muttaqîn** : *l'imâm des gens pieux.*

Amin, Amine أَمِين

• Amîn : *fidèle, sûr, fiable.* Avant la Révélation, les Mecquois avaient choisi Muhammad pour arbitrer entre eux en raison de son honnêteté et de son jugement sûr. Ils le surnommèrent **al-Amîn**, qui a donné le prénom maghrébin **Lamine**.

Mamoun, Mamoune مَأْمُون

Ma'mûn : *sûr, de confiance.*

Badr بَدْر

• Badr : *pleine lune* (nom au genre masculin en arabe). Lorsque le Prophète émigra de La Mecque (Hégire), les Médinois le surnommèrent ainsi dans leur chant de bienvenue en leur ville : Ṭala'a al-Badru 'alaynâ (« La Pleine Lune s'est levée sur de nous »), poème chanté encore de nos jours dans tout le monde musulman à l'occasion des fêtes du Mawlid (naissance du Prophète).

Barr بَرّ

• Bârr : *charitable.* Al-Barr : *le Charitable,* nom divin.

Mabar مَبَرّ

Mabarr : *bienfaisance.*

MASCULIN **FÉMININIEN**

Bourak, Bouraq بُراق

• Burâq : *blancheur éclatante* ; *éclair.* Dans la tradition islamique, nom du cheval ailé qui servit de monture au Prophète lors de son ascension céleste. Le Prophète est appelé **Ṣâḥib al-Burâq** : *l'homme qui a chevauché al-Burâq*.

Bourhan, Bourhane بُرْهان
Borhane

• Burhân : preuve, argument probant. Le Prophète est appelé **Ṣâḥib al-burhân** : *le détenteur de l'argument probant.*

Bachir بَشير

Bashîr : *porteur de bonnes nouvelles*. Nom d'origine coranique.

Bouchra بُشْرَى

Bushrâ : *bonne nouvelle* (prénom féminin selon l'usage courant).

Moubachir مُبَشّر

Mubashshir : *qui annonce de bonnes nouvelles*. Nom d'origine coranique.

Balighe, Balir بَالغ

• Bâligh : *celui qui parvient.*

Mouballighe, Mobalir مُبَلّغ

Muballigh *: transmetteur, qui fait parvenir au but.*

Bayan, Bayane بَيَان

• Bayân : *la preuve évidente*. Le Prophète est appelé **Ṣâḥib al-Bayân** : *détenteur de la preuve évidente.*

Moubin, Moubine مُبين

Mubîn : *évident, explicite*. Nom d'origine coranique. Al-Mubîn, nom divin : *l'Evident.*

MASCULIN **FÉMININ**

Taj, Taje تَاج

• Tâj : *couronne.* Le Prophète est appelé **Ṣâḥib at-tâj** : *le possesseur de la couronne.*

Jami جَامِع

• Jâmi' : *qui totalise.* Al-Jâmi', nom divin : *le Totalisateur.*

Moujib مُجِيب

• Mujîb : *qui répond, qui exauce.* Al-Mujîb, nom divin : *Celui qui exauce.*

Moujab مُجاب

Mujâb : *exaucé.*

Moujtaba, Mojtaba مُجْتَبَى

• Mujtabâ : *choisi.*

Habiballah حَبِيب الله
Habiboullah

• Ḥabîb-Allâh : *le bien-aimé de Dieu.*

Haris حَرِيص

• Ḥarîṣ : *zélé* ; *qui est plein de sollicitude.* Le Prophète est appelé **Ḥarîṣ 'alaykum** : *qui est plein de sollicitude envers vous* (Coran 9 : 128).

Hachir حَاشِر

• Ḥâshir : *qui rassemble.*

Hafi حَفِيّ

• Ḥafî : *instruit.*

Hak, Haq حَقّ

• Ḥaqq : *vérité, réalité.* Al-Ḥaqq, nom divin : *le Réel.*

MASCULIN **FÉMINININ**

Hamid, Hamed حَامِد

• Ḥâmid : *qui loue Dieu.*

Ahmad, Ahmed أَحْمَد

Aḥmad : *le plus loué.* Nom céleste du Prophète (appelé ainsi au cours de son ascension nocturne). Dans le Coran (61 : 6), c'est par ce nom que 'Îsâ (Jésus) annonce aux croyants la venue future du Prophète.

Mahmoud مَحْمُود

Maḥmûd : *loué, celui vers qui vont les louanges.*

Muhammad مُحَمَّد
Mohammed, Mohamed

Muḥammad : *très loué* ; *le lieu par excellence de la louange.* Nom de la 47e sourate du Coran.

Mouhyi, Mohyi مُحْيِي

• Muḥyî : *vivificateur.* Al-Muḥyî, nom divin : *Celui qui fait vivre.*

Moukhtar Mokhtar مُخْتَار

• Mukhtâr : *choisi.*

Khatim, Khatime خَاتِم

• Khâtim : *qui achève, sceau.* Le Prophète est appelé **Khâtim al-anbiyâ'** : *le sceau des prophètes.*

Khatib خَطِيب

• Khatîb : *orateur, prédicateur.* Le Prophète est appelé **Khatîb al-Umam** : *le Prédicateur des communautés.*

Khalil خَلِيل

• Khalîl : *ami intime.* Le Prophète est appelé **Khalîl Ar-Raḥmân** : *l'ami intime du Tout-Miséricordieux.*

MASCULIN **FÉMININ**

Moudathir مُدَثِّر

• Mudaththir : *drapé*. Le Prophète est appelé ainsi dans le Coran : après avoir reçu la révélation, il s'enveloppait d'un manteau pour calmer les frissons qui le parcouraient. Titre de la sourate 74 du Coran.

Daï دَاعِي

• Dâ'î : *qui invoque Dieu, qui invite les gens sur le chemin de Dieu.*

Dalil دَلِيل

• Dalîl : *qui montre le chemin, guide*. Le Prophète s'appelle **Dalîl al-khayrât**, *le guide vers les œuvres de bien. Dalâ'îl al-khayrât* : titre donné au recueil de louanges sur le Prophète composé par al-Jazûlî.

Dhikrallah ذِكْر الله
Dikrallah, Zikrallah

• Dhikr-Allâh : le rappel de Dieu, l'invocation de Dieu.

Moudhakkir مُذَكِّر
Modakir, Mozakir

Mudhakkir : *celui qui vivifie le souvenir* [de Dieu]. Nom d'origine coranique.

Raouf رَؤُوف

• Ra'ûf : *clément, bienveillant*. Nom d'origine coranique. Ar-Ra'ûf, nom divin : *le Bienveillant*.

Rahma رَحْمَة

• Raḥma : *bonté, clémence, miséricorde*. Nom d'origine coranique (prénom féminin selon l'usage courant).

Rahim, Rahime رَحِيم

Raḥîm : *clément, plein de mansuétude, miséricordieux*. Nom d'origine coranique. Ar-Raḥîm, nom divin : *le Très-Miséricordieux*.

MASCULIN FÉMININ

Rida رِدَاء

• Ridâ' : *manteau, symbole du serviteur parfait.*

Rassoul رَسُول

• Rasûl : *envoyé, messager*. Ce nom de fonction prophétique se donne aussi en prénom, selon son sens commun (*messager*). Le Prophète est appelé **Rasûl ar-râḥa** : *l'Envoyé de la paix*. [Correspondance : Ange (du grec aggelos : *messager*)]

Rafi رَافِع

• Râfi' : *qui élève* ; le Prophète est appelé **Râfi' ar-rutab** : *celui qui élève vers les degrés spirituels*. Ar-Râfi', nom divin : *Celui qui élève*.

Mouzammil, Mozamil مُزَمِّل

• Muzzammil : *enveloppé* (cf. Moudaththir) ; titre de la sourate 73 du Coran.

Sabek سَابِق

• Sâbiq : *devancier*.

Sirej سِرَاج

• Sirâj : *flambeau*.

Saad سَعْد

• Sa'd : *bonheur*. Le Prophète est appelé **Sa'd al-Khalq** : *le bonheur de la création*.

Saadallah سَعْدَ الله

Sa'd Allah : *le bonheur de Dieu*.

Saïq, Saïk سَائِق

• Sâ'iq : *celui qui mène*.

MASCULIN | **FÉMININ**

Sayyid, Sayid سَيِّد

• Sayyid : *maître, seigneur, qui dirige*. Le Prophète est appelé **Sayyid al-Mursalîn** : *le prince des Envoyés.*

Sayf, Seyf سَيْف

• Sayf : *épée.* Le Prophète est appelé **Ṣâḥib as-Sayf** : *le possesseur de l'épée.*

Sayfallah سَيْف الله

Sayf-Allâh : *le sabre de Dieu.*

Charaf, Charef شَرَف — Charaf, Charef شَرَف

• Sharaf (mixte) : *noblesse.* Le Prophète est appelé **Makhṣûṣ bi-sh-sharaf** : *privilégié par la noblesse.*

Chafi, Chéfi شَفِيع

• Shafî' : *intercesseur.*

Chafiq, Chafik, Chéfik شَفِيق

• Shafîq : *compatissant.*

Chafi شَافِي

• Shâfî : *qui guérit.*

Chahed شَاهِد

• Shâhid : *témoin, qui assiste.* Nom d'origine coranique.

Chahid شَهِيد

Shahîd : *témoin véridique* ; *martyr, celui qui témoigne de sa foi jusque dans la mort.*

MASCULIN **FÉMININ**

Chahir شَهِير

• Shahîr : *renommé.*

Sidq, Sidk صِدْق

• Ṣidq : *sincérité.*

Sadek صَادِق

Ṣâdiq : *véridique.*

Moussaddak, Mossadek مُصَدَّق

Muṣaddaq : *qui est considéré par tous comme véridique.* Nom d'origine coranique.

Sahib صَاحِب

• Ṣâḥib : *ami, compagnon.* En ce qui concerne le Prophète, ce nom est toujours associé à une valeur ou un objet et prend le sens de possesseur ; ex. **Ṣâḥib as-sultân** : *le détenteur de l'autorité* ; **Ṣâḥib ash-shafâ'a** : *le détenteur de l'intercession.*

Sirat صِرَاط

• Ṣirâṭ : *voie.* Le Prophète est appelé **Ṣirâṭ mustaqîm**, *voie droite (*qui mène à Dieu*),* expression coranique qui apparaît dans la Fâṭiḥa, la sourate préliminaire.

Safiyallah, Safiyoullah صَفِيّ الله

• Ṣafiyy-Allâh : *l'élu de Dieu.*

Moustafa مُصْطَفَى
Moustapha, Mostafa

Muṣṭafâ : *élu pour sa pureté.*

Saleh صَالِح

• Ṣâliḥ : *vertueux.*

MASCULIN	FÉMININ

Mouslih, Moslih مُصْلِح

Muṣliḥ : *qui donne la conformité.*

Moutaa مُطَاع

• Muṭâ‘ : *obéi.*

Moutia مُطِيع

Muṭî‘ : *obéissant.*

Taha طَه

• Ṭaha : nom de la 20e sourate du Coran ; celle-ci commence par les deux lettres *ṭa* et *ha* dont le sens hermétique relève de la science des lettres.

Tahir, Taher طَاهِر

• Ṭâhir : *pur.*

Moutahar مُطَهَّر

Muṭahhar : *purifié.* Le Prophète est appelé **Muṭahhar al-janân** : au *cœur purifié.*

Tayib, Tayeb طَيِّب

• Ṭayyib : *bon, excellent, parfumé.*

Abdallah, Abdoullah عَبْد الله

• ‘Abd Allâh : *le serviteur de Dieu, l'adorateur de Dieu.* Nom d'origine coranique.

Elarabi, Larbi العَرَبِيّ

• Al-‘Arabî : *l'Arabe par excellence.* **Larbi**, prononciation dialectale.

Mirej مِعْرَاج

• Mi‘râj : *ascension.* Le prophète Muhammad est appelé **Ṣâḥib al-mi‘râj**, *celui qui a effectué l'Ascension*, en référence à son voyage céleste.

MASCULIN **FÉMININ**

Ourwa عُرْوَة

• 'Urwa : *lien*. Le Prophète est appelé **'Urwa Wuthqâ** : *lien très sûr*.

Aziz عَزِيز

• 'Azîz : *cher, aimé*. Al-'Azîz, nom divin : *le Tout-Puissant*.

Aqib عَاقِب

• 'Âqib : *successeur, qui marche sur les pas de ses ancêtres*.

Alama عَلاَمَة

'Alâma : *signe distinctif*. Le Prophète est appelé **Sâḥib al-'alâma** : *le détenteur du signe distinctif*.

Ghaous, Ghaws, Raws غَوْث

• Ghaws : *secours*.

Ghiyas, Riyas غِيَاث

Ghiyâth : *assistance*.

Ghays, Rays غَيْث

Ghayth : *pluie abondante* ; *végétation qui surgit grâce à cette pluie*.

Fatih, Fetih فَاتِح

• Fâtiḥ : *victorieux, qui ouvre, conquérant*.

Faraj فَرَج

• Faraj : *consolation*. Le Prophète est appelé **Ṣâḥib al-Faraj** : *le maître de la consolation*.

Fasih فَصِيح

• Faṣîḥ : *éloquent, clair*. Le Prophète est appelé **Faṣîḥ al-Lisân** : *au langage clair*.

MASCULIN **FÉMININ**

Fadil, Fadel فَاضِل

- Fâḍil : *supérieur, excellent.*

Fadila فَضِيلَة

Faḍîla : *extrême faveur.* Le Prophète est appelé **Ṣâḥib al-faḍîla** : *le maître de la faveur surabondante.*

Moufadal, Moufadel مُفَضَّل

Mufaḍḍal : *préféré.*

Kouraychi, Koraychi قُرَيْشِيّ

- Qurayshî : *Kuraïchite, de la tribu de Quraysh,* qui signifie *le petit requin.* Fihr, ancêtre du Prophète, avait pour surnom **Quraysh** duquel fut tiré le nom du clan mecquois (descendants de ʻAdnân et d'Isma'îl) ; Les Quraychites, titre de la sourate 106.

Mouqtafi, Moqtafi مُقْتَفِي

- Muqtafî : *préféré*

Mouqaffa, Moukafa مُقَفًّى

Muqaffâ : *honoré.*

Maqam, Makam مَقَام

- Maqâm : *station spirituelle.* Le Prophète est appelé **Ṣâḥib al-maqâm** : *le maître de la station immuable.*

Qawi, Kawi قَوِيّ

- Qawî : *fort.* Al-Qawî, nom divin : *le Fort.*

Qayim قَيِّم

- Qayyim : *droit, axial, immuable.*

Karim كَرِيم

- Karîm : *noble et généreux.* Nom d'origine coranique. Al-Karîm, nom divin : *le Généreux.*

MASCULIN	FÉMININ

Moukaram مُكَرَّم

Mukarram : *anobli.*

Kafil كَفِيل

• Kafîl : *répondant, garant.*

Mouktafi مُكْتَفِي

• Muktafî : *satisfait, qui se contente de ce dont il dispose.*

Kalim كَلِيم

• Kalîm : *à qui Dieu s'adresse et qui s'adresse à Dieu.* Le Prophète est appelé **Kalîm Allah** : *l'interlocuteur de Dieu.*

Kamil كَامِل

• Kâmil : *parfait, universel.*

Métine مَتِين

• Matîn : *vigoureux.* Al-Matîn, nom divin : *le Vigoureux.*

Mahi مَاحِي

• Mâhî : *qui efface* [*les croyances polythéistes*].

Madani مَدَنِيّ

• Madanî : *Médinois.* En référence à la ville de Médine vers laquelle le Prophète émigra en 622. Il y mourut en 632 et y fut enterré : son mausolée se trouve actuellement au sein d'une immense mosquée.

Moudari, Modari مُضَرِيّ

• Mudarî : *Modarite*, en référence à la tribu de Muḍar dont est originaire le Prophète.

Makki, Mekky مَكِّيّ

• Makkî : *Mecquois.* En référence à La Mecque, ville natale du Prophète.

MASCULIN | **FÉMININ**

Makin, Makine مَكِين

• Makîn : *fermement établi.*

Najm, Nejm نَجْم

• Najm : *étoile.* Le Prophète est appelé **an-Najm ath-thâqib** : *l'étoile brillante.*

Najiallah, Najioullah نَجِيّ الله

• Najiyy-Allâh : *le confident de Dieu.*

Mounji مُنْجِي

Munjî : *qui délivre, libérateur.*

Nadhir نَذِير

• Nadhîr : *voué, consacré à Dieu* ; *qui avertit, qui annonce le châtiment à ceux qui se rebellent.* Nom d'origine coranique.

Moundhir مُنْذِر

Mundhir : *qui avertit et annonce le châtiment à ceux qui se rebellent.* Nom d'origine coranique.

Nasseh نَاصِح

• Nâṣiḥ : *conseiller véridique.*

Nassih نَصِيح

Naṣîḥ : *loyal.*

Nassir, Nasser, Nacer نَاصِر

• Nâṣir : *vainqueur.*

Mansour مَنْصُور

Manṣûr : *qui est assisté, et donc victorieux.*

MASCULIN | **FÉMININ**

Nima نِعْمَة

• Ni'ma : *bienfait.* Nom d'origine coranique (prénom féminin selon l'usage courant).

Nimatoullah نِعْمَة الله
Nimatallah

Ni'mat-Allâh : *le bienfait de Dieu.*

Naïm نَعِيم

Na'îm : *félicité.* Le Prophète est appelé '**Ayn an-na'îm** : *la source de la félicité.*

Nour نُور — **Nour** نُور

• Nûr (mixte) : *lumière.* Nom d'origine coranique.

Mounir مُنِير

Munîr : *qui illumine.* Dans le Coran, le Prophète est appelé **Sirâj munîr** : *flambeau lumineux.*

Hadi, Hedi, Hedy هَادِي

• Hâdi : *guide.* Nom d'origine coranique. Al-Hâdî, nom divin : *le Guide.*

Houda هُدَى

Hudâ : *la guidance* ; *le fait d'être bien guidé* (prénom féminin selon l'usage courant).

Mahdi, Mehdi, Mehdy مَهْدِيّ

Mahdî : *bien guidé, guide.*

Hadiyatoullah هَدِيَّة الله
Hadiyatallah

Hadiyyat-Allâh : *le don de Dieu* (prénom mixte, plutôt féminin selon l'usage courant).

MASCULIN | FÉMININ

Mouhaymin, Mohaymin مُهَيْمِن

Muhaymin : *qui exerce un pouvoir, une influence* ; Al-Muhaymin, nom divin : *Celui qui domine.*

Wajih, Ouajih وَجيه

• Wajîh : *beau, considéré, distingué* (dérivé de wajh : *visage*).

Wahid, Ouahid وَحيد

• Waḥîd : *unique, sans pareil.*

Wassila, Ouassila وَسِيلَة

• Wasîla : *intercession, influence spirituelle.* Le Prophète est appelé **Ṣâḥib al-wasîla** : *le maître de l'intercession.*

Wassil, Ouassil وَاصِل

• Wâṣil : *qui unit* ; *qui est parvenu au terme de la voie spirituelle.*

Wassoul, Ouassoul وَصُول

Waṣûl : *qui unit.*

Wakil, Ouakil وَكيل

• Wakîl : *garant, celui à qui l'on confie ses affaires.*

Moutawakil مُتَوَكِّل

Mutawakkil : *celui qui a confiance en Dieu, qui s'en remet totalement à Dieu.*

Wali, Ouali وَلِيّ

• Walî : *qui vit dans la proximité de Dieu, ami de Dieu, saint.* Al-Wâlî, nom divin : *le Patron.*

Yassin, Yassine يَاسِين

• Yâsîn : nom de la 36e sourate du Coran, qui commence par ces deux lettres *yâ* et *sîn*. Sourate qualifiée par le Prophète de « cœur du Coran ».

C. FAMILLE DE MUHAMMAD

Beaucoup de prénoms cités ici se retrouvent classés, en fonction de leur sens, parmi les autres listes thématiques.

Quelques ancêtres et parents

MASCULIN | **FÉMININ**

Adnan, Adnane عَدْنَان

ʽAdnân : aïeul du Prophète, surnommé « Père des Arabes ». Signifie : *qui séjourne et se fixe* ; ce mot est de la même racine que *ʽAdn*, terme coranique qui désigne le séjour éternel au Paradis, l'Eden.

Qousay قُصَي

Qusay : ancêtre du Prophète ; signifie *lointain*. Qusay Ibn Qilâb a fédéré le clan des Quraychites et pris le contrôle de La Mecque, de son pèlerinage et de ses points d'eau.

Hachim, Hachem هَاشِم

Hâshim : arrière-grand-père du Prophète ; signifie : *celui qui rompt le pain* ; *généreux*. Ce surnom lui fut donné lorsqu'il sauva les Mecquois d'une longue disette en organisant des caravanes vers la Syrie pour rapporter des céréales : il distribua ainsi de la soupe à laquelle était ajouté du pain émietté.

Hachimi هَاشِمِيّ

Hâshimî : *de la famille de Hâshim*. Al-Hâshimî (le descendant de Hâshim), *nisba* du Prophète ; la dynastie hachémite (descendants de Hâshim par ʽAbbâs et Abû Ṭâlib, oncles du Prophète) actuellement au pouvoir en Jordanie.

Mouttalib مُطَّلِب

Muṭṭalib : arrière-grand-père du Prophète ; signifie *qui demande et poursuit son but*. **ʽAbd al-Muṭṭalib** (*serviteur de Muṭṭalib*), le grand-père du Prophète, fut surnommé ainsi par les Mecquois qui, le voyant pour la première fois en compagnie de son père (al-Muṭṭalib), le prirent pour son serviteur.

MASCULIN	FÉMININ

Abdallah, Abdoullah عَبْد الله

'Abd-Allâh : père du Prophète, dixième fils de 'Abd al-Muṭṭalib ; signifie *le serviteur de Dieu.*

Amina, Emna آمِنَة

Âmina : mère du Prophète ; signifie : *qui jouit de la sauvegarde divine* ; *qui est confiante.*

Abbas عَبَّاس

'Abbâs : oncle paternel du Prophète dont est issue la dynastie abbasside. Alors qu'il était enfant, il se perdit et sa mère fit le vœu de recouvrir la Kaaba de soie si elle le retrouvait : c'est ainsi que la Kaaba fut voilée pour la première fois. Signifie : *qui a un visage sévère, austère* ; *lion.*

Hamza حَمْزَة

Ḥamza : oncle paternel du Prophète et ami fidèle de celui-ci ; il mourut lors de la bataille d'Uḥud. Un des noms du *lion*.

Halima حَلِيمَة

Ḥalîma : nourrice du Prophète, de la tribu des Banî Sa'd (*les Fils du Bonheur*). Signifie : *patiente, indulgente, clémente, faisant preuve de mansuétude.*

Chayma, Chaïma شَيْمَاء

Shaymâ' : sœur de lait du Prophète. Signifie : *marquée d'un grain de beauté.*

Oum Ayman أُمّ أَيمَن

Umm Ayman : servante de la famille du Prophète. Elle s'occupa de celui-ci à la mort de sa mère, Âmina, et s'attacha dès lors à son service. Signifie : *mère d'Ayman* (*très favorisé*).

Ses épouses

Le Prophète eut onze épouses et deux concubines : il fit des mariages d'amour, mais aussi – et surtout – de raison pour offrir sa protection et créer des alliances politiques. Toutes les épouses du Prophète sont appelées **Umm al-Mu'minîn**, *Mère des Croyants* (Coran 33 : 6) : du fait de ce statut, elles sont restées veuves après la mort du Prophète.

MASCULIN **FÉMININ**

Khadija, Kadija خَدِيجَة

Khadîja (veuve, mariée en 595 - m. 619) : fille de Khuwaylid ; elle était riche et employait Muhammad pour diriger son commerce. De quinze ans son aînée, elle désira l'épouser. Dès le début de la révélation coranique, elle crut en la mission de Muhammad et fut la première femme musulmane, d'où son surnom **aṭ-Ṭâhira**, *la Pure*. Du vivant de Khadîja, le Prophète n'eut pas d'autre épouse. Son prénom, porté à travers tout le monde musulman, a de nombreuses adaptations phonétiques, comme **Kadiatou** en Afrique noire et **Hatice** en Turquie : il signifie : *chamelon mort-né* ; *nouveau-né prématuré, précoce* qui, du fait de sa fragilité, est choyé.

Saouda سَوْدَة

Sawda (veuve, mariée en 619 – m. 641) : elle s'occupa des enfants du Prophète après la mort de Khadîja ; nom dérivé de *siyâda* (*être à la tête*) : *puissante* ; ou dérivé de *aswad* (*noir*) : *plaine aux pierres noires.*

Aïcha عَائِشَة

'Â'icha (mariée en 623 – m. 678) : fille d'Abû Bakr, et épouse préférée du Prophète après Khadîja ; savante en de nombreux domaines (jurisprudence, lettres, médecine...). Signifie : *vivante, pleine de vie.*

Hafsa حَفْصَة

Ḥafṣa (veuve, mariée vers 625) : fille de 'Umar. Rare femme lettrée à cette époque, Ḥafṣa, après la mort du Prophète, fut la dépositaire des feuillets coraniques (ordonnés ensuite sous le califat de 'Uthmân). Signifie : *lionne.*

Zaynab, Zineb زَيْنَب

Zaynab (veuve, mariée en 626 – m. 626) : Bint Khuzayma, elle avait pour surnom **Umm al-masâkîn** (*la mère des déshérités*), en vertu de sa charité. Le Prophète l'épousa, alors qu'elle avait 60 ans, pour lui accorder sa protection. Ce nom désigne *un arbrisseau du désert aux fleurs parfumées.*

Oum Salama أُمّ سَلَمَة

Umm Salama (veuve, mariée en 626 – m. 681) : fille d'Abû Umayya et proche parente de Khâlid Ibn Walîd ; elle avait pour prénom Hind, mais elle est connue par sa *kunya* : mère de Salama (*mimosa*), le nom de son fils. Poétesse, elle participa aussi aux batailles, et fut pour le Prophète une compagne précieuse.

MASCULIN **FÉMININ**

Zaynab, Zineb زَيْنَب

Zaynab (divorcée et mariée en 625 – m. 642) : Bint Jaḥsh, cousine du Prophète et mariée à Zayd, le fils adoptif du Prophète (appelé publiquement Zayd Ibn Muhammad) : elle se sépara de lui pour épouser le Prophète à la suite d'une révélation divine (Coran 33 : 37-40) qui posa les règles de l'adoption : l'enfant orphelin recueilli garde le nom de ses parents biologiques. Muhammad n'étant plus considéré comme le père de Zayd, l'ex-épouse de Zayd devenait dès lors licite pour lui. Ce nom désigne *un arbrisseau du désert aux fleurs parfumées.*

Jouwayria, Joweria جُوَيْرِيَة

Juwayriya (m. 679) : prisonnière de guerre, fille du chef de la tribu des Banû Mustaliq, elle fut affranchie par le Prophète qui l'épousa pour créer des alliances politiques. Signifie : *jeune fille, petite servante* (diminutif de jâriya).

Oum Habiba أُمّ حَبِيبَة

Umm Ḥabîba (divorcée, mariée en 628 - m. 681) : prénommée Ramla (*grain de sable*), elle est fille d'Abû Sufyân (le chef des Quraychites), et sœur du calife Mu'âwiya. Convertie de la première heure et réfugiée en Abyssinie pour échapper aux persécutions des Mecquois, le Prophète la demanda en mariage par l'intermédiaire du Négus, le roi des Abyssins. Signifie *Mère de Ḥabîba* (*bien-aimée*).

Safiya, Safia صَفِيَّة

Ṣafiyya (veuve, mariée en 629 – m. 672) : femme juive d'une tribu vaincue de Khaybar ; signifie : *pure.*

Maymouna, Mimouna مَيْمُونَة

Maymûna (veuve, mariée en 629) : dernière femme qu'épousa le Prophète, c'est elle qui demanda au Prophète s'il voulait l'épouser, ce qu'il accepta. Signifie : *favorisée par le destin.*

MASCULIN **FÉMINININ**

Ses concubines

Rayhana رَيْحانَة

Rayḥâna : femme d'origine juive et prisonnière de guerre en 627. Elle préféra le concubinage au mariage. Nom qui désigne les *plantes exhalant un intense parfum*, notamment *le basilic, le myrte* et *l'aloès*.

Maria, Mariya مَارِيَة

Mâriya : **al-Qubtiyya** (*Maria la Copte*), esclave d'origine chrétienne offerte par le gouverneur d'Egypte au Prophète. Signifie : au teint blanc et lumineux.

Sa descendance :

Ses fils

Tous décédés en bas âge

Qassim, Qassem قَاسِم

Qâsim : né de Khadija ; la *kunya* du Prophète est **Abû-l-Qâsim** (*père de Qâsim*). Signifie : *qui partage, qui distribue*.

Tayib, Tayeb طَيِّب

Ṭayyib : né de Khadija ; signifie : *bon, excellent*.

Tahir, Taher طَاهِر

Ṭâhir : né de Khadija ; signifie : *pur*.

Ibrahim إِبْرَاهِيم

Ibrâhîm : né de Maria ; signifie : *père de la multitude*.

Ses filles

Toutes nées de Khadîja

Zaynab, Zineb زَيْنَب

Zaynab : ce nom, qui désigne un *arbrisseau du désert à fleurs parfumées*, pourrait aussi se traduire par « parure du père » : *zayn* (*parure*) et *ab* (*père*).

MASCULIN | **FÉMININ**

Rouqaya, Roqaya رُقَيَّة

Ruqayya : épouse de 'Uthmân Ibn 'Affân ; signifie : *de nature élevée.*

Oum Koulthoum أُمّ كُلْثُوم

Umm Kulthûm : elle épousa 'Uthmân Ibn 'Affân après la mort de sa sœur Ruqayya. Signifie : *mère de Kulthûm* (*qui a un visage rond et joufflu* ou *gland de soie qui surmonte un étendard*).

Fatima فَاطِمَة

Fâṭima : fille bien-aimée du Prophète, désignée par lui comme la plus noble des femmes du Paradis, et épouse de 'Alî. Signifie : *celle qui se tient à l'écart du péché* ; c'est aussi *la chamelle dont le petit est sevré.* Connue sous le nom de **Fatima az-Zahrae**, « *l'éblouissante* », elle est aussi surnommée **Umm Abîhâ**, « *la Mère de son Père* », pour l'amour total qu'elle lui portait. C'est principalement d'elle qu'est issue la descendance de Muhammad. Ses descendants portent l'épithète honorifique de « sharîf » (*noble*), « sayyid » (*seigneur*) ou « ḥabîb » (*bien-aimé*), selon l'usage en cours dans les diverses régions du monde musulman. Dans le chiisme, Fatima reçoit de nombreuses appellations honorifiques et affectueuses : **Sayyidat an-nisâ'** (*la reine des femmes*).

Ses petits-enfants

Hassan, Hassane حَسَن

Ḥasan : fils aîné de 'Alî et Fâṭima (m. en 669) ; considéré comme le deuxième imam par les chiites, il renonça au califat au profit de Mu'âwiya. Signifie : *bon et beau.*

Houssayn حُسَيْن
Hossein, Hocine

Ḥusayn : fils cadet de 'Alî et de Fâṭima, et troisième imam pour les chiites : poursuivi par l'armée omeyyade, il connut le martyre à Karbala (Irak) en 680. Ce nom est le diminutif affectueux de Ḥasan : dans ce cas précis, outre le sens de *beau et bon*, Ḥusayn peut aussi signifier *petit frère de Ḥasan.*

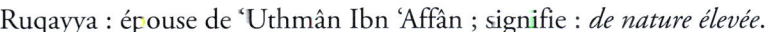

MASCULIN **FÉMININ**

Sayidan, Sayidane سَيِّدَان

Sayyidân : *les deux seigneurs* (duel de sayyid) ; expression qui désigne les deux petits-fils du Prophète : al-Ḥasan et al-Ḥusayn.

Zaynab, Zineb زَيْنَب

Zaynab : fille de ʿAlî et de Fâṭima. En raison de son grand savoir, elle fut surnommée **ʿAqîlat Banî Hâshim** : *la Sage des enfants de Hâshim* (son ancêtre). Ce nom désigne *un arbrisseau du désert aux fleurs parfumées.*

Oum Koulthoum أُمّ كُلْثُوم

Umm Kulthûm : fille de ʿAlî et de Fâṭima. Umm Kulthûm et sa sœur Zaynab furent nommées par le Prophète, leur grand-père, en souvenir de ses deux filles défuntes. Signifie : *mère de Kulthûm* (*qui a un visage rond et joufflu* ou *gland de soie qui surmonte un étendard*).

Oumama أُمَامَة

Umâma : fille de Zaynab – la fille du Prophète – et de Abû l-ʿÂṣ Ibn ar-Rabîʿ. Signifie : *troupeau de trois cents chameaux,* symbole de prospérité.

Ali عَلِيّ

ʿAlî : fils de Zaynab – la fille du Prophète – et de Abû l-ʿÂṣ Ibn ar-Rabîʿ ; ni lui ni sa sœur Umâma n'eurent de descendance. Signifie : *élevé, noble.*

Les quatre premiers califes

Les quatre premiers califes, appelés **al-Khulafâʿ ar-Râshidûn** (*les califes bien dirigés*), sont aussi de la famille du Prophète, de par les alliances du mariage.

Abou Bakr, Aboubekr أَبُو بَكْر

Abû Bakr (m. 634) : beau-père du Prophète – père de Aïcha, femme du Prophète – et premier calife (khalîfa : *successeur du Prophète*). Il avait pour prénom ʿAbd-Allah (*le serviteur de Dieu*), mais il est connu sous le nom d'Abû Bakr, *l'Homme au chamelon* ; il doit cette *kunya* à sa richesse – il possédait un troupeau important –, non à sa fille : en effet, Abu Bakr est parfois traduit à tort par « *Père de la vierge* », ʿAïcha étant la seule femme que le Prophète épousa vierge (*bikr*). Il avait pour surnom honorifique **aṣ-Ṣiddîq** (*celui qui prête totalement foi*), car il adhéra sans réserve au message prophétique. Le nom Abou Bakr prend la forme de **Boubakeur** au Maghreb et **Boubacar** en Afrique noire.

MASCULIN **FÉMININ**

Omar عُمَر

'Umar (m. 644) : Ibn al-Khaṭṭab, beau-père du Prophète – père de Ḥafṣa, femme du Prophète – et deuxième calife de l'islam. Son nom vient de *'umr* (vie). Avant l'islam, il assumait des charges d'arbitrage et d'ambassade : le Prophète le surnomma **Al-Fârûq** (*qui distingue le bien du mal, l'équitable*).

Othman, Osmane عُثْمَان

'Uthmân (m. 656) : Ibn al-'Affân, troisième calife, dont l'œuvre notoire fut le recensement du Coran et sa constitution en une version unique, la « Vulgate de 'Uthmân », diffusée dans toutes les provinces musulmanes. Gendre du Prophète, il épousa successivement deux des filles du Prophète et, de ce fait, fut surnommé **Dhû an-Nûrayn** (*possesseur des deux lumières*). Signifie : *poussin de l'outarde (oiseau échassier)* ; *jeune serpent*.

Ali عَلِيّ

'Alî (m. 661) : Ibn Abî Ṭâlib, cousin (il est le fils d'Abû Ṭâlib, l'oncle du Prophète) et gendre du Prophète (époux de sa fille Fâṭima), quatrième calife de l'islam, premier imam chiite. Son nom signifie : *élevé, noble*. **Abû Turâb** : *l'homme à la poussière* ; surnom affectueux donné par le Prophète à 'Alî (cf. Introduction, *kunya*). Sa relation à Muhammad, était comparable à celle d'Aaron à Moïse (d'après le hadith). Dans le soufisme, la chaîne initiatique commence par Muhammad puis Ali. Dans le chiisme, il est gratifié d'une quantité de surnoms élogieux tels **Amîr Arslân**, le prince Arslân *(lion)*, et de nombreux prénoms expriment l'amour qui lui est voué (**Luṭf 'Alî** : *la bonté d'Ali*).

2.
La vie religieuse

A. Piété
B. Adoration et servitude
C. Sainteté
D. Lieux et temps sacrés

« Le croyant est le miroir du croyant »

(parole du prophète Muhammad)

A. PIÉTÉ

Les noms composés ont le plus souvent une connotation religieuse, notamment lorsqu'ils se construisent avec le mot *dîn* (*religion*) ou *islâm*, comme 'Imâd ad-Dîn (*le pilier de la religion*) et Ḥujjat al-Islâm (*la preuve de la religion*). Ils ont été créés pour honorer les grandes figures de la civilisation arabo-musulmane, qu'elles soient politiques, intellectuelles ou religieuses. De surnoms honorifiques (*laqab*), ces noms sont devenus à partir du XIIIème siècle des prénoms (*asmâ'*) courants. D'autres compositions existent, notamment avec le mot Allah, comme Minnat Allâh (*la Grâce divine*), ou des noms divins : Ẓill ar-Raḥmân (*l'Ombre du Miséricordieux*), Ḍiyâ' al-Ḥaqq (*la Lumière du Vrai*), Rajâ' al-Karîm (*l'Espoir du Généreux*), Nûr al-Bâqî (*la Lumière du Permanent*)… Ces nombreux prénoms composés, très chargés, n'ont pas tous été répertoriés dans ce livre, loin s'en faut. Ceux qui y figurent, en raison d'un usage plus ou moins avéré, sont classés selon le thème du premier élément qui les compose.

Adhin, Adine, Azine أَذِين

• Adhîn : *muezzin, celui qui appelle à la prière.*

Imam إِمَام

• Imâm : *qui est placé devant, qui dirige la prière* ; en islam sunnite, ce titre est donné à certains personnages faisant autorité dans leur domaine : les fondateurs des grandes écoles juridiques (l'imam Mâlik), les savants en sciences du hadith (l'imam al-Bukhârî), les maîtres soufis (l'imam ash-Shâdhilî)… ; dans le chiisme, ce terme s'applique à 'Alî et ses descendants considérés comme seuls détenteurs légitimes du pouvoir politique et de la science ésotérique.

Moumin, Momene مُؤْمِن **Moumina, Momena** مُؤْمِنَة

• Mu'min / Mu'mina : *qui a la foi, croyant*. Al-Mu'min, nom divin : *le Fidèle.*

Imane, Imène إِيمَان

Îmân : *foi*. [Correspondance : Véra, Vérane]

Ayib آيِب **Ayiba** آيِبَة

• Âyib / Âyiba : *qui revient à Dieu, qui se repent.*

MASCULIN | **FÉMININ**

Ayoub أَيُّوب

Ayyûb : *qui se repent et revient vers Dieu.* Ayyûb (Job), prophète cité dans le Coran (cf. chapitre Les prophètes). Sultan Eyüp (variante turque) : compagnon du Prophète (son porte-drapeau) qui mourut en 670 devant la ville de Constantinople lors de son premier siège par les Arabes ; son tombeau est un lieu saint très fréquenté à Istanbul. Les Ayyoubides (1170-1250) : dynastie fondée par Ṣalâḥ ad-Din (Saladin), du nom de son père Najm ad-Din Ayyûb.

Awab, Aouabe أَوَّاب — Aouaba, Awaba أَوَّابَة

Awwâb / Awwâba : *qui se repent très sincèrement.*

Batil بَتِيل

• Batîl : *consacrée à Dieu uniquement* (synonyme de batûl).

Batla بَتْلَة

Batla : *seule* ; *retranchée pour se consacrer à Dieu.*

Basmala بَسْمَلَة

• Basmala : *l'expression* « bismillah », « *Au nom de Dieu* ».

Touqa, Touka تُقَى

• Tuqâ : *piété* ; *crainte de Dieu (crainte révérencielle).*

Touqat, Toukat تُقَاة

Tuqât (variante de tuqâ) : *piété et crainte.*

Taqoua, Taqwa تَقْوَى

Taqwâ : *piété* ; *vertu qui consiste à s'abstenir du mal par crainte de Dieu.*

Taqi, Taki تَقِيّ — Taqiya, Takia تَقِيَّة

Taqî / Taqiyya : *qui craint Dieu et s'en remet à Lui.* [Correspondance : Timothée]

MASCULIN | **FÉMININ**

Atkiya أَتْقِيَاء | **Taqiyat, Takiyat** تَقِيَّات

Atqiyyâ' / Taqiyyât (pluriels de taqî et taqiyya) : *pieux.*

Taqiyeddine تَقِيّ الدّين

Taqî ad-dîn : *qui respecte la religion et s'y réfugie.*

Taqiallah تَقِيّ الله

Taqî Allâh : *qui respecte et craint Dieu.*

Tilawa, Tilaoua تِلاَوَة

• Tilâwa : *lecture ou récitation du Coran.*

Tali تَلِيّ | **Taliya, Talia, Telia** تَلِيَّة

Talî / Taliyya : *qui lit le Coran et en module la récitation.*

Tawba, Taouba تَوْبَة

• Tawba : *repentir, contrition.*

Thawab, Tawab, Sawab ثَوَاب

• Thawâb : *récompense, mérite suite à une œuvre pieuse, charitable.*

Thouwayba
Towaïba, Sowaïba ثُوَيْبَة

Thuwayba (diminutif de thawba) : *petite récompense* (suite à une œuvre pieuse). Nom de la première nourrice de Muhammad à La Mecque.

Thawban, Tawban, Sawban ثَوْبَان

Thawbân : *qui revient, qui obéit.* Thawbân, esclave affranchi du prophète Muhammad, rapporteur de nombreux hadiths.

Tathwib
Tatwib, Taswib تَثْوِيب | **Tathwib**
Tatwib, Taswib تَثْوِيب

Tathwîb (mixte) : *appel à la prière de l'aube.*

MASCULIN		FÉMININ	

Tathwiba تَثْوِيبَة
Tatwiba, Taswiba

Tathwîb : *appel à la prière de l'aube* (variante féminine de tathwîb).

Tassawoub تَثَوُّب — **Tassawoub** تَثَوُّب

Tathawwub (mixte) : *prière surérogatoire (nâfila).*

Ijtihad, Ijtihade اِجْتِهَاد

• Ijtihâd : *effort personnel.* Al-Ijtihâd désigne aussi *l'effort d'interprétation* que le musulman exerce afin de résoudre un problème, en l'absence d'indication précise dans le Coran et la Sunna.

Moujibedine مُجِيب الدّين

• Mujîb ad-Dîn : *celui qui répond à l'appel de la religion.*

Tajwid, Tajouid تَجْوِيد — **Tajwid, Tajouide** تَجْوِيد

• Tajwîd (mixte) : « *embellir* » *la lecture du Coran* ; *psalmodie du Coran* : art de la récitation coranique qui obéit à des règles précises.

Tajwida, Tajouida تَجْوِيدَة

Tajwîda : *psalmodie du Coran* (variante féminine de tajwîd).

Ihtissab, Ihtissabe اِحْتِسَاب

• Iḥtisâb : *agir en espérant la seule rétribution de Dieu.*

Hassana حَسَنَة

• Ḥasana : *bonne action, œuvre pieuse.*

Hassanate حَسَنَات

Ḥasanât (pluriel de ḥasana) : *bonnes actions.*

Hounous, Hounes حُنُس

• Ḥunus : *hommes pieux, vertueux, droits.*

MASCULIN		FÉMININ	
Akhcha	أَخْشَى		

• Akhshâ : *qui éprouve une grande crainte envers Dieu.*

Daï	دَاعِي		

• Dâ'î *: qui appelle, le muezzin.*

		Diyana, Diana	دِيَانَة

• Diyâna : *religion, croyance.*

Rabbani	رَبَّانِي	**Rabbania**	رَبَّانِيَة

• Rabbânî / Rabbâniyya : *voué à son Seigneur* (rabb), *qui a un tempérament spirituel.*

Tertil	تَرْتِيل	**Tertil, Tertile**	تَرْتِيل

• Tartîl (mixte) : *récitation mélodieuse du Coran* : sur un rythme plus rapide que la récitation *tajwîd*, et de manière moins ornée.

		Irtissam, Irtissame	اِرْتِسَام

• Irtisâm : *prière et invocation.*

Raki	رَاكِع	**Rakia**	رَاكِعَة

• Râki' / Râki'a : *qui s'incline par soumission ou pour faire acte d'adoration* ; *pieux* (dérivé de *rukû'* : *inclinaison* durant la prière).

Arkan, Arkane, Erkan	أَرْكَان		

• Arkân (pluriel de rukn) : *piliers* ; *soutiens.* Arkân al-Islâm, *les cinq piliers de l'Islam* : l'attestation de foi (*ash-shahâda*), les cinq prières quotidiennes (*aṣ-ṣalâṭ*), l'aumône purificatrice (*az-zakât*), le jeûne du mois de Ramadan (*aṣ-ṣawm*), le pèlerinage à La Mecque (*al-ḥajj*).

Tazaki	تَزَكِّي	**Tazaki**	تَزَكِّي

• Tazakkî (mixte) : *donner ou s'acquitter de la zakat,* l'aumône « *purificatrice* », 3e pilier de l'islam.

MASCULIN		FÉMININ	

Zouhad زُهَاد

• Zuhâd : *dépouillement, ascèse.*

Zahid زَاهِد **Zahida** زَاهِدَة

Zâhid / Zâhida : *qui est détaché de ce monde, ascète.*

Azhad أَزْهَد

Azhad : *qui est très détaché de ce monde.*

Sabhala سَبْحَلَة

• Sabḥala : *l'expression « Subḥân Allah », « gloire à Dieu ».*

Sajda سَجْدَة

• Sajda : *prosternation.*

Sajid سَاجِد **Sajida** سَاجِدَة

Sâjid / Sâjida : qui est en état de prosternation devant Dieu (dérivé de *sujûd* : *prosternation* durant la prière).

Sajjad سَجَّاد

Sajjâd : *dont le cœur demeure en état de prosternation devant Dieu.* Surnom donné à 'Alî, fils de Ḥasan.

Sédine سَادِن **Sédina** سَادِنَة

• Sâdin : *gardien de la Kaaba.* Kaaba signifie *cube* : c'est un édifice de forme cubique situé au centre de la grande mosquée de La Mecque, vers lequel les musulmans se tournent pour prier.

Islam, Islem إِسْلَام **Islam, Islem** إِسْلَام

• Islâm (mixte) : *« soumission » active et consciente ; remise confiante de soi à Dieu ; adhésion à la Paix (salâm) de Dieu.* L'islam, dernière religion monothéiste révélée, se présente comme une synthèse des révélations antérieures (Coran 2 : 136). Le prophète Muhammad est appelé **Ṣaḥîḥ al-Islâm** : *qui détient l'islam authentique.*

MASCULIN		FÉMININ	

Mouslim, Moslim مُسْلِم **Mouslima, Moslima** مُسْلِمَة

Muslim / Muslima : *soumis*, c'est-à-dire *qui s'inscrit dans la « soumission active et consciente à l'ordre cosmique »* ; *musulman*. Muslim (m. 875), auteur d'un des deux recueils de hadiths (paroles du prophète Muhammad) les plus authentifiés en islam sunnite.

Taslim تَسْلِيم **Taslim** تَسْلِيم

Taslîm (mixte) : *se livrer entièrement à Dieu* ; *sauver, tirer du danger* ; *donner une salutation de paix, apaiser.*

Taslima تَسْلِيمَة

Taslîma : *se livrer entièrement à Dieu* ; *sauver, tirer du danger* ; *donner une salutation de paix, apaiser* (variante féminine de Taslîm).

Saïh سَائِح **Saïha** سَائِحَة

• Sâ'iḥ / Sâ'iḥa : *qui jeûne souvent et qui fréquente régulièrement la mosquée* ; *qui pérégrine, qui visite les lieux saints.*

Chahed شَاهِد **Chaheda** شَاهِدَة

• Shâhid / Shâhida : *témoin, qui témoigne de l'unicité de Dieu et de la fonction prophétique de Muhammad.*

Chahid, Chéhid شَهِيد **Chahida, Chéhida** شَهِيدَة

Shahîd / Shahîda : *qui témoigne de sa foi jusque dans la mort, martyr.* Ash-Shahîd, nom divin : *le Témoin par excellence.*

Tachahoud تَشَهُّد **Tachahoud** تَشَهُّد

• Tashahhud (mixte) : *témoignage de l'unicité de Dieu et de la fonction prophétique de Muhammad* ; at-Tashahhud : profession de foi récitée dans chaque prière rituelle musulmane.

Tassadouq, Tassadok تَصَدُّق **Tassadouq, Tassadok** تَصَدُّق

• Taṣadduq (mixte) : *donner l'aumône.*

MASCULIN | **FÉMININ**

Sirate صِراط

• Ṣirâṭ : *chemin,* en référence au « chemin droit » (*aṣ-ṣirâṭ al-mustaqîm*) dont il est question dans la première sourate du Coran.

Salah صَلاح

• Ṣalâḥ : *intégrité* ; *préservation* ; *vertu* ; *sainteté*. Surnom de La Mecque.

Salahedine صَلاح الدّين

Ṣalâḥ ad-Dîn : *l'intégrité de la religion*. Ṣalâḥ ad-Dîn al-Ayyûbî (m. 1193), connu en Occident sous le nom de Saladin, grand défenseur de l'islam à l'époque des croisades. Son attitude chevaleresque lui valut une admiration unanime, du côté musulman comme du côté chrétien.

Salih صَالِح **Saliha** صَالِحَة

Ṣâliḥ / Ṣaliḥa : *intègre, pieux, saint.* Le prophète Ṣâliḥ.

Mouslih, Moslih مُصْلِح

Muṣliḥ : *qui restaure les choses dans leur état de pureté initiale, qui cherche à faire le bien, à réconcilier des adversaires ;* en arabe moderne, ce mot a pris le sens de *réformateur*.

Islah إِصْلاَح

Iṣlâḥ : *restaurer les choses dans leur état de pureté initiale* ; *accomplir de bonnes actions, faire le bien autour de soi* ; *réforme religieuse.*

Dibaa ضِبَاع

• Ḍibâʿ : *lever les mains afin d'invoquer Dieu*

Taï طَائِع **Taïa** طَائِعَة

• Ṭâʾiʿ/Ṭâʾiʿa : *obéissant, soumis.*

Tawaf طَوّاف

• Ṭawwâf : *qui effectue les tours rituels autour de la Kaaba* ; *qui voyage beaucoup.*

MASCULIN		FÉMININ	
Oudda, Adda	عُدَّة		

• ʻUdda : *disposition* ; *préparation observée par celui qui se voue à la vie spirituelle, afin de se rendre digne de la grâce divine*. Se prononce ʻAdda en arabe dialectal maghrébin.

Itissam, Itissame اِعْتِصَام

• Iʻtiṣâm : *chercher protection auprès de Dieu*.

Akida, Aqida عَقِيدَة

• ʻAqîda : *foi* ; *dogme musulman*.

Akif, Akef عَاكِف — **Akifa, Akefa** عَاكِفَة

• ʻÂkif / ʻÂkifa : *qui est assidu et qui reste attaché à un endroit* ; *qui se consacre à la prière à la mosquée*.

Itikaf, Itikafe اِعْتِكَاف

Iʻtikâf : *application* ; *assiduité* ; *accomplir une retraite dans la mosquée pour se consacrer uniquement à Dieu* (souvent les dix derniers jours du mois de Ramadan).

Ammar عَمَّار — **Ammara** عَمَّارَة

• ʻAmmâr / ʻAmmâra : *qui emploie sa vie au jeûne, à la prière, à l'adoration* ; *qui bâtit ou met en culture*. ʻAmmâr Ibn Yâsir, un des compagnons du Prophète.

Iftitah اِفْتِتَاح

• Iftitâḥ : *parole inaugurale,* la première *takbira* (dire « Allah Akbar » : *Dieu est le plus grand*) de la prière.

Kirane, Qirane قِرَان

• Qirân : *accomplir le pèlerinage (ḥajj) et la visite pieuse (ʻumra) à La Mecque en les joignant dans un même rituel* ; *mariage* ; *conjonction favorable de deux planètes*.

Qanite قَانِت — **Qanita** قَانِتَة

• Qânit / Qânita : *qui passe beaucoup de temps en prière* ; *soumis à Dieu* ; *pieux*. [Correspondance : Pio / Pia]

MASCULIN		FÉMININ	
Kounout, Qounout	**قُنُوت**	**Kounout, Qounout**	**قُنُوت**

Qunût (mixte) : *soumission sans réserve à Dieu.*

		Takbir	**تَكْبِير**

• Takbîr : *glorifier le nom de Dieu* (dire « Allahu Akbar » : *Dieu est le plus grand*), formule inaugurale de la prière.

		Imtithal **Imtital, Imtissal**	**اِمْتِثَال**

• Imtithâl : *conformité, soumission.*

Mounib	**مُنِيب**	**Mouniba**	**مُنِيبَة**

• Munîb / Munîba : *qui se repent et revient à Dieu.*

Nadim	**نَادِم**	**Nadima**	**نَادِمَة**

• Nâdim / Nâdima : *qui regrette et se repent.*

Nadhir, Nazer	**نَذِير**	**Nadhira, Nazéra**	**نَذِيرَة**

• Nadhîr / Nadhîra : *voué, consacré à Dieu ; qui avertit, qui annonce le châtiment à ceux qui se rebellent contre Dieu.* Nadhîr, un des noms coraniques du prophète Muhammad. [Correspondance : Nazaire]

Moundhir **Moundir, Mounzir**	**مُنْذِر**		

Mundhir : *qui exhorte, prédicateur.* Un des noms coraniques du prophète Muhammad.

Nask, Nesk	**نَسْك**		

• Nask : *adoration.*

Nassik	**نَاسِك**	**Nassika**	**نَاسِكَة**

Nâsik / Nâsika : *voué exclusivement à Dieu.* [Correspondance : Monica, Mona]

MASCULIN **FÉMININ**

Noussak نُسَّاك

Nussâk (pluriel de Nâsik) : *voués à Dieu exclusivement.*

Nassikat نَاسِكَات

Nâsikât : (pluriel de Nâsika) *vouées à Dieu exclusivement.*

Tanassouk تَنَسُّك **Tanassouk** تَنَسُّك

Tanassuk (mixte) : *adoration ascétique.*

Nafila نَافِلَة

• Nâfila : *œuvre surérogatoire* (prière, aumône...).

Tanafoul تَنَفُّل **Tanafoul** تَنَفُّل

Tanafful (mixte) : *prière supplémentaire, en sus de la prière canonique.*

Intifal اِنْتِفَال

Intifâl : *accomplir des prières supplémentaires, en sus des prières canoniques.*

Haïd هَائِد **Haïda** هَائِدَة

• Hâ'id / Hâ'ida : *qui retourne vers Dieu.*

Hajid هَاجِد **Hajida** هَاجِدَة

• Hâjid / Hâjida : *qui passe une partie de la nuit en prières.*

Tahajoud تَهَجُّد **Tahajoud** تَهَجُّد

Tahajjud (mixte) : *prière nocturne.*

Moutahajid مُتَهَجِّد **Moutahajida** مُتَهَجِّدَة

Mutahajjid / Mutahajjida : *qui se réveille la nuit pour prier.*

Hijra هِجْرَة

• Hijrâ : *émigration.* Al-Hijra, l'Hégire : en l'an 632, émigration du prophète Muhammad vers Médine pour fuir ses persécuteurs mecquois ; début du calendrier islamique.

MASCULIN		FÉMININ	
		Hayba	هَيْبَة

• Hayba : *respect et vénération mêlés de crainte.*

Tawhid, Taouhid	تَوْحِيد	**Tawhid, Taouhid**	تَوْحِيد

• Tawḥîd (mixte) : *attestation ou reconnaissance de l'Unicité divine.* Nom de la sourate 112.

		Tawhida, Taouhida	تَوْحِيدَة

Tawḥîda : *attestation ou reconnaissance de l'Unicité divine* (variante féminine de Tawḥîd).

Tawarou	تَوَرُّع	**Tawarou**	تَوَرُّع

• Tawarru' (mixte) : *s'abstenir scrupuleusement de tout ce qui est illégal.*

Waïz, Ouaïz	وَاعِظ		

• Wâ'iz : *qui exhorte à faire le bien, prédicateur.*

		Ittikal, Ittikale	اِتِّكَال

• Ittikâl : *soumission à la volonté de Dieu et à son jugement.*

B. ADORATION ET SERVITUDE

En arabe, c'est le terme « Allâh » qui traduit le mot Dieu. Il est le nom de l'Essence, et synthétise tous les noms seigneuriaux. « *Bismi-Llâh* » (*Au nom de Dieu*) est la formule par laquelle le musulman initie et sacralise les actes de la vie, qu'ils soient simples ou solennels. Quatre-vingt-dix-neuf noms, dits « *les plus beaux* » (*al-asmâ 'al-ḥusnâ*), lui sont attribués afin de faire miroiter les nombreuses facettes de sa majesté. « A Dieu appartiennent les plus beaux noms ; invoquez-Le donc par ces noms ! » (Coran 7 : 180). Ainsi, selon la nature de leur prière, les musulmans invoquent l'un ou l'autre nom, et la connaissance de ces attributs divins constitue en islam une science spirituelle particulière. Ces noms sont tirés du texte coranique et de l'enseignement prophétique. Les listes qui les recensent à travers le monde musulman ne sont pas toujours identiques. Pour autant, ces variantes ne se contredisent pas. Par ailleurs, de nombreux autres noms divins non canoniques sont en usage à travers le monde musulman, les attributs de Dieu étant par essence infinis. C'est ainsi que l'on trouve le prénom 'Abd al-Ma'bûd : *l'adorateur de l'Adoré.*

Nous retrouvons les noms divins dans les prénoms composés construits notamment à partir du mot *'abd*, qui signifie *adorateur* ou *serviteur*. Les noms évoquant la miséricorde, la gloire et la majesté sont privilégiés, au contraire de certains comme Al-Mumît (*Celui qui fait mourir*), Aḍ-Ḍârr (*Celui qui sait nuire*), Al-Muntaqim (*le Vengeur*) qui ne sont jamais utilisés. Tous les noms divins sont déterminés par l'article *al* (*le*), marque de l'unicité divine. En arabe, l'article et le nom déterminé s'écrivent en un seul mot : cet article fait donc partie intégrante du nom divin.

La période préislamique a été appelée par les musulmans « al-Jâhiliyya », c'est-à-dire *l'ignorance,* en raison du culte polythéiste qui la gouvernait. Les prénoms 'Abd al-Manaf (*adorateur de Manaf*) ou 'Abd al-'Uzza (*adorateur d'al-'Uzza*), en référence à deux idoles vénérées par les Arabes, étaient courants. D'autre part, le mot *'abd*, du fait de l'esclavage, pouvait aussi exprimer une servitude envers un homme, comme 'Abd al-Muṭṭalib (*le serviteur de Muṭṭalib*). Cependant, Dieu (Allâh), en tant que principe suprême, n'était pas nié : le père de Muhammad ne s'appelait-il pas 'Abd Allâh (*serviteur de Dieu*) ? D'ailleurs, les chrétiens arabes ont toujours utilisé le mot « Allah » pour désigner Dieu. Allah n'est donc pas « le Dieu des musulmans », comme on l'entend souvent[11].

Avec l'islam, les prénoms d'inspiration polythéiste disparurent, pour laisser place à une floraison de prénoms d'adoration envers un dieu unique, Allah, et ses multiples attributs. Les prénoms, certes rares, de 'Abd an-Nabî (*le serviteur du Prophète*) ou 'Abd ar-Rasûl (*le serviteur de l'Envoyé*) existent

11. Le calendrier chrétien répertorie le 13 janvier un saint au nom arabe, Abdallah, mort à Cordoue en 852.

néanmoins. En parallèle, les prénoms 'Abd al-Masîḥ (*le serviteur du Messie*) et 'Abd aṣ-Ṣalîb (*le serviteur de la Croix*) circulent chez les chrétiens arabes.

Ces noms composés sont uniquement masculins ; les femmes sont nommées en utilisant les attributs divins sous leur forme indéterminée : Ḥalîma (*clémente*), Dieu étant Al-Ḥalîm (*Le Clément*).

MASCULIN | **FÉMININ**

Ama أَمَة

• Amat : *la servante*

Amatallah أَمَة الله
Amatoullah

Amat-Allâh : *la servante de Dieu.* Amat-Allâh, femme de lettres et poétesse, épouse du sultan ottoman Mehmet IV (m. 1687).

Oumaya, Omeya أُمَيَّة | **Oumaya, Omeya** أُمَيَّة

Umayya (mixte) : *jeune serviteur.* Umayya, notable qurayshite qui vécut avant l'islam, ancêtre des califes de la dynastie omeyyade de Damas. [Correspondance : Camille / Camille]

May, Mey مَيّ

Mayy (variante abrégée d'umayya) : *jeune servante, qui se met au service des autres.*

Maya مَيَّة / مَيَّا

Mayya ou Mayyâ (variantes de mayy) : *jeune servante.*

Taym تَيْم

• Taym : *serviteur.* Nom d'une tribu arabe.

Taymallah تَيْم الله
Taymoullah

Taym-Allâh : *le serviteur de Dieu.*

Abd عَبْد

• 'Abd : *serviteur, adorateur.* [Correspondance : Servan]

MASCULIN | **FÉMININ**

Abda عَبْدَة

'Abda : *servante, adoratrice.* [Correspondance : Servane]

Abid, Abed عَابِد **Abida, Abeda** عَابِدَة

'Âbid / 'Âbida : *qui adore Dieu, qui vit en état d'adoration constante.*

Oubayd عُبَيْد **Oubayda** عُبَيْدَة

'Ubayd / 'Ubayda (diminutif de 'âbid et 'âbida) : *petit serviteur.* [Correspondance : Lancelot]

Abbad عَبَّاد

'Abbâd (forme intensive de 'abd : *serviteur*) : *fervent adorateur.* 'Abbâd Ibn Bishr, compagnon valeureux du Prophète.

Abboud عَبُّود

'Abbûd (variante de 'abbâd) : *fervent adorateur.*

Ibada عِبَادَة

'Ibâda : *adoration, dévotion, accomplissement des devoirs religieux.*

Abdouh عَبْدُه

'Abduh : *Son serviteur*, c'est-à-dire *serviteur de Dieu.* Mohammed 'Abduh (m. 1905) : grand réformiste musulman égyptien.

Abdan, Abdane عَبْدَان

'Abdân (duel de 'abd) : *deux serviteurs.*

Abidine عَابِدِين

'Âbidîn (pluriel de 'âbid) : *serviteurs.*

Abdoun عَبْدُون

'Abdûn (pluriel de 'abd d'origine andalouse) : *serviteurs.*

MASCULIN **FÉMININ**

Ibadi, Ibady عِبادِي

'Ibâdi : dérivé de 'ibâd (pluriel de 'abd) : *semblable aux serviteurs, de nature humaine*, 'ibâd ayant aussi le sens d'être humain en général.

Abdallah, Abdoullah عَبْد الله

'Abd-Allâh : *le serviteur de Dieu*. « Un des noms les plus aimés de Dieu » (hadith). Nom du père de Muhammad et de plusieurs Compagnons, dont 'Abd-Allâh Ibn Mas'ûd, l'un des meilleurs connaisseurs du Coran. Un des noms coraniques du prophète Muhammad. [Correspondance : Théodule]

Abadil عَبَادِل

'Abâdil (pluriel de 'abd-Allah) : *les serviteurs de Dieu*.

Oubaydallah عُبَيْدَ الله

'Ubayd-Allâh (diminutif de 'abd-Allâh) : *l'humble serviteur de Dieu*.

Abdelmomin عَبْد المُؤْمِن

• 'Abd al-Mu'min : *le serviteur du Fidèle, du Sécurisant*. Nom du premier souverain de la dynastie des Almohades (al-Muwaḥḥidûn : les Partisans de l'Unicité divine) au Maghreb et en Espagne musulmane.

Abdelbar عَبْد البّر

• 'Abd al-Barr : *le serviteur du Bienveillant*.

Abdelmoubdi عَبْد المُبْدِئ

• 'Abd al-Mubdi' : *le serviteur de Celui qui fait commencer toute chose*.

Abdelbadi عَبْد البَدِيع

• 'Abd al-Badî' : *le serviteur de l'Inventeur de toute chose*.

Abdelbadhikh عَبْد البَاذِخ

• 'Abd al-Bâdhikh : *le serviteur de Celui qui apporte secours et assistance*.

MASCULIN **FÉMININN**

Abdelbadhil عَبْد الْبَاذِل

• ʿAbd al-Bâdhil : *le serviteur du Très-Généreux.*

Abdelbary عَبْد البَارِئ

• ʿAbd al-Bârî : *le serviteur de Celui qui donne l'existence.*

Abdelbassit عَبْد البَاسِط

• ʿAbd al-Bâsiṭ : *le serviteur de Celui qui dilate les cœurs.*

Abdelbassir عَبْد البَصير

• ʿAbd al-Baṣîr : *le serviteur de Celui qui voit tout.*

Abdelbatine عَبْد البَاطِن

• ʿAbd al-Bâṭin : *le serviteur du Secret, de l'Etre intime.*

Abdelbaïth عَبْد الْبَاعِث

• ʿAbd al-Bâʿith : *le serviteur de Celui qui ressuscite.*

Abdelbaqi عَبْد الْبَاقِي

• ʿAbd al-Bâqî : *le serviteur du Permanent.* Abdulbâki Maḥmûd (m. 1600), dit Baki, poète turc lyrique.

Abdettam عَبْد التَّامّ

• ʿAbd at-Tâmm : *le serviteur du Parfait.*

Abdettawab عَبْد التَّوَّاب

• ʿAbd at-Tawwâb : *le serviteur de Celui qui accepte toujours le repentir.*

Abdeljabbar عَبْد الْجَبَّار

• ʿAbd al-Jabbâr : *le serviteur de l'Impérieux, du Superbe, de Celui qui remet les choses en ordre en les rectifiant.*

Abdeljalil عَبْد الجَلِيل

• ʿAbd al-Jalîl : *le serviteur du Majestueux.*

MASCULIN **FÉMININ**

Abdeljami عَبْد الجَامِع

• ʻAbd al-Jâmiʻ : *le serviteur de Celui qui totalise toute chose.*

Abdeljawad عَبْد الْجَوَاد

• ʻAbd al-Jawâd : *le serviteur du Libéral.*

Abdelmoujib عَبْد المُجيب

• ʻAbd al-Mujîb : *le serviteur de Celui qui exauce.*

Abdelharis عَبْد الْحَارِس

• ʻAbd al-Ḥâriṣ : *le serviteur du Gardien.*

Abdelhassib عَبْد الْحَسِيب

• ʻAbd al-Ḥasîb : *le serviteur de Celui qui tient tous les comptes.*

Abdelmohcine عَبْد الْمُحْسِن

• ʻAbd al-Muḥsin : *le serviteur de Celui qui comble de bienfaits.*

Abdelmohsi عَبْد الْمُحْصِي

• ʻAbd al-Muḥṣî : *le serviteur de Celui qui fait le compte des bonnes et mauvaises actions.*

Abdelhafez عَبْد الْحَافِظ

• ʻAbd al-Ḥâfiẓ : *le serviteur du Préservateur.*

Abdelhafiz عَبْد الحَفِيظ

ʻAbd al-Ḥafîẓ : *le serviteur de Celui qui préserve, qui sauvegarde.*

Abdelhaq عَبْد الحَقّ

• ʻAbd al-Ḥaqq : *le serviteur du Vrai, de la Vérité.*

Abdelhakam عَبْد الحَكَم

• ʻAbd al-Ḥakam : *le serviteur du Juge.*

MASCULIN | **FÉMININ**

Abdelhakim عَبْد الحَكِيم

'Abd al-Ḥakîm : *le serviteur du Sage.*

Abdelhalim عَبْد الحَلِيم

• 'Abd al-Ḥalîm : *le serviteur de l'Indulgent, du Très-Clément.*

Abdelhamid عَبْد الحَمِيد

• 'Abd al-Ḥamîd : *le serviteur du Très-Loué.* Abdülhamid, nom de deux sultans ottomans.

Abdelhannan عَبْد الحَنَّان

• 'Abd al-Ḥannân : *le serviteur du Très-Compatissant.*

Abdelhay عَبْد الحَيّ

• 'Abd al-Ḥayy : *le serviteur du Vivant.*

Abdelmouhyi عَبْد المُحْيِي

'Abd al-Muḥyî : *le serviteur de Celui qui fait vivre.*

Abdelkhabir عَبْد الْخَبِير

• 'Abd al-Khabîr : *le serviteur de l'Instruit de toute chose.*

Abdelkhaliq عَبْد الخَالِق

• 'Abd al-Khâliq : *le serviteur du Créateur.*

Abdelkhallaq عَبْد الْخَلاَّق

'Abd al-Khallâq : *le serviteur de Celui qui crée à partir du néant.*

Abdedaïm عَبْد الدَّائِم

• 'Abd ad-Dâ'im : *le serviteur de l'Eternel.*

Abdedari عَبْد الدَّارِئ

• 'Abd ad-Dâri' : *le serviteur du Confident.*

MASCULIN **FÉMININ**

Abderaouf عَبْد الرَّؤُوف

• 'Abd ar-Ra'ûf : *le serviteur du Très-Bienveillant.*

Abderrab عَبْد الرَّبّ

• 'Abd ar-Rabb : *le serviteur du Seigneur.*

Abderabbouh عَبْد رَبُّه

'Abd Rabbuh : *le serviteur de son Seigneur* (Dieu).

Abderahmane عَبْد الرَّحْمَان

• 'Abd ar-Raḥmân : *le serviteur du Tout-Miséricordieux.* Selon le prophète Muhammad, ce nom est un des plus aimés de Dieu. Nom de plusieurs compagnons du Prophète dont 'Abd al-Rahmân Ibn Abî Bakr, frère de Aïcha, et poète : il se nommait avant l'islam **'Abd al-Ka'ba**, *le Serviteur de la Kaaba,* et Muhammad lui changea son nom. Plusieurs souverains arabes de l'Andalousie musulmane se nommaient ainsi dont 'Abd al-Rahmân Ier (m. 788), issu de la famille omeyyade de Syrie, émir de Cordoue, surnommé **ad-Dâkhil**, l'Immigré.

Abderahim عَبْد الرَّحِيم

'Abd ar-Raḥîm : *le serviteur du Très-Miséricordieux.*

Abderazaq عَبْد الرَّزَّاق

• 'Abd ar-Razzâq : *le serviteur du Celui qui pourvoit, qui offre la subsistance.*

Abderachid عَبْد الرَّشِيد

• 'Abd ar-Rashîd : *le serviteur de Celui qui dirige avec sagesse.*

Abderafi عَبْد الرَّافِع

• 'Abd ar-Râfi' : *le serviteur de Celui qui élève.*

Abdessattar عَبْد السَّتَّار

• 'Abd as-Sattâr : *le serviteur de Celui qui voile les défauts et qui protège.*

MASCULIN **FÉMININIM**

Abdessalam عَبْد السَّلَام

• ʿAbd as-Salâm : *le serviteur de la Paix*. ʿAbd as-Salâm Ibn Mashîsh (m. 1225) : saint marocain (Moulay Abdessalem) qui fut le maître d'Abû l-Ḥasan ash-Shâdhilî.

Abdessami عَبْد السَّمِيع

• ʿAbd as-Samîʿ : *le serviteur de Celui qui entend tout.*

Abdessayyid عَبْد السَّيِّد

• ʿAbd as-Sayyid : *le serviteur du Maître.*

Abdechafi عَبْد الشَّافِي

• ʿAbd ash-Shâfî : *le serviteur du Guérisseur.*

Abdechakour عَبْد الشَّكُور

• ʿAbd ash-Shakûr : *le serviteur du Très-Reconnaissant.*

Abdechahid عَبْد الشَّهِيد

• ʿAbd ash-Shahîd : *le serviteur du Témoin par excellence.*

Abdessabour عَبْد الصَّبُور

• ʿAbd aṣ-Ṣabûr : *le serviteur du Très-Constant.*

Abdessiddiq عَبْد الصِّدِّيق

• ʿAbd as-Ṣiddîq : *le serviteur du Très-Véridique.*

Abdessamad عَبْد الصَّمَد

• ʿAbd aṣ-Ṣamad : *le serviteur du Soutien universel, de l'Impénétrable.*

Abdelmoussawir عَبْد المُصَوِّر

• ʿAbd al-Muṣawwir : *le serviteur de Celui qui crée les formes.*

Abdezahir عَبْد الظَّاهِر

• ʿAbd aẓ-Ẓâhir : *le serviteur de l'Apparent, de Celui dont l'existence est évidente.*

MASCULIN **FÉMININ**

Abdelmaboud عَبْد الْمَعْبُود

• 'Abd al-Ma'bûd : *le serviteur de l'Adoré.*

Abdeladel عَبْد الْعَدْل

• 'Abd al-'Adl : *le serviteur de l'Equitable.*

Abdelaziz عَبْد العَزِيز

• 'Abd al-'Azîz : *le serviteur du Tout-Puissant.*

Abdelmoïzze عَبْد الْمُعِزّ

'Abd al-Mu'izz : *le serviteur de Celui qui honore.*

Abdelazim عَبْد العَظِيم

• 'Abd al-'Aẓîm : *le serviteur de l'Immense, du Magnifique.*

Abdelafouw عَبْد الْعَفُوّ

• 'Abd al-'Afuww : *le serviteur de l'Indulgent.*

Abdelali عَبْد العَلِيّ

• 'Abd al-'Alî : *le serviteur du Très-Haut, du Sublime.*

Abdelalim عَبْد العَلِيم

• 'Abd al-'Alîm : *le serviteur de l'Omniscient.*

Abdelmoïde عَبْد الْمُعِيد

• 'Abd al-Mu'îd : *le serviteur de Celui qui ramène toute chose à son début.*

Abdelmoïne عَبْد الْمُعِين

• 'Abd al-Mu'în : *le serviteur de Celui qui assiste.*

Abdelghaffar عَبْد الغَفَّار

• 'Abd al-Ghaffâr : *le serviteur du Très-Pardonnant.*

MASCULIN **FÉMININ**

Abdelghafour عَبْد الغَفُور

'Abd al-Ghafûr : *le serviteur du Tout-Pardonnant.*

Abdelghalib عَبْد الْغَالِب

• 'Abd al-Ghâlib : *le serviteur du Vainqueur absolu.*

Abdelghani عَبْد الغَنِيّ
Abdelrani

• 'Abd al-Ghanî : *le serviteur du Riche, de Celui qui se suffit entièrement à Lui-même, de Celui qui est totalement indépendant.* 'Abd al-Ghanî an-Nâbulusî (m. 1731) : savant et soufi syrien.

Abdelmoughni عَبْد المُغْنِي

'Abd al-Mughnî : *le serviteur de Celui qui délivre du besoin et donne en suffisance.*

Abdelmoughith عَبْد الْمُغيث

• 'Abd al-Mughîth : *le serviteur du Sauveur.*

Abdelfattah عَبْد الفَتَّاح

• 'Abd al-Fattâḥ : *le serviteur de Celui qui ouvre, qui accorde la victoire.*

Abdelfarouk عَبْد الْفَارُوق

• 'Abd al-Fârûq : *le serviteur de Celui qui sépare le vrai du faux.*

Abdelfatir عَبْد الْفَاطِر

• 'Abd al-Fâṭir : *le serviteur du Concepteur.*

Abdelqadir عَبْد القَادِر
Abdelkader

• 'Abd al-Qâdir : *le serviteur du Puissant.* L'émir Abd el-Kader (m. 1883) : il fut l'âme de la résistance algérienne musulmane contre l'occupant français, un humaniste et un grand mystique.

MASCULIN **FÉMININ**

Abdelmouqtadir عَبْد المُقْتَدِر

'Abd al-Muqtadir : *le serviteur du Tout-Puissant.*

Abdelmouqaddim عَبْد المُقَدِّم

• 'Abd al-Muqaddim : *le serviteur de Celui qui attribue la priorité.*

Abdelqouddous عَبْد القُدُّوس

• 'Abd al-Quddûs : *le serviteur du Très-Saint.*

Abdelmouqsit عَبْد المُقْسِط

• 'Abd al-Muqsiṭ : *le serviteur de l'Equitable.*

Abdelmaqsoud عَبْد المَقْصُود

• 'Abd al-Maqṣûd : *le serviteur du Sollicité.*

Abdelqadi عَبْد القَاضِي

• 'Abd al-Qâḍi : *le serviteur du Juge suprême.*

Abdelqahir عَبْد القَاهِر

• 'Abd al-Qâhir : *le serviteur du Puissant Vainqueur.*

Abdelmouqit عَبْد المُقِيت

• 'Abd al-Muqît : *le serviteur du Nourricier.*

Abdelqawi عَبْد القَوِيّ

• 'Abd al-Qawwî : *le serviteur du Très-Fort.*

Abdelqayyoum عَبْد القَيُّوم

• 'Abd al-Qayyûm : *le serviteur de l'Immuable.*

Abdelkabir عَبْد الكَبِير

• 'Abd al-Kabîr : *le serviteur de l'Infiniment Grand.*

MASCULIN **FÉMININ**

Abdelkarim عَبْد الكَرِيم

• 'Abd al-Karîm : *le serviteur du Généreux et Noble.*

Abdelatif عَبْد اللَّطِيف

• 'Abd al-Laṭîf : *le serviteur du Bienveillant, du Subtil.*

Abdelmatine عَبْد الْمَتِين

• 'Abd al-Matîn : *le serviteur de l'Inébranlable.*

Abdelmajid عَبْد الْمَاجِد

• 'Abd al-Mâjid : *le serviteur de Celui qui glorifie.*

Abdelmajid عَبْد المَجِيد

'Abd al-Majîd : *le serviteur du Glorieux.* Abdulmecit (selon la prononciation turque), nom du dernier calife ottoman, avant la proclamation de la République de Turquie en 1923.

Abdelmalek عَبْد المَلِك

• 'Abd al-Malik : *le serviteur du Souverain, du Roi.*

Abdelmalik عَبْد الْمَالِك

'Abd al-Mâlik : *le serviteur du Possesseur.* 'Abd al-Mâlik Ibn Marwân (m. 705), cinquième calife omeyyade : il fit accéder l'arabe au statut de langue d'empire.

Abdelmannane عَبْد المَنَّان

• 'Abd al-Mannân : *le serviteur du Bienfaiteur.*

Abdenafi عَبْد النَّافِع

• 'Abd an-Nâfi' : *le serviteur de Celui qui accorde le profit.*

Abdenassir عَبْد النَّاصِر
Abdenasser

• 'Abd an-Nâṣir : *le serviteur de Celui qui porte assistance.*

MASCULIN	FÉMININ

Abdelmounim عَبْد الْمُنْعِم

- 'Abd al-Mun'im : *le serviteur de Celui qui comble de Ses bienfaits.*

Abdennour عَبْد النُّور

- 'Abd an-Nûr : *le serviteur de la Lumière primordiale.*

Abdelhadi عَبْد الهَادِي

- 'Abd al-Hâdî : *le serviteur du Guide.*

Abdelmouhaymin عَبْد المُهَيْمِن

- 'Abd al-Muhaymin : *le serviteur de Celui qui veille, qui garde.*

Abdelwajid عَبْد الوَاجِد

- 'Abd al-Wâjid : *le serviteur du Possesseur des réalités.*

Abdelmawjoud عَبْد الْمَوْجُود

'Abd al-Mawjûd : *le serviteur de l'Existant.*

Abdelwahid عَبْد الوَاحِد

- 'Abd al-Wâḥid : *le serviteur de l'Unique.*

Abdelwadoud عَبْد الوَدُود

- 'Abd al-Wadûd : *le serviteur du Très-Aimant.*

Abdelwarith عَبْد الوَارِث

- 'Abd al-Wârith : *le serviteur de l'Héritier.*

Abdelwassi عَبْد الوَاسِع

- 'Abd al-Wâsi' : *le serviteur de Celui qui englobe tout.*

Abdelwakil عَبْد الوَكِيل

- 'Abd al-Wakîl : *le serviteur de Celui à qui l'on confie toute chose.*

MASCULIN **FÉMININ**

Abdelwaly عَبْد الوَلِيّ

• ‘Abd al-Walî : *le serviteur du Très-Proche, du Maître intime.*

Abdelwâli عَبْد الوَالي

‘Abd al-Wâlî : *le serviteur de Celui qui gouverne.*

Abdelwahhab عَبْد الوَهَّاب

• ‘Abd al-Wahhâb : *le serviteur du Donateur.*

Abdelwahib عَبْد الْوَاهِب

‘Abd al-Wâhib : *le serviteur du Bienfaiteur.*

C. SAINTETÉ

Les noms recensés ci-dessous sont, pour la plupart, des *kunya* (noms de paternité) ou des *nisba* (noms d'origine) de saints personnages. S'ils se portent en tant que prénoms, ce n'est donc pas en fonction de leur sens, mais pour honorer la mémoire de ceux auxquels ils font référence.

MASCULIN		FÉMININ	

Boumediene أَبُو مَدْيَن

• Abû Madyan : *Père de Madyan*. Saint musulman andalou du XIIe siècle, enterré à Tlemcen (Algérie). Il avait pour prénom Shu'ayb, du nom du prophète de la ville de Madyan. **Boumédiène** est la prononciation dialectale.

Boukhari بُخَارِيّ

• Bukhârî : *originaire de Bukhârâ* (Ouzbékistan). Grand compilateur de traditions prophétiques (hadith) au IXe siècle.

Abdal أَبْدَال — **Abdale** أَبْدَال

• 'Abdâl (pluriel de badal) : *personnages saints appartenant à une hiérarchie ésotérique qui gouverne le monde*, selon les paroles du Prophète et de 'Alî.

Boussiri بُوصِيرِيّ

• Bûṣîrî : *originaire de* Bûṣîr (Égypte). Soufi du XIIIe siècle, et auteur du célèbre poème *al-Burda* (*le manteau*), composé en l'honneur du prophète Muhammad.

Tijani تِجَانِيّ — **Tijania** تِجَانِيَّة

• Tijânî / Tijâniyya : en référence à Aḥmad at-Tijânî, saint algérien du XVIIIe siècle ; fondateur de la confrérie Tijâniyya ; enterré à Fès au Maroc.

Jilani جِيلانِيّ

• Jîlânî : 'Abd al-Qâdir al-Jîlânî (m. 1166), saint musulman de Bagdad originaire de Jîlân (région au sud de la mer Caspienne) ; fondateur de la confrérie Qâdiriyya et auteur d'ouvrages de référence dans le soufisme.

MASCULIN **FÉMININIT**

Qadiri قَادِرِيّ Qadiria قَادِرِيَّة

• Qâdirî / Qâdiriyya : en référence à 'Abd al-Qâdir al-Jîlânî (voir Jîlânî).

Darqawi دَرْقَاوِيّ

• Darqâwî : Ad-Darqâwî, saint marocain des XVIIIe et XIXe siècles ; fondateur de la confrérie Darqâwiyya, branche de la confrérie Shâdhiliyya. Ce nom d'origine (*nisba*) lui vient de son ancêtre Abû Darqâ.

Derwiche دَرْوِيش Derwicha دَرْوِيشَة

• Darwîsh / Darwîsha : *pauvre en Dieu* ; *ascète, dévot* ; *derviche tourneur* : soufi turc qui pratique la « danse cosmique » et disciple de Mawlâna Rûmî. Au Maghreb, le mot *darwîsh* désigne un pauvre errant et est connoté négativement.

Rabia رَابِعَة

• Râbi'a : Râbi'a al-'Adawiyya, sainte musulmane du VIIIe siècle, originaire de Baṣra (Irak). Elle fut ainsi nommée parce qu'elle était la *quatrième* (*râbi'a*) fille de sa famille.

Rifaï رِفَاعِيّ

• Rifâ'î : Aḥmad al-Rifâ'î : saint irakien du XIIe siècle ; fondateur de la confrérie Rifâ'iyya.

Roumi, Roumy رُومِي

• Rûmî : Jalâl al-Dîn Rûmî (m. 1273) : poète mystique et maître soufi, fondateur de la voie des Mevlevis ; ceux-ci sont connus en Occident sous le nom de « derviches tourneurs ». Installé à Konya, ancienne ville byzantine, Jalâl al-Dîn est surnommé **Rûmî** : en arabe, Rûm (mot dérivé de Rome) désigne Byzance et, par extension, l'Occidental.

Chadhili, Chedli شَاذِلِيّ Chadhilia, Chedlia شَاذِلِيَّة

• Shâdhilî / Shâdhiliyya : en référence à Abû-l-Ḥasan ash-Shâdhilî, saint du XIIIe siècle, né au Maroc ; fondateur de la confrérie Shâdhiliyya. Selon l'opinion courante, son nom est une *nisba* faisant référence à *Shâdhila* (Tunisie), lieu près duquel il demeura en retraite. Mais lui-même dit que ce nom lui a été donné par inspiration divine, et signifie : *celui qui s'est détourné du monde* (*shâdhdh*) *pour se consacrer à Moi* (*lî*). La prononciation dialectale est **Chedli**.

MASCULIN		FÉMININ	

Alawi, Alaoui عَلَوِيّ **Alawiya** عَلَوِيَّة

• 'Alawî / 'Alawiyya : en référence à l'imam 'Alî. Le cheikh Aḥmad al-'Alawî, saint algérien originaire de Mostaganem (m. 1934), fondateur en 1909 de la confrérie 'Alâwiyya, branche de la Shâdhiliyya ; auteur et poète mystique (*ad-Dîwân*).

Menoubi مَنُّوبِي **Menoubia** مَنُّوبِيَّة

• Mannûbî / Mannûbiyya : du nom de 'Â'isha al-Mannûbiyya, sainte musulmane originaire de la ville de Manouba, aux environs de Tunis (m. 1267) ; surnommée « la Dame (*as-Sayyida*) de Tunis ».

Wali, Ouali وَلِيّ **Waliya, Oualiya** وَلِيَّة

• Walî / Waliyya : *qui vit dans la proximité de Dieu, ami de Dieu, saint.* Walî : un des noms du prophète Muhammad.

Waliallah, Oualiallah وَلِيّ الله

Walî-Allâh : *l'ami de Dieu, le protégé de Dieu.*

Waliedine وَلِيّ الدِّين

Walî ad-Dîn : *le protecteur de la religion, le garant de la religion.*

Walaya, Oualaya وَلاَيَة

Walâya : *proximité de Dieu, sainteté.*

D. LIEUX ET TEMPS SACRÉS

Les noms des mois du calendrier hégirien figurant ci-dessous, ou d'autres noms liés à un temps précis, sont souvent attribués dans le monde musulman à des enfants nés durant ces périodes.

MASCULIN | **FÉMININ**

Ilya, Ilia إِلْيَاء

•Ilyâ' : Aelia, nom attribué à la ville de Jérusalem par l'empereur Hadrien en 135. Elle fut conquise en 638 par le calife Omar, et les musulmans continuèrent à utiliser ce nom, qui laissera progressivement place à celui d'al-Quds, *la Sainte.*

Israe إِسْرَاء

•Isrâ' : *voyage nocturne* du prophète Muhammad, de La Mecque à Jérusalem avant son ascension *(al-Mi'râj).*

Takiya تَكِيَّة

•Takiyya : *tekkié*, lieu d'assemblée spirituelle pour les soufis du Proche-Orient.

Takaya تَكَايَا

Takâyâ (pluriel de takiyya) : *tekkiés.*

Jomoua جُمُعَة

•Jumu'a : *vendredi ;* jour de la prière commune chez les musulmans (du verbe *jama'a* : *assembler*).

Hajje حَاجّ — **Hajja** حَاجَّة

•Ḥâjj / Ḥâjja : *pèlerin, qui accomplit ou a accompli le pèlerinage à La Mecque.*

Hajjaj حَجَّاج

Ḥajjâj : *qui accomplit souvent le pèlerinage à la Mecque, pèlerin fervent ; personne qui détient des arguments, des preuves solides.* Al-Ḥajjâj Ibn Yûsuf al-Thaqafî (m. 714) : chef de guerre et gouverneur omeyyade.

MASCULIN		FÉMININ	

Mahaj مَحَجّ

Maḥajj : *lieu où s'accomplit le pèlerinage.*

Hijazi, Héjazi حِجَازِيّ — Hijaziya, Héjazia حِجَازِيَّة

• Ḥijâzî / Ḥijâziyya : *originaire du Hedjaz* (région d'Arabie où se trouvent les lieux saints de l'islam : La Mecque et Médine).

Mihrab مِحْرَاب

• Miḥrâb : dans une mosquée, *niche orientée vers La Mecque*, marquée de deux colonnes surmontées d'une arcature, où se tient l'imam pour diriger la prière.

Haraman حَرَمَان

• Ḥaramân (duel de ḥaram) : « *les deux lieux sacrés* », c'est-à-dire les mosquées de La Mecque et de Médine.

Houroum حُرُم

Ḥurum (pluriel de ḥarâm) : *les mois sacrés* du calendrier lunaire islamique, c'est-à-dire *Rajab* (septième mois, signifie *qui est respecté*), *Dhû l-qi'da* (onzième mois, *le mois de la trêve* pour se rendre sur le lieu de pèlerinage en toute sécurité), *Dhû l-ḥijja* (douzième mois, *le mois du pèlerinage*), *Muḥarram* (premier mois, *qui est sacralisé* : les pèlerins regagnent leur foyer, le combat est interdit).

Moharrem مُحَرَّم

Muḥarram : *sacralisé*, premier mois de l'année hégirienne.

Rajab رَجَب

• Rajab : *respecté* ; septième mois du calendrier islamique, au cours duquel eut lieu le *Mi'râj* (ascension céleste du prophète Muhammad). Un des quatre mois sacrés de l'année, mois de trêve pour accomplir la *'umra*, visite rituelle du lieu saint de La Mecque.

Rajabane رَجَبَان

Rajabân (duel de rajab) : « *les deux Rajab* », expression qui désigne les deux mois du calendrier lunaire islamique qui précèdent le mois de Ramadan, *rajab* et *sha'bân*.

MASCULIN **FÉMININ**

Ramadane رَمَضَان

• Ramaḍân : *qui consume.* Neuvième du calendrier islamique, le mois de Ramadan est celui du jeûne obligatoire, de l'aube jusqu'au coucher du soleil ; et son but est purificatoire. La première révélation coranique eut lieu durant le mois de Ramadan.

Tarawih, Taraouih تَرَاوِيح

• Tarâwîḥ : *prières accomplies pendant le mois de Ramadan après la prière de 'Ishâ'*.

Zamzam, Zemzem زَمْزَم

• Zamzam : *bruissement de l'eau* (le mot *zamzam* lui-même en est la réalisation sonore) ; *eau qui jaillit abondamment de sa source.* Dans la tradition islamique, nom donné à la source que Dieu fit jaillir dans le désert pour que Hâjar puisse donner à boire à son fils Ismâ'îl. En cet emplacement, Ibrâhîm et Ismâ'îl édifièrent plus tard la Kaaba. Cette source, située dans l'enceinte de la grande mosquée de La Mecque, abreuve toujours les pèlerins.

Sebti سَبْتِي

• Sabtî : en référence à *yawm as-sabt, le samedi* : *septième* ; *né un samedi.* Abû l-'Abbâs al-Sabtî (XIIe siècle) : l'un des sept « patrons » de Marrakech ; sa sainteté se fondait sur la générosité. [Correspondance : Septime]

Chabane شَعْبَان

• Sha'bân : *la division, la séparation, la dispersion* ; huitième mois du calendrier islamique, placé entre les mois religieux de Rajab et de Ramadan : durant ce mois, chaque tribu vaquait à ses occupations matérielles, d'où son nom. Le prophète Muhammad en fit un mois de piété en préparation du jeûne de Ramadan. On rapporte de lui : « Sha'bân est mon mois, Rajab est le mois de Dieu et Ramaḍân est le mois de ma communauté. »

Machhour مَشْهُور

• Mashhûr : *célèbre,* c'est-à-dire *le jour du vendredi* ; *la prière de l'aube.*

Chawal شَوَّال

• Shawwâl : dérivé de shâ'ila qui désigne *la chamelle pleine.* Dixième mois du calendrier islamique, Shawwâl vient après Ramadan : le 1er de ce mois est le jour de l'Aïd al-fitr (fête de la rupture du jeûne).

MASCULIN | **FÉMININ**

Safar صَفَر

• Ṣafar : *vide.* Deuxième mois du calendrier islamique (dérivé du mot *ṣifr, zéro,* à la base du système décimal inventé par les Arabes, et qui a donné en français le mot *chiffre*). En ce mois, les maisons étaient laissées vides, car les gens à cette époque partaient en voyage, au combat, chercher de l'eau…

Moussala, Mossala مُصَلّى

• Muṣallâ : *lieu pour prier*, vaste lieu en dehors de la ville où les musulmans accomplissent la prière (*ṣalât*) commune lors des deux fêtes musulmanes.

Safa صَفَى

• Ṣafâ : Ṣafâ et Marwa sont deux promontoires rocheux proches de la source de Zemzem ; ces deux mots signifient *rocher*. Hâjar, craignant pour la vie d'Ismâ'îl, parcourut sept fois de suite la distance qui sépare ces deux rochers du haut desquels elle scrutait l'horizon à la recherche d'un secours. Ce parcours fait partie du rituel du pèlerinage de La Mecque (cf. Coran 2 : 158).

Tawaf, Taouaf طَوَاف

• Ṭawâf : *tours rituels autour de la Kaaba,* édifice sacré de La Mecque.

Arafat عَرَفَات

• 'Arafât : en référence à une plaine située à quelques lieues de La Mecque, où les pèlerins effectuent une « station » rituelle, le neuvième jour du mois de *Dhû l-Ḥijja*, le mois du pèlerinage.

Achour عَاشُور **Achoura** عَاشُورَة

• 'Âshûr / 'Âshûra : vient de 'ashara, *dix.* 'Âshûra (variante de عَاشُورَاء) *dixième jour* du mois de Muḥarram ; jour de pardon, de jeûne et de largesses familiales chez les musulmans ; commémoration chiite du martyre d'al-Ḥusayn, petit-fils de Muhammad ; selon la tradition islamique, fuite d'Egypte de Moïse (*Mûsâ*) et du peuple d'Israël.

Asr عَصْر

• 'Aṣr : *temps* ; *deuxième partie de l'après-midi*, nom de la *prière canonique musulmane* qui s'effectue durant ce temps ; Al-'aṣr (*Le temps*), titre de la sourate 103 du Coran.

MASCULIN | **FÉMININ**

Aïd, Ide عِيد — Ida عِيدَة

• 'Îd / 'Îda : *qui revient chaque année* ; *fête, cérémonie* (mot dérivé de 'âda : *revenir*) ; 'Îda, variante féminine. L'année musulmane compte deux fêtes : Aïd el-fitr « *la fête de la rupture* [du jeûne] » après le Ramadan, appelée aussi al-'Îd aṣ-ṣaghîr, « *la petite fête* », et Aïd el-adhâ « *la fête du sacrifice* » à la fin du pèlerinage, appelée aussi al-'Îd al-kabîr, « *la grande fête* ».

Fitr فِطْر

• Fiṭr : *rupture,* fin de la journée de jeûne, au coucher du soleil (cf. Aïd).

Koudsi, Koudsy, Qoudsi قُدْسِي — Koudsia, Qoudsia قُدْسِيَّة

• Qudsî / Qudsiyya : *saint, sacré* ; en référence à la ville Al-Quds, Jérusalem la Sainte, troisième ville sacrée de l'islam : au début de l'islam, la prière canonique s'effectuait en direction (*qibla*) de Jérusalem. [Correspondance : Jérôme (nom sacré), Jerry / Jérômine]

Madani مَدَنِي — Madaniya, Madania مَدَنِيَّة

• Madanî / Madaniyya : si ce mot signifie *urbain, civilisé* (dérivé de madina : *ville*), le prénom est donné en référence à la ville sainte de Médine, dans le sens de *Médinois, qui est de nature médinoise*, c'est-à-dire proche du prophète Muhammad ; dans la tradition musulmane, al-Madîna ou Médine (en actuelle Arabie saoudite) est « la ville par excellence », celle qui accueillit le Prophète lors de l'Hégire (fuite de La Mecque) ; son nom, Yathrib, fut changé à cette occasion en l'honneur du Prophète. [Correspondance : Urbain]

Marwa, Maroua مَرْوَة

• Marwa : *promontoire rocheux* situé à La Mecque (voir Safa).

Makki, Mekky مَكِّي — Makkia, Mekkia مَكِّيَّة

• Makkî / Makkiyya : *natif de La Mecque* ; *résident en cette ville* ; *qui est de nature mecquoise,* en référence à la première ville sainte de l'islam, La Mecque, lieu du pèlerinage (actuelle Arabie saoudite).

MASCULIN	FÉMININ

Mawsimi, Mawsimy مَوْسِمِي

• Mawsimî : dérivé de mawsim : (*saison* ; *époque du pèlerinage* ; *moment où les bêtes sont marquées* ; *saison des vents favorables pour la navigation,* d'où le mot mousson) ; *saisonnier* ; *qui est attaché aux célébrations du* mawsim : fête régionale annuelle en l'honneur d'un saint et qui fait fonction de foire et de festival (*moussem*).

3.
Les secrets de l'âme

A. Aspiration et inspiration
B. Intimité et quiétude

« Mes yeux dorment mais mon cœur veille »

(parole du prophète Muhammad)

A. ASPIRATION ET INSPIRATION

MASCULIN		FÉMININ	
		Amal, Amel, Amelle	أَمَل

• Amal : *espoir, espérance*. [Correspondance : Nadège, Nadja, Nadia]

Amali	أَمَلِي	**Amaliya, Amelia**	أَمَلِيَّة

Amalî / Amaliyya : *qui garde toujours espoir.*

		Emel, Emelle	آمَال

Âmâl (pluriel de amal) : *espoirs.*

		Emla	إِمْلَة

Imla : *espoir.*

Barakat	بَرَكَات	**Barakat**	بَرَكَات

• Barakât (mixte) (pluriel de baraka) : *bénédictions, grâces.*

Mabrouk	مَبْرُوك	**Mabrouka**	مَبْرُوكَة

Mabrûk / Mabrûka : *qui reçoit la baraka* (influence bénéfique), *béni, chanceux, florissant.*

Moubarak	مُبَارَك	**Moubaraka**	مُبَارَكَة
Mobarak		**Mobaraka**	

Mubârak / Mubâraka : *béni, chanceux, florissant.* [Correspondance : Benoît / Bénédicte]

		Boughia, Bouria, Boria	بُغْيَة

• Bughya : *but, dessein, souhait.*

		Ibtihal, Ibtihale	اِبْتِهَال

• Ibtihâl : *invocation, supplication adressée à Dieu.*

MASCULIN		FÉMININ	
		Jadhba, Jadba, Jazba	**جَذْبَة**

• Jadhba : *ravissement, extase.*

Jahid, Jahed	**جَاهِد**	**Jahida, Jaheda**	**جَاهِدَة**

• Jâhid / Jâhida : *qui s'efforce, qui cherche à combattre ses faiblesses.*

Jihad, Gihed	**جِهَاد**	**Jihad, Gihed**	**جِهَاد**

Jihâd (mixte) : *effort, lutte contre son ego, ses passions, et, secondairement, contre un adversaire extérieur, guerre défensive.*

Moujahed	**مُجَاهِد**	**Moujaheda**	**مُجَاهِدَة**

Mujâhid / Mujâhida : *qui est en état de jihâd* (voir définition ci-dessus) ; *combattant* (celui qui combat son ego, ou qui participe à la guerre).

		Istijaba	**اِسْتِجَابَة**

• Istijâba : *vœu.*

		Ahlam, Ahlem	**أَحْلَام**

• Aḥlâm (pluriel de ḥulm) : *songes, rêves* (en français, si le « ḥ » n'est pas prononcé, ce prénom devient « alam » : *douleur*).

		Hanine	**حَنِين**

• Ḥanîn : *désir, nostalgie (du pays, de sa famille…)* ; *affection.*

		Hanina	**حَنِينَة**

Ḥanîna (variante de ḥanîn) : *désir, nostalgie (du pays, de sa famille…)* ; *affection.*

MASCULIN | **FÉMININ**

Hounayn حُنَيْن

Ḥunayn (diminutif de ḥanîn) : *désir, nostalgie (du pays, de sa famille…)* ; *affection.* Ḥunayn, lieu près de La Mecque où le Prophète gagna une bataille. Ḥunayn, prénom répandu parmi les chrétiens arabes : c'est le diminutif de Hanna, *Jean*, variante abrégée de Youhanna, *Dieu a fait grâce.* Ḥunayn Ibn Iṣḥâq (m. 873) : médecin arabe chrétien, célèbre pour son œuvre et ses traductions du grec vers l'arabe : il est surnommé « le Maître des traducteurs de l'islam » et est connu en Occident sous le nom de Johannitius. Cf. Yahya.

Khatir خَاطِر

• Khâtir : *qui survient inopinément* ; de là *une pensée fugace, une idée* ; *cœur, esprit.*

Khawatir خَوَاطِر

Khawâṭir (pluriel de khâṭir) : *qui se présentent inopinément* ; *pensées fugaces.*

Doua دُعَاء

• Du'â' : *demande adressée à Dieu, appel à Dieu, prière.*

Dhakir ذَاكِر — **Dhakira** ذَاكِرَة

Dakir, Zakir — **Dakira, Zakira**

• Dhâkir / Dhakira : *qui se souvient de Dieu, qui invoque Dieu, qui pratique le dhikr* (invocation des Noms divins, en particulier chez les soufis). Dhâkira signifie aussi *mémoire.*

Dhikrallah ذِكْر الله — **Dhikrallah** ذِكْر الله

Dhikroullah — **Dhikroullah**

Dhikr-Allâh (mixte) : *le souvenir de Dieu, l'invocation de Dieu.* Un des noms du prophète Muhammad.

Dhikra, Dikra, Zikra ذِكْرَى

Dhikrâ : *souvenir* ; *évocation* ; *commémoration.*

MASCULIN	FÉMININ

Moudhakir مُذَكِّر
Moudakir, Mouzakir

Moudhakira مُذَكِّرة
Moudakira, Mouzakira

Mudhakkir / Mudhakkira : *celui qui vivifie le souvenir* [*de Dieu*]. Un des noms coraniques du prophète Muhammad.

Tidhkar, Tidkar, Tizkar تِذْكار

Tidhkâr : *souvenir, rappel* [*de Dieu*] ; *réminiscence.*

Roya رُؤْيا

• Ru'yâ (dérivé du verbe ra'a : *voir*) : *vision en état de sommeil* ; *inspiration par le rêve.*

Roa رُؤَى

Ru'â (pluriel de ru'yâ) : *visions en état de sommeil.*

Raja رَجَاء

Raja, Rajae رَجَاء

• Rajâ' (mixte) : *espoir, prière.*

Raja رَجَا

Rajâ (variante de rajâ) : *espoir.*

Rajate رَجَاةْ

Rajât (variante de rajâ') : *espoir.*

Rajoua, Rajwa رَجْوَى

Rajwâ : *espérance.*

Rajaa رَجَاءَة

Rajâ'a : *espérance.*

Rajawa رَجَاوَة

Rajâwa : *espérance.*

MASCULIN		FÉMININ	
		Marjate	مَرْجَاة

Marjât : *espérance.*

Raji, Rajy	رَاجِي	**Rajia**	رَاجِيَة

Râjî / Râjiya : *qui espère, qui place son espoir en Dieu.*

Rajwan, Rajouane رَجْوَان

Rajwân : *qui est plein d'espoir.*

Raghbe	رَغْب	**Raghba**	رَغْبَة

• Raghb / Raghba : *désir ardent* ; *supplication fervente adressée à Dieu.*

		Rawde	رَوْد

• Rawd : *désir* ; *demande* ; *vent doux.*

Mourid	مُرِيد	**Mourida**	مُرِيدَة

Murîd / Murîda : *qui désire Dieu.* Terme soufi désignant *celui qui suit la voie spirituelle.* Les Mourides : confrérie soufie sénégalaise qui compte de nombreux adeptes.

Mourad مُرَاد

Mûrad : *désiré de Dieu, désir*. Murat, variante turque, nom de quatre sultans ottomans, dont Murat Ier (1539-1589), fils du roi ottoman Orhan et de la princesse byzantine Nilüfer. [Correspondance : Désiré]

Mouradi, Moradi	مُرَادِي	**Mouradi, Moradi**	مُرَادِي

Murâdî (mixte) : « *mon désir* », « *ma requête* ».

		Irada	إرَادَة

Irâda : *volonté.*

Marame	مَرَام	**Marame**	مَرَام

• Marâm (mixte) : *aspiration, désir, souhait.*

MASCULIN		FÉMININ	

Semaane سَمْعَان

Sam'ân : *qui entend clairement.* Sam'ân, ou Siméon le Stylite (*colonne* en grec), ascète chrétien qui vécut durant quarante années, jusqu'à sa mort en 459, en haut d'une colonne, au nord d'Alep (Syrie). [Correspondance : Simon, Siméon / Simone]

Chéfi شَفِيع **Chéfia** شَفِيعَة

Shafî'/ Shafî'a : *intercesseur, médiateur, conciliateur.* Shafî', un des noms du prophète Muhammad.

Chafi شَافِع **Chafia** شَافِعَة

Shâfi'/ Shâfi'a : *qui demande, qui adresse une requête.*

Chaféi شَافِعِي

Shâfi'î : *qui intercède* ; en référence à l'imâm ash-Shâfi'î (m. 820), surnommé **Nâṣir as-Sunna** (*qui donne la victoire à la Sunna,* la tradition prophétique), fondateur d'une des écoles juridiques de l'islam, l'école chafi'ite.

Tachahi تَشَهِّي

Tashahhî : *désir, envie.*

Chawq شَوْق **Chawq** شَوْق

Shawq (mixte) : *désir, inclination du cœur, de l'âme, vive nostalgie.*

Chawqi شَوْقِيّ **Chawqiya, Chawkia** شَوْقِيَّة

Shawqî / Shawqiyya : *qui désire ardemment.*

Achwaq أَشْوَاق

Ashwâq : *désirs, aspirations.*

Ichtiyaq, Ichtiyak اِشْتِيَاق

Ishtiyâq : *désir passionné, grande nostalgie.*

MASCULIN		FÉMININ	

Machaa مَشَاءَة

• Mashâ'a : *dessein, volonté.*

Machia مَشِيئَة

Mashî'a : *dessein, volonté.*

Tarab طَرَب — **Tarab** طَرَب

• Ṭarab (mixte) : *forte émotion intérieure, heureuse ou triste* ; *extase.*

Tarib طَرِب — **Tariba** طَرِبَة

Ṭarib / Ṭariba : *qui ressent une émotion artistique ou spirituelle* (par l'écoute de la musique, du chant, du Coran, l'évocation de son pays…). Ṭarîb : nom d'un des chevaux de Muhammad.

Taroub, Taroube طَرُوب

Ṭarûb : *qui est prise facilement par l'émotion, l'extase.*

Tamih طَامِح — **Tamiha** طَامِحَة

• Ṭâmiḥ / Ṭâmiḥa : *qui « porte son regard vers le haut » ; qui a de grandes aspirations, de l'ambition, qui convoite.*

Ghaya غَايَة

Ghâya : *idéal, but ultime, terme.*

Moufdi مُفْضِي

• Mufḍî : *qui aboutit, qui arrive au but, qui confie un secret.*

Afkar أَفْكَار

• Afkâr (pluriel de fikr) : *pensées.*

Iftiâle إِفْتِئَال

• Ifti'âl : *optimisme, espoir.*

MASCULIN | **FÉMININ**

Iftitane إِفْتِتَان

• Iftitân : *engouement, extase.*

Tafani تَفَاني

• Tafânî : *dévouement, sacrifice* ; *anéantissement en Dieu.*

Akdar, Aqdar أَقْدَار

• Aqdâr (pluriel de qadr : *mesure que Dieu impartit à chaque homme, destin*) : *destinées* ; laylat al-Qadr : *la nuit de la Mesure (*ou *du Destin*), célébrée la 27e nuit du mois de Ramadan.

Kadari, Qadari قَدَري

Qadarî : *qui agit selon la volonté divine,* (dérivé de qadar : *mesure* ; *destin* ; *volonté divine qui se manifeste dans les événements*).

Loubana, Lobana لُبانَة

• Lubâna : *désir, dessein* ; *affaire de la plus haute importance.*

Ilham, Ilhem إِلْهَام

• Ilhâm : *inspiration.*

Ilhamallah إِلْهَام الله | **Ilhamallah** إِلْهَام الله
Ilhamoullah | **Ilhamoullah**

Ilhâm Allâh (mixte) : *l'inspiration de Dieu.* [Correspondance : Sybille]

Ilhami, Ilhemi إِلْهَامِي

Ilhâmi : *qui vient de l'inspiration.*

Moulham مُلْهَم | **Moulhama** مُلْهَمَة

Mulham / Mulhama : *inspiré* ; *qui reçoit l'inspiration.*

Mada مَدَى

• Madâ : *terme, limite.*

MASCULIN		**FÉMININ**	
		Mounya **Mounia, Monia**	مُنْيَة

• Munya : *désir, ce qui est désiré.*

		Mouna, Mona	مُنَى

Munâ (pluriel de munya) : *souhaits, désirs.*

		Oumniya, Omniya	أُمْنِيَّة

Umniyya : *souhait, aspiration.*

		Amani	أَمَانِي

Amânî (pluriel d'umniyya) : *souhaits, aspirations.*

		Tamanni, Tamani	تَمَنِّي

Tamannî : *vœu.*

Nached	نَاشِد	**Nachéda**	نَاشِدَة

• Nâshid / Nâshida : *qui est en quête, qui aspire à réaliser quelque chose* ; *qui pense à Dieu.*

		Mountaha	مُنْتَهَى

• Muntahâ : *limite ultime, terme, summum* ; *perfection,* (dérivé de nihâya : *fin*).

		Manoua, Manwa	مَنْوَى

• Manwâ : *dessein, but visé.*

		Ahdaf	أَهْدَاف

• Ahdâf (pluriel de hadaf) : *buts, objectifs, désirs, idéaux.*

Houmam, Homam	هُمَام		

• Humâm : *doté d'une grande aspiration, volonté agissante* (himma) ; *magnanime* ; *généreux* ; *brave* ; *lion.* Nom s'appliquant aux rois et aux héros.

MASCULIN		FÉMININ	

Hemmam, Hemam هَمَّام

Hammâm : *très déterminé, mû par une volonté agissante* (himma). Fait partie des noms recommandés par le Prophète.

Wajid وَاجِد **Wajida** وَاجِدَة
Ouajid, Wajed **Ouajida, Wajéda**

• Wâjid / Wâjida : *qui trouve ce qu'il désire, qui rencontre son Seigneur et trouve l'extase* ; *amoureux*. Al-Wâjid, nom divin : *le Possesseur des réalités.*

Wajdi, Wejdi وَجْدِيّ **Wajdia, Wejdia** وَجْدِيَّة

Wajdî / Wajdiyya : *qui trouve ce qu'il désire.*

Ihae إِيحَاء

• Îḥâ' : *inspiration, connaissance.*

Wassil, Ouassil وَاسِل **Wassila, Ouassila** وَاسِلَة

• Wâsil / Wâsila : *qui désire et recherche Dieu.*

Wassila, Ouassila وَسِيلَة

Wasîla : *intercession, influence spirituelle.*

Tawassoul, Taouassoul تَوَسُّل **Tawassoul, Taouassoul** تَوَسُّل

Tawassul (mixte) : *agir dans le but de se rapprocher de Dieu.*

B. INTIMITÉ ET QUIÉTUDE

MASCULIN		FÉMININ	
Amne	أَمْن		

• Amn : *sécurité, paix, sureté.*

Amane	أَمَان	**Amane**	أَمَان

Amân (mixte) : *sécurité* ; *immunité* ; *invulnérabilité.*

Amanallah	أَمَان الله	**Amanallah**	أَمَان الله
Amanoullah		**Amanoullah**	

Amân-Allâh (mixte) : *la protection divine.*

Emin, Emine	آمِن	**Emina, Emna**	آمِنَة

Âmin / Âmina : *qui jouit de la sauvegarde divine* ; *confiant.* Âmina, mère du prophète Muhammad.

Ouns, Ounce	أُنْس	**Ouns, Ounce**	أُنْس

• Uns (mixte) : *intimité, quiétude.*

Ounci	أُنْسِي		

Unsî : *qui est proche, intime.*

Mounis, Monis	مُؤْنِس		

Mu'nis : *confident.*

Batine	بَاطِن	**Batina**	بَاطِنَة

• Bâṭin / Bâṭina : *caché, intime, secret* ; *aspect « intérieur » ou ésotérique de la religion.*

Tamour	تَامُور		

• Tâmûr : *âme, esprit.*

MASCULIN | **FÉMININ**

Jamame جَمَام

• Jamâm : *repos, quiétude.*

Janane, Jénane جَنَان

• Janân : *cœur* ; *âme* ; *nuit*. Le Prophète est appelé **Muṭahhar al-janân** : *au cœur purifié.*

Rouhi رُوحِيّ **Rouhiya** رُوحِيَّة

• Rûḥî / Rûḥiyya : *de nature spirituelle*. Dérivé du mot rûḥ : *esprit, âme spirituelle.*

Rawh, Raouh رَوْح **Rawh, Raouh** رَوْح

Rawḥ (mixte) : *paix, quiétude* ; *allégresse* ; *brise légère.*

Rawhi, Raouhi رَوْحِيّ **Rawhiya, Raouhiya** رَوْحِيَّة

Rawḥî / Rawḥiyya : *paisible* ; *clément* ; *joyeux.*

Tarwiha, Tarouiha تَرْوِيحَة

Tarwîḥa (variante féminine de tarwîḥ) : *détente et réconfort.*

Irtiyah اِرْتِيَاح

Irtiyâḥ : *soulagement, repos de l'esprit et du corps, vie paisible, félicité.*

Arwad, Arouad أَرْوَد

• Arwad : *qui agit sans précipitation, qui avance doucement.*

Saja سَجَا

• Sajâ : *le calme régnant la nuit.*

Sajy سَاجِي **Sajia** سَاجِيَة

Sâjî / Sâjiya : *calme, paisible comme la nuit.*

Séji سَجِيّ **Séjia** سَجِيَّة

Sajî / Sajiyya : *serein, paisible comme la nuit.*

MASCULIN | **FÉMININ**

Sejwa, Sajoua سَجْوَى

Sajwâ : *serein, paisible comme la nuit.* [Correspondance : Séréna]

Sidafa سِدَافَة

• Sidâfa : *voile* ; *portière.*

Sadil سَدِيل

• Sadîl : *rideau de litière sur le dos du chameau* ; *portière.*

Soudoul سُدُول

Sudûl (pluriel de sadîl) : *rideaux de litière sur le dos du chameau* ; *portières.*

Asdane أَسْدَان

• Asdân (pluriel de sidn) : *voiles.*

Asrar أَسْرَار

• Asrâr (pluriel de sirr) : *secrets, confidences* ; *origines* ; *raisons profondes.*

Assarir, Assarire أَسَارِير

Asârîr (pluriel d'asrâr) : *traits du visage, lignes de la main.*

Sarira, Sérira سَرِيرَة

Sarîra : *secret, mystère, pensée intime.*

Soukoun سُكُون

• Sukûn : *silence, repos, calme.*

Sakina, Sékina سَكِينَة

Sakîna : *paix profonde* ; *présence divine intérieure* (cf. Coran 48 : 4).

MASCULIN | **FÉMININ**

Soukayna سُكَيْنَة
Soukaïna, Soukeina

Sukayna (diminutif de sakîna) : *petite paix du cœur.* Sukayna, fille de Ḥusayn (petit-fils de Muhammad), célèbre pour sa beauté, son élégance et sa parole libre.

Silm سِلْم

• Silm : *paix et sécurité.*

Salam سَلام | **Salam** سَلام

Salâm (mixte) : *paix ; salut.* As-Salâm, nom divin : *la Paix.* [Correspondance : Pacôme / Irène, Irina, Raïssa]

Salâma سَلامَة

Salâma : *absence de défaut ; santé ; état de sécurité et de paix, salut.* [Correspondance : Salomé]

Salamate, Salémate سَلامَت

Salâmat (variante de salâma) : *absence de défaut ; santé ; état de sécurité et de paix, salut.*

Salamatoullah سَلامَةُ اللّه
Salamatallah

Salâmat-Allah : *La sauvegarde de Dieu.* [Correspondance : Geoffrey, Geoffroy, Godefroy]

Salem سَالِم | **Saléma** سَالِمَة

Sâlim / Sâlima : *sain, sans défaut ; sain de corps et d'esprit ; qui a le cœur pur et droit.* Sâlim Ibn Ma'qal, compagnon du Prophète, un des quatre récitants officiels du Coran.

Salim, Sélim سَلِيم | **Sélima** سَلِيمَة

Salîm / Salîma : *intact ; qui se trouve en parfaite sécurité ; pur.*

MASCULIN | **FÉMININ**

Soulaym, Soleim سُلَيْم **Soulayma, Soleima** سُلَيْمَة

Sulaym / Sulayma (diminutif de salîm) : *intact* ; *qui se trouve en parfaite sécurité* ; *pur*.

Aslam أَسْلَم

Aslam (superlatif de salîm) : *inaltéré* ; *en parfaite sécurité* ; *qui jouit d'une paix totale*.

Salmane, Selmane سَلْمَان **Salma, Selma** سَلْمَى

Salmân / Salmâ (forme intensive de salîm) : *intact* ; *qui jouit d'une parfaite sécurité, qui est en paix* ; *qui a un cœur très pur.* Salmân al-Fârisî : compagnon du Prophète, d'origine persane et zoroastrienne ; ami intime de 'Alî : Salmân symbolise l'alter ego, celui dont la fidélité est parfaite. Il était surnommé **Ibn al-Islâm** : *le fils de l'islam.*

Soulayman, Solayman, Soliman سُلَيْمَان **Soulaïma Solaïma** سُلَيْمَى

Sulaymân / Sulaymâ (diminutif de salmân et de salmâ) : *intact* ; *qui jouit d'une parfaite sécurité, qui est en paix* ; *qui a un cœur très pur*. Le prophète Salomon (cf. chapitre Les prophètes). Soliman le Magnifique (m. 1566), le souverain le plus célèbre de la dynastie ottomane. **Sliman,** variante maghrébine. [Correspondance : Salomon]

Chaghef شَغَاف

• Shaghâf : *membrane qui enveloppe le cœur* ; *cœur.*

Sadredine صَدْر الدّين

• Ṣadr ad-Dîn : *le lieu vital de la religion, le cœur de la religion.*

Samim صَمِيم

• Ṣamîm : *le cœur d'une chose, la partie la meilleure et la plus pure.*

Damir ضَمِير

• Ḍamîr : *pensée intime et cachée au fond du cœur* ; *conscience.*

MASCULIN | **FÉMININ**

Itiraf, Itirafe اِعْتِرَاف

• I'tirâf : *confession, aveu.*

Maani مَعَانِي

• Ma'ânî (pluriel de ma'nâ) : *signification profonde, intérieure ; esprit, substance d'une chose.*

Fouad, Foued فُؤَاد

• Fu'âd : *cœur spirituel.*

Qalbedine قَلْب الدّين

• Qalb ad-Dîn : *le cœur de la religion.*

Kouloub, Qouloub قُلُوب

Qulûb (pluriel de qalb) : *cœurs.*

Katma كَتْمَة

• Katma : *garder un secret, confidentialité.*

Katim, Katem كَاتِم — **Katima, Katéma** كَاتِمَة

Kâtim / Kâtima : *secret ; qui cache ou dissimule quelque chose.* [Correspondance : Esther (de l'hébreu : *je cacherai*)]

Kattam, Kattame كَتَّام

Kattâm : *qui sait garder un secret.*

Kitman, Ketman كِتْمَان — **Kitmane, Ketmane** كِتْمَان

Kitmân (mixte) : *discrétion, silence ; garder un secret.*

Katoum كَتُوم — **Katoum** كَتُوم

Katûm (mixte) : *très secret.*

Kinan كِنَان — **Kinane** كِنَان

• Kinân (mixte) : *voile ; qui garde caché, secret.*

MASCULIN **FÉMININ**

Kiyan كِيَان **Kiyane** كِيَان

• Kiyân (mixte) : *état intérieur, nature intime de l'être* ; *existence.*

Loubab لُبَاب **Loubab** لُبَاب

• Lubâb (mixte) : *quintessence* ; *pur, élu* ; *à l'honneur incontesté* ; *cœur* ; *mie de pain.*

Loubaba لُبَابَة

Lubâba (variante féminine de lubâb) : *quintessence.* Lubâba Bint al-Ḥârith, connue sous le nom d'Umm al-Faḍl, mère de nombreux fils valeureux dont le fameux 'Abd Allah Ibn 'Abbâs, compagnon du Prophète particulièrement érudit.

Mouhja مُهْجَة

• Muhja : *cœur, âme* ; *force vitale.* Muhja al-Qurṭubiyya (m. 1097) : poétesse de Cordoue connue pour sa beauté et la finesse de son esprit. [Correspondance : Cordélia]

Naja نَجَا **Naja** نَجَا

• Najâ (mixte) : *délivrance* ; *salut éternel* ; *vie future au Paradis.*

Najat, Najet نَجَاة

Najât : *délivrance* ; *salut éternel* ; *vie future au Paradis.*

Najati نَجَاتِي

Najâtî : *promis à une vie éternelle.*

Néji, Nejy نَاجِي **Néjia** نَاجِيَة

Nâjî / Nâjiya : *qui échappe au danger, sauvé, délivré.*

Najouane, Nejwan نَجْوَان

Najwân : *qui échappe au danger, sauvé, délivré.*

MASCULIN | **FÉMININ**

Najiya, Najia نَجِيَّة

Najiyya : *secret, confidence.*

Najoua, Najwa نَجْوَى
Nejwa, Najoie

Najwâ : *secret, confidence.*

Hamsa هَمْسَة

- Hamsa : *murmure, chuchotement.*

Houdou هُدُوء

- Hudû' : *calme, paix*

Wadi وَدِيع **Wadia, Ouadia** وَدِيعَة

- Wadî'/ Wadî'a : *calme, doux, paisible* ; Wadî' : *pacte.*

Wadaa وَدَاعَة **Wadaa** وَدَاعَة

Wadâ'a (mixte) : *sérénité et paix.* Nom de plusieurs compagnons du Prophète.

Wadi وَادِع **Wadia** وَادِعَة

Wâdi' / Wâdi'a : *serein, paisible, qui installe la paix autour de lui.* [Correspondance : Vladimir, Wilfried]

Wijdane, Ouijdane وِجْدَان

- Wijdân : *âme* ; *conscience* ; *sentiments et émotions qui agitent l'âme.*

Wecil وَاصِل **Wecila** وَاصِلَة

- Wâṣil / Wâṣila : *qui unit* ; *qui est parvenu au terme de la voie spirituelle.* Wâṣil : un des noms du prophète Muhammad.

MASCULIN		FÉMININ	
Wissal	وِصَال	**Wissal**	وِصَال

Wiṣâl (mixte) : *union* ; *le terme de la voie spirituelle.*

Ima, Imae إِمَاء

• Imâ' : *geste, signe de la main, de la tête, par l'expression du visage.*

4.
LA SAGESSE

A. Preuve et évidence
B. Droiture et stabilité
C. Intelligence et connaissance

« Si tu es doté de deux oreilles, mais d'une seule bouche, c'est pour plus écouter que parler »

(proverbe arabe)

A. PREUVE ET ÉVIDENCE

MASCULIN | **FÉMININ**

Aya آية

• Âya : *verset du Coran* ; *signe* ; *miracle.* Ayatollah (signe de Dieu) : titre religieux chez les chiites.

Ayate, Ayète آيات

Âyât (pluriel de âya) : *versets du Coran* ; *signes* ; *miracles.* En islam, l'ensemble de la création constitue autant de signes de la Manifestation divine. « Nous leur montrerons Nos signes dans l'univers et en eux-mêmes » (Coran 41 : 53). [Correspondance : Tiphaine, Tiffany (la manifestation de Dieu)]

Ayetallah آيات الله

Âyât-Allah : *les signes de Dieu.*

Athar, Atar, Assar أَثَر

• Athar : *trace* ; *vestige.*

Athâr, Atâr, Assâr آثار

Âthâr (pluriel d'athar) : *traces, vestiges.*

Amara أَمارَة

• Amâra : *indices, signes.*

Badi بَادِي | **Badia** بَادِيَة

• Bâdî / Bâdiya : *manifeste, clair, éminent.*

Ibrame إِبْرَام

• Ibrâm : *preuve, argumentation étayée de preuves tangibles.*

Mabsar مَبْصَر

• Mabṣar : *preuve, argument clair, évidence.*

MASCULIN		FÉMININ	
		Barhana	بَرْهَنَة

• Barhana : *preuve, démonstration.*

Borhan, Bourhane	بُرْهَان	**Bourhana, Borhana**	بُرْهَانَة

Burhân / Burhâna : *preuve évidente* (venant de Dieu) ; nom du prophète Muhammad. Al-Burhân, un des noms du Coran.

		Barahine	بَرَاهِين

Barâhîn (pluriel de burhân) : *preuves, arguments.*

Bourhanedine بُرْهَان الدِّين

Burhân ad-Dîn : *preuve évidente de la religion.*

		Ibrah	إِبْرَاه

Ibrâh : *apporter des preuves, soutenir par des arguments solides.*

Bayan, Bayane	بَيَان	**Bayane**	بَيَان

• Bayân (mixte) : *clarté, éloquence, intelligence.*

		Baïna	بَائِنَة

Bâ'ina : *évidente, claire.*

		Bayina	بَيِّنَة

Bayyina : *preuve évidente, irréfutable.*

Abane أَبَان

Abân : *très clair, apparent.* Abân Ibn Sa'îd al-Umawî : compagnon du Prophète.

Abyan أَبْيَن

Abyan : *très apparent, manifeste.*

		Tibyane, Tibiane	تِبْيَان

Tibyân : *clarté, évidence.*

MASCULIN | **FÉMININ**

Moubine مُبِين **Moubina** مُبِينَة

Mubîn / Mubîna : *clair, évident*. Mubîn : un des noms coraniques du prophète Muhammad ; al-Mubîn, nom divin : *l'Evident*.

Ibana إِبَانَة

Ibâna : *mise en lumière, mise en évidence.*

Thabte ثَبْت

•Thabt : *preuve.*

Athbate أَثْبَات

Athbât (pluriel de thabt) : *preuves* ; *hommes vertueux et dignes de foi* ; *les rapporteurs de hadiths* (paroles du prophète Muhammad) *jugés crédibles.*

Ithbate, Itbate, Isbate إِثْبَات

Ithbât : *preuve, démonstration, affirmation, assertion.*

Dalil دَلِيل **Dalila** دَلِيلَة

•Dalîl / Dalîla : *guide, preuve.* [Correspondance : Solal]

Jala, Jalae جَلَاء

•Jalâ' : *clarté, évidence* ; *brillance, éclat*. Issu de cette racine, le mot *tajallî*, *la théophanie*, c'est-à-dire *la manifestation divine*. [Correspondance : Théophane / Théophanie]

Houjja, Houja حُجَّة

•Ḥujja : *argument probant*. Le Prophète est appelé **Ṣâḥib al-ḥujja** : *détenteur de l'argument probant.*

Ahsam أَحْسَم

•Aḥsam : *qui décide, tranche.*

Hakki حَقِّيّ

•Ḥaqqî : *qui aime la vérité.*

MASCULIN		FÉMININ	
		Alama	عَلاَمَة

• 'Alâma : *signe, indice*

Forkane, Forqane فُرْقَان

• Furqân : *qui distingue la vérité de l'erreur* ; *évidence, preuve*. Al-Furqân : *la Discrimination*, un des noms du Coran.

Farouk, Farouq فَارُوق

Fârûq : *qui distingue le vrai du faux*. Surnom du calife 'Umar.

Mayaz	مَيَّاز	**Mayaza**	مَيَّازَة

• Mayyâz / Mayyâza : *qui distingue le vrai du faux, la vérité de l'erreur.*

B. DROITURE ET STABILITÉ

MASCULIN | **FÉMININ**

Ilafe إيلاف

• Îlâf : *pacte,* terme coranique (Coran 106 : 1).

Amana أَمَنَة

• Amana : *bonne foi, sincérité ; personne qui jouit de la confiance de tous.*

Ameina أَمَانَة

Amâna : *loyauté, fidélité ; dépôt de confiance* ; *ce que Dieu a confié à l'homme* : la foi, ainsi que les facultés et les moyens d'action pour agir en fonction de celle-ci.

Ameinate أَمَانَات

Amânât (pluriel d'amâna) : *les liens de fidélité.*

Amin, Amine أَمِين **Amina** أَمِينَة

Amîn / Amîna : *fidèle, sûr, digne de confiance*. Al-Amîn (*le fidèle, l'homme de confiance, le loyal*), nom du prophète Muhammad (cf. chapitre Les prophètes). [Correspondance : Fidèle, Fidel, Fidelio / Fidelia]

Aminedine أَمِين الدّين

Amîn ad-Dîn : *l'homme de confiance de la religion.*

Aminallah أَمِين الله

Amîn-Allah : *qui mérite la confiance de Dieu.*

Mamoun مَأْمُون **Mamouna** مَأْمُونَة

Ma'mûn / Ma'mûna : *digne de confiance, fiable*. Ma'mûn : un des noms du prophète Muhammad. Al-Ma'mûn : calife abbasside (m. 833), qui stimula la vie intellectuelle. Il fonda à Bagdad *Bayt al-Ḥikma* (*la Maison de la Sagesse*), académie de traduction des œuvres grecques.

Itimane إِئْتِمَان

I'timân : *confiance, sincérité, honnêteté.*

MASCULIN | **FÉMININ**

Barz بَرْز **Barza** بَرْزَة

• Barz / Barza : *personne raisonnable, stable, fidèle à ses principes et à ses promesses.*

Bayaa, Baïa بَيْعَة

• Bay'a : *obédience, allégeance.* Bay'at ar-Ridwân : pacte d'allégeance que les musulmans firent avec le prophète Muhammad à Hudaybiyya en l'an 6 de l'Hégire ; par ce serment prêté sous un arbre, ils lui renouvelaient leur fidélité (cf. Coran 48 : 10, 18).

Baqi, Baki بَاقِي

• 'Abd al-Bâqî : *qui reste.* Al-Bâqî, nom divin : *le Permanent.*

Thabet, Tabet ثَابِت **Thabéta, Tabéta** ثَابِتَة

• Thâbit / Thâbita : *stable, fidèle à ses principes et convictions.* Hasân Ibn Thâbit : poète et scribe du Prophète, il joua un rôle important dans la défense de l'Islam naissant.

Thabate, Tabate, Sabate ثَبَات **Thabate, Tabate, Sabate** ثَبَات

Thabât (mixte) : *stabilité, fermeté.*

Thabar ثَبَار **Thabar** ثَبَار

• Thabâr (mixte) : *stabilité, persévérance, permanence.*

Hatim, Hatem حَاتِم

• Ḥâtim : *juge.* Ḥâtim aṭ-Ṭâ'î, qui vécut avant l'islam, personnifie la générosité arabe, et est souvent cité de manière proverbiale.

Hazem حَازِم **Hazema** حَازِمَة

• Ḥâzim / Ḥâzima : *personne au jugement solide, et qui agit avec fermeté et résolution.*

Hakem حَاكِم **Hakema** حَاكِمَة

• Ḥâkim / Ḥâkima : *juge équitable.* Ḥâkim Ibn Jabla, compagnon du Prophète, admiré pour sa bravoure. [Correspondance : Daniel (Dieu est juge), Dan / Danielle, Daniela]

MASCULIN | **FÉMININ**

Hakam حَكَم

Ḥakam : *juste, équitable.*

Hanif حَنِيف **Hanifa** حَنِيفَة

• Ḥanîf / Ḥanîfa : *qui rejette l'erreur et la déviation pour revenir sur la voie de la Rectitude.* Ad-dîn al-ḥanîf : *la religion "droite"* (le culte monothéiste pur) rétablie par le prophète Ibrahîm, et réaffirmée par le prophète Muhammad.

Hanifedine حَنِيف الدّين

Ḥanîf ad-Dîn : *qui ne dévie pas de la religion droite.*

Dhimam, Zimam ذِمَام

• Dhimâm : *pacte, alliance* ; mot dérivé de dhimma : « Ahl al-Dhimma », *les peuples de l'Alliance* : sujets non musulmans d'un État musulman, membres de l'une des religions du Livre (juifs, chrétiens, mazdéens, sabéens) bénéficiant de la protection statutaire de la loi musulmane.

Ratib رَاتِب، رَتِيب **Ratiba** رَاتِبَة، رَتِيبَة

• Râtib / Râtiba, et Ratîb / Ratîba : *ferme, solide* ; *durable.*

Razana رَزَانَة

• Râzâna : *gravité, tenue, aplomb.*

Razine رَزِين **Razina** رَزِينَة

Razîn / Razîna : *au jugement sûr, au maintien grave.*

Razane رَزَان **Razane** رَزَان

Razân (mixte) : *sérieux* ; *qui a de la gravité dans son maintien.* [Correspondance : Ernest, Arno / Erna]

Rassib رَاسِب **Rassiba** رَاسِبَة

• Râsib / Râsiba : *bon et doux, qui ne s'emporte pas, qui est maître de lui-même.*

Raciya, Racia رَاسِيَة

• Râsiya : *stable.*

MASCULIN | **FÉMININ**

Moursi مُرْسِيّ

Mursî : *qui affermit, établit solidement.* Abû l-'Abbâs al-Mursî (m. 1287), maître soufi de la voie Shâdhiliyya (en référence à sa ville de naissance : Murcie, en Espagne).

Rochde رُشْد

• Rushd : *droiture.* Ibn Rushd (m. 1198), cadi et savant (théologien, philosophe, médecin…) né à Cordoue et connu en Occident sous le nom latinisé d'Averroès : il fut surnommé « le Grand commentateur » pour ses travaux sur l'œuvre d'Aristote.

Rouchdi, Rochdi رُشْدِيّ — Rouchdiya, Rochdiya رُشْدِيَّة

Rushdî / Rushdiyya : *qui est droit de nature.*

Rochayd, Rocheid رُشَيْد

Rushayd (diminutif de rushd) : *droiture.*

Rouchdane, Rochdane رُشْدَان

Rushdâne : *qui est droit.*

Rachad رَشَاد

Rashâd : *droiture, bonne voie.*

Rachid رَشِيد — Rachida رَشِيدَة

Rashîd / Rashîda : *bien dirigé* ; *sûr* ; *bon guide.* Rashîd, un des noms du Prophète. Ar-Rashîd, nom divin : *le Guide.*

Rached رَاشِد — Rachéda رَاشِدَة

Râshid / Râshida : *bien dirigé, qui suit la voie droite.* Al-Khulafâ' ar-Râshidûn (*les califes bien guidés*) : titre donné aux quatre premiers califes.

Archad أَرْشَد

Arshad : *très bien guidé, sur la voie droite.*

MASCULIN		FÉMININ	
Mourchid	مُرْشِد	**Mourchida**	مُرْشِدَة

Murshid / Murshida : *guide (spirituel).*

		Irchade	إِرْشَاد

Irshâd : *bonne guidance.*

		Rassane	رَصَان

• Raṣân : *sagesse, gravité, pondération.*

Rakiz	رَاكِز	**Rakiza**	رَاكِزَة

• Râkiz / Râkiza : *ferme, stable, bien centré.*

Rakine	رَكِين	**Rakina**	رَكِينَة

• Rakîn / Rakîna : *ferme, posé, au jugement sûr.*

		Rakana	رَكَانَة

Rakâna : *rectitude, stabilité, autorité.*

Rouknedine رُكْن الدّين

Rukn ad-Dîn : *le soutien de la religion.*

Rawfe رَوْف

• Rawf : *stabilité, calme.*

Saji	سَاجِع	**Sajiaa**	سَاجِعَة

• Sâji‘ / Sâji‘a : *régulier, pondéré.*

Sadad سَدَاد

• Sadâd : *droiture, rectitude.*

MASCULIN | **FÉMININ**

Sadid, Sédid سَدِيد **Sadida, Sédida** سَدِيدَة

Sadîd / Sadîda : *juste, droit, qui va droit au but.*

Sawa, Saoua سَوَاء **Sawa, Saoua** سَوَاء

•Sawâ' (mixte) : *équilibré, constant*

Mouchir مُشِير **Mouchira** مُشِيرَة

•Mushîr / Mushîra : *qui indique la bonne voie, guide vers le bien.*

Sadek صَادِق **Sadéka** صَادِقَة

•Ṣâdiq / Ṣâdiqa : *fidèle, sincère, honnête.* Ṣâdiq : un des noms du prophète Muhammad.

Sadouk, Sadok صَدُوق **Sadouka, Sadoka** صَدُوقَة

Ṣadûq / Ṣadûqa : *très sincère, extrêmement fidèle.*

Sidki, Sidqi صِدْقِيّ **Sidkiya, Sidkia** صِدْقِيَّة

Ṣidqî / Ṣidqiyya : *véridique, sincère.*

Siddik, Siddiq صِدِّيق **Siddika, Siddiqa** صِدِّيقَة

Ṣiddîq / Ṣiddîqa : *très sincère et véridique ; qui tient ses promesses.* Aṣ-Ṣiddîq : surnom du calife Abû Bakr, qui prêta foi (*saddaqa*) spontanément aux propos du Prophète concernant son Ascension spirituelle (*Mi'râj*).

Mossadek مُصَدَّق **Mossadéka** مُصَدَّقَة

Muṣaddaq / Muṣaddaqa : *que l'on tient pour véridique.* Muṣaddaq : un des noms coraniques du Prophète.

Tasdik, Tasdiq تَصْدِيق **Tasdik, Tasdiq** تَصْدِيق

Taṣdîq (mixte) : *attestation de la vérité.*

Tasdika تَصْدِيقَة

Taṣdîqa (variante féminine de tasdîq) : *attestation de la vérité.*

MASCULIN		FÉMININ	
		Saraha	صَرَاحَة

• Ṣarâḥa : *sincérité, rectitude, franchise, clarté.*

		Mossafate	مُصَافَاة

• Muṣâfât : *fidélité et sincérité en amour ou en amitié.*

Samid	صَامِد	**Samida**	صَامِدَة

• Ṣâmid / Ṣâmida : *stable, ferme* ; *courageux.*

Samoud صَمُود

Ṣamûd : *stable, ferme* ; *courageux.*

Sawab, Saouab صَوَاب

• Ṣawâb : *manière d'agir juste et droite* ; *droiture, bon sens.*

Saïb	صَائِب	**Saïba**	صَائِبَة

Ṣâ'ib / Ṣâ'iba : *qui agit de manière juste et droite* (comme une flèche qui atteint la cible).

		Taraïk, Taraïq	طَرَائِق

• Ṭarâ'iq (pluriel de ṭarîqa : *la voie spirituelle, la confrérie soufie*) : *voies, chemins* ; *règles de vie.*

Adel	عَادِل	**Adèla**	عَادِلَة

• 'Âdil / 'Âdila : *juste, équitable, qui est source d'équilibre, qui respecte et applique la loi avec justice.* [Correspondance : Justin, Justinien / Justine]

Adil	عَدِيل	**Adila**	عَدِيلَة

'Adîl / 'Adîla : *semblable, alterego* ; *au corps bien proportionné.*

Adlane عَدْلَان

'Adlân (forme intensive de 'âdil) : *très juste, très équitable.*

MASCULIN		**FÉMININ**	

Adli عَدْلِيّ **Adlia** عَدْلِيَّة

'Adlî / 'Adliyya : *qui aime la justice.*

Adoul عَدُول

'Adûl (forme intensive de 'âdil) : *très juste, très équitable.*

Adla, Adlae عَدْلاَء

'Adlâ' : *toujours égale à elle-même, équilibrée, droite.*

Itidale اِعْتِدَال

I'tidâl : *équilibre, mesure, sagesse.*

Ahde عَهْد

• 'Ahd : *promesse, alliance.*

Ahdi عَهْدِي

'Ahdî : *ma promesse ; qui a la valeur d'une promesse.*

Ouhoude عُهُود

'Uhûd (pluriel de 'ahd) : *serments ; temps, époques.*

Fayçal فَيْصَل

• Fayṣal : *juge, arbitre, qui tranche de manière décisive.*

Fariel, Feriel فَرْيَال

• Faryâl : *justice* (origine persane). [Correspondance : Norma]

Iqda إِقْدَاء

• Iqdâ' : *rectitude dans le comportement et la pratique religieuse.*

Koudwa, Qoudwa قُدْوَة **Koudwa, Qoudwa** قُدْوَة

• Qudwa (mixte) : *exemple à suivre, modèle ; un tronc d'arbre.*

MASCULIN		**FÉMININ**	
		Istikrare	اِسْتِقْرَار

• Istiqrâr : *constance et stabilité.*

Moktacid, Moqtacid	مُقْتَصِد		

• Muqtaṣid : *qui adopte une position équilibrée ; économe.*

Kassim, Qassim **Kassem, Qassem**	قَاسِم	**Kassima, Qassima** **Kasséma, Qasséma**	قَاسِمَة

• Qâsim / Qâsima : *qui partage, distribue* ; *au visage harmonieux, aux traits réguliers*. Qâsim, fils aîné de Muhammad, qui porte la *kunya* d'Abû-l-Qâsim.

Qoutbedine	قُطْب الدّين		

• Quṭb ad-Dîn : *l'axe de la religion.*

Kaïm, Qaïm	قَائِم	**Kaïma, Qaïma**	قَائِمَة

• Qâ'im / Qâ'ima : *constant, ferme, inébranlable.*

Mithal, Mital, Missal	مِثَال	**Mithal, Mital, Missal**	مِثَال

• Mithâl (mixte) : *modèle, personne exemplaire.*

Kaythar **Kaytar, Kaysar**	كَيْثَر	**Kaytara** **Kaysara, Kaysara**	كَيْثَرَة

• Kaythar / Kaythara : *stable, vertueux, bienfaiteur.*

Makine	مَكِين	**Makina**	مَكِينَة

• Makîn / Makîna : *bien établi, stable, vigoureux*. Makîn : un des noms du prophète Muhammad. [Correspondance : Joachim (celui que Dieu établit)]

Nassih	نَاصِح	**Nasséha**	نَاصِحَة

• Nâṣiḥ / Nâṣiḥa : *conseiller* ; *ami fidèle et loyal*. Nâṣiḥ : un des noms du prophète Muhammad. [Correspondance : Raymond, Tancrède / Raymonde, Raymonda]

MASCULIN | **FÉMININ**

Nassif, Nassef نَاصِف **Nassifa, Nasséfa** نَاصِفَة

• Nâṣif / Nâṣifa : *qui juge ou agit avec équité* (dérivé de niṣf : *milieu*).

Mounsif, Mounsef مُنْصِف

Munṣif : *qui juge ou agit avec équité.*

Insafe إِنْصَاف

Inṣâf : *justice rendue avec équité, selon la loi du juste milieu.*

Intisafe إِنْتِصَاف

Intiṣâf : *justice et équité.*

Nizam نِظَام **Nizam** نِظَام

• Niẓâm (mixte) : *ordre, harmonie* ; *cordon sur lequel les perles sont enfilées pour former un collier* ; *titre honorifique conféré à de grands vizirs* : Niẓâm al-Mulk (*l'Ordre du Pouvoir*), vizir de deux sultans seldjoukides (m. 1092) ; Niẓâm ad-Dawla Naṣr (*l'Ordre de l'Etat*), émir kurde de la dynastie des Marwanides (m. 1079). Niẓâm, fille d'un cheikh iranien que le soufi Ibn 'Arabî rencontra lors d'un séjour à La Mecque (1202-1204) : ses qualités remarquables lui inspirèrent le personnage féminin du *Tarjumân al-ashwâq* (*L'Interprète des désirs*), recueil de poèmes spirituels.

Nizameddine نِظَام الدِّين

Niẓâm ad-Dîn : *l'harmonie de la religion.* Niẓâm ad-Dîn Awliyâ' : maître soufi indien de la voie Shishtiyya (m. 1325).

Nazmi نَظْمِي

Naẓmî : *harmonieux* (dérivé de naẓm : arrangement).

Nazim, Nazem نَاظِم **Nazima, Nazéma** نَاظِمَة

Naẓîm / Naẓîma : *qui établit l'ordre, qui apporte l'harmonie* ; *qui compose des vers, poète.*

MASCULIN | **FÉMININ**

Nahij, Néhij نَهِيج | **Nahij, Néhij** نَهِيج

• Nahîj (mixte) : *voie droite* ; *chemin bien tracé*.

Minhajedine مِنْهَاج الدّين

Minhâj ad-Dîn : *la voie de la religion*.

Houda هُدَى

• Hudâ : *la guidance* ; *le fait d'être bien guidé*. Un des noms du prophète Muhammad.

Hidaya هِدَايَة

Hidâya : *guidance* ; *le fait d'être bien guidé*.

Hadi, Hedi, Hedy هَادِي | **Hadia, Hédia** هَادِيَة

Hâdî / Hâdiya : *qui guide*. Hâdî : un des noms coraniques du prophète Muhammad.

Mahdi, Mehdi, Mehdy مَهْدِي | **Mahdia** مَهْدِيَة

Mahdî / Mahdiya : *bien guidé*. Mahdî : un des noms du Prophète. Dans la tradition sunnite, le Mahdî, descendant du Prophète, viendra à la fin des temps pour unir les croyants contre le Dajjâl (*l'Antéchrist*) et préparer le retour de 'Îsâ (Jésus).

Mouhdy مُهْدِي

Muhdî : *qui guide sur la voie spirituelle*.

Mouhtadi مُهْتَدِي

Mouhtadî : *bien guidé*.

Ihtida اِهْتِدَاء

Ihtidâ' : *bénéficier d'une bonne direction morale et spirituelle*.

Wediaa وَدِيعَة | **Wédiaa** وَدِيعَة

• Wadî'a (mixte) : *dépôt de confiance* ; *pluie* ; *pacte*. Nom de plusieurs compagnons du Prophète.

MASCULIN | **FÉMININ**

Wazna, Ouazna وَزْنَة

• Wazna : *équilibrée, pondérée.*

Wazine, Ouazine وَزِين | **Wazina, Ouazina** وَزِينَة

Wazîn / Wazîna : *équilibré, posé.*

Motawassit مُتَوَسِّط

• Mutawassiṭ : *intercesseur, qui se place dans une position médiane et juste* (dérivé de wasaṭ : *milieu*).

Wafa, Ouafa وَفَاء

• Wafâ' : *fidélité* ; *accomplissement d'un vœu, d'une promesse.*

Wafaï, Ouafaï وَفَائِي

Wafâ'i : *fidèle, loyal.*

Wafi, Wafy, Ouafi وَافِي

Wâfî : *fidèle, loyal.*

Awfa, Aoufa أَوْفَى

Awfâ : *très fidèle, très loyal.*

Wafiya, Ouafiya وَفِيَّة

Wafiyya : *toujours fidèle à ses engagements.*

Wakar, Waqar وَقَار | **Wakar, Waqar** وَقَار

• Waqâr (mixte) : *maintien grave et plein de dignité, accompagné de douceur et de patience.*

Wakari, Waqari وَقَارِي

Waqârî : *d'une nature grave et douce.*

Wakour, Waqour وَقُور | **Wakour, Waqour** وَقُور

Waqûr (mixte) : *à la fois grave et doux, considéré et respecté de tous.*

MASCULIN | **FÉMININ**

Wakil, Ouakil وَكِيل

• Wakîl : *à qui l'on confie ses affaires, garant.* Un des noms du prophète Muhammad.

Motawakil مُتَوَكِّل **Motawakila** مُتَوَكِّلَة

Mutawakkil / Mutawakkila : *celui qui donne sa confiance.* Mutawakkil : un des noms du Prophète. Al-Mutawakkil, dixième calife abbasside (m. 861).

Ittikal, Ittikale اِتِّكَال

Ittikâl : *fidélité* ; *accomplissement d'un vœu, d'une promesse.*

Wathik وَاثِق **Wathika** وَاثِقَة
Watik, Wassik **Watika, Wassika**

• Wâthiq / Wâthiqa : *qui est confiant, rassuré.*

Withaq, Witak, Wissak وِثَاق

Withâq : *lien, engagement, pacte* (nom verbal du verbe wathaqa) ; *amis constants et résolus* (pluriel de wathîq).

Mithak, Missak مِيثَاق **Mithak, Missak** مِيثَاق

Mîthâq (mixte) : *pacte, alliance, engagement.* Le « verset du Pacte » (Coran 7 : 172) évoque le Pacte primordial scellé entre Dieu et l'humanité, dans le monde spirituel, avant la « chute » de l'homme sur terre.

Wadullah وَعْدُ الله

• Wa'd-Allâh : *la promesse de Dieu.* [Correspondance : Elizabeth (de l'hébreu : « *Dieu est promesse* »), Elise, Elisa, Elsa, Isabelle]

C. INTELLIGENCE ET CONNAISSANCE

MASCULIN | **FÉMININ**

Adab أَدَب

• Adab : *bienséance, politesse, civilité ; respect des convenances envers Dieu et ses créatures.*

Adab آدَاب

Âdâb (pluriel de adab) : *les règles de vie qui régissent le respect des convenances sociales et spirituelles ; les belles-lettres.*

Adib أَدِيب **Adiba** أَدِيبَة

Adîb / Adîba : *cultivé, lettré ; qui respecte les convenances envers Dieu et Ses créatures (adab).*

Ireb إِرْب

• Irb : *finesse, astuce.*

Érib أَرِيب **Ériba** أَرِيبَة

Arîb / Arîba : *astucieux, habile, intelligent.*

Bawadir بَوَادِر

• Bawâdir (pluriel de bâdira) : *les premiers élans.*

Ibdar, Ibdare إِبْدَار

Ibdâr : *empressement ; initiative.*

Ibtidar, Ibtidare اِبْتِدَار

Ibtidâr : *empressement ; initiative.*

Ibdaa إِبْدَاع

• Ibdâʿ : *esprit créatif.*

Ibtidaa اِبْتِدَاع

Ibtidâʿ : *ingéniosité.*

MASCULIN | **FÉMINININ**

Bassir بَصِير **Bassira** بَصِيرَة

• Baṣîr / Baṣîra : *clairvoyant, perspicace, doué d'intuition, de clairvoyance, au regard pénétrant, qui distingue par les yeux du cœur.* Al-Baṣîr, nom divin : *Celui qui voit tout.* [Correspondance : Jessé (Dieu regarde) / Jessica, Jessie, Jessy]

Baqir بَاقِر **Baqira** بَاقِرَة

• Bâqir / Bâqira : *riche en biens et en sciences.* Muḥammad Ibn ʿAlî al-Bâqir (m. 732), cinquième imam chiite, enterré à Médine.

Bakour, Baqour بَاقُور

Bâqûr : *savante, érudite.*

Baligh, Balir بَلِيغ **Baligha, Balira** بَلِيغَة

• Balîgh / Balîgha : *éloquent.*

Ablagh, Ablare أَبْلَغ

Ablagh : *très éloquent.*

Thaqib, Thakib ثَاقِب

• Thâqib : *qui a un avis pertinent, qui voit juste.*

Thaqife ثَقِيف **Thaqifa** ثَقِيفَة

• Thaqîf / Thaqîfa : *instruit et cultivé.*

Thaqfa, Taqfa, Saqfa ثَقْفَى

Thaqfâ : *instruite, à l'éducation raffinée.*

Jadde, Jad جَادّ **Jadda** جَادَّة

• Jâdd / Jâdda : *sérieux, appliqué, zélé.*

Jazel جَزْل **Jazla, Jezla** جَزْلَة

• Jazl : *éloquent, sage, qui maîtrise l'art de la rhétorique.*

MASCULIN		FÉMININ	

Joussoum, Joussem جُسُم

• Jusum : *hommes sages.*

Hiber حِبْر

• Ḥibr : *science, connaissance, bienfait* ; *encre.* Surnom de 'Abd Allah Ibn 'Abbâs, compagnon du Prophète reconnu pour sa science de l'interprétation du Coran.

Hijram حِجْرَم

• Ḥijram : *raison, sagesse.*

Hadhaqa حَذَاقَة

• Ḥadhâqa : *habileté, ingéniosité.*

Hadhiq حَذِق — **Hadhiqa** حَذِقَة

Ḥadhiq / Ḥadhiqa : *perspicace, habile et ingénieux.*

Hazme حَزْم

• Ḥazm : *atteindre l'âge de la raison, devenir responsable et sage.* Ibn Hazm (m. 1064) : poète, juriste, philosophe et théologien, il fut l'un des grands esprits de l'islam andalou.

Hazoum حَزُوم — **Hazoum** حَزُوم

Ḥazûm (mixte) : *sage et sensé.*

Hasseb حَاسِب — **Hasseba** حَاسِبَة

• Ḥâsib / Ḥâssîba : *savant en mathématiques.*

Hassif, Hacif حَصِيف — **Hassifa, Hacifa** حَصِيفَة

• Ḥaṣîf / Ḥaṣîfa : *sage, dont l'avis ou le jugement est infaillible.*

Hassi, Haci حَصِيّ — **Hassiya, Hacia** حَصِيَّة

• Ḥaṣî / Ḥaṣiyya : *sage et stable.*

MASCULIN **FÉMININ**

Hikma حِكْمَة

•Ḥikma : *sagesse divine ou humaine, savoir, science.* [Correspondance : Sophie, Sofia, Sonia]

Hikam حِكَم

Ḥikam (pluriel de ḥikma) : *sagesses divines ou humaines.* Les *Hikam* d'Ibn 'Atâ' Allâh (m. 1309) sont un recueil célèbre de sagesses ou d'aphorismes sur la vie spirituelle.

Hikmat حِكْمَت

Ḥikmat[12] : *sagesse divine ou humaine, savoir, science.*

Hakim حَكِيم **Hakima** حَكِيمَة

Ḥakîm / Ḥakîma : *sage.* Al-Ḥakîm, nom divin : *le Sage.* [Correspondance : Aloïs / Aloïs]

Honouk حُنُك **Honouka** حُنُكَة

•Ḥunuk / Ḥunuka : *sage et expérimenté.* [Correspondance : Aldo, Aldous / Aude, Alda]

Khabir خَبِر

•Khabir : *instruit, averti.* Al-Khabîr, nom divin : *l'Instruit.*

Khabra خَبْرَى

Khabrâ : *instruite et bien informée.*

Khassib, Khacib خَصِيب **Khassiba, Khaciba** خَصِيبَة

•Khaṣîb / Khaṣîba : *qui a une imagination féconde.*

12. Sous l'influence ottomane, de nombreux noms arabes terminés par un *tâ marbûṭa* (ة) ont vu leur terminaison se transformer en *tâ maftûḥa* (ت). Ce cas se rencontre surtout en Orient.

MASCULIN | **FÉMININ**

Idris, Idriss إِدْرِيس

• Idrîs : *docte, savant* (d'origine hébraïque) ; le prophète Enoch. La dynastie idrisside : de rite chiite, elle régna sur le Maroc de 789 à 974, et fut fondée par Idris Ier (m. 793), Moulay Idris pour les Marocains, arrière-petit-fils de Ḥasan (le petit-fils de Muhammad). Al-Idrîsî (m. 1165), savant géographe arabe à la cour du souverain normand Roger II de Sicile ; connu en Occident sous son nom latin Dreses et pour son œuvre de cartographie médiévale, *Le livre de Roger*. **Driss** : variante maghrébine. [Idris est aussi un ancien prénom gallois qui signifie *seigneur hardi*.]

Idrak, Edrak إِدْرَاك | **Idrake, Edrake** إِدْرَاك

• Idrâk (mixte) : *faculté de comprendre, de percevoir.*

Moudrik مُدْرِك | **Moudrika** مُدْرِكَة

Mudrik / Mudrika : *qui perçoit bien les choses, qui sait* ; *qui parvient à son but.*

Dari, Dary دَارِي | **Daria, Dariya** دَارِيَة

• Dârî / Dâriya : *qui connaît les choses, est savant, instruit.*

Idra إِدْرَاء

Idrâ' : *connaissance, savoir.*

Adal أَدَلّ | **Dallae** دَلَّاء

• Adall / Dallâ' : *érudit.*

Dhakour ذَكُور
Dakour, Zakour

• Dhakûr : *qui a une bonne mémoire.*

Dhaki, Daky ذَكِيّ | **Dhakiya, Dakia** ذَكِيَّة

• Dhakî / Dhakiyya : *intelligent, perspicace.*

Dhakawan, Dakwan ذَكْوَان

Dhakawân : *très intelligent, perspicace.*

MASCULIN		FÉMININ	

Dhahin ذَهِين

• Dhahîn : *intelligent, à l'esprit vif.*

Dhihni, Dihni, Zihni ذِهنِي

Dhihnî : *intelligent.*

Razi, Razy رَازِي

• Râzî : en persan : *celui qui vient de Rey* (en Iran), *nisba* de ceux qui y naissent ; en arabe, a le sens de : *qui soupèse, qui gère avec soin* ; *surveillant.* Ce prénom est donné en l'honneur du savant Muḥammad Ibn Zakariyyâ Ar-Râzî (m. 925), connu en Europe sous le nom de Rhazes, qui œuvra notamment pour le développement de la santé publique et de la pharmacologie. (cf. également Fakhr ad-Dîn ar-Râzî chapitre 6).

Irtiya اِرْتِيَاء

• Irtiyâ' : *contemplation, réflexion.*

Rassem رَاسِم **Rassema** رَاسِمَة

• Râsim / Râsima : *qui trace un plan, planifie, organise les choses.*

Archah أَرْشَح **Rachha** رَشْحَاء

• Arshaḥ / Rachḥa : *intelligent, perspicace.*

Rikza, Rekza رِكْزَة

• Rikza : *sagesse.*

Rakib رَاقِب **Rakiba** رَاقِبَة

• Râqib / Râqiba : *qui a le sens de l'observation.*

Ramma رَامَّة

• Râmma : *jeune fille pleine de sagesse.*

Ramza رَمْزَة

• Ramza (variante féminine du mot ramz) : *allusion, allégorie, symbole.*

MASCULIN | **FÉMININ**

Ramzi, Ramzy رَمْزِيّ **Ramziya, Ramzia** رَمْزِيَّة

Ramzî / Ramziyya : *symbolique, allusif.*

Rémiz رَمِيز **Rémiza** رَمِيزَة

Ramîz / Ramîza : *intelligent, prudent.*

Ramiz رَامِز **Ramiza** رَامِزَة

Râmiz / Râmiza : *qui fait des signes avec la tête, pour se faire comprendre.*

Arwaa أَرْوَع **Rawaa** رَوْعَاء

• Arwa' / Raw'a : *intelligent, connaisseur* ; *charmant.*

Rawiya رَوِيَّة

• Rawiyya : *réflexion, circonspection.*

Zoukane زُكَن

• Zukan : *intelligent, qui a une bonne mémoire.*

Izkan, Izkane إِزْكَان

Izkân : *connaissance, compréhension, savoir.*

Asmaa أَصْمَع **Samaa** صَمْعَاء

• Aṣma' / Ṣam'a : *à l'esprit vif et pénétrant, supérieur en intelligence* ; Aṣma' : *téméraire, qui aime les défis, ardent* ; *sabre.*

Talib, Taleb طَالِب **Taliba, Taleba** طَالِبَة

• Ṭâlib / Ṭâliba : *qui est en quête de la science, de la vérité* ; *étudiant.* Abû Ṭâlib, oncle paternel du Prophète, père de 'Ali.

Toulayb طُلَيْب **Toulayba** طُلَيْبَة

Ṭulayb / Ṭulayba (diminutif de ṭâlib) : *qui est en quête de la science, de la vérité.* Ṭulayb Ibn 'Umayr, compagnon du Prophète.

MASCULIN		FÉMININ	
		Ibra	عِبْرَة

• 'Ibra : *leçon, considération, avertissement.*

Abqari	عَبْقَرِيّ	**Abqaria**	عَبْقَرِيَّة

• 'Abqarî / 'Abqariyya : *intelligent, excellent, génial.* 'Abqariyya : *ingéniosité.* [Correspondance : Humbert]

Araba عَرَابَة

• 'Arâba : *éloquent, qui s'exprime clairement.*

Arif	عَارِف	**Arifa**	عَارِفَة

• 'Ârif / 'Ârifa : *qui détient la Connaissance spirituelle, gnostique* ; 'ârif bi-Llâh : *qui connaît le monde par Dieu, et non par son ego.*

Arif-Eddine عَارِف الدِّين

'Ârif ad-Dîn : *celui qui connaît la religion.*

Arraf عَرَّاف

'Arrâf : *qui connaît beaucoup de choses* ; *médecin* ; *devin.*

Araf	أَعْرَف	**Arfa**	عَرْفَاء

A'raf / 'Arfâ' : *très savant, très érudit.*

Irfane	عِرْفَان	**Irfane**	عِرْفَان

'Irfân (mixte) : *connaissance, gnose* ; *gratitude* ; *bienfait.*

Aqel عَقْل

• 'Aql : *esprit, raison, intelligence, sagesse.* [Correspondance : Hugues, Hugo, Ugo, Ugolin]

Akil, Aqil	عَاقِل	**Akila, Aqila**	عَاقِلَة

'Âqil / 'Âqila : *intelligent, sage, sensé.*

MASCULIN **FÉMININ**

Oukayl عُقَيْل **Oukayla** عُقَيْلَة

'Uqayl / 'Uqayla (diminutif de 'aqîl / 'aqîla) : *intelligent.*

Alim عَالِم **Alima** عَالِمَة

• 'Âlim / 'Âlîma : *qui détient un savoir* ; *savant, théologien.* Le pluriel *'ulamâ'* désigne l'ensemble des savants de la religion musulmane, théologiens et juristes, qui veillent au respect et à l'application des principes religieux.

Alim عَلِيم **Alima** عَلِيمَة

'Alîm / 'Alîma : *érudit, puits de science ;* Al-'Alîm, nom divin : *le Connaissant.*

Allama عَلاَّمَة **Allama** عَلاَّمَة

'Allâma / 'Allâma : *très savant* ; *très versé dans la généalogie.*

Allam عَلاَّم

'Allâm *: très savant, érudit.*

Firassa فِرَاسَة

• Firâsa : *perspicacité, clairvoyance.*

Firassate فِرَاسَت

Firâsat (variante de firâsa) : *perspicacité, sagacité.*

Farih فَارِه **Fariha** فَارِهَة

• Fârih / Fâriha : *vif d'esprit.*

Fassih فَصِيح **Fassiha** فَصِيحَة

• Faṣîḥ / Faṣîḥa : *éloquent, au langage clair* ; al-'arabiyya al-fuṣḥa : *le clair arabe,* c'est-à-dire *l'arabe classique.* Un des noms du Prophète. [Correspondance : Eulalie]

Fetna فِطْنَة

• Fiṭna : *discernement, lucidité, clairvoyance.*

MASCULIN		FÉMININ	
		Fatana	فَطَانَة

Faṭâna : *intelligence, perspicacité.*

Fétine	فَطِن	**Fétina**	فَطِنَة

Faṭin / Faṭina : *éveillé, astucieux, avisé.*

Fétin	فَطِين	**Fétîna**	فَطِينَة

Faṭîn / Faṭîna : *intelligent, perspicace.*

Faten	فَاطِن	**Faténa**	فَاطِنَة

Fâṭin / Fâṭina : *intelligent, perspicace.*

		Iftikar, Iftikare	اِفْتِكَر

• Iftikâr : *pensée et réflexion.*

Fahim	فَاهِم	**Fahima**	فَاهِمَة

• Fâhim / Fâhima : *qui comprend, connaît les choses.*

Féhim	فَهِيم	**Féhima**	فَهِيمَة

Fahîm / Fahîma : *à l'intelligence vive et fine* ; *clairvoyant.*

Fahmi	فَهْمِيّ	**Fahmiya, Fahmia**	فَهْمِيَّة

Fahmî / Fahmiyya : *doué de compréhension.*

Fahmane	فَهْمَان		

Fahmân : *perspicace* ; *instruit.*

Katib	كَاتِب	**Katiba**	كَاتِبَة

• Kâtib / Kâtiba : *qui écrit* ; *écrivain* ; *homme / femme de lettres.*

Kayis	كَيِّس	**Kayissa**	كَيِّسَة

• Kayyis / Kayyisa : *courtois, à l'intelligence fine, beau.*

MASCULIN		FÉMININ	

Albabe ألباب

• Albâb : *esprit* ; *intelligence* (pluriel de lubb : *cœur, noyau, graine*). Ûlû al-albâb : terme coranique pour désigner ceux qui, pourvus de l'intelligence du cœur, peuvent saisir les signes de Dieu dans sa création.

Labib لَبِيب **Labiba** لَبِيبَة

Labîb / Labîba : *intelligent, qui a du bon sens* ; *persévérant.*

Lissan-Eddine لِسَان الدِّين

• Lisân ad-Dîn : *l'orateur de la religion.*

Loqman لُقْمَان

• Luqmân : personnage d'origine nubienne, mentionné pour sa sagesse à la 31e sourate du Coran ; cette sourate porte son nom.

Midad مِدَاد

• Midâd : *encre.* Mot d'origine coranique employé pour évoquer une mer d'encre qui ne suffirait pas à transcrire les paroles divines (Coran 18 : 109).

Mahir, Maher مَاهِر **Mahira** مَاهِرَة

• Mâhir / Mâhira : *ingénieux, adroit, habile de ses mains* ; *émérite.* [Correspondance : Till]

Mahrane مَهْرَان

Mahrân : *talentueux.*

Nabaha نَبَاهَة

• Nabâha : *esprit* ; *éveil* ; *intelligence* ; *renom.*

Nabih نَبِيه **Nabiha** نَبِيهَة

Nabîh / Nabîha : *éveillé, attentif, à l'esprit clair et vif* ; *bien né* ; *renommé.* [Correspondance : Hubert]

Nabhane نَبْهَان

Nabhân : *très éveillé, très attentif.*

MASCULIN		FÉMININ	

Nadis نَدِس

• Nadis : *avisé et perspicace.*

Nadij نَاضِج **Nadija, Nadeja** نَاضِجَة

• Nâḍij / Nâḍija : *qui a l'esprit mûr, qui a un jugement sûr.* [Correspondance : Mathurin / Mathurine]

Natik, Natiq نَاطِق **Natika, Natiqa** نَاطِقَة

• Nâṭiq / Nâṭiqa : *qui parle avec éloquence.*

Nouha, Noha نُهَى

• Nuhâ (pluriel de nuhya) : *intelligence* ; *prudence.*

Yakaza, Yaqaza يَقَظَة

• Yaqaẓa : *attention, éveil, vigilance.*

Yakzan, Yaqzan يَقْظَان **Yakzana, Yaqzana** يَقْظَانَة

Yaqẓân / Yaqẓâna : *éveillé, alerte, vigilant, attentif.* Ḥayy Ibn Yaqẓân : héros éponyme du roman philosophique de l'auteur andalou Abû Bakr Ibn Ṭufayl (m. 1185), connu sous son nom latinisé d'Abubacer. La figure de Ḥayy ibn Yaqẓân, enfant élevé par une gazelle sur une île déserte, semble avoir inspiré celle de Robinson Crusoé. [Correspondance : Grégoire, Grégory]

Yakine, Yaqine يَقِين **Yakine, Yaqine** يَقِين

• Yaqîn (mixte) : *certitude, conviction qui apporte science et connaissance.* Sur le plan spirituel, al-yaqîn est le *repos du cœur en Dieu du fait d'une science définitive.*

5.
L'EXCELLENCE

A. **Perfection et élection**
B. **Noblesse et élévation**
C. **Louange**

« Ne sois pas surpris de voir l'homme noble sans fortune :
le torrent est l'ennemi des cimes »

(proverbe arabe)

A. PERFECTION ET ÉLECTION

MASCULIN | **FÉMININ**

Athar, Atar, Assar أَثَر

• Athar : *marque, signe, trace du temps passé.*

Athir أَثِير **Athir** أَثِير

Athîr (mixte) : *qui porte une marque, élu* ; *brillance de la lame de l'épée* ; *jour.*

Ithar, Itar إِيثَار

Îthâr : *prédilection, préférence* ; *alturisme.*

Bariz بَارِز **Bariza** بَارِزَة

• Bâriz / Bâriza : *éminent, qui se distingue des autres par des qualités supérieures.*

Béri بَارِع **Béria** بَارِعَة

• Bâri' / Bâri'a : *qui se distingue par ses qualités morales ou intellectuelles* ; *excellent ; habile.*

Tamam تَمَام **Tamam** تَمَام

• Tamâm (mixte) : *perfection, complétude.* Laylat at-Tamâm : *la nuit de la pleine lune.*

Tammam تَمَّام

Tammâm : *qui complète et parachève.*

Tamim, Témim تَمِيم **Tamima, Témima** تَمِيمَة

Tamîm / Tamîma : *accompli, achevé, parfait.* Tamîm : grande tribu de l'Arabie ancienne. Tamîma : *talisman de protection.*

MASCULIN | **FÉMININ**

Itmam إِتْمَام

Itmâm : *accomplissement, achèvement.*

Moutammim مُتَمِّم

Mutammim : *qui accomplit, parachève.* Mutammim Ibn Nuwayra, compagnon du Prophète, poète fameux.

Thamine, Tamine ثَمِين — **Thamina Tamina** ثَمِينَة

• Thamîn / Thamîna : *précieux, de choix.*

Jadir, Jédir جَدِير — **Jadira, Jédira** جَدِيرَة

• Jadîr / Jadîra : *capable, qualifié* ; *méritoire.*

Moujtaba مُجْتَبَى

• Mujtabâ : *élu, choisi.*

Ijtiba إِجْتِبَاء

Ijtibâ' : *élection.*

Jouda جُودَة — **Jouda** جُودَة

• Jûda (mixte) : *perfection, excellence, qualités supérieures.*

Jowayda جُوَيْدَة

Juwayda (diminutif de ayyida) : *excellente, parfaite.*

Jouwayda جُوَيْدَا

Juwayda (variante de juwayda) : *excellente, parfaite.*

Ajad أَجَاد

Ajâd : *meilleur.* [Correspondance : Aristote, Aristide]

Ijada إِجَادَة

Ijâda : *excellence, maîtrise.*

MASCULIN | **FÉMININ**

Ihsan إِحْسَان **Ihsane** إِحْسَان

• Iḥsân (mixte) : *excellence, recherche de la perfection* ; *bienfait* ; *pardon*. En islam, *Al-iḥsân* est une disposition qui s'appuie sur la soumission à Dieu (*al-islâm*) et la foi (*al-îmân*).

Mouhsine, Mohcine مُحْسِن **Mouhsina, Mohcina** مُحْسِنَة

Muḥsin / Muḥsina : *qui recherche la perfection en tout ce qu'il fait* ; *bienfaisant, dévoué.*

Ihkam إِحْكَام

• Iḥkâm *: perfection* ; *maîtrise* ; *précision.*

Khatim خَاتِم

• Khâtim : *qui clôt, parachève.*

Khitam خِتَام

Khitâm : *parachèvement, dénouement.*

Khira خِيرَة

• Khîra : *préférence* ; *le meilleur choix* (dérivé du mot khayr : *bien*).

Moukhtar, Mokhtar مُخْتَار **Moukhtara, Mokhtara** مُخْتَارَة

Mukhtâr / Mukhtâra : *choisi par Dieu*. Mukhtâr, un des noms du Prophète. Omar al-Mokhtar (m. 1831), cheikh soufi de la tarîqa Sanûsiyya et chef militaire : il conduisit la résistance contre l'occupation italienne en Libye. En arabe usuel, ce mot désigne le maire d'une ville.

Ikhtiyar إِخْتِيَار

Ikhtiyâr : *choix* ; *élection.*

Rawaï رَوَائِع

• Rawâ'i' (pluriel de râ'i'a) : *merveilles.*

MASCULIN | **FÉMININ**

Simae سِيمَاء

• Sîmâ' : *marque distinctive, signe* ; *traits du visage.*

Chamil شَامِل **Chamila** شَامِلَة

• Shâmil / Shâmila : *universel, qui englobe.* Imâm Shâmil (m. 1871), dirigeant musulman du Daghestan, qui commanda la résistance des tribus caucasiennes contre l'armée russe (guerre du Caucase) entre 1830 et 1860.

Chahir شَهِير **Chahira** شَهِيرَة

• Shahîr / Shahîra : *célèbre, renommé.* Un des noms du prophète Muhammad.

Safy صَفِيّ **Safiya** صَفِيَّة

• Ṣafî / Ṣafiyya : *pur* ; *meilleur, choisi parmi tous, préféré* (*en vertu de sa pureté*).

Safiallah, Safioullah صَفِيّ الله

Ṣafî-Allâh : *le préféré de Dieu* (*en vertu de sa pureté*). Un des noms du prophète Muhammad ainsi que de quatre sultans ottomans des XVIIe et XVIIIe siècles.

Safieddine صَفِيّ الدّين

Ṣafî ad-Dîn : *l'ami sincère de la religion.*

Moustafa, Moustapha مُصْطَفَى

Muṣṭafâ : *élu par Dieu, choisi en raison de sa pureté.* Un des noms du prophète Muhammad. [Correspondance : Eloi]

Istifa اِصْطِفَاء

Iṣṭifâ' : *élection, sélection.*

Dimam ضِمَام **Dimam** ضِمَام

• Ḍimâm (mixte) : *qui réunit deux choses pour les englober en un tout.*

MASCULIN | **FÉMININ**

Ghali, Rali غَالِي **Ghaliya, Ghalia, Ralia** غَالِيَة

• Ghâlî / Ghâliya : *très cher,* c'est-à-dire *très précieux ou très aimé* ; *qui dépasse, inestimable* ; *parfum composé d'ambre et de musc.* Ghâliya al-Baqmiyya, épouse d'un dirigeant du premier Etat saoudien, elle organisa la lutte contre l'armée de Muhammad Ali Pacha dans le Hedjaz au début du XIXe siècle. [Correspondance : Antoine, Antonin, Anton, Anthony / Antonia]

Farid فَرِيد **Farida** فَرِيدَة

• Farîd / Farîda : *sans pareil, incomparable.* Farîda : *perle de grande valeur.* Farîd al-Aṭrash (m. 1974) : compositeur et musicien d'origine druze, très populaire en Egypte.

Fariz, Fériz فَرِيز **Fariza, Fériza** فَرِيزَة

• Farîz / Farîza : *qui se distingue d'autrui, éminent.*

Fadle فَضْل **Fadle** فَضْل

• Faḍl (mixte) : *distinction, mérite* ; *faveur, grâce (divine).* Sous les Abbassides, al-Faḍl Ibn Yaḥyâ (m. 806), frère de lait et vizir du calife Harûn ar-Rashîd, et al-Faḍl Ibn Sahl (m. 818), vizir du calife al-Ma'mûn. [Correspondance : Gratien / Grâce]

Fadledine فَضْل الدّين

Faḍl ad-Dîn : *l'excellence de la religion.*

Fadlallah فَضْل الله

Faḍl-Allah : *la faveur de Dieu.*

Fadli فَضْلِي

• Faḍlî : *qui porte les marques de la distinction, du mérite, de la grâce* (*divine*).

Fadel فَاضِل **Fadela** فَاضِلَة

Fâḍil / Fâḍila : *digne, vertueux, méritant.* Un des noms du prophète Muhammad.

MASCULIN **FÉMININ**

Fadil فَضِيل **Fadila** فَضِيلَة

Faḍîl / Faḍîla : *distingué, supérieur par son mérite* ; Faḍîla : *vertu, qualité éminente, mérite, supériorité* ; terme de titulature : « Faḍîlat ach-Cheikh, ar-Ra'îs… » (Son Excellence le Cheikh, le Président…).

Fodayl, Fodeil فُضَيْل **Fodayla, Fodeila** فُضَيْلَة

Fuḍayl / Fuḍayla (diminutif de Faḍîl / Faḍîla) : *digne et méritant*. Fuḍayl Ibn 'Ayyâḍ, saint du VIIIe siècle : d'abord bandit de grand chemin, il se repentit grâce à son sens éminent de l'honneur.

Faddoul فَضُّول

Faḍḍûl : *d'une très grande distinction.*

Afdal أَفْضَل

Afḍal : *meilleur.*

Afdaledine أَفْضَل الدّين

Afḍal ad-Dîn : *le meilleur de la religion.*

Fadlan, Fadlane فَضْلاَن

Faḍlân : *supérieur.*

Mofaddal مُفَضَّل

Mufaḍḍal : *d'un mérite supérieur, préféré, favori.*

Ifdal, Ifdale إِفْضَال

Ifḍâl : *honneur et faveur.*

Faïk, Faïq فَائِق **Faïka, Faïqa** فَائِقَة

• Fâ'iq / Fâ'iqa : *éminent, qui surpasse, domine et prévaut.*

Kamel كَامِل **Kaméla** كَامِلَة

• Kâmil / Kâmila : *plénier, parfait, parachevé*. Kâmil : un des noms du prophète Muhammad.

MASCULIN | **FÉMININ**

Kamil, Camil كَمِيل | **Kamila, Camila** كَمِيلَة

Kamîl / Kamîla : *parfait.*

Koumayl, Komel كُمَيْل

Kumayl (diminutif de kamîl) : *parfait.* L'imam Ali enseigne à son compagnon Kumayl une invocation très connue en milieu chiite (du'a Kumayl).

Kamal كَمَال

Kamâl : *plénitude.*

Kamaledine كَمَال الدّين

Kamâl ad-Dîn : *la plénitude de la religion.*

Akmal أَكْمَل

Akmal : *parfait, parachevé.*

Akmaledine أَكْمَل الدّين

Akmal ad-Dîn : *perfection de la religion.*

Ikmal إِكْمال

Ikmâl : *accomplissement, perfection.*

Iktimal اِكْتِمال

Iktimâl : *parachèvement.*

Amthal, Amtal, Amsal أَمْثَل

•Amthal : *exemplaire, idéal.*

Maziya مَزِيَّة

•Maziyya : *qualités distinctives, privilège, mérite.*

Mazeya مَزَايَا

Mazâyâ (pluriel de maziyya) : *excellentes qualités.*

MASCULIN		FÉMININIII	

Miza مِيزَة

Mîza : *qualités distinctives* ; *privilège* ; *mérite.*

Maïz مَائِز — **Maïza** مَائِزَة

Mâ'iz / Mâ'iza : *qui se distingue par ses qualités, qui est remarquable.*

Nabigh, Nabir, Naber نَابِغ — **Nabigha, Nabira, Nabéra** نَابِغَة

• Nâbigh / Nâbigha : *talentueux, brillant* ; *distingué, éminent.*

Noubough, Noubour نُبُوغ — **Noubough, Noubour** نُبُوغ

Nubûgh (mixte) : *génie, talent, ingéniosité.*

Mounjiz مُنْجِز — **Mounjiza** مُنْجِزَة

• Munjiz / Munjiza : *qui mène à terme, parachève une œuvre.*

Noudra, Nodra نُدْرَة

• Nudra : *rareté.*

Nadir نَادِر — **Nadira** نَادِرَة

Nâdir / Nâdira : *rare, exceptionnel, extraordinaire.*

Nizar نِزَار

• Nizâr : *rare, qui se trouve en petite quantité* ; nom d'une *tribu arabe.*

Hajir هَاجِر — **Hajira** هَاجِرَة

• Hâjir / Hâjira : *excellent, qui se distingue des autres par ses qualités.*

Wahid, Ouahid وَحِيد — **Ouahida, Wahida** وَحِيدَة

• Waḥîd / Waḥîda : *unique, sans pareil.* Waḥîd : un des noms du prophète Muhammad.

Ouasmiya, Wasmiya وَسْمِيَّة

• Wasmiyya : *qui porte un signe distinctif.*

MASCULIN

FÉMININ

Wéfi, Ouéfi وَافِي

Wéfia, Ouéfia وَافِيَة

• Wâfî / Wâfiya : *complet, entier, intégral.*

Itkane, Itqane إِتْقَان

• Itqân : *excellence, perfection, maîtrise.*

Walma, Oualma, Welma وَلْمَة

• Walma : *ensemble, complétude.*

B. NOBLESSE ET ÉLÉVATION

MASCULIN | **FÉMININ**

Assir آسِر

• Âsir : *de sang noble, qui règne sur les siens* (dérivé de usra : *famille*). [Correspondance : Alaric]

Athal, Atal أَثَال

• Athâl : *origine noble et ancienne.*

Athil, Atil أَثِيل

Athîl : *noble et dont les origines sont anciennes.*

Asmahane أَسْمَهَان

• Asmahân : *élévation, noblesse* (origine persane).

Assil أَصِيل **Assila** أَصِيلَة

• Aṣîl / Aṣîla : *de noble origine, authentique* ; Aṣîl : *temps situé juste avant le coucher du soleil, quand le ciel se colore en jaune ou rouge.* Aṣîl Ibn Sufyân, compagnon du Prophète. Asilah, au nord du Maroc, ville dont les rues sont des galeries d'art. [Correspondance : Alix / Alix, Adèle, Adela, Adélie, Adeline, Adélaïde, Aline, Aïda, Alice, Alicia, Alison]

Anafa أَنَفَة

• Anafa : *fierté* ; *noblesse* (mot dérivé de anf : *nez).*

Anouf أَنُوف **Anouf** أَنُوف

Anouf (mixte) : *fier, noble.*

Bajla بَجْلَة

• Bajla : *estime, respect, distinction, noblesse.*

MASCULIN | **FÉMININ**

Bajil, Béjil بَجِيل **Bajila, Béjila** بَجِيلَة

Bajîl / Bajîla : *honoré, respecté, vénéré.* [Correspondance : Brian /Brigitte]

Bijal بِجَال

Bijâl : *respectable, considéré.*

Bajlae بَجْلاَء

Bajlâ': *très respectable, bien considérée.*

Moubajjal مُبَجَّل

Mubajjal : *très estimé, très honoré, vénéré.* Dans la tradition islamique, le prophète Muhammad est souvent appelé al-Mubajjal. [Correspondance : Honoré / Honorine]

Badikh بَاذِخ

• Bâdhikh : *haut, élevé* ; *fier.*

Talida تَالِدَة

• Tâlida : *qui possède des biens ancestraux, une gloire ancestrale.*

Jalas جَلَس

• Jalas : *femme qui tient salon, grande dame.*

Jalal, Jalel جَلاَل **Jalal, Jalel** جَلاَل

• Jalâl (mixte) : *grandeur, majesté.*

Jalaledine جَلاَل الدِّين

Jalâl ad-Dîn : *la grandeur, la majesté de la religion.* Jalâl ad-Dîn as-Suyûtî (m. 1505) : grand savant musulman égyptien ; pluridisciplinaire, il a rédigé environ mille œuvres dans les domaines les plus variés, religieux et autres. [Correspondance : Jérémie, Jérémy (*Dieu élèvera*)]

MASCULIN		FÉMININ	

Jalil, Jélil جَلِيل **Jalila, Jélila** جَلِيلَة

Jalîl / Jalîla : *qui a un rang élevé* ; *majestueuse*. Al-Jalîl, nom divin : *le Majestueux*. [Correspondance : Albéric]

Ijlal إِجْلاَل **Ijlal** إِجْلاَل

Ijlâl (mixte) : *glorification, élévation.*

Hassab حَسَب

•Ḥasab : *noblesse.*

Hassib حَسِيب **Hassiba** حَسِيبَة

Ḥasîb / Ḥasîba : *considéré, estimé.*

Hazi حَظِيّ **Haziyya** حَظِيَّة

•Ḥaẓiyy / Ḥaẓiyya : *honoré, respecté, considéré.*

Hazaya حَظَايَا

Ḥaẓâyâ (pluriel de ḥaẓiyya) : *respectées.*

Khatoun خَاتُون

•Khâtun (mot d'origine turque) : *dame, noble dame* ; *princesse*. Terme utilisé auparavant en Orient pour s'adresser à une femme de manière respectueuse.

Khanoum خَانُم

•Khânum (mot d'origine turque) : *dame*. Terme utilisé auparavant en Orient pour s'adresser à une femme de manière respectueuse.

Dhourwa ذُرْوَة **Dhourwa** ذُرْوَة
Dourwa **Dourwa, Zourwa**

•Dhurwa (mixte) : *sommet, apogée.*

Dhoura ذُرَى

Dhurâ (pluriel de dhurwa) : *sommets.*

MASCULIN		FÉMININ	
		Routba	رُتْبَة

• Rutba : *rang, degré de dignité, degré spirituel.* Le Prophète est appelé **Râfi‘ ar-rutab** (pluriel de rutba) : *celui qui élève vers les degrés spirituels.*

Rifaa	رِفْعَة	**Rifaa**	رِفْعَة

• Rif‘a (mixte) : *éminence, élévation, sublimité.*

Rifaat	رِفْعَت	**Rifaate**	رِفْعَت

Rif‘at (mixte) (variante de Rif‘a d'origine ottomane) : *éminence, élévation, sublimité.*

Rifaa	رِفَاعَة	**Rifaa**	رِفَاعَة

Rifâ‘a (mixte) : *noblesse* ; *élévation.*

Rafi	رَفِيع	**Réfia**	رَفِيعَة

Rafî‘ / Rafî‘a : *noble, haut, sublime.*

Raqi	رَاقِي	**Raqiya**	رَاقِيَة

• Râqî / Râqia : *élevé, évolué, raffiné.*

		Roukya, Rokya, Roqya	رُقْيَة

Ruqya (diminutif de ruqya) : *élévation.*

		Rokaya, Roqaya	رُقَيَّة

Ruqayya (diminutif de ruqya) : *élévation.* Une des filles de Muhammad (cf. chapitre Famille de Muhammad), et une de ses tantes (fille de ‘Abd al-Muṭṭalib), poétesse.

MASCULIN | **FÉMININ**

Zoubayda, Zoubida زُبَيْدَة
Zobéida, Zoubaïda

• Zubayda (diminutif de zabd (*don*) ou de zubd (*élite*)) : *petite crème* ; *fine fleur*. Zoubayda bint Ja'far (m. 832), petite-fille du calife al-Mansûr et femme du calife Harûn al-Rashîd, célèbre pour ses nombreuses œuvres de charité, et son soutien à la science et aux lettres ; elle fit aménager une route de Bagdad à La Mecque appelée Darb Zubayda (*la Route de Zubayda*) ; héroïne des contes des *Mille et Une Nuits* comme son illustre époux : dans les traductions, elle est connue sous la forme de Zobéida.

Zoulfa, Zolfa زُلْفَى

• Zulfâ : *proximité* ; *degré, rang* ; *dernière heure du jour à l'approche de la nuit* ou *dernière heure de la nuit à l'approche du jour*.

Sarae سَرَاء

• Sarâ' : *honneur, estime, gloire*.

Samed سَامِد — **Sameda** سَامِدَة

• Sâmid / Sâmida : *qui dresse la tête et la porte haut par fierté*.

Souma سُمَا

• Soumâ : *réputation, renommée*.

Sami, Samy, Sémi سَامِي — **Samia, Sémia** سَامِيَة

Sâmî / Sâmiya : *grand, élevé, sublime*. [Correspondance : Maxime, Maximilien, Maxence, Max]

Soumaya, Soumeya سُمَيَّة

Sumayya : diminutif de sâmiya (*sublime*), ou diminutif de sîma (*signe distinctif*). Sumayya Bint Khabbâț, première femme martyre de l'islam, lors des persécutions que subirent les premiers musulmans à La Mecque.

MASCULIN		FÉMININ	
		Asmae	أَسْمَاء

Asmâ' : *élevée, sublime* ; *qui a de beaux traits* ; peut aussi signifier *les noms* (pluriel du mot ism). Asmâ, fille d'Abû Bakr et sœur aînée de Aïcha : à l'occasion de l'Hégire (fuite du Prophète de La Mecque vers la future Médine), elle fut surnommée **Dhât an-Nitâqayn** (*la femme aux deux ceintures*) par Muhammad car elle se servit de sa propre ceinture, qu'elle coupa en deux, pour nouer les sacs de provisions ; elle donna naissance au premier musulman né à Médine. [Correspondance : Samuel (« *Son nom est Dieu* »), Samy, Sam / Samantha]

Oussayma, Oussaïma أُسَيْمَة

Usayma (diminutif d'ism : *prénom*) : *petit prénom.*

Asma أَسْمَى

Asmâ : *élevée, sublime* ; *qui a de beaux traits.*

Sanae سَنَاء

• Sanâ' : *élévation, grandeur* ; *beauté sublime.*

Séni سَنِيّ — **Sénia** سَنِيَّة

Sanî / Saniyya : *élevé, sublime* ; *brillant, éclatant.* [Correspondance : Audrey]

Sanaya سَنَايَا

Sanâyâ : *noble, brillant.*

Charaf, Charef شَرَف — **Charaf, Charef** شَرَف

• Sharaf (mixte) : *noblesse, honneur.*

Charafedine شَرَف الدّين

Sharaf ad-Dîn : *l'honneur de la religion.*

Charif شَرِيف — **Charifa, Chérifa** شَرِيفَة

Sharîf / Sharîfa : *noble, d'ascendance illustre.* Qualificatif attribué aux descendants du prophète Muhammad : la dynastie régnante au Maroc est dite chérifienne. [Correspondance : Albert / Alberta, Albertine]

MASCULIN | **FÉMININ**

Achraf أَشْرَف

Ashraf : *très noble.*

Achrafedine أَشْرَف الدِّين

Ashraf ad-Dîn : *la grande noblesse de la religion.*

Chamikh شَامِخ **Chamikha** شَامِخَة

• Shâmikh / Shâmikha : *élevé, sublime ; fier.*

Chahiq شَاهِق **Chahiqa** شَاهِقَة

• Shâhiq / Shâhiqa : *haut, élevé.*

Atiq عَتِيق **Atiqa** عَتِيقَة

• 'Atîq / 'Atîqa : *de qualité, excellent ; beau ; antique ; généreux ; affranchi (de l'esclavage, du feu…), libre.* **Al-Bayt al-'atîq** : *la Maison antique*, surnom de la Kaaba. **Al-'Atiq** (l'Ancien, le Généreux) : surnom d'Abû Bakr avant l'islam. [Correspondance : Prisca, Priscilla]

Yaroub يَعرُب

• Ya'rub : *qui est arabe et qui parle l'arabe.* Ya'rub Ibn Qaḥṭân, roi du Yémen de la période préislamique ; il serait le premier à avoir parlé la langue arabe.

Arib, Aribe عَرِيب

'Arîb : *arabe.*

Arabi, Araby عَرَبِي

'Arabî : *qui est d'origine arabe.*

Ourayb, Oureib عُرَيْب **Ourayb, Oureiba** عُرَيْبَة

'Urayb / 'Urayba (diminutif élogieux de 'arab) : *arabe ; tribu arabe ; pur sang.*

MASCULIN | **FÉMININ**

Alae عَلاَء

• 'Alâ' : *grandeur*. Al-'Alâ' Ibn 'Abd-Allah, compagnon du Prophète, le premier à avoir dirigé une expédition maritime lors des conquêtes musulmanes. Abû al-'Alâ' al-Ma'arrî (m. 1057), poète et philosophe arabe (Syrie actuelle) connu pour son pessimisme.

Alaedine عَلاَء الدّين

'Alâ' ad-Dîn : *la grandeur de la religion*. Aladin, célèbre personnage des contes des *Mille et Une Nuits*.

Yaala يَعْلَى

Ya'lâ : *il domine*. Ya'lâ Ibn Umayya, compagnon du Prophète, connu pour sa générosité.

Ali عَلِيّ — **Aliya** عَلِيَّة

'Alî / 'Aliyya : *élevé, noble*. Ali, cousin et gendre du Prophète ; quatrième calife de l'islam (cf. chapitre Les prophètes). Al-'Alî, nom divin : *le Très-Haut*.

Aliyate عَلِيّات

'Aliyyât (pluriel de 'aliyya) : *élévations*.

Alia عَالِيَة

'Âliya : *élevée, noble*.

Olei عُلاَ

'Ulâ : *élévation, noblesse*.

Oulouw عُلُوّ

'Uluww : *élévation, grandeur*.

Alwa, Aloua عَلْوَة

'Alwa : *élevée, noble*.

MASCULIN | **FÉMININ**

Alwi عَلْوي

'Alwi : *élevé, noble* ; *en référence à Ali.*

Oulwan عُلْوَان

'Ulwân : *très élevé, très noble.*

Fakhri فَخْري

• Fakhrî (dérivé de fakhr) : *fier et glorieux*. [Correspondance : Stanislas (debout et glorieux), Stan]

Fakhredine فَخْر الدِّين

Fakhr ad-Dîn : *la fierté de la religion.* Fakhr ad-Dîn ar-Râzî (m. 1209) : grand théologien et commentateur du Coran, originaire de Rey (en Perse, d'où sa *nisba* « ar-Râzî »).

Moukabal مُقَابَل — **Moukabala** مُقَابَلَة

Mouqabal — **Mouqabala**

• Muqâbal / Muqâbala : *issu d'une noble lignée.*

Qays, Kays قَيْس

• Qays : *mesure, comparaison, rivalité* ; *démarche fière* ; nom d'une tribu arabe. Imru al-Qays (m. 540), grand nom de la littérature arabe préislamique, un des auteurs des « Odes suspendues » à la Kaaba (*Mu'allaqât*). Qays symbolise la passion car différents poètes-héros de la littérature amoureuse de l'époque omeyyade portèrent ce nom : Qays Ibn Ḍarîḥ (m. 687), poète célèbre pour l'amour qu'il portait à Lubnâ ; Qays Ibn al-Mulawwaḥ, le fou (majnûn) de Leyla (dont s'inspira le poète français Louis Aragon pour *Le fou d'Elsa*). [Correspondance : Emile, Milan / Emilie, Emilia, Emilien]

Karama كَرَامَة

• Karâma : *noblesse, grandeur d'âme.*

Karami كَرَامِي

Karâmî : *qui se caractérise par sa noblesse.*

MASCULIN | **FÉMININ**

Moukaram مُكَرَّم | Moukarama مُكَرَّمَة

Mukarram / Mukarrama : *honoré, respecté, vénéré.* [Correspondance : Sébastien, Bastien, Bastian]

Kaab كَعْب

• Ka'b : *os de jointure entre la jambe et le pied,* d'où l'expression « homme à la cheville haute », c'est-à-dire *élevé par la gloire et l'honneur.* Le poète Ka'b Ibn Zuhayr, auteur du célèbre poème « Le Manteau » (*al-Burda*) qui dresse l'éloge du prophète Muhammad : en reconnaissance, celui-ci lui offrit son manteau vert.

Majd, Mejd مَجْد | Majd, Mejd مَجْد

• Majd (mixte) : *distinction, gloire, honneur.* Le prophète Muhammad est appelé **Makhṣûṣ bi-l-majd** : *privilégié par la gloire.*

Majdedine مَجْد الدِّين

Majd ad-Dîn : *la gloire de la religion.*

Majda مَجْدَة

• Majda (variante féminine de majd) : *distinction, gloire, honneur.* Ce prénom s'écrit souvent selon sa prononciation égyptienne **Magda**, du fait de son homophonie avec le diminutif de Magdalena (du nom de lieu Magdala en Palestine, dont est originaire sainte Marie-Madeleine) qui a donné le prénom **Majdoline** en arabe. [Correspondance : Gloria]

Majdi, Mejdi, Mejdy مَجْدِيّ | Majdiya, Mejdia مَجْدِيَّة

Majdî / Majdiyya : *de nature glorieuse et noble.*

Amjad أَمْجَاد

Amjâd (pluriel de majd) : *honneurs, gloires.*

Mijad مِجَاد | Mijada مِجَادَة

Mijâd / Mijâda : *glorification.*

MASCULIN | **FÉMININ**

Majid, Majed مَاجِد **Majida, Majéda** مَاجِدَة

Mâjid / Mâjida : *bon, excellent* ; *d'un noble caractère* ; *illustre, glorieux.* [Correspondance : Robert, Robin / Roberta]

Méjid مَجِيد **Méjida** مَجِيدَة

Majîd / Majîda : *illustre* ; *noble* ; *glorieux.* Al-Majîd, nom divin : *le Glorieux.*

Amjad أَمْجَد **Majdae, Mejda** مَجْدَاء

Amjad / Majdâ' : *très illustre, plein de gloire.* [Correspondance : Philibert]

Maroun مَرُون

• Marûn (origine syriaque) : *élevé.* Saint Maroun (m. entre 410 et 421), ermite chrétien sur le mont Taurus près d'Antioche (actuelle Turquie), Père de l'Eglise maronite répandue au Liban. Ce prénom est porté uniquement par les chrétiens.

Makana مَكَانَة

• Makâna : *statut prestigieux* ; *rang spirituel.*

Nabéla نَبَالَة

• Nabâla : *noblesse.*

Nabil نَبِيل **Nabila, Nébila** نَبِيلَة

Nabîl / Nabîla : *noble, chevaleresque.*

Nabah نَبَاه

• Nabâh : *remarquable, grand.*

Najaba نَجَابَة

• Najâba : *excellence, noblesse* ; *cœur* ; *qualités spirituelles.*

MASCULIN		FÉMININ	

Najbe نَجْب — **Najba** نَجْبَة

Najb / Najba : *noble et généreux.*

Noujaba نُجَبَة — **Noujaba** نُجَبَة

Nujaba (mixte) *: noble et généreux.*

Najeb نَاجِب — **Najeba** نَاجِبَة

Nâjib / Nâjiba : *noble.*

Najib, Néjib نَجِيب — **Najiba, Néjiba** نَجِيبَة

Najîb / Najîba : *de noble ascendance ; doué de qualités supérieures.* [Correspondance : Eugène / Eugénie, Eugenia]

Najibedine نَجِيب الدِّين

Najîb ad-Dîn : *dont la foi est noble.*

Anjab أَنْجَب

Anjab : *très noble et généreux ; supérieur.*

Najoud, Najoude نَجُود

• Najûd : *femme distinguée, supérieure aux autres par sa beauté et son esprit.* [Correspondance : Geneviève]

Nijad نِجَاد

Nijâd (pluriel de najd) : *endroits surélevés ; mobilier d'une maison.* Le Nejd : plateau du centre de l'Arabie, fief des tenants de la doctrine wahhabite : Riyad, capitale de l'Arabie saoudite, se trouve au centre de ce plateau.

Nassabe نَسَب

• Nasab : *parenté ; noble lignage.*

Nessib نَسِيب — **Nessiba** نَسِيبَة

Nasîb / Nasîba : *parent, celui dont la généalogie est certaine, remarquable.* [Correspondance : Gilles, Gilbert / Gilberte]

MASCULIN | **FÉMININ**

Noussayb نُسَيْب **Noussayba, Nossaïba** نُسَيْبَة

Nusayb / Nusayba (diminutif de Nasîb / Nasîba) : *enfant dont la généalogie est certaine, remarquable.* Nusayba Bint Ka'b : elle participa aux batailles menées par le Prophète. [Correspondance : Kevin]

Nahd, Nehd نَهْد

• Nahd : tout ce qui a une valeur supérieure : *lieu prestigieux, élevé* ; *crème épaisse à la surface du lait* ; *poitrine gonflée* ; *lion fougueux* ; *cheval beau et robuste* ; *homme hardi que la difficulté ne rebute pas* ; *homme généreux.* [Correspondance : Roland, Orlando / Rolande, Orlanda, Orlane]

Nouhad نُهَاد **Nouhad** نُهَاد

Nouhâd (mixte) : *mesure, quantité.*

Néhid نَهِيد **Néhida** نَهِيدَة

Nahîd / Nahîda : *crème épaisse à la surface du lait.*

Nawf نَوْف **Nawf** نَوْف

• Nawf (mixte) : *grandeur, élévation* ; *bosse du dromadaire particulièrement haute.*

Nawfa نَوْفَة

Nawfa (variante féminine de Nawf) : *grandeur, élévation.*

Nayf نَيْف

Nayf : *grand, qui dépasse.*

Nayif نَايِف

Nâyif : *grand, élevé.*

Naïfa نَائِفَة

Nâ'ifa : *grande, élevée, qui dépasse* (le prénom masculin Nâ'if existe mais donne « Naïf » en transcription française).

MASCULIN		FÉMININ	
Anouaf, Anwaf	أَنْوَف		

Anwaf : *très élevé.*

Mounif	مُنِيف	**Mounifa**	مُنِيفَة

Munîf / Munîfa : *élevé, dominant.*

Nawaf, Naouaf	نَوَّاف		

Nawwâf : *très élevé, qui surplombe et domine.*

Nami, Namy	نَامِي	**Namia**	نَامِيَة

•Nâmî / Nâmiya : *qui est élevé, en pleine ascension.* Nâmiya : *créatures* ; *végétations* ; *rameau du cep de vigne chargé de grappes de raisin.*

		Hanim	هَانِم

Hânim : *dame, distinguée et respectée* (mot d'origine turque).

Wissam, Ouissam	وِسَام	**Wissame, Ouissame**	وِسَام

Wisâm (mixte) : *décoration, médaille, armoiries* ; *rivaliser en beauté.*

C. LOUANGE

MASCULIN		FÉMININ	

Ibraj, Ibrage إِبْرَاج

Ibrâj : *honorer, glorifier.*

Thanae, Tanae, Sanae ثَنَاء

Thanâ' : *louange, compliment, éloge.*

Ihtiram إِحْتِرَام

Iḥtirâm : *respect et déférence.*

Hamd حَمْد — **Hamda** حَمْدَة

Ḥamd / Ḥamda : *éloge, louange.*

Hamdi حَمْدِي — **Hamdiya** حَمْدِيَّة

Ḥamdî / Ḥamdiyya : *dont la nature est la louange.*

Hamid, Hamed حَامِد — **Hamida, Haméda** حَامِدَة

Ḥâmid / Ḥâmida : *qui loue Dieu.* Ḥâmid : un des noms coraniques du prophète Muhammad.

Hamidallah حَامِد الله
Hamidoullah

Ḥâmid-Allâh : *qui loue Dieu.*

Hémid حَمِيد — **Hémida** حَمِيدَة

Ḥamîd / Ḥamîda : *digne de louange.* Al-Ḥamîd, nom divin : *le Très-Loué.*

Houmayd حُمَيْد — **Houmayda** حُمَيْدَة
Houmeid — **Houmeida**

Ḥumayd / Ḥumayda (diminutif de ḥamîd / ḥamida) : *digne de louange.*

MASCULIN **FÉMINININ**

Hamidedine حَميد الدّين

Ḥamîd ad-Dîn : *le porte-louanges de la religion.*

Ahmad, Ahmed أَحْمَد

Aḥmad : *le plus loué.* Un des noms coraniques du prophète Muhammad, son appellation céleste. [Correspondance : Laud]

Houmada حُمَدَة

Ḥumada : *très loué.*

Hammad حَمّاد

Ḥammâd : *qui ne cesse de louer Dieu.*

Hammadi حَمّادي

Ḥammâdî : *très fervent dans ses louanges.*

Hamdane حَمْدان

Ḥamdân : *qui adresse beaucoup de louanges à Dieu.*

Hamdoun حَمْدُون

Ḥamdûn : *qui adresse beaucoup de louanges à Dieu.* La terminaison *ûn* est d'origine andalouse.

Hammoud حَمُّود **Hammouda** حَمُّودَة

Ḥammûd / Ḥammûda : *qui s'adonne à la louange et à l'action de grâces.*

Mahmoud مَحْمُود **Mahmouda** مَحْمُودَة

Maḥmûd / Maḥmûda : *loué, celui vers qui vont les louanges.* Maḥmûd : un des noms du Prophète.

Mahmada مَحْمَدَة

Maḥmada : *action digne de compliments et de félicitations.*

MASCULIN | **FÉMININ**

Mohammed, Mohamed مُحَمَّد

Muḥammad : *très loué, le lieu par excellence de la louange*. Le prophète de l'islam. La graphie simplifiée Mohamed correspond à l'usage le plus fréquent en France. L'un des prénoms les plus portés au monde (cf. chapitre Les prophètes).

Hamdala حَمْدَلَة

Hamdala : dire *al-hamdu li-Llâh*, « Louanges à Dieu ».

Ihmad إِحْمَاد

Iḥmâd : *action louable*

Mourtada مُرْتَضَى

• Murtaḍâ : *personne dont on est satisfait.*

Machkour مَشْكُور **Machkoura** مَشْكُورَة

• Mashkûr / Mashkûra : *agréé, remercié, récompensé.*

Okrouma أُكْرُومَة

• Ukrûma : *action louable.*

Akarim أَكَارِيم

Akârîm (pluriel d'ukrûma) : *actions louables.*

Imjad إِمْجَاد

• Imjâd : *louange et glorification.*

Midha مِدْحَة **Midha** مِدْحَة

• Midḥa (mixte) : *éloge, louange.*

Midhat مِدْحَتْ

Midḥaṭ (variante d'origine ottomane) : *éloge, louange.*

MASCULIN | **FÉMININ**

Madaïh مَدَائِح

Madâ'iḥ (pluriel de midha) : *éloges, louanges.*

Madih مَادِح **Madiha** مَادِحَة

Mâdiḥ / Mâdiḥa : *qui loue quelqu'un* (en particulier le Prophète), *qui en fait l'éloge.*

Médih مَدِيح **Médiha** مَدِيحَة

Madîḥ / Madîḥa : *digne d'éloges.*

Mamdouh مَمْدُوح **Mamdouha** مَمْدُوحَة

Mamdûḥ / Mamdûḥa : *dont on chante les louanges* ; *vénérable.* [Correspondance : Auguste, Augustin / Augusta, Augustine]

Omdouha أُمْدُوحَة

Umdûḥa : *poésie panégyrique.*

6.
Les qualités de cœur

A. Pureté
B. Bonté et clémence
C. Patience et satisfaction
D. Générosité

« L'homme ne vaut que par ses deux plus petits organes : son cœur et sa langue »

(proverbe arabe)

A. PURETÉ

MASCULIN		FÉMININ	

Bara بَرَاء

• Barâ' : *innocent, pur*. Prénom porté par plusieurs compagnons du Prophète, dont al-Barâ' Ibn Mâlik, à la bravoure légendaire.

Baraa بَرَاءَة

Barâ'a : *innocence, pureté.*

Bary بَرِيء — **Baria** بَرِيئَة

Barî' / Barî'a : *innocent, pur* ; *guéri.*

Hichma حِشْمَة

• Hishma : *pudeur.*

Hichmat حِشْمَتْ

Ḥishmat (variante de ḥishma) : *pudeur.*

Hassine, Hacine حَاصِن — **Hassine, Hacine** حَاصِن

• Ḥâṣin (mixte) : *vertueux* ; *qui se protège et se constitue une forteresse* (ḥiṣn) *intérieure.*

Hassina حَصِينَة

Ḥaṣîna : *vertueuse.*

Hasna حَصْنَاء

Ḥaṣnâ' : *femme chaste, pudique, vertueuse.*

Haya حَيَاء

• Ḥayâ' : *pudeur.*

MASCULIN		FÉMININ	
Khalis	خَالِص	**Khalissa**	خَالِصَة

• Khâliṣ / Khâliṣa : *pur.* [Correspondance : Catherine, Cathy, Katia]

Khoulous	خُلُوص	**Khoulous**	خُلُوص

Khulûṣ (mixte) : *grande pureté* ; *candeur* ; *franchise.*

Khaloussi	خَلُوصِيّ		

Khalûṣî : *pur, candide.*

Ikhlas	إِخْلَاص	**Ikhlas**	إِخْلَاص

Ikhlâṣ (mixte) : *sincérité, pureté d'intention, le fait d'agir en vue de Dieu seul.*
Al-Ikhlâṣ : autre nom de la sourate 112 (at-Tawḥîd).

Moukhlis	مُخْلِص	**Moukhlissa**	مُخْلِصَة

Mukhliṣ / Mukhliṣa : *pur d'intention, sincère, dévoué.*

Raïk, Raïq	رَائِق	**Raïka, Raïqa**	رَائِقَة

• Râ'iq / Râ'iqa : *pur, limpide.*

Zaki	زَاكِي	**Zakia**	زَاكِيَة

• Zâkî / Zâkiya : *pur, vertueux* ; *juste, intègre.*

Zaky	زَكِيّ	**Zakiya**	زَكِيَّة

Zakî / Zakiyya : *pur, vertueux* ; *qui a une vie douce et prospère.* [Correspondance : Guenièvre, Jennifer, Jenna, Jenny]

		Zaka, Zakae	زَكَاء

Zakâ' : *pureté.*

		Sahwa, Sahoua	صَحْوَة

• Ṣaḥwa : *éveil* ; *lucidité* ; *pureté, clarté, sérénité.*

Sarih	صَرِيح	**Sariha**	صَرِيحَة

• Ṣarîḥ / Ṣarîḥa : *clair, pur.*

MASCULIN		FÉMININ	

Sourah صُرَاح

Ṣurâḥ : *clair, pur.*

Sard صَرْد

• Ṣard : *pur.*

Safwe صَفْو

• Ṣafw : *pureté, clarté.*

Safwa, Safoua صَفْوَة

Ṣafwâ : *la quintessence d'une chose ou d'un être* ; *élite.*

Safwate صَفْوَت

Ṣafwate (variante de ṣafwa) : *la quintessence d'une chose ou d'un être*

Safae صَفَاء

Ṣafâ' : *pureté, limpidité, transparence* ; *clarté.* [Correspondance : Fiona]

Safi صَافِي **Safia** صَافِيَة

Ṣâfî / Ṣâfiya : *pur, clair.* [Correspondance : Gwen / Gwen]

Soufi صُوفِي **Soufiya, Sofia, Sophia** صُوفِيَّة

Sûfî / Sûfiyya : littéralement « *qui a été purifié* » : *qui suit une voie spirituelle pour se purifier* ; *soufi.* Le soufisme est la dimension intérieure, spirituelle, de l'islam sunnite.

Safwan, Safouane صَفْوَان

Ṣafwân : *pur, limpide, lisse.* Prénom de plusieurs compagnons du Prophète.

Tahir طَهِير **Tahira** طَهِيرَة

• Ṭahîr / Ṭahîra : *purifié.*

Taher طَاهِر **Tahéra** طَاهِرَة

Ṭâhir / Ṭâhira : *pur, innocent, sans tache.* Ṭâhir : un des noms du Prophète.

MASCULIN **FÉMININ**

Tahour طَهُور **Tahour** طَهُور

Ṭahûr (mixte) : *très pur, innocent, sans tache.*

Tahara طَهَارَة

Ṭahâra : *pureté.*

Adhra, Adra, Azra عَذْرَاء

• 'Adhrâ' : *vierge. Perle qui n'est pas encore percée ; sable sans trace de pas.* Al-'Adhrâ' : *la Vierge Marie.* Epithète attribuée à la ville de Médine. [Correspondance : Virginie, Virginia]

Afaf عَفَاف

• 'Afâf : *chasteté, sobriété, pudeur, vertu.*

Afafa عَفَافَة

'Afâfa : *pudeur, vertu.*

Afif عَفِيف **Afifa** عَفِيفَة

'Afîf / 'Afîfa : *chaste et pur ; qui s'écarte de ce qui est illicite ou vil.* [Correspondance : Agnès, Agnelle, Inès]

Afifeddine عَفِيف الدِّين

'Afîf ad-Dîn : *dont la pratique religieuse est pure.*

Mawiya مَاوِيَة

• Mâwiya : *pure ; blanche ; miroir ; cristal* ; en tant que dérivé de mâ' ou mâh (*eau*), il peut aussi signifier *qui vient de l'eau.*

Nazaha نَزَاهَة

• Nazâha : *pureté, honnêteté, vertu.*

Nézih نَزِيه **Néziha** نَزِيهَة

Nazîh / Nazîha : *pur, honnête, vertueux.*

MASCULIN		FÉMININ	
Nasseh	نَاصِح		

• Nâṣiḥ : *pur ; miel sans mélange.*

		Naka, Naqa	نَقَاء

• Naqâ : *pureté.*

		Nakawa, Naqawa	نَقَاوَة

Naqâwa : *pureté.*

Naki, Naqi	نَقِيّ	**Nakiya, Naqiya**	نَقِيَّة

Naqî / Naqiyya : *pur, sans tache.*

Mounaka, Mounaqa	مُنَقًّى		

Munaqqâ : *purifié, pur.*

		Wedaa	وَضَاءَة

• Wadâ'a *: pureté, blancheur, éclat* (de la même racine que le mot wuḍû' : *ablutions rituelles, pureté rituelle*).

Wedy	وَضِيء	**Wedia**	وَضِيئَة

Waḍî' / Waḍî'a : *éclatant de pureté et de blancheur* (après l'accomplissement des ablutions rituelles). [Correspondance : Candide / Candice, Candy]

B. BONTÉ ET CLÉMENCE

MASCULIN	FÉMININ

Abrar أَبرَار

• Abrâr (pluriel de bârr) : *bons et vertueux.*

Moubassata مُبَاسَطَة

• Mubâsaṭa : *gentillesse naturelle, bienveillance.*

Ihtifa, Ihtifae إِحْتِفَاء

• Iḥtifâ' : *gentillesse.*

Hilm حِلْم

• Ḥilm : *bonté, clémence.*

Halim حَلِيم **Halima** حَلِيمَة

Ḥalîm / Ḥalîma : *patient, indulgent, clément, faisant preuve de mansuétude.* Ḥalîma, nourrice du Prophète. Al-Ḥalîm, nom divin : *le Très-Clément.*

Hanane حَنَان

• Ḥanân : *compassion ; tendresse ; miséricorde.*

Hanna حَنَّة

Ḥanna : *compassion, pitié.*

Hannane حَنَّان

Ḥannân : *très tendre.* Al-Ḥannân, nom divin : *le Très-Tendre.*

Hanoun حَنُون **Hanoune** حَنُون

Ḥanûn (mixte) : *très tendre et affectueux.*

Hanouna حَنُونَة

Ḥanûna (variante au féminin de ḥanûn) : *très tendre et affectueuse.*

MASCULIN		FÉMININ	
Hany	حَانِي	**Haniya**	حَانِيَة

•Ḥânî / Ḥâniya : *tendre, compatissant, plein de sollicitude.*

Ahna	أَحْنَى	**Hanwa, Hanoua**	حَنْوَاء

Aḥnâ / Ḥanwâ' : *très affectueux, très compatissant.*

Khayr, Kheir	خَيْر	**Kheira**	خَيْرَى

•Khayr : *bien* ; Khayrâ (variante féminine de Khayr) : *bienfaisante* ; un des noms de la ville de Médine ; le prophète Muhammad est appelé **Udhun al-khayr** : *l'écoute du bien.* Khayra Bint Abî Ḥadrad, "compagnonne" du Prophète qui compta parmi les femmes les plus avisées de son époque.

		Khayra	خَيْرَة

Khayrâ : *une action de bien.*

		Kheirate	خَيْرَات

Khayrât (pluriel de khayra) : *actions de bien, bienfaits.*

		Akhyar	أَخْيَار

Akhyâr (pluriel de khayr) : *personnes qui ont bon cœur* ; *les meilleurs* dans un groupe ou une société.

Khayri, Kheiry	خَيْرِيّ	**Khayria, Kheiria**	خَيْرِيَّة

Khayrî / Khayriyya : *qui fait le bien.* Le prénom Khayriyya est considéré comme le diminutif de **Khayr an-Nisâ'** (*la meilleure des femmes*), surnom donné à Khadîja, la première épouse du prophète Muhammad.

Akhyar	أَخْيَر	**Khoura**	خُورَى

Akhyar / Khûrâ : *très bienveillant.*

Kheirallah, Kheiroullah	خَيْرالله		

Khayr-Allâh : *le bien venant de Dieu.*

MASCULIN		FÉMININ	

Kheiredine خَيْر الدِّين

Khayr ad-Dîn : *le bien de la religion*. Khayr ad-Dîn Barberousse (m. 1546), corsaire et grand amiral des Ottomans.

Damatha, Damassa دَمَاثَة

• Damâtha : *prévenance, amabilité, gentillesse.*

Damithe, Damice دَميث — **Damitha, Damissa** دَمِيثَة

Damîth / Damîtha : *aimable, gentil.*

Damtha, Demsa دَمْثَاء

Damthâ : *qui a un caractère doux*. [Correspondance : Linda]

Rafa رَأْفَة

• Ra'fa : *bonté, clémence, miséricorde.*

Rawfa, Raoufa رَوْفَة

Rawfa : *miséricorde.*

Raïf رَائِف — **Raïfa** رَائِفَة

Râ'if / Râ'ifa : *clément, miséricordieux.*

Raouf رَؤُوف — **Raoufa** رَؤُوفَة

Ra'ûf / Ra'ûfa : *bienveillant, compatissant*. Ra'ûf : un des noms coraniques du Prophète. Ar-Ra'ûf, nom divin : *le Très-Bienveillant*. [Correspondance : Ruth]

Riâya رِعَايَة

• Ri'âya : *protection et soins attentifs et constants.*

Raïya رَاعِيَة

Râ'iya : *qui protège et élève bien ses enfants* ; *bergère.*

MASCULIN		FÉMININ	
		Raïma	رَائِمَة

Râ'ima : *qui aime beaucoup son enfant* ; à l'origine, terme utilisé pour la chamelle.

		Rahma	رَحْمَة

• Raḥma : *clémence, miséricorde.* Un des noms coraniques du Prophète, mais prénom féminin uniquement. Nom de la femme du prophète Ayyûb (Job). Prénom répandu en Afrique noire sous la forme de **Rama**. [Correspondance : Clémence]

		Rahmatallah **Rahmatoullah**	رَحْمَة الله

Raḥmat-Allâh (mixte) : *la miséricorde divine.*

Rahim	رَحِيم	**Rahima**	رَحِيمَة

Raḥîm / Raḥîma : *miséricordieux, très clément, d'une bonté toute maternelle.* Raḥîm : un des noms coraniques du Prophète. Ar-Raḥîm, nom divin : *le Très-Miséricordieux.* [Correspondance : Clément, Clémentin / Clémentine]

Tarhim	تَرْحِيم	**Tarhima**	تَرْحِيمَة

Tarḥîm / Tarḥîma : *invoquer la miséricorde* (raḥma) *de Dieu.*

		Marhama	مَرْحَمَة

Marḥama : *miséricorde.*

		Rikka, Riqqa	رِقَّة

• Riqqa : *délicatesse, tendresse.*

Rouayd **Rowayd, Roweid**	رُوَيْد	**Rouwayda** **Rowaïda**	رُوَيْدَة

• Ruwayd / Ruwayda : *douceur, absence de précipitation.*

		Tasdiya, Tasdia	تَسْدِيَة

• Tasdiyya : *bienveillance.*

MASCULIN **FÉMININ**

Safir سَفِير **Safira, Saphira** سَفِيرَة

• Safîr / Safîra : *médiateur, messager, ambassadeur* ; *qui voyage beaucoup.*

Samah سَمَاح

• Samâḥ : *générosité dans le pardon, indulgence, bonté.*

Samih سَمِيح **Samiha** سَمِيحَة

Samîḥ / Samîḥa : *indulgent, large de cœur et d'esprit, pardonnant, magnanime.*

Ismaïl, Ismaël, Smaïn إِسْمَاعِيل

Ismâ'îl : Ismaël, fils d'Abraham ; de l'hébreu : *Dieu entendra* (cf. chapitre Les prophètes). Les ismaéliens : chiites septimains (*sab'iyya*) qui ne reconnaissent que sept imams (contrairement aux duodécimains qui en reconnaissent douze), du nom d'Isma'îl Ibn Ja'far, fils du 6e imam, Ja'far as-Sâdiq. **Smaïn**, variante maghrébine. [Correspondance : Ismaël / Ismaïla]

Chaghouf, Charouf شَغُوف

• Shaghûf : *plein d'affection.*

Chafik, Chéfik شَفِيق **Chafika, Chéfika** شَفِيقَة
Chafiq, Chéfiq **Chafiqa, Chéfiqa**

• Shafîq / Shafîqa : *compatissant, bienveillant.* Shafîq : un des noms du prophète Muhammad.

Chafouk, Chafouq شَفُوق

Shafûq (forme intensive de shafîq) : *plein de sollicitude et de bienveillance.*

Achfak, Achfaq أَشْفَق

Ashfaq : *très compatissant.*

Chémil شَمِيل **Chémila** شَمِيلَة

• Shamîl / Shamîla : *enveloppant.* Chamîla : *qualité innée.*

MASCULIN		FÉMININ	

Chamaïl شَمَائِل

Shamâ'il (pluriel de shamîla) : *qualités innées.*

Chima شِيمَة

• Shîma : *qualité innée, bonté naturelle.*

Tiba طِيبَة

• Ṭîba : *chose bonne, agréable, parfumée* ; nom du puits de Zemzem à La Mecque.

Tayib, Tayeb طَيِّب — **Tayiba, Tayeba** طَيِّبَة

Ṭayyib / Ṭayyiba : *bon, excellent, agréable* ; *parfumé.* Un des noms du prophète Muhammad.

Atyab أَطْيَب

Aṭyab : *très bon, meilleur que les autres* ; *au parfum incomparable.*

Maarouf مَعْرُوف

• Ma'rûf : *le bien* ; *bonne conduite* ; *service que l'on rend.*

Izaze إِعْزَاز

• I'zâz : *tendresse, affection* ; *estime.*

Atfa عَطْفَة — **Atfa** عَطْفَة

• 'Aṭfa (mixte) : *sympathie, bienveillance.*

Atfi, Atfy عَطْفِيّ — **Atfiya** عَطْفِيَّة

'Aṭfî / 'Aṭfiyya : *affectueux, bienveillant.*

Inaya عِنَايَة

• 'Inâya : *soin, attention, sollicitude. Providence divine.*

MASCULIN | **FÉMININ**

Inayate عِنَايَات

'Inâyât (pluriel de 'inâya) : *soin, attention, sollicitude* ; *providence divine.*

Aïde عَائِد — **Aïda** عَائِدَة

• 'Â'id / 'Â'ida: *qui visite un malade* ; *avantage, bénéfice* (du verbe 'âda : *revenir*). Aïda, héroïne éponyme d'un opéra de Verdi (joué pour la première fois au Caire en 1871).

Uwayd عُوَيْد

'Uwayd (diminutif de 'â'id) : *qui visite un malade.*

Awad, Aouad عَوَّاد

'Awwâd : *qui se montre charitable envers un malade en lui rendant visite régulièrement* (du verbe *'âda* : *revenir*).

Ghoufrane, Rofrane غُفْرَان — **Ghoufrane, Rofrane** غُفْرَان

• Ghufrân (mixte) : *pardon, indulgence.*

Fotouwa فُتُوَّة

• Futuwwa : *générosité* ; *bonté.* A l'âge classique de la civilisation islamique (époque abbasside notamment), la notion de *futuwwa* recoupait à la fois la chevalerie spirituelle et le compagnonnage (corporations de métiers) de l'Europe médiévale.

Moufid مُفِيد — **Moufida** مُفِيدَة

• Mufîd / Mufîda : *bénéfique et bienfaisant* ; *utile.*

Loublouba لُبْلُبَة

• Lubluba : *mère qui dorlote son enfant* ; *prévenante envers les membres de sa famille* ; *lierre qui s'enroule autour des arbres.*

Loutfe لُطْف — **Loutfe** لُطْف

• Luṭf (mixte) : *bonté, douceur, gentillesse.*

MASCULIN | **FÉMININ**

Loutfallah, Loutfoullah لُطْف الله

Luṭf-Allâh : *la bienveillance divine, la subtile grâce de Dieu.*

Loutfi, Lotfy لُطْفِيّ **Loutfiya** لُطْفِيَّة

Luṭfî / Luṭfiyya : *doux, courtois, plein de délicatesse et de gentillesse.*

Loutayf, Louteif لُطَيْف

Luṭayf (diminutif de luṭf) : *tout doux.*

Latafa لَطَافَة

Laṭâfa *: gentillesse, courtoisie, délicatesse.*

Litaf لِطَاف

Liṭâf : *bonté, douceur, gentillesse.*

Latifa لَطِيفَة

Laṭîfa : *subtile, délicate, bienveillante* ; *mot spirituel, trait d'esprit.* Al-Laṭîf, nom divin : *le Bienveillant, le Subtil.* [Correspondance : Agathe, Agatha]

Altafe أَلْطَاف

Alṭâf : *caresses, délicatesse, attentions bienveillantes.*

Nathir, Natir نَاثِر **Nathira, Natira** نَاثِرة

• Nâthir / Nâthira : *qui répand le bien autour de soi.*

Nérimane, Nermine نِرْمَان

• Nirmân : *douce* (mot d'origine persane).

Nafi نَافِع **Nafia** نَافِعَة

• Nâfi' / Nâfi'a : *qui se rend utile aux autres* ; *bienfaisant, salutaire.*

Howayda هُوَيْدَة

• Huwayda (diminutif de hawâda) : *douceur, bienveillance.*

MASCULIN

FÉMININ

Essa إيصَاء

• Iṣâ' : *conseiller avec indulgence.*

C. PATIENCE ET SATISFACTION

MASCULIN **FÉMININ**

Anat أَنَاة

• Anât : *attente douce et patiente.*

Ani آنِي **Ania** آنِيَة

Ânî / Ânia : *patient, stable, constant, sage.*

Taani تَأَنِّي

Ta'annî : *patience, stabilité.*

Ijtiza اِجْتِزَاء

• Ijtizâ' : *contentement, modestie.*

Daïb دَئِيب **Daïba** دَئِيبَة

• Da'îb / Da'îba : *persévérant et appliqué dans son travail.* [Correspondance : Emeline]

Daoub دَؤُوب

Da'ûb : *homme zélé, persévérant.*

Rida, Reda, Reza رِضَا

• Ridâ : *agrément, satisfaction, consentement.* 'Ali Ibn Mûsâ ar-Riḍâ (m. 818), huitième imam chiite, connu en Iran sous le nom d'Imam Reza (prononciation iranienne).

Radiya, Radia رَاضِيَة

Râḍiya : *satisfaite, contente.*

Tardia تَرْضِيَة

Tarḍiya : *satisfaction, contentement.*

MASCULIN		FÉMININ	

Ridwan, Redwan رِضْوَان
Ridouane, Rédouane

Riḍwân : *satisfaction, contentement.* Nom d'un ange gardien du Paradis.

Mardiya, Mardia مَرْضِيَّة

Marḍiyya : *agréée ; qui jouit de la satisfaction divine.*

Irtida اِرْتِضَاء

Irtiḍâ' : *satisfaction.*

Yachkour يَشْكُر

•Yashkur : « *il remercie* » ; *toujours remerciant.*

Chakir, Chaker شَاكِر — **Chakira, Chakéra** شَاكِرَة

Shâkir / Shâkira : *remerciant.*

Chakour شَكُور — **Chakoura** شَكُورَة

Shakûr / Shakûra (intensif de shâkir) : *qui est plein de gratitude, de reconnaissance.* Ash-Shakûr, nom divin : *le Très-Reconnaissant.*

Choukri, Chokri شُكْرِيّ — **Choukria, Chokria** شُكْرِيَّة

Shukrî / Shukriyya : *reconnaissant.*

Choukrallah شُكْرالله
Choukroullah

Shukr-Allâh : *la reconnaissance de Dieu.*

Saber صَابِر — **Sabira, Sabéra** صَابِرَة

•Ṣâbir / Ṣâbira : *patient, constant, persévérant.* [Correspondance : Constant, Constantin / Constance]

MASCULIN		FÉMININ	
Sabri	صَبْرِيّ	**Sabriya, Sabria**	صَبْرِيَّة

Ṣabrî / Ṣabriyya : *naturellement patient.*

Sabour صَبُور

• Ṣabûr : *très patient.*

Ghani, Ghany غَانِي **Ghania** غَانِيَة

• Ghânî / Ghâniya : *qui se suffit de ce qu'il possède, libéré du besoin, riche.* Ghâniya : *femme qui, du fait de sa beauté et de ses vertus, peut se dispenser de toute autre parure.*

Qouboul قُبُول **Qouboul** قُبُول

• Qubûl (mixte) : *acceptation, agrément, consentement.*

Qabil قَابِل **Qabila** قَابِلَة

Qâbil / Qâbila : *qui accepte, qui est satisfait.* Qâbila : *sage-femme,* celle *qui accueille* l'enfant à sa naissance.

Qablan قَبْلَان

Qablân : *qui accepte.*

Maqboul مَقْبُول **Maqboula** مَقْبُولَة

Maqbûl / Maqbûla : *accepté, agréé.*

Qanaa قَنَاعَة

• Qanâ'a : *satisfaction, contentement* ; *sobriété.*

Kazim, Kazem كَاظِم **Kazima, Kazéma** كَاظِمَة

• Kâẓim / Kâẓima : *qui se domine, se contient.*

Kafa كَفَى

• Kafâ : « *il suffit* », d'où *contentement, satisfaction, autonomie.*

MASCULIN | **FÉMININ**

Kafi كافِي | **Kafia** كافِيَة

Kâfî / Kâfiya : *qui se suffit à lui-même* ; *indépendant, autonome.*

Iktifa اِكْتِفَاء

Iktifâ' : *contentement, satisfaction.*

Moustakfi مُسْتَكْفِي

Mustakfî : *qui se suffit à lui-même.* Al-Mustakfî : calife abbasside (944-946).

Ittade إِتَّاد

• Ittâd : *patience, stabilité, constance.*

Tawâd تَوْآد

Taw'âd : *patience* ; *sagesse.*

D. GÉNÉROSITÉ

MASCULIN		FÉMININ	
		Ithar	إِيثَار

• Îthâr : *générosité, altruisme.*

		Ila	إِلَى

• Ilâ : *bienfait.*

Alae	آلَاء	**Alae**	آلَاء

Âlâ' (mixte) (pluriel de ilâ) : *bienfaits ; signes et preuves de l'existence de Dieu* (cf. sourate 55 : Le Miséricordieux).

Aous أَوْس

• Aws : *don, cadeau* ; *lynx*. Nom d'une tribu arabe de Yathrib, la future Médine. Aws Ibn Mu'îr, compagnon du Prophète.

Iyas إِيَاس

Iyâs (pluriel d'aws) : *cadeaux, dons*. Iyâs Ibn Mu'âdh : premier Médinois converti à l'islam.

Ouways أُوَيْس
Ouweis, Oways

Uways (diminutif d'aws) : *petit cadeau* ; *petit lynx*. Uways al-Qarnî (m. 657) : saint yéménite qui entra en islam sans avoir rencontré le Prophète, qui en faisait souvent l'éloge. Il est considéré comme un des « Suivants » (*tâbi'ûn*), génération qui suit celle des Compagnons.

Badhel, Bazel	بَذْل	**Badhel, Bazel**	بَذْل

• Badhl (mixte) : *générosité.*

Badhil, Bazil	بَاذِل	**Badhila, Bazila**	بَاذِلَة

Bâdhil / Bâdhila : *très généreux.*

MASCULIN		FÉMININ	

Tabaro, Tabarou تَبَرُّع

• Tabarru' : *don ; libéralité.*

Touhfa, Tohfa تُحْفَة — **Touhfa, Tohfa** تُحْفَة

• Tuḥfa (mixte) : *grâce ; don ; tout objet beau ou précieux pouvant convenir pour un cadeau ; chef-d'œuvre.*

Ithaf إِتْحَاف

Ithâf : *offrir un cadeau.*

Thamoud, Tamoud ثَمُود

• Thamûd : *homme généreux, qui donne tout ce qu'il possède.*

Jaza جَزَاء

• Jazâ' : *récompense, rétribution.*

Jazoua, Jazwa جَزْوَة

Jazwa : *récompense, rétribution.*

Jazil, Jézil جَزِيل — **Jazila, Jézila** جَزِيلَة

Jazîl /Jazîla : *généreux ; éloquent.*

Ijzal إِجْزَال

Ijzâl : *don ; récompense ; générosité.*

Jafla جَفْلَى

• Jaflâ : *grand repas public de charité.*

Jafna جَفْنَة

• Jafna : *généreuse ; grand plat large et profond ; petit puits ; cep de vigne.*

Joud جُود — **Joud, Joude** جُود

• Jûd (mixte) : *générosité, largesses.*

MASCULIN		**FÉMININ**	
		Jada, Jadae	جَدَاء

Jadâ' : *don.*

Jawad, Jawed جَوَاد

Jawâd : *généreux, d'une excellente nature* ; *cheval de course.*

Ajawid, Ajaouid أَجَاوِيد

Ajâwîd (pluriel de jawâd) : *hommes généreux, vertueux* ; *chevaux de course.*

Jawwad جَوَّاد — **Jawwada** جَوَّادة

Jawwâd / Jawwâda : *très généreux, d'une excellente nature.*

Ajwad, Ajouad أَجْوَد — **Jawda, Jaouda** جَوْدَاء

Ajwad / Jawdâ' : *très généreux.*

Jawid, Jaouid جَاوِيد

Jâwîd : *très généreux.*

Jawdan, Joudan جَوْدَان — **Jawdana, Joudana** جَوْدَانَة

Jawdân / Jawdâna : *très généreux, excellent.*

Jadallah جَاد ألله

Jâd Allah : *la faveur de Dieu.*

Moujib مُجِيب — **Moujiba** مُجِيبَة

• Mujîb / Mujîba : *qui répond, qui exauce.* Al-Mujîb, nom divin : *Celui qui exauce.* [Correspondance : Arabella]

Moujab, Mojab مُجَاب — **Moujaba, Mojaba** مُجَابَة

Mujâb / Mujâba : *exaucé.* Mujâb : un des noms du Prophète.

Hibae حِبَاء

• Ḥibâ' : *générosité, don.*

MASCULIN | **FÉMININ**

Makhlouf مَخْلُوف

• Makhlûf : *qui laisse sa place à autrui.*

Khassib, Khacib خَصِيب **Khassiba, Khaciba** خَصِيبَة

• Khaṣîb / Khaṣîba : *abondant, généreux ; riche en qualités ; terre fertile et féconde.*

Khedam خِضَم

• Khiḍam : *généreux.*

Khayyir خَيِّر **Khayyira** خَيِّرَة

• Khayyir / Khayyira : *généreux, charitable.*

Rathid, Ratid, Rassid رَاثِد

• Râthid : *généreux.*

Mourthad, Moursad مُرْثَد

Murthad : *homme généreux ; lion.*

Rizk, Rizq رِزْق **Rizka, Rizqa** رِزْقَة

• Rizq / Rizqa : *subsistance, bienfait (divin) pour vivre.* Ar-Razzâq, nom divin : *le Nourricier.*

Rizkallah رِزْق الله

Rizq Allah : *le bienfait divin.*

Razik, Razek رَازِق **Razika, Razéka** رَازِقَة

Râziq / Râziqa : *nourricier, qui offre la subsistance, qui rassasie de bonnes choses.* [Correspondance : Alma]

Razouk, Razouq رَزُّوق

Razzûq : *qui sustente et pourvoit largement, qui comble de bienfaits.*

MASCULIN | **FÉMININ**

Marzouk, Marzouq مَرْزُوق **Marzouka, Marzouqa** مَرْزُوقَة

Marzûq / Marzûqa : *sustenté par Dieu* ; *gratifié, comblé.*

Rifada رِفَادَة

• Rifâda : *aide, don* ; argent que les Quraychites offraient pour acheter de quoi nourrir les pèlerins de La Mecque.

Rafid رَفِيد **Rafida** رَفِيدَة

Rafîd / Rafîda : *qui fait des dons.*

Roufayd, Roufeid رُفَيْد **Roufayda, Roufeida** رُفَيْدَة

Rufayd / Rufayda (diminutif de rifd : *don*) : *petit don.*

Rafidi رَفِيدِي

Rafîdî : *dont la nature est de faire des dons.*

Rikze رِكْز

• Rikz *: homme sage et généreux.*

Rouhcha, Rohcha رُهْشَة

• Ruhsha : *don, générosité, charité.*

Rawi, Raoui رَاوِي **Rawia** رَاوِيَة

• Râwî / Râwiya : *qui abreuve, donne à boire* ; *qui rapporte des récits, narre des histoires.*

Aryahi أَرْيَحِي

• Aryaḥî : *généreux, empressé à donner* ; *vif* ; *dispos.*

Zakhir زَاخِر **Zakhira** زَاخِرَة

• Zâkhir / Zâkhira : *généreux* ; *noble.*

Sajle, Sejle سَجْل **Sajla, Sejla** سَجْلَى

• Sajl / Sajlâ : *personne généreuse.*

MASCULIN		FÉMININ	
		Isjal, Isjel	إِسْجَال

Isjâl : *donner en abondance, largesses.*

Sakha	سَخَاء	**Sakha**	سَخَاء

• Sakhâ' (mixte) : *générosité.*

Sakhi	سَخِيّ	**Sakhia**	سَخِيَّة

Sakhî / Sakhiyya : *généreux, charitable.*

		Sakhaya	سَخَايَا

Sakhâyâ (pluriel de sakhiyya) : *généreuses.*

Sarou	سَرْو		

• Sarw : *don, générosité, charité.*

		Saria	سَرِيَّة

• Sariyya : *femme généreuse, remarquable par sa grandeur d'âme.*

Safit, Séfit	سَفِيط	**Safita, Séfita**	سَفِيطَة

• Safîṭ / Safîṭa : *généreux ; aimable, affable.*

		Samaha	سَمَاحَة

• Samâḥa : *générosité, charité ; magnanimité ; pardon ;* titre honorifique donné aux dignitaires religieux : (Samâḥat ash-shaykh : *son Excellence le Cheikh*).

Samaydaa	سَمَيْدَع		

• Samayda' : *homme généreux ; courageux ; loup ; épée.*

Chakib, Chékib	شَكِيب	**Chakiba, Chékiba**	شَكِيبَة

• Shakîb / Shakîba : *qui donne beaucoup.*

		Choukma, Chokma	شُكْمَى

• Shukmâ : *don, récompense.*

MASCULIN | **FÉMININ**

Safouh صَفُوح

• Ṣafûḥ : *généreux* ; *qui pardonne les offenses.*

Dayf, Deif ضَيْف | **Dayfa, Deifa** ضَيْفَة

• Ḍayf / Ḍayfa : *invité, hôte.* [Correspondance : Gaston / Xénia]

Diyâf ضِيَاف

Ḍiyâf (pluriel de ḍayf) : *invités, hôtes.*

Talouk, Talouq طَلُوق | **Talouka, Talouqa** طَلُوق

• Ṭalûq / Ṭalûqa : *généreux.*

Itban عِتْبَان

• 'Itbân : *faveur, satisfaction accordée.*

Atek عَاتِك | **Atéka** عَاتِكَة

• 'Âtik / 'Âtika : *généreux, racé* ; *pur et clair* (se dit de la couleur de la peau). 'Âtika Bint Zayd, "compagnonne" du Prophète, poétesse renommée. [Correspondance : Gwenaël / Gwenaëlle]

Ata عَطَا / عَطَاء | **Ata, Atae** عَطَا / عَطَاء

• 'Aṭâ ou 'Aṭâ' (mixte) : *don* ; *offrande.* [Correspondance : Nathan]

Atallah عَطَاء الله

'Aṭâ'-Allâh : *le don de Dieu.* Ibn 'Aṭâ' Allâh (m. 1309) : soufi égyptien, troisième maître de la voie Shâdhiliyya, auteur notamment des *Hikam* (« Les Sagesses »), œuvre majeure de la littérature spirituelle. [Correspondance : Jonathan, Dieudonné, Nathanaël, Mathias, Mathis, Mathieu, Mathéo, Théodore]

Atiya عَطِيَّة

'Aṭiyya : *don, cadeau.*

MASCULIN		FÉMININ	

Ataya عَطَايَا

'Aṭâyâ (pluriel *interne* de 'aṭiyya) : *dons, cadeaux.*

Atiyate عَطِيَات

'Aṭiyyât (pluriel *externe* de 'aṭiyya) : *dons, cadeaux.*

Fanaa فَنَع

- Fana' : *générosité* ; *noblesse de caractère.*

Tafani تَفَانِي

- Tafânî : *dévouement, sacrifice.*

Fayd فَيْض

- Fayḍ : *abondance, profusion* ; *générosité sans borne, largesse divine* ; *effusion spirituelle.*

Faydi فَيْضِي

Fayḍî : *d'une nature très généreuse.*

Fayad فَيَّاض

Fayyâḍ : *débordant de générosité.*

Koutham, Koutam
Koussam, Qoutham, قُثَم

- Qutham : *homme large dans ses dons.* Qutham Ibn al-'Abbâs, cousin du Prophète auquel il ressemblait beaucoup physiquement.

Karam كَرَم — **Karam, Karame** كَرَم

- Karam (mixte) : *générosité.*

MASCULIN | **FÉMININ**

Karim كَرِيم **Karima** كَرِيمَة

Karîm / Karîma : *généreux et noble* ; *bienfaisant*. Karîm : un des noms coraniques du Prophète. Al-Karîm, nom divin : *le Noble et Généreux.*

Karimane كَرِيمَان

Karîmân (variante de karîma) : *très généreuse.*

Kouram كُرَام

Kurâm (pluriel de karîm) : *généreux et nobles.*

Akram أَكْرَم

Akram : *très généreux et très noble.*

Makram مَكْرَم

Makram : *généreux et noble, bienfaisant.*

Mikram مِكْرَام **Mikrama** مِكْرَامَة

Mikrâm / Mikrâma : *personne généreuse.*

Makrouma مَكْرُمَة

Makruma : *don, action généreuse et noble.*

Makarim مَكَارِم **Makarim** مَكَارِم

Makârim (mixte) (pluriel de makruma) : *actions généreuses, nobles.*

Ikram, Ikrame إِكْرَام

Ikrâm : *déférence, témoignage de respect, d'honneur ;* Ikrâm aḍ-ḍayf : *accueil hospitalier et généreux* (vertu majeure chez les Arabes).

Ikramallah إِكْرَام الله

Ikrâm-Allah : *l'honneur de Dieu.* [Correspondance : Théotime]

Kifae كِفَاء

• Kifâ' : *rétribution juste ou généreuse pour un travail accompli.*

MASCULIN | **FÉMININ**

Matta مَتَّى

• Mattâ : de l'hébreu, *don de Dieu*, équivalent arabe de "Matthieu". Ce prénom est porté par les chrétiens arabes. Abû Bishr Mattâ Ibn Yûnus (m. 940), philosophe aristotélicien nestorien, l'un des maîtres d'al-Farâbî, le grand philosophe (connu tout d'abord sous le nom d'Alfarabius en Occident).

Manna مَنَّة

• Manna : *grâce, faveur* ; *la manne* : dans la Bible et le Coran (20 : 80) nourriture céleste qui sauva de la faim le peuple de Moïse réfugié dans le désert.

Minna مِنَّة

Minna : *grâce, faveur*. [Correspondance : Anaël / Hannah, Anne, Anna, Annie, Anaëlle, Anaïs, Aneth, Anouck]

Minnatallah مِنَّة الله
Minnatoullah

Minnat-Allâh : *la grâce, la faveur divine*.

Minane مِنَن

Minan (pluriel de minna) : *faveurs, grâces*.

Imtinane إِمْتِنَان

Imtinân : *faveur, gratitude*.

Mannah مَنَّاح — Mannaha مَنَّاحَة

• Mannâḥ / Mannâḥa : *très généreux, charitable*.

Minhar مِنْحَار

• Minḥâr : *homme très généreux envers ses hôtes*.

Nada نَدَى

• Nadâ : *générosité, magnanimité* ; *rosée du matin*.

MASCULIN | **FÉMININ**

Nadia نَادِيَة (féminin)

Nâdiya : *généreuse, large dans ses dons ; qui appelle et dont la voix porte loin.* Ce prénom, fréquemment donné aujourd'hui chez les musulmans d'Europe, ne correspond pas au prénom d'origine slave « Nadia », dérivé de Nadège (*espérance*).

Nima نِعْمَة (masculin) — **Nima** نِعْمَة (féminin)

• Ni'ma (mixte) : *faveur* ; *plaisir, jouissance* ; un des noms coraniques du Prophète.

Nimat نِعْمَت (féminin)

Ni'mat (variante de ni'ma) : *faveur* ; *plaisir, jouissance.*

Nimatallah نِعْمَة الله (masculin) — **Nimatallah** نِعْمَة الله (féminin)
Nimatoullah (masculin) — **Nimatoullah** (féminin)

Ni'mat-Allâh (mixte) : *faveur, bienfait, grâce divine.* Un des noms du Prophète.

Inaam إِنْعَام (féminin)

In'âm : *bienfait, faveur.*

Nafal نَفَل (féminin)

• Nafal : *don, cadeau.*

Néfila نَفِيلَة (féminin)

Nafîla : *don, cadeau.*

Naoufal, Naoufel نَوْفَل (masculin)
Nawfal, Nawfel

Nawfal : *don, cadeau* ; *homme généreux* ; *jeune homme très beau* ; *mer* (symbole de largesses immenses). Waraqa Ibn Nawfal : cousin de Khadîja, de religion chrétienne ; il reconnut en Muhammad le dernier prophète attendu et le soutint dès le début de sa mission.

MASCULIN | **FÉMININ**

Nal, Nel نَال
Nala, Néla نَالَة

• Nâl / Nâla : *don*. Nâla : *femme généreuse ; nom de l'enceinte sacrée qui entoure la Kaaba à La Mecque.*

Nayla, Neila نَيْلَة

Nayla : *faveur, grâce.*

Naïla نَائِلَة

Nâ'ila : *faveur, grâce.*

Nawal, Naoual نَوَال

Nawâl : *don, grâce.*

Manal مَنَال

Manâl : *présent ; tout ce que l'on peut obtenir.*

Hadiya هَدِيَّة

• Hadiyya : *offrande, cadeau.* [Correspondance : Dora, Doria, Doris]

Hadiyatoullah هَدِيَّة الله
Hadiyatallah

Hadiyat-Allâh : *le don de Dieu*. Un des noms du Prophète. [Correspondance : Théodora, Dorothée, Nathanaëlle]

Hadaya هَدَايَا

Hadâyâ (pluriel de hadiyya) : *dons, offrandes, cadeaux.*

Nourhane نُورهَان

• Nûrhân (d'origine persane) : *cadeau.*

MASCULIN **FÉMININ**

Hicham هِشَام

• Hishâm : *générosité* ; *bienfaisance.* Hishâm Ibn Ḥâkim, compagnon du Prophète. Nom de trois califes omeyyades[13]. Ibn Hishâm : auteur de *La biographie du Prophète* (As-sîra an-nabawiyya), résumé de l'œuvre d'Ibn Isḥâq.

Ita إيتَاء

• Îtâ' : *don, récompense.*

Wahb وَهْب

• Wahb : *don, générosité.*

Wahab وَهَب

Wahab : *don généreux sans attente d'un retour.* Prénom de plusieurs compagnons du Prophète, dont Wahab Ibn 'Abd Allâh qui ressemblait à Ḥasan, le fils de 'Alî : celui-ci le surnomma **Wahab al-Khayr** : *le don du bien.* [Correspondance : Donatien]

Hiba هِبَة

Hiba : *don, cadeau.* [Correspondance : Donatienne]

Hibatallah هِبَة الله

Hibat-Allâh : *le don de Dieu.*

Hibate هِبَات

Hibât (pluriel de hiba) : *dons, cadeaux.*

Waheb, Ouaheb وَهَّاب

Wahhâb : *libéral, altruiste.* Al-Wahhâb, nom divin : *le Donateur.*

13. Les califes omeyyades mirent l'accent sur l'origine arabe de leur dynastie et portèrent de ce fait des prénoms arabes anciens (Mu'âwiya, Yazîd, Marwân, Hishâm...). Tout au contraire, les califes abbassides (descendants de 'Abbâs), qui renversèrent les Omeyyades, adoptèrent une identité nettement islamique afin de mieux légitimer leur pouvoir (al-Mu'taṣim, al-Mutawakkil, al-Muwaffaq...).

MASCULIN		**FÉMININ**	
Wahib	وَاهِب	**Wahiba**	وَاهِبَة

Wâhib / Wâhiba : *qui offre, généreux donateur.*

Wéhib	وَهِيب	**Wéhiba**	وَهِيبَة

Wahîb / Wahîba : *qui offre, généreux donateur.*

Mawhoub	مَوْهُوب	**Mawhouba**	مَوْهُوبَة

Mawhûb / Mawhûba : *doué, talentueux, qui a reçu dons et talents de la part de Dieu.*

		Mawahib	مَوَاهِب

Mawâhib : *talent, don, qualité innée.*

		Ittihabe	اِتِّهَاب

Ittihâb : *acceptation d'un cadeau.*

		Istihabe	اِسْتِهَاب

Istihâb : *don, générosité.*

7.
La puissance

A. **Pouvoir**
B. **Force et courage**
C. **Armes et combat**
D. **Assistance et protection**
E. **Victoire**

« L'homme puissant n'est pas celui qui terrasse son adversaire, mais celui qui étouffe sa colère »

(parole du prophète Muhammad)

A. POUVOIR

MASCULIN | **FÉMININ**

Ouswa أُسْوَة

• Uswa : *modèle, guide.*

Amir أَمِير **Amira** أَمِيرَة

• Amîr / Amîra : *qui détient le commandement* (dérivé de amr : *ordre*), *prince / princesse* (émir en français ; le terme amiral vient du mot Amîr al-baḥr : *le commandant sur mer*. Amîr al-Mu'minîn, *le Commandeur des Croyants* : nom de titulature musulmane initié par le calife Omar, et encore utilisé de nos jours par le roi du Maroc. Amîr, un des noms d'Ali. [Correspondance : Josse, Josselin, Jocelyn / Joyce, Josseline, Jocelyne]

Amir Eddine أَمِيرالدّين

Amîr ad-Dîn : *le prince de la Foi.*

Taj تَاج **Taje** تَاج

• Tâj (mixte) : *couronne, diadème.* [Correspondance : Stéphane, Stéfan, Stève, Esteban, Etienne / Stéphanie, Steffy, Fanny]

Taja تَاجَة

Tâja (variante féminine de Tâj) : *couronne, diadème.*

Tijane تِيجَان

Tîjân (pluriel de Tâj) : *couronnes, diadèmes.*

Tajeddine, Tajedine تَاج الدّين

Tâj ad-Dîn : *le diadème de la religion.*

Jah جَاه

• Jâh : *puissance, dignité et autorité.*

Dihia دِحْيَة

• Diḥya : *tête* ; *chef d'armée* ; Diḥya al-Kalbî : compagnon du Prophète, célèbre pour sa beauté. [Correspondance : Harold, Herald]

MASCULIN | **FÉMININ**

Raïs رَئِيس **Raïssa** رَئِيسَة

• Ra'îs / Ra'îsa : *qui est à la tête* (dérivé du mot ra's : *tête*), *qui a les qualités de chef, qui gouverne*. Ar-Ra'îs désigne en arabe moderne le président. [Correspondance : Gauthier, Walter]

Raïd رَائِد **Raïda** رَائِدَة

• Râ'id / Râ'ida : *guide, éclaireur* ; *pionnier, précurseur*.

Zajil زَاجِل

• Zâjil : *homme doué d'une voix sonore et retentissante* ; *chef d'armée*.

Zaïm زَعِيم **Zaïma** زَعِيمَة

• Za'îm : *chef, prince* ; *garant, représentant*. [Correspondance : Maël / Maëla]

Zoufar زُفَر

• Zufar : *seigneur, maître* ; *homme brave* ; *lion*. [Correspondance : Médéric]

Soultan, Soltan سُلْطَان **Soultana, Soltana** سُلْطَانَة

• Sulṭân / Sulṭâna : *qui a le pouvoir et la prestance notamment par la parole* ; sultan : désigné par le calife, il a un pouvoir temporel et militaire. [Correspondance : Sultan / Sultane, Sultana]

Sayid سَيِّد **Sayida, Sayda** سَيِّدَة

• Sayyid / Sayyida : *qui dirige chef, maître, seigneur, souverain*. Termes respectueux pour s'adresser à un homme ou à une femme ; signifient Monsieur et Madame en arabe moderne. Sayyid est un des noms du Prophète ; en milieu chiite, cette appellation désigne ses descendants. As-Sayyid : saint Jean-Baptiste pour les chrétiens ; « As-Sayyida » : appellation de Marie chez les chrétiens orientaux correspondant à « Notre-Dame ». Sayyid devient **Sidi** ou **Si** en dialectal. Le titre de la pièce de Corneille *Le Cid* vient du mot *Sayyid*. [Correspondance : Eric, Erik / Erica, Erika]

Sayidane سَيِّدَان

Sayyidâne (duel de Sayyid) : *deux maîtres*, c'est-à-dire Ḥasan et Ḥusayn, les deux petits-fils de Muhammad.

MASCULIN		FÉMININ	
Seïd	سَائِد	**Seïda**	سَائِدَة

Sâ'id / Sâ'ida : *dirigeant.* [Correspondance : Patrice, Patrick / Patricia]

Sitti, Setti سِتِّي

Sittî (contraction de sayyidatî) : *dame*. Terme respectueux pour s'adresser à une femme ; appellation qui précède le prénom des saintes musulmanes : Sitt Zaynab, fille d'Ali, enterrée à Damas.

Mouchrif مُشْرِف **Mouchrifa** مُشْرِفَة

• Mushrif / Mushrifa : *qui domine, supervise.*

Shahrazade شَهْرَزَاد
Shérazade

• Shahrazâd (mot d'origine persane) : *la femme de la cité* ; *la reine.* Shéhérazade : narratrice des contes des *Mille et Une Nuits*, chef-d'œuvre de la littérature orientale ; dans l'imaginaire oriental, elle incarne la finesse de l'esprit féminin.

Shahriar شَهْرِيَار

Shahryar (mot d'origine persane) : *le grand roi*. Personnage majeur des contes des *Mille et Une Nuits*, le sultan Shahryar est celui à qui Shéhérazade conte ses mille et une histoires, pour repousser jour après jour la promesse de son exécution : trahi par sa femme, le roi a juré d'exécuter au petit matin chaque nouvelle épouse pour ne plus jamais être trompé.

Shahzad شَهْزَد

Shahzâd (mot d'origine persane) : *le fils du roi.*

Cheikhane شَيْخَان

• Shaykhân (duel de shaykh) : *supérieur, distingué* ; *maître vénérable.* [Correspondance : Audric]

Sandid صَنْدِيد

• Ṣandîd : *seigneur, prince* ; *chef militaire* ou *héros qui mène les hommes au combat* ; *fort et courageux* ; *pic isolé d'une montagne.* [Correspondance : Cédric]

MASCULIN | **FÉMININ**

Ekil, Eqil عَقِيل — Ekila, Eqila عَقِيلَة

• 'Aqîl / 'Aqîla : *seigneur, prince* ; *chef d'une tribu, d'une famille, d'une maisonnée* ; *lien* (au sens propre ou figuré). 'Aqîl Ibn Abî Ṭâlib, cousin et compagnon du Prophète, célèbre pour son art oratoire. [Correspondance : Henri / Henriette]

Ghazi, Ghazy غَازِي

• Ghâzî : *qui entreprend une expédition militaire* ; *conquérant, chef glorieux* (dérivé de ghazwa, *expédition militaire*, qui a donné le mot « razzia » en français). [Correspondance : Romuald]

Fared فَارِض

• Fâriḍ : *qui établit une loi, qui impose une règle*. 'Umar Ibn al-Fâriḍ : soufi égyptien, poète de l'amour mystique (m. 1235).

Qoudama, Qodama قُدَامَة

• Qudâma : *qui est au premier rang, en tête* ; *le premier à l'attaque* ; *valeureux*. [Correspondance : Louis, Aloïs, Loïc, Clovis, Clotaire, Ludovic / Louise, Louisa, Lou, Héloïse, Clothilde, Ludvika]

Moukadem, Mokadem مُقَدَّم

Muqaddam : *qui est mis en avant*. Dans le soufisme, ce nom désigne celui qui représente le maître auprès d'un groupe de disciples.

Qoudmous, Qodmous قُدْمُوس

• Qudmûs : *roi puissant* ; *chameau puissant* ; *antique*. [Correspondance : Richard, Rodrigue, Rodéric, Romaric]

Malik مَلِك — Malika مَلِكَة

• Malik / Malika : *roi* / *reine*. Al-Malik, nom divin : *le Roi*. [Correspondance : Melchior, Basile, Régis, Ryan, Vassili / Régina, Reine, Magali, Vassilia]

Malek مَالِك — Maléka مَالِكَة

Mâlik / Mâlika : *qui possède, propriétaire, maître, seigneur*. Mâlik Ibn Anas (m. 795), fondateur d'une des quatre écoles juridiques du droit musulman sunnite, l'école malikite. [Correspondance : Cyr, Cyril / Cyrielle, Cyriane]

MASCULIN | **FÉMININ**

Moulka مُلْكَة

Mulka : *bien, propriété* ; *qualité acquise qui devient souveraine* ; *royauté.*

Moulayka مُلَيْكَة
Moulaïka, Mouleika

Mulayka (diminutif de malika) : *petite reine.*

Haybane هَيْبَان **Haybana** هَيْبَانَة

• Haybân / Haybâna : *craint, respecté, vénéré.*

Hayba هَيْبَة

Hayba : *respect, vénération mêlée de crainte.*

Mohib مُهِيب **Mouhiba** مُهِيبَة

Muhîb / Muhîba : *majestueux, imposant, solennel.*

B. FORCE ET COURAGE

La société arabe préislamique avait notamment pour valeurs les vertus guerrières, ce qu'illustrent maints prénoms arabes. Cependant, l'islam a gommé les aspects les plus belliqueux de ce corpus, et a eu tendance à transposer ces notions sur les plans éthique et spirituel. Certains prénoms masculins anciens se terminent par la lettre *tâ' marbûta* (ة), marque grammaticale du genre féminin (Rabî'a, Mughira, 'Antara, Umayya, Usâma...). Pourtant, ce sont bien des prénoms masculins, souvent guerriers, et ils se portent encore aujourd'hui, même si la tendance actuelle est davantage dans un glissement des substantifs masculins vers le corpus des prénoms féminins.

Les noms du lion qui signifient force et courage sont classés ci-dessous ; les autres le sont dans le chapitre « Le bestiaire ».

MASCULIN | **FÉMININ**

Oubaye أُبَيّ

• Ubayy : *fier, qui refuse l'asservissement*. Ubayy Ibn Ka'b : compagnon du Prophète.

Arane أَرَن

• Aran : *vivacité ; énergie.*

Azre أَزْر

• Azr : *force, courage.*

Bassil, Bassel بَاسِل | **Bassila, Bassela** بَاسِلَة

• Bâsil / Bâsila : *courageux* ; Bâsil : *lion.*

Absal أَبسَل

Absal : *très courageux.*

Bassoul بَسُول | **Bassoul** بَسُول

Basûl (mixte) : *valeureux, héroïque* ; *lion.* [Correspondance : Eudes / Eudeline]

Batal بَطَل | **Batala** بَطَلَة

• Baṭal / Baṭala : *champion, héros.* [Correspondance : Neil, Nolan]

MASCULIN | FÉMININ

Bahma بَهْمَة | **Bahma** بَهْمَة

• Bahma (mixte) : *brave, héros* ; *troupe de cavaliers* ; *armée.* [Correspondance : Armand / Armande, Armance]

Thabata ثَبَاتَة

• Thabâta : *fermeté, intrépidité.*

Jibril, Gebril جِبْرِيل

• Jibrîl : de l'hébreu "*Dieu est ma force*" ; *puissance de Dieu.* Jibrîl, graphie coranique : l'archange Gabriel, messager entre Dieu et les prophètes. Le hadith rapporte que c'est par son intermédiaire que la révélation coranique parvenait à Muhammad. **Djibrîl** est la variante dialectale maghrébine. [Correspondance : Gabriel / Gabrielle, Gabriela, Gaby]

Jibraïl جِبْرَائِيل

Jibrâ'îl : *puissance de Dieu* (variante de Jîbrîl).

Jassara جَسَارَة

• Jasâra : *hardiesse, audace.*

Jasre جَسْر

Jasr : *grand et fort* ; *qui traverse le désert* ; *pont.* [Correspondance : Pascal (traversée) / Pascale]

Jassir جَاسِر | **Jassira** جَاسِرَة

Jâsir / Jâsira : *audacieux* ; *courageux* ; *qui traverse le désert, la mer.*

Jassour جَسُور | **Jassour** جَسُور

Jasûr (mixte) : *qui ose.*

Jassar جَسَّار

Jassâr : *très audacieux* ; *téméraire.*

MASCULIN		FÉMININ	
		Jasra	جَسْرى

Jasrâ : *intrépide, qui ose entreprendre de nouvelles choses.*

Jandal جَنْدَل

• Jandal : *pierre, rocher qui entrave la course d'une rivière* (le pluriel janâdil désigne les *cataractes du Nil*) ; *homme fort et courageux qui repousse l'ennemi.*

Mehrab مِحْرَب

• Miḥrab : *guerrier téméraire* (dérivé du mot féminin ḥarb : *guerre*). [Correspondance : Martial]

Hachid حَاشِد — **Hachida** حَاشِدَة

• Ḥâshid / Ḥâshida : *prompt, empressé à faire quelque chose, qui est toujours à la disposition des autres.*

Hakka, Haqqa حَاقَّة — **Hakka, Haqqa** حَاقَّة

• Ḥâqqa (mixte) : *courageux, fier.*

Hames حَمِس

• Ḥamis : *courageux, résolu.*

Hamis حَمِيس — **Hamissa** حَمِيسَة

Ḥamîs / Ḥamîsa : *plein de force et de fougue.*

Ahmas أَحْمَس — **Hamsae** حَمْسَاء

Aḥmas / Ḥamṣâ : *ardent.*

Ihmas إِحْمَاس

Iḥmâs : *encouragement, entrain, enthousiasme.*

Haous حَؤُوس

Ḥa'ûs : *qui ne se décourage pas pendant le combat.*

MASCULIN | **FÉMININ**

Dilfe دِلْف **Dilfa** دِلْفَى

• Dilf / Dilfâ : *brave, intrépide.* [Correspondance : Thibault, Léopold / Léopoldine]

Dhimr, Dimr, Zimr ذِمْر

• Dhimr : *courageux* ; *protecteur sûr* ; *qui secourt toujours celui qui l'implore.*

Dhamir, Zamir ذَمِر

Dhamir (variante de Dhimr) : *courageux* ; *protecteur* ; *prudent.*

Rébia رَبِيعَة

• Rabî'a : *pierre qu'on soulève pour essayer ses forces* ; *casque en fer du combattant.* 'Umar Ibn Abî Rabî'a (m. vers 720) : poète, chantre de l'amour et de la galanterie.

Rajil رَجِيل

• Rajîl : *bon marcheur, endurant* (dérivé de rijl : *jambe* et de rajul : *homme*) ; *fort* ; *bien ancré* ; *étalon rapide et endurant* ; *poésie improvisée.*

Arjal أَرْجَل

Arjal : *brave, viril.* [Correspondance : Arsène, André, Andréa, Andy / Andrée, Andréa]

Rostom رُسْتُم

• Rustum : *courageux* (mot d'origine persane).

Racime رَسِيم

• Rasîm : *à la marche vigoureuse* imprimant de la sorte les marques de ses pas dans le sol (dérivé de rasm : *marque, dessin*).

Zoubayr, Zoubeir زُبَيْر

• Zubayr (diminutif de zabr) : *fort, au corps robuste.* Zubayr Ibn al-'Awwâm, Compagnon, appelé « le missionnaire (al-ḥawârî) du Prophète ».

MASCULIN | **FÉMININ**

Sabanta سَبَنْتَى

• Sabantâ : *courageux, téméraire* ; *léopard, panthère.*

Sébik, Sébiq سَابِق **Sabika, Sabiqa** سَابِقَة

• Sâbiq / Sâbiqa : *qui précède, devance les autres.*

Soufiane, Sofiane سُفْيَان

• Sufyân : *très rapide* ; *vents qui dispersent la poussière.* Sufyân, nom de plusieurs compagnons du Prophète. Sufyân at-Thawrî : saint du VIIIe siècle, originaire de Koufa (Irak). Le surnom de **Thawrî** (*qui a les manières du taureau*) lui vient de ce qu'un jour, entrant précipitamment dans une mosquée, il s'entendit traiter de « thawr » (*taureau*).

Sandari سَنْدَرِي

• Sandarî : *grand* ; *fort* ; *courageux* ; *rapide* ; *brillant* (le fer de l'épée) ; *solide* (l'arc) ; *qui a de grands yeux* (homme ou animal) ; *lion.*

Choujaa شُجَاع

• Shujâ' : *courageux.* Shujâ' Ibn Wahab, compagnon du Prophète.

Choujay شُجَيْع

Shujay' (diminutif de shujâ') : *courageux.*

Achja, Achjaa أَشْجَع

Ashja' : *très courageux.*

Chaddad, Cheddad شَدَّاد

• Shaddâd : *très fort.* Shaddâd Ibn Aws, compagnon du Prophète, savant en droit.

Charaa شَرَاعَة

• Sharâ'a : *courage et audace* ; *corde de l'arc.*

MASCULIN **FÉMININ**

Chakim, Chékim شَكِيم

• Shakîm : *vigoureux, fougueux, obstiné.*

Machih مَشِيح **Machiha** مَشِيحَة

• Mashîḥ / Mashîḥa : *puissant* ; *capable de protéger les siens* ; *assidu.* [Correspondance : Alaric]

Mouchayi مُشَيِّع

• Mushayyi' : *courageux, qui a des partisans.*

Seltane صَلْتَان **Seltana** صَلْتَانَة

• Ṣaltân / Ṣaltâna : *courageux, fort.* [Correspondance : Valentin / Valentine]

Salkhad صَلْخَد

• Ṣalkhad : *audacieux, fort.*

Samiane صَمْيَان **Samiana** صَمْيَانَة

• Ṣamyân / Ṣamyâna : *impétueux, rapide.*

Tadhiya تَضْحِيَة

• Taḍḥiya : *sacrifice.*

Danan, Danane ضَنَن

• Ḍanan : *fort, courageux.*

Attar عَتَّار

• 'Attâr : *courageux, ardent au combat* ; *cheval puissant.*

Izze عِزّ

• 'Izz : *puissance, gloire.*

Izedine عِزّالدّين

'Izz ad-Dîn : *la puissance de la religion.*

MASCULIN		FÉMININ	
		Izza	عِزَّة

'Izza : *puissance, force.* [Correspondance : Emma]

Izzat, Izzet عِزَّت

'Izzat (dérivé de 'izza) : *puissance, force.*

Aziz عَزِيز — **Aziza** عَزِيزَة

'Azîz / 'Azîza : *fort, puissant* ; *honoré* ; *chéri.* 'Azîz : un des noms coraniques du prophète Muhammad. [Correspondance : Charles, Charlie / Charlotte, Charlène, Carla, Carole, Caroline]

Azma عَزْمَة

• 'Azma : *volonté, détermination, énergie.* [Correspondance : Amélie, Amélia, Amalia, Ameline]

Azmi عَزْمِيّ — **Azmiya, Azmia** عَزْمِيَّة

'Azmî / 'Azmiyya : *volontaire et déterminé.*

Azzam, Azam عَزَّام

'Azzâm : *très résolu* ; *un des noms du lion.*

Antara عَنْتَرَة

• 'Antara : *bravoure, intrépidité* ; *mouche bleue.*

Antar عَنْتَر

'Antar (variante de 'antara dans les traditions littéraires populaires) : *bravoure, intrépidité* ; *mouche bleue.* Antar, ou 'Antara, Ibn Shaddâd : cavalier et héros arabe à la bravoure légendaire, auteur d'une des sept odes préislamiques (*Mu'allaqa*), amoureux de 'Abla : sa condition servile – il était fils d'une esclave abyssine – l'empêcha de l'épouser.

Ghazwan, Razwan غَزْوَان

• Ghazwân : *qui entreprend de nombreuses expéditions militaires.*

MASCULIN | **FÉMININIste**

Ghassane, Rassane غَسَّان

• Ghassân : *vigueur, ardeur, vivacité, fougue du jeune âge.*

Ghatous, Ratouce غَطُوس

• Ghaṭûs : *guerrier courageux qui affronte le danger, qui plonge dans la mêlée* (du verbe ghaṭasa : *plonger*).

Aghlabe, Arlabe أَغْلَب

• Aghlab : *puissant, très fort.* [Correspondance : Valère, Valérien, Valérian, Valéry / Valérie, Valéria, Valériane]

Moughira مُغِيرَة

• Mughîra : *combattant courageux et fort, ayant participé à beaucoup d'attaques.* Al-Mughîra Ibn al-Ḥârith : poète, frère de lait et ami d'enfance du Prophète (m. 641).

Ghoulwa, Roulwa غُلْوَاء

• Ghulwâ' : *ardeur, fougue de la jeunesse* ; *rapidité extrême.*

Ghayssan, Raïssan غَيْسَان — **Ghayssana, Raïssana** غَيْسَانَة

• Ghaysân / Ghaysâna : *vigueur et ardeur du jeune âge.*

Fida فِدَاء — **Fida** فِدَاء

• Fidâ' (mixte) : *sacrifice au profit d'autrui, dévouement total* (*au prix de sa vie*) ; *rançon.* [Correspondance : Gilbert, Ghislain / Ghislaine, Gisèle]

Fidaï فِدَائِي

Fidâ'î : *sacrificiel.*

Fadi, Fady فَادِي — **Fadia** فَادِيَة

Fâdî / Fâdiya : *qui sacrifie ses biens ou sa vie pour sauver quelqu'un.* Fâdî, un des noms de Jésus chez les chrétiens arabes.

MASCULIN | **FÉMININ**

Fadwane, Fadouane فَدْوَان **Fadwa, Fadoua** فَدْوَى

Fadwân / Fadwâ : *qui sacrifie ses biens ou sa vie pour sauver quelqu'un.*

Iftida اِفْتِدَاء

Iftidâ' : *rédemption ; sacrifice pour sauver quelqu'un.*

Farahia فَرَاهِيَّة

• Farâhiyya : *vivacité, ardeur.*

Faltane, Feltane فَلْتَان **Faltana, Feltana** فَلْتَانَة

• Faltân / Faltâna : *vif, agile, ardent ; qui attaque à l'improviste et de manière fulgurante ; cheval rapide à la course.* [Correspondance : Hervé]

Cadous, Qadous قَدُوس

• Qadûs : *qui fond sur l'adversaire en brandissant son sabre.*

Kodma, Qodma قُدْمَة

• Qudma : *premier pas ; audace ; courage*

Codoum, Qodoum قُدُم

Qudum : *courageux ; entreprenant ; qui s'élance le premier pour attaquer l'ennemi.*

Kadoum, Qadoum قَدُوم

Qadûm : *très audacieux.*

Mikdam, Miqdam مِقْدَام

Miqdâm : *très courageux, qui est le premier à combattre, qui s'illustre au combat.* Al-Miqdâm Ibn Ma'dî Karib, compagnon du Prophète. [Correspondance : Alphonse]

Ikdam, Iqdam إِقْدَام **Ikdame, Iqdame** إِقْدَام

Iqdâm (mixte) : *audace, initiative.*

MASCULIN		FÉMININ	

Kémmi كَمِيّ

• Kammî : *valeureux, armé pour la guerre.*

Mildham مِلْذَم
Mildam, Milzam

• Mildham : *courageux, qui ne quitte pas le combat.*

Matine مَتِين — **Matina** مَتِينَة

• Matîn / Matîna : *fort et solide.* [Correspondance : Firmin]

Mounna مُنَّة

• Munna : *force.*

Najda نَجْدَة — **Najda** نَجْدَة

• Najda (mixte) : *vigueur* ; *courage* ; *assistance* ; *bataille.* Cependant, ce mot n'est plus utilisé en tant que prénom : en effet, « An-Najda ! » est l'appel « *Au secours !* » utilisé dans les situations de danger.

Najid نَجِيد — **Najida** نَجِيدَة

Najîd / Najîda : *fort, courageux au combat, qui ne craint pas la mort.* [Correspondance : Mathilde, Maud]

Hazim هَازِم

• Hâzim : *qui terrasse l'adversaire, le met en déroute.*

Hozam هُزَام

Huzâm : *courageux, sabre tranchant.*

Ahwaj, Ahouaj أَهْوَج — **Hawja, Haouja** هَوْجَاء

• Ahwaj / Hawjâ' : *intrépide, qui ne craint pas la mort.*

MASCULIN		**FÉMININ**	
Ahyas	أَهْيَس	**Hayssa**	هَيْسَاء

• Ahyas / Haysâ' : *courageux, audacieux* ; *ardent, vif.*

Wathib, Ouassib	وَاثِب	**Wathiba, Ouassiba**	وَاثِبَة

• Wâthib / Wâthiba : *qui bondit, s'élance, fond sur quelqu'un.*

C. ARMES ET COMBAT

MASCULIN | **FÉMININ**

Islite إِصْلِيت

• Iṣlît : *sabre bien poli et aiguisé* ; *guerrier vaillant.*

Badr بَدْر — Badr بَدْر

• Badr (mixte) : *la bataille de Badr* (624), premier affrontement entre les Mecquois païens et les Médinois musulmans. Le Coran (8 : 17-19) et le hadith évoquent l'aide divine que les musulmans reçurent et la victoire qui en résulta.

Bistame بِسْطَام

• Bisṭâm : *tranchant de l'épée*. Abû Yazîd al-Bisṭâmî (ou al-Basṭâmî) : grand saint musulman d'Asie centrale, mort en 874.

Taymour, Timour تَيْمُور

• Taymûr (origine turco-mongole) : *fer*. Tamerlan (m. 1405) ou Timur Lang (*Timur le Boiteux*), descendant de Gengis Khan et chef de guerre redoutable, mais protecteur des arts et des lettres au profit de Samarkand (Ouzbékistan), sa capitale.

Jounayd, Jouneid جُنَيد

• Junayd (diminutif de jund : *armée*) : *jeune guerrier*. Junayd al-Baghdâdî : grand maître soufi du IXe siècle, qui vécut à Bagdad. [Correspondance : Boris]

Joundi, Joundy جُنْدِي

Jundî (dérivé de jund : *armée*) : *guerrier*. [Correspondance : Kelly, / Kelly]

Jounane, Jonane جُنَان (féminin)

• Junân : *armure, bouclier* ; *voile* (de femme). [Correspondance : Brune, Brunhilde, Randi]

Jaychane جَيْشَان

• Jayshân (duel de jaych) : *les deux armées*, c'est-à-dire *la force et la jeunesse.*

MASCULIN **FÉMININ**

Houssam, Hossam حُسَام

• Ḥusâm : *sabre tranchant.*

Hossam-Eddine حُسَام الدّين

Ḥûsâm ad-Dîn : *le sabre de la religion.*

Khattar خَطَّار

Khaṭṭâr : *cavalier qui brandit sa lance* ; *lion.*

Khamis خَمِيس

• Khamîs (dérivé du mot khams : *cinq*) : *puissante armée composée de cinq corps* : l'avant-garde (*al-muqaddima*), l'arrière-garde (*as-sâqa*), le centre (*al-qalb*), l'aile droite (*al-maymana*) et l'aile gauche (*al-maysara*). Al-khamîs : *le jeudi,* 5ᵉ jour de la semaine. [Correspondance : Quentin]

Zoulfeqar ذُو الفَقَار

• Dhû l-faqâr : *qui a des vertèbres* ; nom d'un sabre célèbre, surnommé ainsi du fait des petites entailles qu'il comportait : le Prophète l'acquit lors de la bataille de Badr, et le donna à Ali.

Mirsal مِرْسَال

• Mirsâl : *petite flèche* ; *émissaire rapide comme une flèche.*

Ramih رَامِح

• Râmiḥ : *guerrier qui combat à la lance* (dérivé de rumḥ : *lance*). [Correspondance : Gérard, Gérardin, Roger]

Roumayh, Roumeih رُمَيْح

Rumayḥ (diminutif de rumḥ) : *petite lance.* [Correspondance : Barry]

Rimah رِمَاح

Rimâḥ (pluriel de rumḥ) : *lances.* [Correspondance : Frank]

MASCULIN **FÉMININIT**

Rammah رَمَّاح

Rammâḥ : *qui combat à la lance et y excelle.* [Correspondance : Béranger, Gérald / Bérangère, Géraldine]

Rami, Rémi, Ramy رَامِي — Ramia, Rémia رَامِيَة

• Râmî / Râmiya : *tireur, archer habile* ; au féminin, s'ajoute un sens de séduction : *celle qui décoche des flèches par ses regards.*

Raya رَايَة

• Râya : *étendard, bannière, oriflamme.*

Rayate رَايَات

Râyât (pluriel de râya) : *étendards.*

Sinan, Sinane سِنَان

• Sinân : *pointe de la lance.* Sinân (1489- 1588), appelé Mimar Sinân (*l'Architecte Sinân*), célèbre architecte impérial ottoman et créateur de génie. Un de ses chefs-d'œuvre est la mosquée Süleymaniye à Istanbul, construite en l'honneur du sultan Soliman. Ibrahim Ibn Sinân (m. 948), mathématicien et astronome persan de Bagdad, célèbre pour ses travaux en géométrie. [Correspondance : Oscar]

Siham, Sihem سِهَام

• Sihâm : *flèches.* Ce mot est aussi synonyme de chance et de destin car, durant la période préislamique, l'art divinatoire s'exerçait à travers le lancer de flèches.

Sihamou-Layl سِهَامُ اللَّيْل

Sihâmou-Llayl : « les flèches de la nuit », expression qui évoque de façon allusive l'influence spirituelle des saints en ce monde.

Sayf, Seif سَيْف

• Sayf : *sabre, épée.* **Sayf ad-Dawla** (*le Sabre de l'Etat*), surnom honorifique de l'émir hamdanide de Syrie qui combattit les Byzantins (m. 962).

MASCULIN | **FÉMININ**

Saïf سَائِف

Sâ'if : *qui est armé d'un sabre.*

Sayfallah, Seifoullah سَيْف الله

Sayf-Allâh : *le sabre de Dieu*. Surnom que donna le Prophète à Khâlid Ibn al-Walîd, commandant des troupes musulmanes, en raison de son génie militaire. Un des noms du prophète Muhammad.

Sayfedine, Seifedine سَيْف الدّين

Sayf ad-Dîn : *le sabre de la religion.*

Chaba شَبَا

• Shabâ : *la pointe du sabre.*

Faylaq فَيْلَق

• Faylaq : *armée puissante* ; *homme exceptionnel*. [Correspondance : Herbert]

Kifah كِفَاح **Kifah** كِفَاح

• Kifâḥ (mixte) : *lutte, combat.* [Correspondance : Charles, Charlie, Carlos / Charlotte, Carla, Carole, Caroline]

Kinana كِنانة

• Kinâna : *carquois.*

Liwa لِوَاء

• Liwâ' : *drapeau, étendard* ; en arabe moderne, désigne aussi un grade militaire : *général de brigade* ; *contre-amiral*. Le prophète Muhammad est appelé **Ṣâḥib al-liwâ'** : *le possesseur de l'étendard.*

Louay لُؤَيّ

• Lu'ay : *bouclier* ; *qui vit dans l'adversité,* idée d'*endurance*. Nom préislamique, Louay est celui d'un ancêtre de Muhammad, le petit-fils de Quraych, chef éponyme du clan mecquois des Quraychites. [Correspondance : Bruno].

MASCULIN		FÉMININ	
Madi, Mady	مَاضِي		

•Mâḍî : *sabre tranchant et effilé* ; *lion.* En grammaire arabe, *al-mâḍî* est le temps du *passé*, le mode *accompli*.

		Nabla, Nébla	نَبْلَة

•Nabla : *flèche.*

		Nibal	نِبَال

Nibâl (pluriel de nabla) : *flèches.*

Noubayla, Nobaïla نُبَيْلَة

Nubayla (diminutif de nabla) : *fléchette.*

Nabel نَابِل

Nâbil : *archer.*

Nabbal نَبَّال

Nabbâl : *archer.*

Nijad, Nijed نِجَاد

•Nijâd : *ceinturon de sabre, porte-épée.*

Nadil	نَاضِل	**Nadila**	نَاضِلَة

•Nâḍil / Nâḍila : *qui l'emporte au combat.*

Nidal	نِضَال	**Nidal**	نِضَال

Niḍâl (mixte) : *combat, lutte.* [Correspondance : Hilda]

Habbar هَبَّار

•Habbâr : *sabre très tranchant.*

Hajam هَجَّام

•Hajjâm : *combatif, qui prend l'initiative de lancer l'attaque.*

MASCULIN

FÉMININ

Houdna, Hodna هُدْنَة

• Hudna : *trêve, armistice, relâche.*

Mohannad مُهَنَّد

• Muhannad : *excellente épée en acier trempé selon une technique indienne* (dérivé de Hind : *l'Inde*).

Wiqam, Wikam وِقَام

• Wiqâm : *sabre ; bâton.*

D. ASSISTANCE ET PROTECTION

MASCULIN | FÉMININ

Ijara إِجَارَة

• Ijâra : *secours, protection, aide.*

Iskandar, Skandar إِسْكَنْدَر

• Iskandar : *guerrier qui protège les siens* (d'origine grecque). Alexandre de Macédoine, appelé Alexandre le Grand (m. -323), que les musulmans identifient parfois au personnage coranique énigmatique de Dhû al-qarnayn (« l'Homme aux deux cornes ») pour certains exégètes, ce serait plutôt le roi perse Darius II qui régna de – 556 à – 530. Selon le Coran (18 : 83-101), ce personnage conquit un espace immense de l'Occident à l'Orient et construisit un mur pour protéger la terre de Gog et Magog (Ya'jûj et Ma'jûj). Iskandariyya, nom arabe de la ville égyptienne d'Alexandrie. [Correspondance : Alexandre, Alexis, Alex, Sacha / Alexandra, Alexia, Alexane, Alexine, Alexandrine, Cassandre, Sandrine, Sandra, Sandy]

Iwa إِيوَاء

• Îwâ' : *accueil secourable.*

Iyad, Iyed إِيَاد

• Iyâd : *soutien, renfort, support.* [Correspondance : Hector]

Mouayad, Moayed مُؤَيَّد

Mu'ayyad : *renforcé, assisté* ; *vainqueur.*

Tayid تَأْيِيد | **Tayid** تَأْيِيد

Ta'yîd (mixte) : *assistance, soutien.*

Janad, Janade جَنَاد

• Janâd : *qui secourt.*

Jounada, Jonada جُنَادَة

Junâda : *qui secourt.*

MASCULIN | **FÉMININ**

Moujir, Maujir مُجير **Moujira, Maujira** مُجيرَة

• Mujîr / Mujîra : *qui accorde sa protection* ; *qui délivre de l'oppression*. [Correspondance : Amaury]

Harz حَرْز

• Ḥarz : *protection*.

Mouhriz, Mehrez مُحْرِز **Mouhriza, Mehreza** مُحْرِزَة

Muḥriz / Muḥriza : *qui garde et protège* ; *qui offre un asile sûr*. Muḥriz Ibn Khalaf (m. 1022) : saint patron de Tunis, appelé « Sidi Mehrez » : il restaura la paix à Tunis après le départ des Fatimides chiites, réorganisa la vie économique et protégea la minorité juive.

Hares حَارِس

• Ḥâris : *gardien, protecteur*.

Mahrous, Mahrouce مَحْرُوس **Mahroussa** مَحْرُوسَة

Maḥrûs / Maḥrûsa : *protégé, préservé, sauvegardé*.

Hisne, Hicene حِصْن

• Ḥiṣn : *citadelle protectrice, inexpugnable*. [Correspondance : Anicet / Anicée]

Hafiz, Hafez حَافِظ **Hafiza, Hafeza** حَافِظَة

• Ḥâfiẓ / Ḥâfiẓa : *qui préserve, protège et veille* ; *qui connaît le Coran par cœur* (qui veille sur son intégralité et s'en fait le gardien). Ḥâfiẓ de Shirâz (m. 1389), grand poète persan, auteur du *Diwan*, recueil de poésie mystique et amoureuse ; son tombeau est un haut lieu de pèlerinage en Iran. Dans son *Diwan occidental et oriental*, le poète allemand Goethe lui rendit hommage et l'appela son "frère jumeau". [Correspondance : Guillaume, William / Guillemette]

Héfiz حَفِيظ **Héfiza** حَفِيظَة

Ḥafîẓ / Ḥafîẓa : *protecteur, défenseur*.

MASCULIN		FÉMININ	
Mahfouz	مَحْفُوظ	**Mahfouza**	مَحْفُوظَة

Maḥfûẓ / Maḥfûẓa : *préservé, sauvegardé.*

Himaya	حِمَايَة	**Himaya**	حِمَايَة

• Ḥimâya (mixte) : *protection infaillible.* [Correspondance : Frida]

Himayat	حِمَايَت	**Himayat**	حِمَايَت

Ḥimâyat (mixte) (variante de ḥimâya d'origine ottomane) : *protection infaillible.*

Himayatallah حِمَايَة الله
Himayatoullah

Ḥimâyat-Allâh : *la protection divine.*

Hami, Hamy	حَامِي	**Hamia**	حَامِيَة

Ḥâmî / Ḥâmiya : *qui protège ses compagnons pendant la guerre.*

Dhawad, Dawad, Zawad ذَوَّاد

• Dhawwâd : *le défenseur et le protecteur de la tribu.*

Dhiyad, Diyad, Ziyad ذِيَاد

Dhiyâd : *défense et protection des biens et des personnes.*

Rafed	رَافِد	**Raféda**	رَافِدَة

• Râfid / Râfida : *qui aide et porte secours.*

Mourafada مُرَافَدَة

Murâfada : *assistance, aide.*

Zinad, Zined	زِنَاد	**Zinad, Zined**	زِنَاد

• Zinâd (mixte) (pluriel de zand : *une des deux pièces en bois qui forment le briquet traditionnel* ; la friction de ces deux pièces l'une contre l'autre produit une étincelle) : symbole d'entraide et de solidarité.

MASCULIN | **FÉMININ**

Sanad سَنَد

- Sanad : *appui, soutien*. [Correspondance : Gustave]

Moussanada مُسَانَدَة

Musânada : *secours, protection.*

Massoun مَصُون

- Maṣûn : *protégé, préservé.*

Tadafour تَضَافُر **Tadafour** تَضَافُر

- Taḍâfur (mixte) : *aide et assistance.*

Damine ضَامِن **Damina** ضَامِنَة

- Ḍâmin / Ḍâmina : *garant, caution.*

Tadamoun تَضَامُن **Tadamoun** تَضَامُن

Taḍâmun (mixte) : *solidarité.*

Zahir ظَهِير **Zahira** ظَهِيرَة

- Ẓahîr / Ẓahîra : *aide, protecteur.*

Tazahour تَظَاهُر **Tazahour** تَظَاهُر

Taẓâhur : *entraide*

Adoudedine عَضُود الدّين

- 'Adûd ad-Dîn : *soutien de la religion.*

Ourwa, Ouroua عُرْوَة

- 'Urwa : *lien sûr* ; *lion* ; *arbre dont le feuillage ne tombe pas l'hiver.* 'Urwa Ibn Mas'ûd, compagnon du Prophète.

Moïzedine مُعِزّ الدّين

- Mu'izz ad-Dîn : *soutien de la religion.*

MASCULIN		FÉMININ	
		Isma, Esma	عِصْمَة

•'Iṣma : *protection qui met à l'abri de toute atteinte* ; *vertu*. Ce terme désigne aussi la protection divine dont jouissent les prophètes, et qui leur confère l'impeccabilité.

Ismet, Esmat عِصْمَت

'Iṣmat : *protection qui met à l'abri de toute atteinte* ; *vertu* (variante de 'Iṣma d'origine ottomane).

Issam, Essam عِصَام

'Iṣâm : *pacte, contrat* ; *corde qui lie.*

Assim, Assem عَاصِم

'Âṣim : *qui garantit, préserve* ; *qui écarte* ; *qui ne peut être approché par l'adversité ou le mal.* 'Âṣim Ibn Thâbit, compagnon du Prophète.

Moutassim	مُعْتَصِم	**Moutassima**	مُعْتَصِمَة
Motassim		**Motassima**	

Mu'taṣim / Mu'taṣima : *qui cherche refuge auprès de Dieu et préserve ainsi son intégrité*. Al-Mu'taṣim : calife abbasside (833-842).

		Itisame	إِعْتِصَام

I'tiṣâm : *quête de refuge, de soutien, de protection.*

Imade عِمَاد

•'Imâd : *pilier, soutien.*

Imadeddine عِمَاد الدّين

'Imâd ad-Dîn : *le pilier de la religion*. Le prophète Muhammad qualifia ainsi la prière rituelle (*ṣalât*).

Amide عَمِيد

'Amîd : *soutien, chef protecteur*. [Correspondance : Frithjof]

MASCULIN | **FÉMININ**

Itimade إِعْتِمَاد

I'timâd : *confiance ; compter sur quelqu'un en qui on a confiance.*

Aïze عَائِذ **Aïza** عَائِذَة

• 'Â'idh / 'Â'idha : *qui cherche refuge et protection.* 'Â'idh Ibn Tha'laba, compagnon du Prophète.

Mouadhe, Moaze مُعَاذ

Mu'âdh : *sauvé, préservé ; le refuge.* Mu'âdh Ibn Jabal, compagnon du Prophète, fin connaisseur du Coran et juriste.

Awne عَوْن

• 'Awn : *aide, secours.* Nom d'un des fils d' 'Alî (né d'un mariage postérieur à la mort de Fatima).

Awnallah عَوْن الله

'Awn-Allâh : *le secours de Dieu.* [Correspondance : Lazare]

Awnat عَوْنَات

'Awnât (pluriel de 'awn) : *aides, secours.*

Awni, Awny عَوْنِي

'Awnî : *qui aide et secourt ; « mon secours » ;* Dieu est appelé en poésie mystique : « 'Awnî wa Ḥasbî » (« *mon Secours, Lui seul me suffit* »).

Ouwayni عُوَيْنِي

'Uwaynî (diminutif de 'awnî) : *qui aide et secourt ; « mon secours ».*

Mouïne مُعِين **Mouïna** مُعِينَة

Mu'în / Mu'îna : *qui apporte son aide, porte secours.*

Mouïnedine مُعِين الدِّين

Mu'în ad-Dîn : *auxiliaire de la religion.* Mu'în al-Dîn ad-Shishtî (m. 1236) : saint de l'Inde musulmane, fondateur de l'ordre soufi des Shishtis.

MASCULIN | **FÉMININ**

Moustaïn مُسْتَعِين

Musta'în : *qui implore le secours divin.* Al-Musta'în : calife abbasside (862-866).

Ghiyath غِيَاث

• Ghiyâth : *secours, assistance.* Un des noms du Prophète.

Ghiyas-Eddine غِيَاث الدِّين
Riyasedine

Ghiyâth ad-Dîn : *le secours de la religion.*

Moughith مُغِيث

Mughîth : *qui porte secours.*

Ighassa, Irassa إِغَاثَة

Ighâtha : *assistance et secours.*

Kafil كَفِيل **Kafila** كَفِيلَة

• Kafîl / Kafîla : *répondant, garant.* Kafîl : un des noms du prophète Muhammad.

Iltimas اِلْتِمَاس

• Iltimâs : *sollicitation, requête.*

Imdad إِمْدَاد **Imdad** إِمْدَاد

• Imdâd (mixte) : *aide, assistance.*

Imdadallah إِمْدَاد الله
Imdadoullah

Imdâd-Allâh : *l'aide divine.*

Najjad نَجَّاد

• Najjâd : *qui vole toujours au secours d'autrui.*

MASCULIN | **FÉMININ**

Mounjid مُنْجِد **Mounjida** مُنْجِدَة

Munjid / Munjida : *qui vient en aide, qui porte secours.*

Inejad إِنْجَاد

Injâd : *aide, assistance.*

Mounji, Mounjy مُنْجِي **Mounjia** مُنْجِيَة

• Munjî / Munjiya : *qui sauve d'un danger, qui délivre.* Munjî : un des noms du prophète Muhammad. [Correspondance : Salvador]

Nasser نَاصِر **Nassera** نَاصِرَة

• Nâṣir / Nâṣira : *qui porte assistance et apporte la victoire.* Nâṣir, un des noms du prophète Muhammad.

Nassir نَصِير **Nassira** نَصِيرَة

Naṣîr / Naṣîra : *soutien, allié, défenseur.*

Ansar, Ansare أَنْصَار

Anṣâr (pluriel de nâṣir) : *alliés, auxiliaires, partisans.* Al-Anṣâr, *les Auxiliaires* : nom donné aux gens de Yathrib (Médine), qui accueillirent le Prophète lors de son émigration de La Mecque (*hijra*).

Tanassour تَنَاصُر **Tanassour** تَنَاصُر

Tanâṣur (mixte) : *se protéger mutuellement.*

Tanassouf تَنَاصُف **Tanassouf** تَنَاصُف

• Tanâṣuf (mixte) : *se soutenir mutuellement.*

Waïl وَائِل **Waïla** وَائِلَة

• Wâ'il / Wâ'ila : *qui cherche refuge, qui échappe au malheur.*

E. VICTOIRE

MASCULIN		FÉMININ	
		Hourriya	حُرِّيَّة

• Ḥurriyya : *liberté.*

		Dohda	ضُهْدَة

• Ḍuhda : *victoire, supériorité.*

Taliq	طَلِيق	**Taliqa**	طَلِيقَة

• Ṭalîq / Ṭalîqa : *libre, non asservi.* [Correspondance : François, Francis / France, Françoise]

Zafar	ظَفَر	**Zafar**	ظَفَر

• Ẓafar (mixte) : *succès, victoire*. Prénom de deux Compagnons.

Zafir	ظَافِر	**Zafira**	ظَافِرَة

Ẓâfir / Ẓâfira : *qui l'emporte, qui obtient ce qu'il désire ou réussit ce qu'il tente.*

Mouzaffar	مُظَفَّر	**Mouzaffara**	مُظَفَّرَة

Muẓaffar / Muẓaffara : *qui remporte succès et victoires.*

Ghalib, Ralib	غَالِب	**Ghaliba, Raliba**	غَالِبَة

• Ghâlib / Ghâliba : *vainqueur*. Ghâlib Ibn 'Abd Allâh, compagnon du Prophète, un de ses généraux.

		Ghalabe, Ralabe	غَلَاب

Ghalâb : *qui vainc toujours.*

Ghalleb	غَلَّاب		

Ghallâb : *toujours vainqueur.*

MASCULIN | **FÉMININ**

Fath فَتْح

• Fatḥ : *ouverture*, d'un pays ou du cœur c'est-à-dire *conquête, victoire, spirituelle ou matérielle* (du verbe fataḥa : *ouvrir*). Nom de la sourate 48 du Coran. [Correspondance : Nicolas (victoire du peuple), Nils, Colas, Colin, Klaus / Nicoletta, Nicole, Coline, Colette]

Fathedine فَتْح الدِّين

Fatḥ ad-Dîn : *la victoire de la religion.*

Fataha فَتَاحَة

Fatâḥa : *victoire, conquête.*

Fatih, Fateh فَاتِح — **Fatiha, Fateha** فَاتِحَة

Fâtiḥ / Fâtiḥa : *qui apporte la victoire* ; *conquérant, qui ouvre la voie* (aux autres), *qui inaugure*. Al-Fâtiḥa, nom de la première sourate du Coran. Fâtiḥ : un des noms du prophète Muhammad. « Fâtih Sultan Mehmet », ou Mehmet II le Conquérant, 9e sultan ottoman : il conquit Constantinople en 1453, ce qui lui valut cette épithète glorieuse. [Correspondance : Bérénice]

Fathi فَتْحِيّ — **Fathiya, Fathia** فَتْحِيَّة

Fatḥî / Fatḥiyya : *victorieux* ; *qui a un caractère ouvert.*

Fattah فَتَّاح

Fattâḥ : *conquérant, vainqueur, victorieux*. Al-Fattâḥ, nom divin : *Celui qui « ouvre » à Ses créatures* les voies du salut, de la vie spirituelle, de la résolution des problèmes…

Foulje, Folje فُلْج — **Foulja, Folja** فُلْجَة

• Fulj / Fulja : *victoire, conquête.*

Falih فَالِح

Fâliḥ : *victorieux, heureux.*

MASCULIN **FÉMININ**

Foulayh فُلَيْح

Fulayḥ (diminutif de fâliḥ) : *victorieux, heureux.*

Faouz, Fawz فَوْز **Faouze, Fawze** فَوْز

• Fawz (mixte) : *succès, victoire* ; *salut, délivrance.* « Al-fawz al-'aẓîm » (*la victoire suprême*) est la délivrance de l'âme et l'obtention du paradis (Coran 48 : 5). [Correspondance : Victoria, Victorine]

Faouzi, Fawzi, Fozi فَوْزِيّ **Faouzia, Fawzia, Fozia** فَوْزِيَّة

Fawzî / Fawziyya : *victorieux.* [Correspondance : Victor, Victorien]

Faïz فَائِز **Faïza** فَائِزَة

Fâ'iz / Fâ'iza : *qui remporte un succès, gagnant, victorieux* ; *qui obtient le salut.* [Correspondance : Siegfried]

Fawaz, Faouaz فَوَّاز

Fawwâz : *qui remporte de nombreuses victoires.*

Fawzane, Faouzane فَوْزَان

Fawzân : *très victorieux.*

Najah نَجَاح **Najah** نَجَاح

• Najâḥ (mixte) : *succès, réussite.*

Najih نَاجِح **Najiha** نَاجِحَة

Nâjiḥ / Nâjiḥa : *qui réussit, remporte le succès.*

Nasr نَصْر **Nasra** نَصْرَة

• Naṣr : *victoire, secours victorieux* / Naṣra (nom d'unité de naṣr) : *une victoire.*

Nousra, Nosra نُصْرَة

Nuṣra : *victoire* ; *secours providentiel.*

MASCULIN | **FÉMININ**

Nossayr, Nosseir نُصَيْر **Nossayra, Nosseira** نُصَيْرَة

Nuṣayr / Nuṣayra (diminutif de naṣr) : *petite victoire.* [Correspondance : Ségolène]

Nasri نَصْرِيّ **Nasriya, Nasria** نَصْرِيَّة

Naṣrî / Naṣriyya : *de tempérament victorieux.*

Nasrallah, Nasroullah نَصْر الله

Naṣr-Allâh : *le victorieux secours de Dieu.*

Nasredine نَصْر الدّين

Naṣr ad-Dîn : *la victoire de la religion.* Nasreddin, personnage semi-légendaire (peut-être originaire d'Anatolie entre le XIe et le XIVe siècle), souvent représenté juché sur un âne et coiffé d'un turban volumineux, et dont les histoires facétieuses, mais empreintes de sagesse, circulent au Maghreb (Jouha, Djoha, Jhaj), des Balkans (Stradin Hoca) à la Malaisie (Maulana Nasruddin) en passant par la Turquie (Nasreddin Hodja), l'Egypte (Hoga), l'Iran (Mollah Nasruddin) et la Chine (Afandî).

Nassar نَصَّار

Naṣṣâr : *tres victorieux.*

Nassour نَصُّور

Naṣṣûr : *tres victorieux.*

Mansour مَنْصُور **Mansoura** مَنْصُورَة

Manṣûr / Manṣûra : *secouru* ; *victorieux.* Manṣûr : un des noms du prophète Muhammad. Al-Manṣûr : deuxième calife de la dynastie abbasside, fondateur de la ville de Bagdad, en 762. Mar Mansour di Paul, nom oriental de saint Vincent de Paul. [Correspondance : Vincent / Vinciane]

Mountassir مُنْتَصِر **Mountassira** مُنْتَصِرَة

Muntaṣir / Muntaṣira : *victorieux, vainqueur.* Al-Muntaṣir : calife abbasside (861-862). [Correspondance : Domitien]

MASCULIN

FÉMININ

Intisar, Intisare إِنْتِصَار

Intiṣâr : *victoire triomphante.*

Tawfiq, Toufik تَوْفِيق **Tawfiqa, Toufika** تَوْفِيقَة

• Tawfîq : *assistance accordée par Dieu* ; *succès* ; *réussite obtenue grâce à cette assistance divine.* Tawfîqa : variante féminine.

Mouwaffaq مُوَفَّق **Mouwaffaqa** مُوَفَّقَة

Muwaffaq / Muwaffaqa : *qui obtient succès et réussite.*

8.
Le bonheur

A. **Joie et fête**
B. **Harmonie, amitié et amour**

« Un visage jovial est un filet
dans lequel se prend l'amitié »

(Imam Ali)

A. JOIE ET FÊTE

MASCULIN		FÉMININ	
Arine	أَرِين		

• Arîn : *vivacité.*

Aroune	أَرُون	**Arouna**	أَرُونَة

Arûn / Arûna : *vif, alerte.*

Bakhte	بَخْت	**Bakhta**	بَخْتَة

• Bakht / Bakhta : *chance* ; *bonheur* (origine persane).

Boukhayt	بُخَيْت		

Bukhayt (diminutif de bakht) : *chance* ; *bonheur* (origine persane).

		Inbissate	اِنْبِسَاط

• Inbisâṭ : *joie, allégresse.*

		Basma	بَسْمَة

• Basma : *sourire.*

Bassim, Bassem	بَاسِم	**Bassima, Basséma**	بَاسِمَة

Bâsim / Bâsima : *souriant, radieux.*

Bassam	بَسَّام		

Bassâm : *qui a toujours le sourire aux lèvres.*

Absame	أَبْسَم		

Absam : *très souriant.*

		Ibtissam, Ibtissem	اِبْتِسَام

Ibtisâm : *sourire.*

		Ibtissama, Ibtissema	اِبْتِسَامَة

Ibtisâma : *un sourire.*

MASCULIN / FÉMININ

Mibsam مِبْسَام

Mibsâm : *femme très souriante.*

Bichre بِشْر — Bichra بِشْرة

• Bishr / Bishra : *réjouissance, bonne humeur.* Bishr al-Ḥâfî, saint du IXe siècle, originaire de Bagdad. Il fut surnommé al-Ḥâfî (*le va-nu-pieds*) parce que la grâce du repentir l'avait touché alors qu'il était déchaussé ; il resta ainsi, sa vie durant, pour ne pas modifier l'état dans lequel Dieu avait choisi de l'appeler à Lui.

Bouchra بُشْرَى

Bushrâ : *bonne nouvelle.* Un des noms du prophète Muhammad.

Bichara بِشَارَة

Bishâra : *annonce, bonne nouvelle.* Dans le christianisme, ce mot désigne l'Annonciation : annonce faite à la Vierge Marie de sa maternité miraculeuse. [Correspondance : Evangéline]

Bachaïr بَشَائِر

Basha'ir (pluriel de bishâra) : *heureux présages, signes favorables.*

Bachir, Béchir بَشِير — Bachira, Béchira بَشِيرَة

Bashîr / Bashîra : *annonciateur de bonnes nouvelles ; dont le visage est beau, avenant.* Bashîr : un des noms coraniques du prophète Muhammad.

Bachar بَشَّار

Bashshâr : *porteur de bonnes nouvelles ; au visage ouvert, avenant.*

Abchar أَبْشَر

Abshar : *qui annonce toujours de bonnes nouvelles ; dont le visage est très beau, très avenant.*

Moubachir مُبَشِّر — Moubachira مُبَشِّرَة

Mubashshir / Mubashshira : *qui annonce de bonnes nouvelles.* Mubashshir : un des noms coraniques du prophète Muhammad.

MASCULIN		FÉMININ	
		Ibchar	إِبْشَار

Ibshâr : *le fait d'apporter ou d'annoncer une bonne nouvelle.*

		Bachécha	بَشَاشَة

• Bashâsha : *visage souriant* ; *bonne humeur* ; *enjouement de la jeunesse.*

Bachiche	بَشِيش		

Bashîsh : *visage souriant, enjoué et plein de grâce.*

Bachache	بَشَّاش	**Bachacha**	بَشَّاشَة

Bashshâsh / Bashshâsha : *qui montre un visage radieux, qui accueille cordialement.*

Bachouche	بَشُوش	**Bachouche**	بَشُوش

Bashûsh (mixte) : *affable, avenant, épanoui.*

		Bahja, Behja	بَهْجَة

• Bahja : *gaieté* ; *beauté.*

Bahjat, Behjat	بَهْجَت		

Bahjat (variante de bahja d'origine turque) : *gaieté.*

Bahij, Bahige	بَهِج	**Bahija**	بَهِجَة

Bahij / Bahija : *heureux, joyeux.*

Bahij, Béhij	بَهِيج	**Bahija, Béhija**	بَهِيجَة

Bahîj / Bahîja : *guilleret, plein d'allégresse.*

		Mibhaj, Mibhage	مِبْهَاج

Mibhâj : *belle femme gaie et riante.*

		Moubahaja, Mobahéja	مُبَاهَجَة

Mubâhaja : *allégresse, liesse.*

MASCULIN | **FÉMININ**

Ibhaj, Ibhej إِبْهَاج

Ibhâj : *réjouissance, égaiement.*

Moubtahij مُبْتَهِج
Mobtahej

Moubtahija مُبْتَهِجَة
Mobtahéja

Mubtahij / Mubtahija : *plein d'allégresse.*

Ibtihaj, Ibtihej إِبْتِهَاج

Ibtihâj : *air de fête, jubilation.*

Istibhaj, Istibhej اِسْتِبْهَاج

Istibhâj : *bonheur, réjouissance.*

Ithlaj, Itlej, Islaj إِثْلاَج

• Ithlâj : *réjouir, faire plaisir.*

Jadhal, Jazal جَذَل

• Jadhal : *joie, bonheur, allégresse.*

Jadhil جَذِل

Jadhil : *heureux, joyeux, allègre.*

Jadhla, Jadla جَذْلَى

Jadhlâ : *heureuse, joyeuse, allègre.*

Joudhlane, Jouzlane جُذْلاَن
Jodhlane, Jozlane

Judhlân : *très heureux, plein d'allégresse.*

Ijdhal, Ijdel, Ijzel إِجْذَال

Ijdhâl : *rendre heureux.*

MASCULIN		FÉMININ	
		Ijtidhal, Ijtidel, Ijtizel	إِجْتِذَال

Ijtidhâl : *être heureux, de bonne humeur.*

Jahir	جَهِير	**Jahira**	جَهِيرَة

• Jahîr / Jahîra : *qui a une voix puissante* ; *beau* ; *connu, public.*

Jam, Jem جَام

• Jâm : *coupe d'argent.*

Ihbar إِحْبَار

• Iḥbâr : *rendre heureux.*

Houbour حُبُور

Ḥubûr : *joie, accès de gaieté.*

Ihtifal احْتِفَال

• Iḥtifâl : *cérémonie, fête.* [Correspondance : Solène, Solange]

Ihtifa, Ihtifae إِحْتِفَاء

• Iḥtifâ' : *amabilité, bon accueil* ; *manifestation de joie, fête.*

Tadlile, Tedlile تَدْلِيل

• Tadlîl : *divertissement, amusement.*

Ranim رَنِيم

• Ranîm : *chant doux et agréable à l'oreille.*

Tarnime تَرْنِيم

Tarnîm : *mélodie, son agréable* (la corde de l'arc qui se détend quand la flèche est décochée, voix douce de l'homme, roucoulement des oiseaux, chant des grillons, psalmodie mélodieuse du Coran). [Correspondance : Mélodie, Mélody]

MASCULIN | **FÉMININ**

Ranine رَنِين

• Ranîn : *tintement, résonance et vibrations* (des cloches, de la voix, des cordes).

Zakhir زَاخِر **Zakhira** زَاخِرَة

• Zâkhir / Zâkhira : *qui déborde de joie, qui jubile.*

Zifaf, Zifafe زِفَاف

• Zifâf : *noces, procession nuptiale.*

Ishak, Ishaq إِسْحَاق

• Isḥâq : Isaac, fils d'Abraham et de Sarah. Signifie en hébreu : *que Dieu rie, sourie, soit favorable* (cf. chapitre Les prophètes). Ibn Isḥâq (m. vers 767) : historien traditionaliste musulman auteur de la première *sîra* (biographie) du prophète Muhammad.

Sarrae سَرَّاء

• Sarrâ' : *joie, gaieté.*

Sourour سُرُور **Sourour** سُرُور

Surûr (mixte) : *joie, allégresse.*

Sarre سَارّ **Sarra** سَارَّة

Sârr / Sârra : *réjouissant, divertissant.*

Massarra مَسَرَّة

Masarra : *allégresse.*

Masrour مَسْرُور **Masroura** مَسْرُورَة

Masrûr / Masrûra : *joyeux, content.*

Sirine سِيرِين

• Sîrîn : *rassasiée* (mot d'origine persane). Nom de la sœur de Mâria la Copte (cf. Famille de Muhammad).

MASCULIN | **FÉMININ**

Saad سَعْد

• Sa'd : *bonheur.* Plusieurs compagnons portèrent ce nom, notamment Sa'd Ibn Abî al-Waqqâṣ, cousin de Muhammad.

Saade-Eddine سَعْد الدّين

Sa'd ad-Dîn : *le bonheur de la religion.*

Saadallah سَعْد الله

Sa'd-Allâh : *le bonheur de Dieu.*

Souad سُعَاد

Su'âd : *bonheur* ; *chance.*

Saadi, Sadi سَعْدِيّ — **Saadiya, Saadia, Sadia** سَعْدِيَّة

Sa'dî / Sa'diyya : *bienheureux, voué au bonheur.* Saadi de Shirâz (m. 1291), grand poète persan, auteur du Golestan (*Le jardin des roses*). Sadi Carnot, président français de 1887 à 1894, fut prénommé ainsi en l'honneur du poète de Shirâz.

Saïd سَعِيد — **Saïda** سَعِيدَة

Sa'îd / Sa'îda : *heureux, chanceux.* Sa'îd Ibn 'Âmir, compagnon du Prophète, puis gouverneur de Homs (Syrie), réputé pour sa piété et son abnégation. [Correspondance : Félix, Félicien / Félicie, Félicia]

Saadoun سَعْدُون

Sa'dûn : *très heureux.*

Assaad أَسْعَد

As'ad : *très heureux, qui jouit d'un bonheur parfait.*

Messaoud مَسْعُود — **Messaouda** مَسْعُودَة

Mas'ûd / Mas'ûda : *rendu heureux par la vie.*

MASCULIN | **FÉMININ**

Masaad مَسْعَد

Mas'ad (variante de mas'ûd) : *heureux.*

Mousïd مُسْعِد **Mousïda** مُسْعِدَة

Mus'ida : *qui rend heureux.* [Correspondance : Béatrice, Béatrix]

Issade إِسْعَاد

Is'âd : *combler quelqu'un de bonheur.*

Sahr سَهْر

• Sahr : *veillée, soirée.*

Souhayr, Soheir سُهَيْر

Suhayr (diminutif de sahr) : *petite veillée.*

Chadi, Chedy شَادِي **Chadia, Chédia** شَادِيَة

• Shâdî / Shâdiya : *qui chante mélodieusement.*

Chada شَدَا

Shadâ : *chant.*

Inchirah اِنْشِرَاح

• Inshirâḥ : *joie, épanouissement, soulagement.*

Dahouk ضَحُوك **Dahouka** ضَحُوكَة

• Ḍaḥûk / Ḍaḥûka : *jovial.*

Dahak ضَحَّاك

Ḍaḥḥâk : *qui rit beaucoup.* Aḍ-Ḍaḥḥâk Ibn Sufyân : compagnon du Prophète réputé pour sa bravoure au combat.

Midhake مِضْحَاك **Midhaka** مِضْحَاكَة

Midḥâk / Midḥâka : *personne gaie et rieuse.* [Correspondance : Hilaire / Hilary]

MASCULIN		FÉMININ	
Talal	طَلاَل		

• Ṭalâl : *gai* ; *gracieux* ; *pluie légère.*

Zarif	ظَرِيف	**Zarifa**	ظَرِيفَة

• Ẓarîf / Ẓarîfa : *aimable, plaisant et à l'humour fin.*

Aïd عِيد

• 'Îd : *fête* (cf. chapitre La vie religieuse).

Aïdy, Idy عِيدِي

'Îdî : *qui suscite la fête.*

Ayyade عَيَّاد

'Ayyâd : *qui aime les fêtes, d'humeur festive.*

Ightibate, Irtibate اِغْتِبَاط

• Ightibâṭ : *joie, bonheur, ravissement.*

Ghinae	غِنَاء	**Ghinae, Rina**	غِنَاء

• Ghinâ' (mixte) : *chant, mélodie.*

Iftirar اِفْتِرَار

• Iftirâr : *sourire, rire léger.*

Faraj فَرَج

• Faraj : *consolation, soulagement, libération* ; *joie succédant à un état de contrainte.* [Correspondance : Barnabé]

Farajallah فَرَج الله

Faraj-Allâh : *la consolation divine.*

Faraji فَرَجِي

Farajî : *état de libération.*

MASCULIN | **FÉMININ**

Farraj فَرَّاج

Farrâj : *qui libère de la peine, qui chasse les soucis, consolateur.*

Farah فَرَح **Farah** فَرَح

• Faraḥ (mixte) : *joie, gaieté, bonne humeur ; fête de mariage.* [Correspondance : Laetitia]

Afrah أَفْرَاح

Afrâḥ (pluriel de faraḥ) : *joies ; festivités.*

Farha فَرْحَة

Farḥa : *une joie, un plaisir, une fête.*

Farhat فَرْحَات

Farḥât (pluriel de farḥa) : *plaisirs, joies.*

Fareh فَارِح **Fareha** فَارِحَة

Fâriḥ / Fâr_ḥa : *joyeux, réjoui.*

Farhane فَرْحَان

Farḥân : *très joyeux, euphorique.*

Ifrah إِفْرَاح

Ifrâḥ : *rendre heureux, égayer, réjouir.*

Fékih فَكِيه **Fékiha** فَكِيهَة

• Fakîh /Fakîha : *qui a de l'humour, qui aime plaisanter.*

Alhane أَلْحَان

• Alḥân (pluriel de laḥn) : *airs de musique, mélodies.*

Ladida, Laziza لَذِيذَة

• Ladhîdha : *délicieuse, agréable.*

MASCULIN | **FÉMININ**

Lika, Liqa لِقَاء | **Likae, Liqae** لِقَاء

• Liqâ' (mixte) : *rencontre.*

Imrah إِمْرَاح

• Imrâḥ : *amuser, égayer, réjouir.*

Nédim نَدِيم | **Nédima** نَدِيمَة

• Nadîm / Nadîma : *commensal, compagnon de table, de parties de plaisir.*

Nida نِدَاء

• Nidâ': *appel, clameur.*

Nidaï نِدَائِي

Nidâ'î : *qui vient d'un appel.*

Ney نَاي

• Nây : *flûte de roseau* utilisée notamment dans les concerts spirituels (samâ') de la confrérie Mevlevi. Jalâl ed- Dîn Rûmî compare l'âme humaine à un roseau à travers lequel passe le souffle divin.

Nouzha, Nozha نُزْهَة

• Nuzha : *divertissement, promenade ; plaisir innocent.*

Nachid نَشِيد | **Nachide** نَشِيد

• Nashîd (mixte) : *poème qui se déclame, ode, chant, cantique.*

Ounchouda أُنْشُودَة

Unshûda : *hymne, cantique.*

Mounchid مُنْشِد | **Mounchida** مُنْشِدَة

Munshid / Munshida : *qui chante, déclame des poèmes.*

Nachit نَشِيط | **Nachita** نَشِيطَة

• Nashîṭ / Nashîṭa : *actif, dynamique, plein d'enthousiasme.*

MASCULIN | **FÉMININ**

Nouchine نُوشِين

• Nûshîn (d'origine persane) : *heureuse, douce.*

Nechwa نَشْوَة

• Nashwa : *début d'ivresse ; élan de joie, euphorie ; effluve parfumé.*

Nagham, Naram نَغَم

• Nagham : *chant mélodieux, timbre d'un instrument.*

Naghama, Narama نَغَمَة

Naghama : *mélodie.*

Anghame, Anrame أَنْغَام

Anghâm (pluriel de nagham) : *chants mélodieux.*

Haroun هَارُون

• Hârûn : « qui veut un chant d'allégresse » (origine hébraïque) ; Aaron, prophète « porte-parole » de son frère cadet, le prophète Moïse. Hârûn ar-Rashîd (m. 809) : cinquième calife abbasside de Bagdad, un des héros des *Mille et Une Nuits.*

Ohzouja أُهْزُوجَة

• Uhzûja : *chansonnette.*

Haffef هَفَّاف **Haffefa** هَفَّافَة

• Haffâf / Haffâfa : *alerte, léger, rapide.*

Hana هَنَاء

• Hanâ' : *bien-être, félicité.*

Hani هَانِي، هَانِىء **Hania** هَانِيَة، هَانِئَة

Hânî / Hânia (ou Hâni' / Hâni'a) : *heureux, réjoui.*

MASCULIN **FÉMININ**

Mouhanna, Mohanna مُهَنَّأ

Muhanna' : *comblé de bonheur, réjoui* ; *qui reçoit des félicitations.*

Tahani تَهَانِيء

Tahânî' : *félicitations, vœux de bonheur.*

Youmne يُمْن **Youmne** يُمْن

• Yumn (mixte) : *bonheur, prospérité* ; *bon augure* ; synonyme de baraka (*influence bénéfique*).

Yamin, Yamine يَامِن **Yamina, Yemna** يَامِنَة

Yâmin / Yâmina : *heureux, fortuné, prospère.* Yâmin Ibn 'Umayr, compagnon du Prophète.

Yémine يَمِين **Yémina** يَمِينَة

Yamîn / Yamîna : *côté droit* c'est-à-dire *bonheur* ; *bonne fortune* ; *grâce divine ;* al-yamîn *: la droite.* Ben Yamîn (*fils de la droite, enfant béni, don de Dieu*) : nom du douzième et dernier fils de Ya'qûb (Jacob) et Raḥîl (Rachel), d'où la signification du mot « benjamin » en français, dernier-né. [Correspondance : Benjamin / Benjamine]

Yaman, Yamane, Yamen يَمَان

Yamân : *de la droite ; le Yémen, l'Arabie heureuse* ; selon l'ancienne cartographie arabe orientée vers l'Est, le Yémen se trouvait donc à droite de l'Arabie, non pas en-dessous. Le hadith mentionne « le vent du Miséricordieux » (*nafas ar-Rahmân*) venant du Yémen.

Yamani, Yameni يَمَانِي **Yamani, Yamenia** يَمَانِيَة

Yamânî / Yamâniya : *qui vient du côté droit, du Yémen, de l'Arabie heureuse.*

Ayman, Aymane أَيمَن **Youmna, Yomna** يُمْنَى

Ayman / Yumnâ : *très heureux, très favorisé, qui est béni.* Yumnâ : *main droite.* Dans les traditions sémitiques, la droite (*al-yamîn*) est particulièrement honorée : c'est le côté qui porte chance.

MASCULIN		FÉMININ	
		Ayamine	أَيَامِين

Ayâmîn (pluriel d'aymun – qui est le pluriel de yamîn) : *mains droites, côtés droits, les gens honorés, heureux.*

Youmni, Yomni	يُمْنِي	**Youmniya, Yomniya**	يُمْنِيَّة

Yumnî / Yumniyya : *d'heureuse nature, béni.*

Maymoun	مَيْمُون	**Maymouna**	مَيْمُونَة
Mimoun		**Maïmouna, Mimouna**	

Maymûn / Maymûna : *heureux, favorisé, béni.* Maymûna : nom d'une des épouses du Prophète et d'une des filles d'Alî (née d'un mariage postérieur à la mort de Fatima).

		Maymana, Maïmana	مَيْمَنَة

Maymana : *le lieu de la droite* ; *la félicité.* Dans le Coran (56 : 8), al-Maymana est le lieu, à la droite de Dieu, où se tiendront les élus au Jour du Jugement.

		Mayamine	مَيَامِين

Mayâmîn (pluriel de maymana) : *les félicités paradisiaques.*

B. HARMONIE, AMITIÉ ET AMOUR

L'amitié, la fraternité, l'intimité, la fidélité, la tendresse sont des valeurs honorées par la culture arabo-musulmane, et se retrouvent tout naturellement dans nombre de prénoms. Quant à l'amour, la langue arabe connaît jusqu'à une soixantaine de termes pour le qualifier. Amour humain, amour divin, l'un et l'autre se superposent pour explorer toutes les facettes du cœur.

MASCULIN | **FÉMININ**

Ikha إِخَاء

• Ikhâ' : *harmonie, fraternité, unisson.*

Okhowa, Okhoua أُخُوَّة

Ukhuwwa : *fraternité.*

Taakhi تَآخِي

Ta'âkhî : *fraternité, harmonie.*

Oulfa, Olfa أُلْفَة

• Ulfa : *affinité* ; *intimité* ; *union des cœurs.*

Oulfat أُلْفَت

Ulfat : *affinité* ; *intimité* ; *union des cœurs* (variante turque d'Ulfa).

Oulfi, Olfi, Olfy أُلْفِيّ

Ulfî : *qui apporte la concorde* ; *très sociable.*

Alif أَلِيف | **Alifa** أَلِيفَة

Alîf / Alîfa : *intime* ; *ami* ; *proche des gens.* [Correspondance : Ludivine]

Alif Eddine أَلِيف الدّين

Alîf ad-Dîn : *le compagnon de la religion.*

Alouf أَلُوف | **Alouf** أَلُوف

Alûf (mixte) : *très aimable* ; *très proche des gens.*

MASCULIN | **FÉMININ**

Malouf مَأْلُوف

Ma'lûf : *familier, sociable, qui attire la sympathie et l'amitié.*

Taalouf تَآلُف

Ta'âluf : *harmonie, attachement.*

Itilaf, Itilafe ٳئْتِلاف

I'tilâf : *entente, concorde.*

Anas أَنَس

• Anas : *ami, proche, intime.* Anas Ibn Mâlik : serviteur du prophète Muhammad.

Anissa, Ensa آنِسَة

Ânisa : *jeune fille au caractère doux et courtois ;* signifie *demoiselle* en arabe moderne.

Awanis أَوَانِس

Awânis (pluriel d'ânisa) : *jeune filles aimables et douces.*

Anis أَنِيس **Anissa** أَنِيسَة

Anîs / Anîsa : *cordial, aimable, courtois ; compagnon, familier.* Nom de plusieurs compagnons du Prophète. [Correspondance : Amanda, Amandine]

Wanis وَنِيس

Wanîs (variante de anîs) : *cordial, courtois, affable ; compagnon, familier.*

Anis Eddine أَنِيس الدّين

Anîs ad-Dîn : *le compagnon intime de la religion.*

Annous أَنُّوس **Annoussa** أَنُّوسَة

Annûs / Annûsa : *très cordial et affable.*

MASCULIN		FÉMININ	

Ounsi أُنْسِيّ **Ounsiya, Ounsia** أُنْسِيَّة

Unsî / Unsiyya : *proche, familier, intime.*

Tanisse, Tanice تَأْنِيس

Ta'nîs : *bonne compagnie* ; *gentillesse.*

Inas, Inès إِينَاس

Înâs : *bonne humeur, amabilité, délicatesse dans les rapports sociaux.* [Ce prénom arabe n'est pas l'équivalent du prénom occidental homophone Inès dérivé d'Agnès (*pure*)].

Mounis, Monis مُؤْنِس **Mounissa, Monissa** مُؤْنِسَة

Mu'nis / Mu'nisa : *cordial, courtois, affable* ; *compagnon, familier.*

Tajanous تَجَانُس

• Tajânous : *ressemblance, affinité.*

Jarallah جَار الله

• Jâr-Allâh : *voisin de Dieu.* Surnom donné à al-Zamakhsharî (1143), savant commentateur du Coran, qui séjourna quelques années à La Mecque, en « voisin » de la Maison de Dieu.

Hibbe حِبّ **Hibba** حِبَّة

• Ḥibb / Ḥibba : *amoureux, aimé, chéri.*

Houbba, Hobba حُبَّة **Houbba, Hobba** حُبَّة

Ḥubba (mixte) : *bien-aimé.*

Habib حَبِيب **Habiba** حَبِيبَة

Ḥabîb / Ḥabîba : *aimé, bien-aimé, digne d'amour.* Al-Ḥabîb : terme souvent utilisé pour mentionner le prophète Muhammad. Ḥabîb Ibn Maslama (m. 668), général arabe, puis gouverneur d'Arménie, surnommé **Ḥabîb ar-Rûm** (« l'ami des Byzantins ») en raison de sa longue fréquentation des Byzantins lors de campagnes militaires. [Correspondance : Aimé, Amé / Aimée, Amata]

MASCULIN		FÉMININ	

Houbabe, Hobabe حُبَاب **Houbaba, Hobaba** حُبَابَة

Ḥubâb / Ḥubâba : *ami, amoureux.* Ḥubâb : *amitié, amour.* Al-Ḥubâb Ibn Mundhir, compagnon du Prophète.

Habiballah حَبِيب الله
Habiboullah

Ḥabib-Allâh : *le bien-aimé de Dieu.* Un des noms du prophète Muhammad. [Correspondance : Amédée]

Habbabe حَبَّاب **Habbaba** حَبَّابَة

Ḥabbâb / Ḥabbâba : *aimé, aimant.*

Ihbabe إِحْبَاب

Iḥbâb : *affection, amour.*

Mahboube مَحْبُوب **Mahbouba** مَحْبُوبَة

Maḥbûb / Maḥbûba : *bien-aimé.*

Mouhib مُحِبّ **Mouhibba** مُحِبَّة

Muḥibb / Muḥibba : *amoureux* ; *qui aime Dieu.*

Mouhib مُحِبّ الله

Muḥib-Allâh : *amoureux de Dieu.* [Correspondance : Théophile]

Mahabba مَحَبَّة

Maḥabba : *amour.*

Hamim حَمِيم **Hamima** حَمِيمَة

• Ḥamîm / Ḥamîma : *proche, ami intime* ; *chaleureux.* [Correspondance : Corentin / Corentine]

Khils, Khilce خِلْص

• Khilṣ : *ami fidèle.*

MASCULIN | **FÉMININ**

Khil خِلّ **Khilla** خِلَّة

• Khill / Khilla : *véritable ami, très proche et fidèle.*

Khoulla, Kholla خُلَّة

Khulla : *amitié, attachement sincère.*

Khalil خَلِيل **Khalila** خَلِيلَة

Khalîl / Khalîla : *ami intime, confident*. Khalîl-Allâh (*le Confident de Dieu*) : qualificatif donné à Ibrâhîm (Abraham) dans le Coran (4 : 125).

Khomal, Khoumel خُمَال

• Khumâl : *ami fidèle et sincère.*

Dalla دَلَّة

• Dalla : *caresse, câlinerie.*

Dalal دَلَال

Dalâl : *jeu de coquetterie, de séduction* ; *câlinerie, caresse.* [Correspondance : Blandine, Blandina]

Doulayil دُلَيِّل

Dulayyil : *câline, coquette.* [Correspondance : Caline]

Idlal إِدْلَال

Idlâl : *caresse, tendresse.*

Dalham دَلْهَم

• Dalham : *passionnément amoureux.*

Rifke, Rifq رِفْق

• Rifq : *bonté, gentillesse, qualité du bon compagnon.*

Rifka, Rifca رِفْقَة

Rifqa : *amitié bienveillante, compagnonnage.*

MASCULIN		FÉMININ	
		Rafka, Rafca	رَفْقَة

Rafqa (variante de rifqa) : *amitié bienveillante, compagnonnage.* Forme arabe du nom hébreu Riḥka, Rebecca (*rassasiée, satisfaite*), femme d'Isaac et mère de Jacob. Rafka Rayès (m. 1914), sainte chrétienne libanaise.

Rafik, Rafiq	رَفِيق	**Rafika, Rafiqa**	رَفِيقَة

Rafîq / Rafîqa : *ami, compagnon.*

Refki, Refqi	رِفْقِيّ	**Rifkiya, Refkia**	رِفْقِيَّة

Rifqî / Rifqiyya : *qui possède les qualités du compagnon idéal* ; *bienveillant* (dérivé de rifq : *bonté*).

Rifa	رِفَاء	**Rifa**	رِفَاء

• Rifâ' (mixte) : *paix, harmonie, concorde.*

Insijam, Insijem	اِنْسِجَام	**Insijam, Insijem**	اِنْسِجَام

• Insijâm (mixte) : *accord, harmonie.* [Correspondance : Harmonie]

Samir, Sémir	سَمِير	**Samira, Sémira**	سَمِيرَة

• Samîr / Samîra : *compagnon de veillée, celui avec qui on passe la nuit à converser agréablement.*

Chakhil	شَخِيل	**Chakhila**	شَخِيلَة

• Shakhîl / Shakhîla : *ami sincère et dévoué.*

Chaghaf	شَغَف	**Chaghaf**	شَغَف

• Shaghaf (mixte) : *amour profond.*

Chakik, Chaqiq	شَقِيق	**Chakika, Chaqiqa**	شَقِيقَة

• Shaqîq / Shaqîqa : *frère / sœur* ; *ami intime, inséparable.* [Correspondance : Adelphe / Adelphie]

		Shahinez	شَاهِنَاز

• Shâhinâz (origine persane) : *dorlotée, cajolée.*

MASCULIN | **FÉMININ**

Sababa, Sobaba صَبَابَة

• Ṣabâba : *amour, ardeur, ferveur.*

Sébwa صَبْوَة

• Ṣabwa : *amour juvénile.*

Sédik صَدِيق **Sédika** صَدِيقَة

• Ṣadîq / Ṣadîqa : *ami sincère et fidèle dans ses sentiments.*

Safaya صَفَايَا

• Ṣafâyâ : *amis fidèles.*

Sinwan, Sinouane صِنْوَان

• Ṣinwân : *frère* ; *proche* ; *voisin.* [Correspondance : Germain]

Aziz عَزِيز **Aziza** عَزِيزَة

• 'Azîz / 'Azîza : *qui est cher, aimé.* Al-'Azîz, nom divin : *le Tout-Puissant* ; 'Azîz, un des noms du prophète Muhammad. [Correspondance : Carine]

Azouz عَزُوز

'Azûz : variante de 'Azîz.

Ichra عِشْرَة

• 'Ishra : *amitié, harmonie.*

Achira عَشِيرَة

'Ashîra : *clan, tribu, entourage proche.*

Achir عَاشِر **Achira** عَاشِرَة

'Âshir / 'Âshira : *ami, compagnon, familier.*

Echir عَشِير **Echire** عَشِير

'Ashîr (mixte) : *compagnon, ami intime* ; *dixième.*

MASCULIN		FÉMININ	
Achour	عَشُور		

‘Ashûr : *homme convivial, qui aime la compagnie.*

Ichke, Ichq عِشْق

• ‘Ishq : *amour (mondain ou spirituel), passion.*

Achik, Achiq عَشِيق — **Achika, Achiqa** عَشِيقَة

‘Ashîq / ‘Ashîqa : *passionné, amoureux.*

Achek, Acheq عَاشِق — **Achéka, Achéqa** عَاشِقَة

‘Âchiq / ‘Âchiqa : *amoureux.*

Achak, Achaq عَشّاق — **Achaka, Achaqa** عَشّاقَة

‘Ashshâq / ‘Ashshâqa : *très amoureux, très passionné.*

Echik, Echiq عِشّيق — **Echika, Echiqa** عِشّيقَة

‘Ishshîq / ‘Ishshîqa : *très passionné, très amoureux.*

Atfe عَطْف

• ‘Aṭf : *affection, amour.*

Atif, Atef عَاطِف — **Atifa, Atéfa** عَاطِفَة

‘Âṭif / ‘Âṭifa : *affectueux ; sentimental.* ‘Âṭifa : *cœur ; émotion ; sentiment.*

Awatif, Aouatif عَوَاطِف

‘Awâṭif (pluriel de ‘âṭifa) : *sentiments affectueux*

Atouf عَطُوف — **Atouf** عَطُوف

‘Aṭûf (mixte) : *gentil et tendre ; personne aimante et attentionnée.*

Alouk, Alouq عَلُوق

• ‘Alûq : *épouse très attachée à son mari.*

MASCULIN		**FÉMININ**	
		Itilak, Itilaq	**إِعْتِلاَق**

I'tilâq : *attachement, affection, amour.*

Taayouche تَعَايُش

• Ta'âyush : *harmonie, coexistence pacifique.*

Ghazal, Razal غَزَل

• Ghazal : *galanterie* ; *poésie amoureuse.*

Meya مَايَا

• Mâyâ (d'origine persane) : *épouse.*

Nasseb نَاسِب — **Nasseba** نَاسِبَة

• Nâsib / Nâsiba : *qui s'accorde, est en harmonie avec autrui.*

Hiyam هِيَام

• Hiyâm : *passion amoureuse* ; *soif intense.*

Wajd, Ouajd وَجْد

• Wajd : *passion amoureuse* ; *extase mystique* ; *le fait de trouver l'objet de son amour* (du verbe wajada : *trouver*).

Wajid, Ouajid وَاجِد — **Wajida, Ouajida** وَاجِدَة

Wâjid / Wâjida : *amoureux* ; *qui a trouvé l'objet de son amour et sa raison de vivre (*de la même racine que wujûd : *existence*).

Widad, Wided, Ouidad وِدَاد

• Widâd : *affection, attachement.*

Wadid, Ouadid وَدِيد — **Wadida, Ouadida** وَدِيدَة

Wadîd / Wadîda : *aimante, affectueuse, attentionnée.*

MASCULIN | **FÉMININ**

Wadouda, Ouadouda وَدُودَة

Wadûda : *aimante, affectueuse, attentionnée.* Al-Wadûd, nom divin : *le Très-Aimant.*

Mawdoud مَوْدُود **Mawdouda** مَوْدُودَة

Mawdûd / Mawdûda : *aimé.*

Mawadda, Maouadda مَوَدَّة

Mawadda : *affection, tendresse, amabilité.*

Miwad مِوَادّ **Miwadda** مِوَادَّة

Miwâdd / Miwâdda : *très aimé.* [Correspondance : David / Davina]

Tawad, Taouad, Tawed تَوَادّ

Tawâdd : *affection partagée, amour réciproque.*

Tawadoud تَوَدُّد

Tawaddud : *affection partagée, amour réciproque.* Tawaddud, personnage des *Milles et Une Nuits* qui excelle en toutes les sciences : défiée par les savants de la cour abbasside, elle leur démontre sa supériorité, puis les divertit en jouant du luth et en chantant.

Wacil, Ouacil وَصِيل **Wacila, Ouacila** وَصِيلَة

• Waṣîl / Waṣîla : *ami fidèle.* Waṣîla : *amitié, fidélité.*

Ittissal اِتِّصَال

Ittiṣâl : *lien, amitié, relation.*

Wafik, Ouafik وَفِيق **Ouafika, Wafika** وَفِيقَة

• Wafîq / Wafîqa : *qui s'accorde et s'entend bien avec les autres.*

Wifak, Wifaq,Ouifak وِفَاق **Wifak, Wifaq, Ouifak** وِفَاق

Wifâq (mixte) : *accord, entente, concorde.*

MASCULIN | **FÉMININ**

Ittifak, Ittifaq اِتِّفَاق

Ittifâq : *accord, alliance, concorde.*

Walaa وَلَع

• Wala‘ : *passion, ferveur.*

Wouloua وُلُوع

Wulû‘ : *amour, passion.*

Walef وَالِف

• Wâlif : *compagnon intime.*

Walhan وَلْهَان

Walha, Oualha وَلْهَى

• Walhân / Walhâ : *éperdument amoureux.*

Wala, Walae وَلَاء

• Walâ’ : *amitié, proximité, bon voisinage ; fidélité, loyalisme.*

Tawamouk, Tawamouq تَوَامُق

• Tawâmuq : *amour partagé ; passion réciproque.*

Wiâme, Ouiâme وِئَام

• Wi’âm : *amitié, harmonie, paix.*

9.
La beauté

A. **Charme et grâce**
B. **Splendeur**
C. **Parures**

« Dieu est beau, et aime la beauté »

(parole du prophète Muhammad)

A. CHARME ET GRÂCE

MASCULIN		FÉMININ	
		Oudayna **Ouzayna, Ozaïna**	أُذَيْنَة

• Udhayna (diminutif de udhun : *oreille*) : *petite oreille.*

Ecil	أَسِيل	**Ecile**	أَسِيل

• Asîl (mixte) : *qui a le visage ovale ; qui a les traits doux ; dont la joue est douce à caresser.*

		Acila, Ecila	أَسِيلَة

Asîla : *aux joues douces et lisses.*

		Anaka, Anaqa	أَنَاقَة

• Anâqa : *élégance, distinction, beauté.*

Anik, Aniq	أَنِيق	**Anika, Aniqa**	أَنِيقَة

Anîq / Anîqa : *beau, gracieux, élégant ; qui suscite l'admiration et inspire l'amour.*

Bikhtir	بِخْتِير	**Bikhtir**	بِخْتِير

• Bikhtîr (mixte) : *qui a de la prestance.*

		Barja	بَرْجَاء

• Barjâ' : *qui a un beau visage, de beaux yeux.*

Bari	بَرِيع	**Bariaa**	بَرِيعَة

• Barî' / Barî'a : *qui se distingue par sa beauté et son intelligence.*

Balaj, Balage	بَلَج		

• Balaj : *espace entre les sourcils, visage clair et ouvert ; joie, bonheur.*

MASCULIN		FÉMININ	

Ablaj أَبْلَج **Balja** بَلْجَاء

Ablaj / Baljâ' : *chez qui les sourcils ne sont pas joints, beau, clair de peau ; serein, gai.*

Béhira بَهِيرَة

• Bahîra : *femme au corps mince et délicat.*

Ajbah أَجْبَه **Jabha** جَبْهَاء

• Ajbah / Jabhâ' : *beau, qui a un large front.*

Jethala, Jetala, Jessala جَثَالَة

• Jathâla *à la chevelure abondante.*

Jadhiba, Jadiba, Jaziba جَاذِبَة

• Jâdhiba : *attirante.*

Joufoun جُفُون

• Jufûn (pluriel de jafn) : *paupières.*

Ajfane أَجْفَان

Ajfân (pluriel de jafn) : *paupières.*

Jamal, Jamel جَمَال **Jamale, Jamelle** جَمَال

• Jamâl (mixte) : *beauté.*

Jamalédine جَمَال الدّين

Jamâl ad-Dîn : *la beauté de la religion.* Jamâl ad-Dîn al-Afghânî (m. 1897) : réformiste musulman, maître à penser de Muhammad 'Abduh (m. 1905).

Jamil, Jémil جَمِيل **Jamila, Jémila** جَمِيلَة

Jamîl / Jamîla : *beau.* Jamîl, poète omeyyade (m. 701) qui clama dans ses poèmes son amour pour Buthayna. Jamîla, chanteuse médinoise qui créa une école de chant au VIIe siècle.

MASCULIN		FÉMININ	
Joumala, Jomala	جُملاء	**Jamaïl**	جَمَائِل

Jumalâ' / Jamâ'il (pluriel de jamîl et de jamîla) : *beaux / belles*. Le prénom tiré d'un nom au pluriel a une valeur intensive : ici, il permet d'exprimer un surcroît de beauté.

Ajmal	أَجْمَل	**Jamla, Jamlae**	جَمْلاء

Ajmal / Jamlâ' : *très beau.* [Correspondance : Calixte, Calliste / Calixte, Callista]

Ajhar	أَجْهَر	**Jahra, Jahrae**	جَهْرَاء

• Ajhar / Jahrâ' : *qui a un beau corps.*

Jayad, Jeyad	جَيَد	**Jayada, Jeyada**	جَيَدَة

• Jayad / Jayada : *qui a un long cou, un port altier.*

Ajyad	أَجْيَد	**Jayda, Jaïda, Jeida**	جَيْدَاء

Ajyad / Jaydâ' : *qui a le cou long et gracieux.*

		Jaydana **Jaïdana, Jeidana**	جَيْدَانَة

Jaydâna : *qui a le cou long et gracieux.*

		Housne	حُسْن

• Ḥusn : *beauté* ; *bonté.*

		Sittel-Housne	سِتّ الحُسْن

Sitt al-Ḥusn : *belle dame* ; traduction en arabe du nom latin de la plante belladone.

Housni, Hosni	حُسْنِيّ	**Housnia, Hosnia**	حُسْنِيَّة

Ḥusnî / Ḥusniyya : *naturellement beau* ; *empreint de bonté.*

MASCULIN **FÉMININ**

Hassan, Hassane حَسَن **Hassana** حَسَنَة

Ḥasan / Ḥasana : *beau* ; *bon, excellent.* Ḥasan : fils aîné de Alî et de Fatima, premier petit-fils de Muhammad. Ḥasana : *bonne action.* Ḥasan al-Wazzân (m. 1543), dit Léon l'Africain, diplomate et voyageur en Afrique du Nord et saharienne : il doit son surnom au pape Léon X qui l'adopta suite à sa capture en mer.

Houssayn حُسَيْن **Houssayna** حُسَيْنَة
Hossein, Hocine **Hosseina, Hocina**

Ḥusayn / Ḥusayna (diminutif de ḥasan) : *beau* ; *bon, excellent.* Ḥusayn, deuxième fils de 'Alî et de Fatima.

Hassanayn حَسَنَيْن

Ḥasanayn (duel de ḥasan) : *doublement beau, très beau* ; appellation qui désigne les deux fils de Fatima, Ḥasan et Ḥusayn : Muhammad est appelé dans les chants à sa louange **Jaddu al-Ḥasanayn**, *le grand-père des deux Hasan.* Les prénoms Ḥasan et Ḥusayn sont souvent donnés à des jumeaux.

Houssan, Houssane حُسَان

Ḥusân : *beau* ; *bienveillant, bienfaisant.*

Hossan, Hossane حُسَّان

Ḥussân : *très beau et très bon.*

Hassâne حَسَّان

Ḥassân : *très beau et bon, excellent.*

Ahsane أَحْسَن **Hasna** حَسْنَى

Aḥsan / Ḥasnâ : *très beau, bienfaisant, meilleur, excellent.*

Hasnae حَسْنَاء

Ḥasnâ' : *rayonnante de beauté.* [Correspondance : Aglaé]

MASCULIN		FÉMININ	

Housna حُسْنَى

Ḥusnâ : *dotée d'excellentes qualités* ; *très belle*. Al-Asmâ' al-ḥusnâ (*les plus beaux noms*) : appellation coranique des noms divins (cf. Coran 7 : 180).

Mahsoun مَحْسُون — **Mahsouna** مَحْسُونَة

Maḥsûn / Maḥsûna : *paré de beauté et de bonté, rendu beau et bon.*

Mahassine مَحَاسِن

Maḥâsin (pluriel de maḥsana) : *beautés* ; *belles actions* ; *qualités, vertus.*

Tahsine تَحْسِين — **Tahsine** تَحْسِين

Taḥsîn (mixte) : *embellir* ; *rendre meilleur.*

Houmayra, Homaïra حُمَيْرَة

• Ḥumayra (diminutif de ḥamrâ' : *rousse*) : *petite rousse*, surnom donné par Muhammad à sa femme Aïcha, en raison de la couleur de sa chevelure.

Akhyal أَخْيَل — **Khayla, Khaylae** خَيْلاء

• Akhyal / Khaylâ' : *qui a des grains de beauté sur le visage.*

Doulama, Dolama دُلامة

• Dulâma : *au teint mat et grand de taille.*

Adma, Admae أَدْمَاء

Admâ' : *brune, au teint mat.*

Douaije دُعَيْج

• Du'ayj : *aux grands yeux noirs.*

Daaja دَعْجَاء

Da'ja' : *aux grands yeux noirs.*

Dhelfa, Delfa, Zelfa ذَلْفَاء

• Dhalfâ' : *dont le nez est petit et fin.*

MASCULIN		FÉMININ	
		Raoud	رَؤُد

• Ra'ud : *rameau tendre et flexible* ; se dit pour une belle jeune fille.

		Rade	رَأْد

Ra'd : *belle jeune fille.*

		Rada	رَأْدَة

Ra'da : *belle jeune fille.*

		Arad	آرَاد

Arâd (pluriel de ra'd) : *belles jeunes filles.*

		Rachaka, Rachaqa	رَشَاقَة

• Rashâqa : *grâce.*

Rachik, Rachiq	رَشِيق	**Rachika, Rachiqa**	رَشِيقَة

Rashîq / Rashîqa : *plein de grâce.*

		Rafel	رَفَال

• Rafâl : *chevelure très longue.*

		Rana	رَنَا

• Ranâ : *dont on admire la beauté.*

Rany	رَانِي	**Raniya, Rania**	رَانِيَة / رَانِيَا

Rânî /Râniya : *qui regarde longuement sans bouger, qui contemple.*

		Rawane	رَوَان

Rawân : *contemplation de la beauté, sans battre les paupières.*

		Rahaf	رَهَف

• Rahaf : *finesse et délicatesse.*

MASCULIN		FÉMININ	
Rahif	رَهِيف	**Rahifa**	رَهِيفَة

Rahîf / Rahîfa : *mince comme un sabre à la lame effilée ; délicat.*

Mourhaf	مُرْهَف	**Mourhafa**	مُرْهَفَة

Murhaf / Murhafa : *mince comme un sabre à la lame effilée ; délicat.*

Rayya رَيَّا

• Rayyâ : *belle ; à la fleur de l'âge ; désaltérée.*

Zamour, Zamor زَمُور

• Zamûr : *jeune homme beau et imberbe.*

Zouha, Zoha زُهَا

• Zuhâ : *beauté et élégance.*

Méziouna مَزْيُونَة

• Mazyûna : *qui a une belle démarche.*

Masbour	مَسْبُور	**Masboura**	مَسْبُورَة

• Masbûr / Masbûra : *d'une beauté sans défaut.*

Sabla سَبْلاَء

• Sablâ' : *aux longs cils.*

Sabia, Sebia سَابِيَة

• Sâbia : *qui attire par sa beauté, qui inspire de l'amour et séduit les cœurs.*

Asjah	أَسْجَح	**Sajha, Sajhae**	سَجْحَاء

• Asjaḥ / Sajḥâ' : *qui a une silhouette pleine de grâce ; qui a les lèvres fines.* [Correspondance : Achille]

Safera سَافِرَة

• Sâfira : *qui a le visage découvert, non voilée, qui resplendit de beauté.*

MASCULIN **FÉMININ**

Salima سَلِمَة

• Salima : *jeune femme délicate, aux mains et aux pieds menus et fins.*

Asmar أَسْمَر **Samra** سَمْرَاء

• Asmar / Samrâ' : *au teint hâlé, brun de peau.* [Correspondance : Maurice / Maurane, Maurine, Maureen (ces prénoms dérivent du terme latin *mauri* qui désignait le peuple d'Afrique du Nord à l'époque romaine, puis, par extension, ceux à la peau foncée (*maurus*), et donc les musulmans lors de l'expansion arabo-musulmane vers l'Europe (les maures).]

Sani سَنِيع **Saniaa** سَنِيعَة

• Sanî' / Sanî'a : *beau, grand et élégant.*

Sayfana, Saïfana, Seifana, Sifana سَيْفَانَة

• Sayfâna : *qui a une grande taille.*

Machboub مَشْبُوب **Machbouba** مَشْبُوبَة

• Mashbûb / Mashbûba : *beau, éclatant de jeunesse.*

Chériq شَرِيق **Chériqa** شَرِيقَة

• Sharîq / Sharîqa : *bel homme* ou *belle femme.* Charîq : *soleil levant.*

Chirine شِيرِين

• Shîrîn : *douce, charmante, à la voix mélodieuse.* Nom d'origine persane. Shîrîn, princesse arménienne aimée de l'empereur sassanide Chosroes et héroïne d'un célèbre conte persan, symbolise la femme aimante et vertueuse.

Chechaane شَعْشَعَان

• Sha'sha'ân : *d'une beauté rayonnante.*

Achaab أَشْعَب

• Ach'ab : *large d'épaules.*

MASCULIN		FÉMININ	

Chaqir شَقِير

• Shaqîr : *blond aux reflets cuivrés.*

Chaqra شَقْرَاء

Shaqrâ' : *à la chevelure dorée aux reflets cuivrés.* [Correspondance : Melen / Melena, Melaine]

Achame أَشَمّ **Chamma, Chemma** شَمَّاء

• Ashamm / Shammâ' : *qui a le nez bien fait* ; *haut, élevé* ; *fier.*

Chamerdal شَمَرْدَل

• Shamardal : *qui est élancée, grande* ; *qui marche d'un pas rapide* (à l'origine, ce terme s'appliquait à la chamelle).

Chanib شَنِيب **Chaniba** شَنِيبَة

• Shanîb / Shanîba : *qui a de belles dents.*

Achhal أَشْهَل **Chahla** شَهْلَاء

• Ashhal / Shahlâ' : *qui a les yeux bleu foncé.*

Chama شَامَة

• Shâma : *grain de beauté, tache sur la Lune.*

Chayma, Chaïma شَيْمَاء

Shaymâ' : *marquée d'un grain de beauté* ; *qui se distingue par sa beauté.* Shaymâ', fille de Ḥalima, la nourrice du jeune Muhammad, et donc sa sœur de lait.

Sabaha صَبَاحَة

• Ṣabâḥa : *beauté gracieuse, gentillesse et douceur.*

Soubhi, Sobhi صُبْحِيّ **Soubhia, Sobhia** صُبْحِيَّة

Ṣubḥî / Ṣubḥiyya : *beau et doux comme la lumière du matin* ; *gracieux, gentil.*

MASCULIN | **FÉMININ**

Sabih صَبِيح **Sabiha** صَبِيحَة

Ṣabîh / Ṣabîha : *au teint frais, au visage doux, beau comme le jour.*

Sabhane صَبْحَان **Sabhana** صَبْحَانَة

Ṣabḥân / Ṣabḥâna : *d'une beauté douce et agréable comme la lumière du matin.*

Sabha صَبْحَى

Ṣabḥâ : *au visage très doux ; gracieux.*

Sabouh صَبُوح

Ṣabûḥ : *au visage très doux ; gracieux.*

Souhba صُهْبَة

• Ṣuhba : *chevelure rousse ou blonde ; alezan* (cheval à la robe rousse).

Souhayb, Soheib صُهَيْب

Ṣuhayb (diminutif de ṣuhab) : *à la chevelure rousse, blonde.* Ṣuhayb Ibn Sinân, compagnon du Prophète et archer renommé.

Ashab أَصْهَب **Sahba, Sabhae** صَهْبَاء

Aṣhab / Ṣahbâ' : *à la chevelure rousse, blonde ; alezan* (cheval à la robe rousse).

Talaa طَلْعَة

• Ṭal'a : *visage ; beauté.*

Talat طَلْعَت

Ṭal'at : *visage ; beauté* (variante de ṭal'a d'origine turque).

Talla طَلَّة

• Ṭalla : *ce qui est charmant et plaisant* (nom donné à une belle femme, un parfum, une nuit douce ; un jardin humecté de rosée…).

MASCULIN		FÉMININ	
		Talela	طَلالَة

Ṭalâla : *d'une exquise beauté.*

		Talawa, Talewa	طَلاوَة

• Ṭalâwa : *beauté gracieuse.*

Zarif	ظَرِيف	**Zarifa**	ظَرِيفَة

• Ẓarîf / Ẓarîfa : *élégant, gracieux* ; *ingénieux, rusé.*

Zalm	ظَلْم		

• Ẓalm : *éclat et blancheur des dents.*

		Abla, Ebla	عَبْلَة

• 'Abla : *aux formes généreuses, femme bien en chair*. 'Abla, la belle cousine dont était amoureux 'Antar, l'illustre poète et cavalier arabe préislamique.

		Ajba, Ajbae	عَجْبَاء

• 'Ajbâ' : *dont la beauté suscite l'admiration.*

		Adbae, Azbae	عَذْبَاء

• 'Adhbâ' : *suave, agréable* (voix ou propos).

		Aroube	عَرُوب

• 'Arûb : *belle femme, riante* ; *qui aime son mari passionnément.*

Ghodani, Rodani	غُدَانِي	**Ghodania, Rodania**	غُدَانِيَة

• Ghudânî / Ghudâniya : *tendre et délicat* ; *à l'esprit fin* ; *plein de sève.*

Ghani, Ghany	غَانِي	**Ghania**	غَانِيَة

• Ghânî / Ghâniyya : *à la beauté naturelle, qui n'a nul besoin d'artifice pour être beau.*

MASCULIN		FÉMININ	
		Ghada, Rada	غَادَة

• Ghâda : *femme au corps souple et délié ; rameau tendre et flexible.*

Aghyad, Aryad	أَغْيَد	**Ghaydae, Raïdae**	غَيْدَاء

Aghyad / Ghaydâ' : *au corps souple, à la taille mince, au tempérament affectueux.*

Ghayd	غَيْد	**Ghayda**	غَيْدَة

Ghayd / Ghayda : *souplesse et jeunesse.* Ghayda, variante féminine.

		Fatna	فَتْنَة

• Fatna : *séduction et charme féminin.*

		Fatine	فَاتِن

Fâtin : *séduisante, attrayante, charmante.*

		Fatina	فَاتِنَة

Fâtina : *séduisante, attrayante, charmante.*

Fattane	فَتَّان	**Fattana**	فَتَّانَة

Fattân / Fattâna : *très séduisant.*

		Iftitane	اِفْتِتَان

Iftitân : *séduction, fascination.*

Afar	أَفَرّ	**Farra**	فَرَّاء

• Afarr / Farrâ' : *qui a de belles dents, un beau sourire.*

		Fariaa, Feriaa	فَارِعَة

• Fâri'a : *belle, svelte, élancée.*

Afraa	أَفْرَع	**Faraa**	فَرْعَاء

Afra' / Far'â' : *qui a une longue chevelure.*

MASCULIN		FÉMININ	

Faraha فَرَاهَة

• Farâha : *beauté, grâce, charme piquant* ; *ardeur, habileté.*

Farahia فَرَاهِيَّة

Farâhiyya : *beauté, grâce, charme piquant* ; *ardeur, habileté.*

Faynan فَيْنَان **Faynana** فَيْنَانَة

• Faynân / Faynâna : *à la chevelure abondante.* [Correspondance : César, Césaire/ Césarine]

Kassama, Qassama قَسَامَة

• Qasâma : *beauté des traits du visage* ; *beauté d'un corps bien proportionné.*

Kessim قَسِيم **Késsima** قَسِيمَة

Qasîm / Qasîma : *beau et bien proportionné, élégant, gracieux.*

Kassam, Qassam قَسَّام

Qassâm : *beauté du visage et élégance des formes.*

Qabous قَابُوس

• Qâbûs : *hommes aux beaux visages.* Attention : si la lettre ق de ce prénom est prononcé comme un k français, le sens du mot change et signifie alors *cauchemar* (كَبُوس).

Miqdad, Mikdad مِقْدَاد

• Miqdâd : *beau, homme de belle allure.* Al-Miqdâd Ibn al-Aswad, compagnon du Prophète.

Kahla, Kahlae كَحْلَاء

• Kaḥlâ' : *qui a les yeux d'un noir foncé* ; *qui a les yeux maquillés de khôl.*

Kouhayla, Kohaïla كُحَيْلَاء

Kuḥaylâ' (diminutif de kaḥlâ') : *qui a les yeux d'un noir foncé* ; *qui a les yeux maquillés de khôl.*

MASCULIN	**FÉMININ**

Ladna, Ledna لَدْنَة

• Ladna : *à la peau douce et tendre.*

Létine لَتين

• Latîn : *douce.*

Lamha لَمْحَة

• Lamḥa : *regard rapide, furtif.*

Lamis, Lémis لَميس

• Lamîs : *femme à la peau douce.*

Lamissa لَميسَة

Lamîsa (variante de lamîs) : *femme à la peau douce.*

Louma لُمَى

• Lumâ : *nuance un peu foncée des lèvres,* signe de beauté.

Alma ألْمَى

Almâ : *qui a les lèvres de couleur foncée* ; *dont la salive est fraîche* ; *arbre touffu qui fournit une ombre dense.*

Lamia لَمْيَاء

Lamyâ' : *qui a les lèvres de couleur foncée* ; *dont la salive est fraîche* ; *arbre touffu qui fournit une ombre dense.*

Lyn, Line لِين

• Lîn : *douceur au toucher, souplesse.*

Lina لِينَة / لِينَا

Lîna / Lînâ : *douceur* de la peau ; *souplesse* du corps à l'image des rameaux du palmier ; *palmier.*

MASCULIN		FÉMININ	
		Layane	لَيَان

Layân : *douceur, souplesse ; caractère doux et facile.*

		Layana, Liana	لَيَانَة

Layâna (variante de layân) : *douceur, souplesse ; caractère doux et facile.*

		Layne, Laïne	لَيْن

Layn : *tendre et doux au toucher ; au caractère doux.*

Layin	لَيِّن	**Layina**	لَيِّنَة

Layyin / Layyina : *qui est très doux au toucher ; dont l'autorité est douce, qui adoucit et facilite les choses.*

		Masda, Masdae	مَسْدَاء

• Masdâ' : *qui a de belles jambes.*

		Tamadour	تَمَاضُر

• Tamâḍur : *femme à la peau blanche comme le lait.* Nom d'une poétesse arabe surnommée al-Khansâ' (cf. chapitre Le bestiaire).

		Mouleha	مُلاَحَة

• Mulâḥa : *beauté et finesse.*

Malih	مَلِيح	**Maliha**	مَلِيحَة

Malîḥ / Malîḥa : *aimable et charmant ; qui a un visage gracieux.* [Correspondance : Erasme]

Milhane	مِلْحَان		

Milḥân : *beauté, charme piquant.*

Milah	مِلاَح		

Milâḥ (pluriel de malîh) : *beaux jeunes hommes.*

MASCULIN		FÉMININ	

Malda, Melda مَلْدَى

• Maldâ : *tendre, délicate, souple.*

Omloda أُمْلُودَة

Umlûda : *tendre, souple* ; se dit d'une jeune fille ou d'un rameau.

Amalide أَمَالِيد

Amâlîd (pluriel de umlûda) : *tendres, souples comme les rameaux printaniers.*

Melsa مَلْسَاء

• Malsâ' : *qui a la peau douce.*

Mowaha مُوَاهَة

• Muwâha : *beauté rayonnante du visage.*

Mayad مَيَّاد — **Mayada** مَيَّادَة

• Mayyâd / Mayyâda : *qui marche avec fierté en se balançant, qui a une démarche ondulante.*

Mayas مَيَّاس — **Mayassa** مَيَّاسَة

• Mayyâs / Mayyâsa : *qui marche avec fierté en se balançant, qui a une démarche ondulante* ; *lion* ; *loup.*

Maysa, Maïssa, Meïssa مَيْسَاء

Maysâ' : *qui marche avec fierté, qui a une démarche ondulante.*

Maysane
Maïssane, Meïsan مَيْسَان

Maysân : *qui a la démarche d'une gazelle* ; *qui charme par sa démarche* ; *étoiles qui scintillent.* Meïsan, nom d'une étoile.

MASCULIN	FÉMININ

Maysoun, Maïsoun مَيْسُون
Meïsoun, Missoun

Maysûn : *qui a un beau visage et une belle silhouette.*

Maysam مَيْسَم
Maysam, Maïssam

• Maysam : *beauté et grâce.* [Correspondance : Noémie, Naomie]

Najoud, Najoude نَجُود

• Najûd : *femme distinguée, supérieure aux autres par sa beauté et son esprit.*

Najla, Najlae, Nejla نَجْلاَء

• Najlâ' : *qui a de grands et jolis yeux.*

Nezli, Nazli نَزْلِي

• Nazlî : *jolie et gracieuse.*

Naëma نَاعِمَة

• Nâ'ima : *jolie femme, douce comme du velours* ; *la sauge* (plante aromatique aux feuilles veloutées).

Nahed نَاهِد

• Nâhid : *qui a la poitrine bien formée* ; *jeune fille qui devient femme.* Nâhid est aussi un prénom masculin qui désigne dans ce cas le *lion* dans le sens de *fougueux* (cf. chapitre Le bestiaire).

Hadba, Hedba هَدْبَاء

• Hadbâ : *qui a de longs cils.*

Hayfa, Haïfa هَيفاء

• Hayfâ' : *femme mince, au ventre plat.*

MASCULIN		FÉMININ	
		Haya, Hayaa	هَيَاءَة

• Hayâ'a : *belle prestance.*

		Wajna, Ouajna, Wejna	وَجْنَة

• Wajna : *belle joue.*

Wajih, Ouajih	وَجِيه	**Wajiha, Ouajiha**	وَجِيهَة

• Wajîh / Wajîha : *beau, remarquable, éminent, qui jouit de la considération et du respect de tous* (dérivé du mot wajh : *face, visage*, synonyme de beauté et de considération). Wajîh : un des noms du Prophète. [Correspondance : Boniface]

Awjah	أَوْجَه	**Wajha, Wajhae**	وَجْهَاء

Awjah / Wajhâ' : *très beau, remarquable* ; *très respecté, très éminent.*

		Wadha **Wadhae, Ouadha**	وَدْهَاء

• Wadhâ' : *belle femme, dotée d'une belle peau.*

Wassim, Ouassim	وَسِيم	**Wassima, Ouassima**	وَسِيمَة

• Wasîm / Wasîma : *qui se distingue par la beauté de ses traits.*

Awsam, Aousam	أَوْسَم	**Wasma** **Wasmae, Ouasma**	وَسْمَاء

Awsam / Wasmâ' : *très beau.*

		Wassama, Ouassama	وَسَامَة

Wasâma : *beauté du visage* ; *trait de beauté particulier.*

Missam	مِيسَم		

Mîsam : *beauté, trait de beauté particulier* ; *visage.*

MASCULIN | **FÉMININ**

Waddah, Ouaddah وَضَّاح | **Waddaha, Ouaddaha** وَضَّاحَة

• Waḍḍâḥ / Waḍḍâḥa : *beau, clair de peau.*

Awhaz, Aouhaz أَوْهَز | **Wahza, Ouahza** وَهْزَاء

• Awhaz / Wahzâ' : *qui a une belle allure.*

B. SPLENDEUR

MASCULIN		FÉMININ	
		Oubbaha	أُبَّهَة

• Ubbaha : *éclat, magnificence, splendeur* ; *beauté.*

Abha	أَبْهَى		

Abha : *éclatant.*

Bédi	بَدِيع	**Bédiaa**	بَدِيعَة

• Badî' / Badî'a : *merveilleux, magnifique* ; Badî'a : *merveille, beauté, création unique.*

Bahar	بَهَار	**Bahar**	بَهَار

• Bahâr (mixte) : *beauté et éclat* ; *poivre.*

Bahir	بَاهِر	**Bahira**	بَاهِرَة

Bâhir / Bâhira : *brillant, resplendissant.*

		Ibhar	إِبْهَار

Ibhâr : *émerveillement, éblouissement.*

Bahi	بَاهِي	**Bahia**	بَاهِيَة

• Bâhî / Bâhiya : *éclatant de beauté.*

Béhi	بَهِيّ	**Béhiya**	بَهِيَّة

Bahî / Bahiyya : *éblouissant, splendide.*

Bahae	بَهَاء	**Bahae**	بَهَاء

Bahâ' (mixte) : *éclat, splendeur.*

Bahaedine	بَهَاء الدِّين		

Bahâ' ad-Dîn : *la splendeur de la religion.*

MASCULIN | **FÉMININ**

Abyad أَبْيَض **Bayda** بَيْضَاء

• Abyaḍ / Bayḍâ' : *blanc, argent* (métal), *homme bon au visage souriant* ; *sabre.* [Correspondance : Aubin, Albin, Alban / Blanche, Alba, Albane, Aube]

Khadra خَضْرَا

• Khaḍrâ : *au visage rayonnant.* Mot dérivé d'Akhdar : *vert,* symbole de jeunesse et d'éclat.

Rawnak, Rawnaq رَوْنَق **Rawnak, Rawnaq** رَوْنَق

• Rawnaq (mixte) : *éclat, lustre, brillant.*

Rafif رَفِيف **Rafif** رَفِيف

• Rafîf (mixte) : *toute chose qui lance des éclats de lumière* (dents blanches lorsque la bouche s'entrouvre, la rosée au soleil…).

Zahra زَهْرَة

• Zahra : *fleur aux couleurs chatoyantes* ; *beauté lumineuse, au teint pur et brillant de blancheur* ; *éclat de la lumière, des étoiles.*

Zouhra, Zohra زُهْرَة

Zuhra : *blancheur* ; *luminosité* ; *beauté.*

Zaher زَاهِر **Zahéra** زَاهِرَة

Zâhir / Zâhira : *florissant, épanoui, brillant, éclatant.* Se dit des fleurs, des astres, du feu, de la beauté.

Zahran, Zahrane زَهْرَان

Zahrân : *très épanoui, florissant.*

Azhar أَزْهَر **Zahrae** زَهْرَاء

Azhar / Zahrâ' : *brillant* ; *d'une blancheur éblouissante* ; *qui a le teint clair et pur.* Al-Azhar, célèbre université des sciences religieuses du Caire, fondée en 970 et toujours active. **Fâṭima az-Zahrâ'** : surnom donné à Fatima, fille de Muhammad.

MASCULIN		FÉMININ	

Zouhayr, Zouhir زُهَيْر **Zouhayra, Zouhira** زُهَيْرَة

Zuhayr / Zuhayra (diminitif de zahr) : *petit éclat*. Zuhayr Ibn Abî Umayya, compagnon du Prophète.

Zahrédine زَهْر الدّين

Zahr ad-Dîn : *l'éclat de la religion*.

Zahri زَهْرِيّ **Zahriya, Zahria** زَهْرِيَّة

Zahrî / Zahriyya : *florissant* ; *brillant*.

Zehi, Zehy زَاهِي **Zehiya** زَاهِيَة

• Zâhî / Zâhiya : *au visage brillant, lumineux*.

Ajaïb عَجَائِب

• 'Ajâ'ib (pluriel de 'ajîb) : *merveilles étonnantes*. [Correspondance : Mira, Miranda]

Nadra نَضْرَة

• Naḍra : *éclat, beauté* ; *prospérité* ; *éclat des couleurs vives*.

Nédir نَضِر، نَضِير **Nédira** نَضِرَة ، نَضِيرَة

Naḍir / Naḍira et Naḍîr / Naḍîra : *qui a une mine resplendissante*. Naḍîr : *or ou argent* (ce qui brille).

Nader نَاضِر **Nadéra** نَاضِرَة

Nâḍir / Nâḍira : *qui a une mine resplendissante* ; *florissant*.

C. PARURES

MASCULIN		FEMININ	

Ibriz إِبْرِيز — **Ibriza** إِبْرِيزَا

• Ibrîz : *or pur* (mot d'origine persane). Ibrîza : variante féminine. [Correspondance : Aurélien, Aurel / Aurélie, Aurélia, Aure, Orianne]

Ibrissam إِبْرِيسَم

Ibrîsam : *soie* (mot d'origine persane).

Ibrissoum إِبْرِيسُم

Ibrîsum : *soie* (variante d'Ibrîsam).

Almas أَلْمَاس

• Almâs : *diamant* (mot d'origine grecque). Ce prénom était auparavant mixte : Mehmed Pasha Elmas, grand vizir ottoman (m. 1697), réputé pour sa beauté.

Almassa أَلْمَاسَة

Almâsa (nom d'unité) : *un diamant.*

Iklil إِكْلِيل — **Iklil** إِكْلِيل

• Iklîl (mixte) : *diadème*. Un des noms du prophète Muhammad.

Borra بُرَّة

• Burra : *chaînette de cheville* appelée aussi khalkhâl.

Basra بَصْرَة

Baṣra : *pierre blanche.*

Bahram بَهْرَم

• Bahram : *henné* (mot d'origine persane).

Ibha إِبْهَاء

• Ibhâ' : *ornement, maquillage.*

MASCULIN		FÉMININ	

Tibre ثِبْر **Tibre** ثِبْر

• Tibr (mixte) : *métal précieux brut* (or ou argent).

Touma تُومَة

• Tûma : *perle* ; *pendant d'oreille orné d'une perle montée sur argent.*

Jamaste, Jemaste جَمَسْت

• Jamast : *améthyste* (pierre fine de couleur violette).

Joumane, Jomane جُمَان

• Jumân (nom collectif) : *perles fines* (mot d'origine persane).

Jomana جُمَانَة

Jumâna (nom d'unité) : *perle* ; *bijou en argent imitant la perle.* [Correspondance : Marguerite, Margot, Marjorie]

Joumana جُمَانَا

Jumânâ : *perles* (variante de jumâna). Nom d'une fille d'Ali née d'un mariage postérieur à la mort de Fatima.

Joumayna, Jomaïna جُمَيْنَة

Jumayna (diminutif de jumâna) : *petite perle.*

Jawhar جَوْهَر **Jawhar** جَوْهَر

• Jawhar (mixte) : *joyau, pierre précieuse* ; *essence, quintessence d'une chose.*

Jawhara جَوْهَرَة

Jawhara (nom d'unité) : *une perle* ; *un joyau.*

Jawahir جَوَاهِر

Jawâhir (pluriel de jawhar) : *perles* ; *joyaux.*

Harir حَرِير

• Ḥarîr : *scie.*

MASCULIN		FÉMININ	
		Hala	حَلاَ

• Ḥalâ : *parée de ses atours.*

		Hilya, Hilia, Helia	حِلْيَة

Ḥilya : *parure, bijou.*

		Halia	حَالِيَة

Ḥâliya : *parée de bijoux.*

		Houma, Homa	حُومَة

• Ḥûma : *béryl* (minéral dont les variétés transparentes sont, entre autres, l'émeraude et l'aigue-marine).

		Hinna, Henna	حِنّاء

• Ḥinna : *henné.* Plante du paradis pour les musulmans, symbole de bonheur et de protection pour les femmes en Asie et en Afrique. Les feuilles produisent une teinture rouge appréciée en esthétique et cosmétique (tatouage des mains et des pieds pour « la nuit du henné » précédant la cérémonie du mariage, soin de la peau et des cheveux) ; elles sont aussi utilisées en pharmacie (vertus antifongiques, antiseptiques et astringentes).

		Kharida	خَرِيدَة

• Kharîda : *perle qui n'est pas percée* ; *jeune fille vierge.*

Khadle	خَضْل	**Khadla**	خَضْلَة

• Khaḍl / Khaḍla : *perles* ; *bijoux de verre.*

		Khaouda **Khawda, Khouda**	خَوْضَة

• Khawḍa : *perle.*

		Dibaje	دِيبَاج

• Dîbâj : *brocart, soierie rehaussée de riches dessins brochés d'or et d'argent* (mot d'origine persane).

MASCULIN	FÉMININ

Dalis, Délis دَيْص

• Dalîṣ : *feuilles d'or.*

Dawlaa دَوْلَعَة

• Dawla'a : *perle.*

Dimaks, Dimaqs دِمَقْس

• Dimaqs : *soie de couleur écrue.*

Dana دَانَة

• Dâna : *perle d'une taille exceptionnelle.*

Dourra, Dorra, Dora دُرَّة

• Durra (nom d'unité) : *perle fine*. Ad-Durra al-bayḍâ' (*la Perle blanche*) symbolise en islam l'Intellect premier (*al-'aql al-awwal*) : le hadith dit que « la première chose que Dieu créa est la Perle blanche ». Ad-Durra al-fâkhira (*la Perle précieuse*) : traité de Ghazâlî sur l'eschatologie. [Correspondance : Perle, Perline]

Dour دُرّ

Durr (pluriel de durra) : *perles fines*. Shajar ad-Durr (*l'Arbre de Perles*), concubine turque du sultan ayyoubide Ṣâliḥ Ayyûb : elle monta sur le trône d'Egypte à la mort de son fils, en 1250, grâce au soutien des Mamelouks ; durant son court règne (quatre-vingts jours), elle se fit appeler **Malikat al-muslimîn** (*la reine des musulmans*).

Dourar دُرَر

Durar (pluriel de Durra) : *perles fines.*

Dourria دُرِّيَّة

Durriyya : *dont l'éclat est semblable aux reflets de la perle, scintillement des étoiles.*

MASCULIN		FÉMININ	
		Doumlaj	دُمْلَج

• Dumlaj : *grand bracelet qui se porte au-dessus du coude.*

Dhahab, Dahab, Zahab	ذَهَب	**Dhahab, Dahab, Zahab**	ذَهَب

• Dhahab (mixte) : *or.* Le Coran cite les parures d'or des créatures paradisiaques.

Dhahaba
Dahaba, Zahaba ذَهَبَة

Dhahaba (nom d'unité de dhahab) : *pièce, bijou en or.*

Dhahabia, Dehbia
Zehbia ذَهَبِيَّة

Dhahabiyya : *une pièce, un bijou en or* ; *dorée.*

Radhane, Radane رَذَن

• Radhan : *soie.*

Zibrij زِبْرِج

• Zibrij : *dessins, broderies ou pierres précieuses qui ornent une robe* ; *or* (mot d'origine persane).

Zabarjad زَبَرْجَد

• Zabarjad : *topaze* ; *pierre fine, symbole de sagesse et de vertu* (mot d'origine persane). Anciennement, la topaze désignait les pierres de couleur jaune. Zabargad, nom d'une île en mer Rouge appelée autrefois Topazos (grec).

Ziryab زِرْيَاب

• Ziryâb : *or* ; *or délayé dans de l'eau et utilisé pour les dorures* ; de là, *toute couleur jaune.* Mot d'origine persane. Ziryâb (m. 857), musicien et esthète, né à Bagdad et réfugié à la cour des Omeyyades de Cordoue : il inventa le style musical raffiné de la musique andalouse. [Correspondance : Flavian, Flavien / Flavie, Flavia]

MASCULIN | **FÉMININ**

Zomouroud, Zoumrod زُمُرُّد

• Zumurrud (nom collectif) : *émeraudes* (pierre précieuse de couleur verte) ; mot d'origine persane. Dans la tradition musulmane, le trône sur lequel reposent la plume et la table du Coran au paradis est d'émeraude. [Correspondance : Emeraude, Esméralda]

Zomourouda, Zomroda زُمُرُّدَة

Zumurruda (nom d'unité) : *une émeraude.*

Zayne, Zeine, Zine زَيْن — **Zayne, Zeine, Zine** زَيْن

• Zayn (mixte) : *parure* ; *ornement.* **Zîn** : variante dialectale maghrébine.

Zayni, Zeini, Zeni, Zeny زَيْنِيّ — **Zayniya, Zeinia, Zenia** زَيْنِيَّة

Zaynî / Zayniyya : *parure* ; *ornement, éclat.* **Zînî / Zîniyya** : variante dialectale maghrébine.

Zaynedine, Zinedine زَيْن الدّين

Zayn ad-Dîn : *la parure de la religion.*

Zayn-Elabidine زَيْن العَابِدِين
Zin-Elabidine

Zayn al-'âbidîn : *la parure des dévots.* Nom d'un des petits-fils de l'imam 'Alî.

Azyane, Aziane أَزْيَان

Azyân (pluriel de zayn) : *parures.*

Zayna, Zaïna زَيْنَة

Zayna : *ornement, éclat, lustre.*

Zaïne زَائِن

Zâ'in : *belle, parée, maquillée.* [Correspondance : Orna, Ornella]

MASCULIN / FÉMININ

Zayin زَايِن

Zâyin (mixte) : *paré, beau.*

Zayine زَايِن

Ziyane زِيَان

Ziyân : *parure.*

Sabiya سَبِيَّة

• Sabiyya : *perle fine tirée de la mer par le plongeur* ; *captive.*

Saffana سَفَّانَة

• Saffâna : *perle.*

Samour سَامُور

• Sâmûr : *diamant.*

Saniha, Séniha سَنِيحَة

• Sanîḥa : *collier de perles, parure.*

Soundes, Soundouce سُنْدُس

• Sundus : *soie légère* ; *satin de soie.* Terme coranique qui désigne le vêtement des gens du paradis.

Siwar سِوَار

• Siwâr : *bracelet,* signe de noblesse.

Chadheur, Chazeur شَذْر

• Shadhr : *petites perles* ; *parcelles d'or.*

Chamour, Chémour شَمُّور

• Shammûr : *diamant.*

Safwae صَفْوَاء

• Ṣafwâʾ : *cristal de roche.*

MASCULIN | **FÉMININ**

Turfa, Torfa طُرْفَة **Turfa, Torfa** طُرْفَة

• Ṭurfa (mixte) : *nouveauté, joyau, chef-d'œuvre.* Nom donné à la grande mosquée de Cordoue, chef-d'œuvre d'architecture musulmane. Ṭurfa aṭ-Ṭâ'î, compagnon du Prophète.

Térif طَرِيف **Tarifa** طَرِيفَة

Ṭarîf / Ṭarîfa : *rare, curieux, nouveau.* Ṭarîf Ibn Abân, compagnon du Prophète.

Asjad عَسْجَد **Asjade** عَسْجَد

• 'Asjad (mixte) : *joyaux, pierres précieuses.* [Correspondance : Opale]

Akic, Aqic عَقِيق

• 'Aqîq : *pierre précieuse, gemme.* [Correspondance : Gemma]

Ekila, Eqila عَقِيلَة

• 'Aqîla : *tout ce qui est précieux et rare* ; *perle.*

Ambrine عَمْبَرِين

• 'Ambarîn (duel de 'ambar) : *les deux ambres, l'ambre doré* (bijou) *et l'ambre gris* (parfum). Le mot 'ambar est une variante de 'anbar.

Aneber عَنْبَر **Aneber** عَنْبَر

• 'Anbar (mixte) : *ambre* ; *ambre doré* (gemme organique) utilisé en joaillerie et *ambre gris,* concrétion du cachalot ('anbar) utilisé en parfumerie. Le mot français « ambre » vient de l'arabe. [Correspondance : Ambre]

Anebara, Anebra عَنْبَرَة

'Anbara (nom d'unité) : *un morceau d'ambre.*

Fakhir فَاخِر **Fakhira** فَاخِرَة

• Fâkhir / Fâkhira : *précieux, raffiné, somptueux.*

MASCULIN		FÉMININ	

Farida, Férida, Frida فَرِيدَة

• Farîda : *perle rare et précieuse, unique en son genre.*

Faraïd فَرَائِد

Farâ'id (pluriel de farîda) : *perles exceptionnelles.*

Fayrouz, Fairouz, Firouz فَيْرُوز — **Fayrouz, Fairouz, Firouz** فَيْرُوز

• Fayrûz (mixte) (nom collectif, d'origine persane) : *turquoise.* Fairouz, chanteuse libanaise chrétienne très aimée par les Arabes de toutes confessions : elle chante le Liban, mais aussi la Palestine, Jérusalem (al-Quds), La Mecque…

Fayrouza فَيْرُوزَة
Feirouza, Firouza

Fayrûza : *une turquoise* ; la turquoise est une pierre fine, variant du bleu ciel au bleu vert, et considérée comme un fortifiant pour les yeux (en français, elle tire son nom de sa provenance, la Turquie).

Fassila, Facila فَاصِلَة

• Fâṣila : *coquillage, ou petite perle de séparation pour monter un collier* ; *bijou.*

Fidda فِضَّة

• Fiḍḍa : *argent.*

Founoun فُنُون

• Funûn : *arts.*

Kilada, Qilada قِلَادَة

• Qilâda : *boucles d'oreilles* ; *parure tressée ou chaînette portée en collier.*

Kahil كَحِيل — **Kahila** كَحِيلَة

• Kaḥîl / Kaḥîla : *qui a les yeux maquillés de khôl* (kuḥl). Le khôl est une poudre minérale noire fabriquée à partir de sulfure d'antimoine ; il est connu pour ses vertus cosmétiques et médicinales, et son usage est recommandé dans le hadith prophétique.

MASCULIN		FÉMININ	
		Loulou, Louloue	لُؤْلُؤ

• Lu'lu' (nom collectif) : *perle fine*. Ce terme revient trois fois dans le Coran pour désigner symboliquement la beauté des créatures paradisiaques : les éphèbes (jeunes hommes) et les houris (jeunes filles).

Louloua لُؤْلُؤَة

Lu'lu'a (nom d'unité) : *une perle*.

Laâli, Laâlie, Lalie لآلِيء

Laâlî' (pluriel de Lu'lu') : *perles*.

Loujayn, Loujaïne لُجَيْن

• Lujayn : *argent* (métal).

Loujayna, Loujaïna لُجَيْنَة

Lujayna (nom d'unité) : *morceau d'argent*.

Lazaward, Lazourd لازَوَرْد — **Lazaward, Lazourd** لازَوَرْد

• Lâzaward : *lapis-lazuli*, pierre ornementale opaque et de couleur bleue, connue pour ses vertus ophtalmologiques (lâzaward signifie *bleu* en persan).

Marjan مَرْجَان — **Marjane** مَرْجَان

• Marjân (mixte) (nom collectif) : *corail rouge* (gemme organique des mers chaudes). Terme coranique pour qualifier la beauté des créatures paradisiaques (Coran 55 : 58). [Correspondance : Corail, Coralie, Cora, Coraline]

Marjana مَرْجَانَة

Marjâna (nom d'unité) : *un corail*.

Mourjane, Morjane مُرْجَان

Murjân : *corail* (variante de Marjân).

MASCULIN		FÉMININN	

Marouane مَرْوَان
Marwan, Marwane

• Marwân : *le silex* ; *le quartz*. Nom de deux califes omeyyades de Damas, dont le dernier de la dynastie, Marwan II (750).

Moussayka مُسَيْكَة
Mossaïka

• Musayka : *bracelet ou anneau de cheville, en écailles ou en ivoire.*

Maha مَهَا

• Mahâ : *cristal de roche.*

Mahat, Mahate مَهَاة

Mahât : *éclat de cristal.*

Mina مِينَا

• Mînâ : *émail* (mot persan).

Minjad, Minjade مِنْجَد

• Minjad : *collier* ; *sautoir en or.*

Nadra, Nédra نَدْرَة

• Nadra : *rareté* ; *parcelle d'or ou d'argent.*

Nadre نَضْر

• Naḍr : *or ou argent* ; *métal qui luit.*

Noudar نُضَار

Nuḍâr : *or pur ou argent pur* (qui brille de par sa pureté).

Natafa نَطَفَة

• Naṭafa : *boucle d'oreille* ; *perle très petite et d'une belle nacre.*

MASCULIN | **FÉMININ**

Noutafa نُطَفَة

Nuṭafa : *boucle d'oreille ; perle très petite et d'une belle nacre.*

Nafis, Néfis, Néfys نَفِيس **Nafissa, Néfissa** نَفِيسَة

• Nafîs / Nafîsa : *précieux ; de grande valeur.* Nafîsa : une pierre précieuse, un joyau. Nafîsa, arrière-petite-fille de Ḥasan (le petit-fils de Muhammad), sainte et théologienne ayant vécu au Caire (m. 825) et surnommée **Nafîsat al-'ilm** (*le précieux bien de la science).* Ibn Nafîs ad-Dimashqî (m. 1288), médecin et savant damascène, célèbre pour sa description de la circulation sanguine.

Noufayssa نُفَيْسَة
Noufissa

Nufaysa (diminutif de nafîsa) : *petite pierre précieuse.* Amie que Khadîja envoya auprès de Muhammad pour lui faire part de son désir de l'épouser.

Wichah, Ouichah وِشَاح

• Wishâḥ : *ceinture en cuir enrichie de paillettes ou de pierreries* portée par les femmes orientales.

Ouanat, Wanat وَنَاة

• Wanât : *perle.*

Wani, Ouani وَنِيّ **Waniya, Wania, Ouania** وَنِيَّة

Wanî / Waniyya : *perle, collier de perles.*

Ouahiya, Wahiya وَهِيَّة

• Wahiyya : *perle, collier de perles.*

Yachbe يَشْب

• Yashb : *jaspe* (pierre ornementale utilisée pour les objets d'art, finement rubanée, de couleur verte, rouge, brune ou noire) ; mot d'origine persane.

MASCULIN | **FÉMININIn**

Yachme يَشْم

•Yashm : *jade* (pierre fine de couleur vert olive. [Correspondance : Jade]

Yakout, Yaqout يَاقُوت — Yakout, Yaqout يَاقُوت

•Yâqût (mixte) (nom collectif, d'origine persane) : *pierre précieuse ou fine, de couleur*, telle que le rubis (rouge), l'hyacinthe (jaune tirant sur le rouge), la topaze (blanche, bleue, jaune ou brun rose), le saphir (bleu) et l'améthyste (violette). Dans le Coran, la beauté des créatures paradisiaques est comparée à cette pierre, plutôt rouge. Yâqût al-Ḥamawî (m. 1229) : géographe et encyclopédiste arabe, grand voyageur, dont l'œuvre est encore une référence de nos jours. [Correspondance : Jacinthe, Cynthia, Rubis]

Yaqouta يَاقُوتَة

Yâqûta (nom d'unité) : *une hyacinthe* ou autre *pierre précieuse de couleur.*

Yawaqit يَوَاقِيت

Yawâqît (pluriel de yaqût) : *pierres précieuses de couleur.*

10.
La Lumière

A. Ciel
B. Nuit, Lune et étoiles
C. Jour et Soleil

« Nous avons orné le ciel le plus proche d'une parure d'étoiles »

(Coran 37 : 6)

A. CIEL

Selon la perspective islamique, tout, dans la création, est « signe » (*âya*) et a un sens que l'homme doit décrypter. Le Coran invite ainsi à observer l'alternance de la nuit et du jour, l'évolution des astres dans le ciel, les effets du soleil sur la Terre, les phases de la lune, etc. La vie spirituelle comme rituelle du musulman s'inscrit dans cet environnement cosmique : la course du soleil définit les temps des prières quotidiennes, le cycle de la lune annonce le mois du jeûne, du pèlerinage… Ceci explique le prodigieux essor de l'astronomie dans la civilisation arabo-musulmane.

MASCULIN **FÉMININ**

Athir أَثِير

• Athîr : *éther, partie la plus élevée de l'atmosphère, espace céleste.*

Oufouk, Oufouk اُفُق

• Ufuq : *horizon.*

Afaq آفَاق

Âfâq (pluriel de ufuq) : *horizons* ; « Nous leur montrerons Nos signes aux horizons (*âfâq*) et en eux-mêmes (Coran 41 : 53). » Nom de l'épouse bien-aimée du poète persan Nizâmî.

Ibrak, Ibraq إِبْرَاق

• Ibrâq : *illumination de l'éclair.*

Khafikan, Khafiqan خَافِقَان

• Khâfiqân (duel de khâfiq) : *les deux palpitations*, c'est-à-dire *les horizons opposés du ciel et de la terre, l'Orient et l'Occident.*

Sama, Samae سَمَاء

• Samâ' : *ciel.* [Correspondance : Célestin / Céleste, Célia, Céline]

Zarka, Zarqa زَرْقَاء

• Zarqâ' : *bleue* ; *ciel* ; *vin.* Zarqâ' al-Yamâma, femme arabe de l'époque préislamique dont la vue perçante est devenue proverbiale : elle distinguait les choses à une distance de trois jours de marche.

MASCULIN		FÉMININ	

Safih صَفِيح

• Ṣafîḥ : *ciel.*

Aliae عَلْيَا / عَلْيَاء

• 'Alyâ' : *ciel ; sommet d'une montagne ; lieu surélevé.*

Olaya عُلَيَّاء

'Ulayyâ' (diminutif de 'Alyâ') : *petit ciel ; petit sommet.* Olayya, chanteuse et poétesse appréciée à la cour abbasside, demi-sœur du calife Harûn ar-Rashîd (m. 809).

Anane عَنَان — **Anane** عَنَان

• 'Anân (mixte) (pluriel de 'anna) : *horizon, toute la partie du ciel que la vue embrasse ; nuages.*

Falak فَلَك — **Falak** فَلَك

• Falak (mixte) : *voûte céleste.* [Correspondance : Neven / Nevena]

Aflak أَفْلَاك

Aflâk (pluriel de Falak) : *voûtes célestes.*

Kostan, Qostan قُسْطَان

• Quṣṭân : *arc-en-ciel.*

Nadea نَدْأَة

• Nad'a : *arc-en-ciel ; halo lumineux autour de la Lune ; embrasement du ciel au lever et au coucher du soleil ; tout effet de lumière et de couleur dans le ciel.* [Correspondance : Iris]

Walif, Oualif وَلِيف — **Walifa, Oualifa** وَلِيفَة

• Walîf / Walîfa : *éclairs successifs.*

B. NUIT, LUNE ET ÉTOILES

MASCULIN		FÉMININ	
		Oumsiya	أُمْسِيَّة

Umsiyya (dérivé de masâ' : *soir*) : *soirée, première partie de la nuit.*

		Amaci	أَمَاسِي

Amâsî (pluriel de umsiyya) : *soirées.*

Badr	بَدْر	**Badra**	بَدْرَة

• Badr / Badra : *pleine lune*, synonyme de beauté et de perfection ; Badra : variante féminine de Badr. Al-Badr, nom du prophète Muhammad (cf. chapitre Les prophètes).

Badrédine بَدْر الدّين

Badr ad-Dîn : *la pleine lune* (c'est-à-dire la plénitude, la perfection) *de la religion*.

		Boudour	بُدُور

Budûr (pluriel de badr) : *pleines lunes.* Badr al-Budûr (*La pleine lune des pleines lunes*) : personnage féminin des contes des *Mille et Une Nuits*.

		Ebdar	أَبْدَار

Abdâr (pluriel de badr) : *pleines lunes.*

Boudayr بُدَيْر

Budayr (diminutif de badr) : *petite lune.*

Badir, Bader	بَادِر	**Badira, Badéra**	بَادِرَة

Bâdir / Bâdira : *qui brille de tout son éclat, telle la pleine lune.* [Correspondance : Gwendoline]

Badrane, Bedrane بَدْرَان

Badrân : *aussi beau et lumineux que la pleine lune.*

MASCULIN		FÉMININ	

Badri بَدْرِيّ **Badriya, Badria** بَدْرِيَّة

Badrî / Badriyya : *semblable à la pleine lune, resplendissant.*

Abdar أَبْدَر

Abdar : *éclatant de beauté et de lumière ; plein d'initiatives.*

Birjis, Berjis بِرْجِيس

• Birjîs : *planète Jupiter.*

Bazigha, Bazira بَازِغَة

• Bâzigha : *étoile.*

Bawazir بَوَازِغ

Bawâzigh (pluriel de Bâzigha) : *étoiles.*

Tamam تَمَام **Tamam** تَمَام

• Tamâm (mixte) : *pleine lune, complétude.* Tamâm al-Habashî, Compagnon abyssinien arrivé en Arabie avec le retour des premiers émigrés musulmans : il s'appelait Abraha et le prophète Muhammad le renomma Tamâm.

Tamama تَمَامَة

Tamâma : *nuit de pleine lune.*

Itmam إِتْمَام **Itmame** إِتْمَام

Itmâm (mixte) : *pleine lune.*

Thouraya, Touria, Soraya ثُرَيَّا

• Thurayyâ : *constellation des Pléiades.*

Jadidan, Jédidan جَدِيدَان

• Jadîdân (duel de jadîd) : *les deux nouveaux*, c'est-à-dire *la nuit et le jour* qui se renouvellent sans cesse.

MASCULIN	FÉMININ

Majara مَجَرَّة

• Majarra : *Voie lactée.*

Jirm جِرْم

• Jirm : *corps céleste* (étoile, planète, comète, météorite…).

Jaylam جَيْلَم

• Jaylam : *nouvelle lune.*

Johayna, Johaïna جُهَيْنَة

• Juhayna (diminutif de juhna) : *fin de la nuit* ; *jeune fille.*

Jawzae جَوْزَاء

• Jawzâ' : *constellation d'Orion.*

Khader خَادِر

• Khâdir : *nuit sombre.*

Douja دُجَى

• Dujâ : *obscurité de la nuit qui enveloppe toute chose, qui protège.*

Dalma دَلْمَاء

• Dalmâ' : *noire* ; *dernière nuit du mois lunaire : sombre, et sans clair de lune.* [Correspondance : Mélanie]

Damij, Damige دَامِج

• Dâmij : *très sombre* (nuit).

Damis, Damisse دَامِس

• Dâmis : *sombre et secrète* (nuit).

MASCULIN **FÉMININ**

Adham أَدْهَم

• Adham : *noir* (dérivé de duhm : *les trois noires*, c'est-à-dire *les trois dernières nuits du mois lunaire*). Nom d'un des chevaux de Muhammad. Ibrâhim Ibn Adham (m. 777), saint musulman, surnommé **Sultân Ibrâhim** : il abandonna une vie princière à Balkh (Khorasan) pour se consacrer à Dieu ; sa tombe se trouve à Jéblé en Syrie.

Dara دَارَة

• Dâra : *auréole, halo lunaire.*

Radif رَدِيف

• Radîf : *étoile qui succède à une autre.*

Zibriqan, Ziberkan زِبْرِقَان

• Zibriqân : *pleine lune.* Az-Zibriqân Ibn Badr (*Pleine lune fils de la pleine lune*), compagnon du Prophète, surnommé ainsi pour sa beauté.

Izmim إِزْمِيم

• Izmîm : *lune de fin de mois* ; *l'une des dernières nuits d'un mois lunaire.*

Zouhra, Zohra زُهْرَة

• Zuhra : *la planète Vénus* ; *blancheur lumineuse* ; *beauté*. Appelée aussi « étoile du Berger », elle est la première étoile à pointer dans le ciel du soir, et la dernière à disparaître le matin après le lever du soleil.

Zouhar, Zohar زُهَر

Zohar : « *brillantes* », c'est-à-dire *les trois premières nuits du mois lunaire.*

Azher أَزْهَر

Azhar : *la lune brillante.*

Azharan, Azharane أَزْهَرَان

Azharân (duel d'azhar) : « *les deux splendeurs* », c'est-à-dire *la lune et le soleil.*

MASCULIN	FÉMININ

Zaïla زَائِلَة

• Zâ'ila : *qui se déplace sans cesse, qui est éphémère*, c'est-à-dire *une étoile.*

Zawaïl زَوَائِل

Zawâ'il (pluriel de zâ'il) : *étoiles éphémères.*

Sabeha سَابِحَة

• Sâbiḥa : *étoile, « celle qui se déplace rapidement ».*

Sabihat سَابِحَات

Sâbiḥât (pluriel de sâbiḥa) : *étoiles.*

Asdafe أَسْدَاف

• Asdâf (pluriel de sadaf) : *les voiles de la nuit* ; *lutte entre les ténèbres et les premières lueurs du jour.*

Saadane سَعْدَان

• Sa'dân (duel de sa'd : *bonheur*) : « *les deux bonheurs* », c'est-à-dire *Vénus et Jupiter.*

Samar سَمَر

• Samar : *causerie de nuit* ; *clarté lunaire* ; *endroit à l'ombre par clair de lune* ; *causerie nocturne.*

Asmar أَسْمَار

Asmâr (pluriel de samar) : *les lumières de la lune.*

Simak سِمَاك

• Simâk : *Arcturus, étoile brillante.* Simâk Ibn Kharsha, compagnon du Prophète réputé pour son courage.

Sahira سَاهِرَة

• Sâhira : *la Lune,* « *celle qui veille* ».

MASCULIN | **FÉMININ**

Sahour ساهور

Sâhûr : *la Lune, « celle qui veille beaucoup ».*

Souha, Soha سُهَى

• Suhâ : *une des étoiles de la constellation de la Petite Ourse* ; elle est difficile à discerner, d'où le proverbe arabe : « Je lui montre Suhâ, elle me montre la Lune » (c'est-à-dire : Nous ne parlons pas de la même chose).

Chafak, Chafaq شَفَق

• Shafaq : *crépuscule, lueurs rouges après le coucher du soleil.*

Michkat مِشْكَاة

• Mishkât : *niche dans laquelle est placée une lampe.* Cette niche, en tant que réceptacle de la lumière, symbolise Muhammad qui reçut la révélation coranique (Coran 24 : 35).

Chihab شِهَاب

• Shihâb : *étoile filante.*

Chihabeddine شِهَاب الدّين

Shihâb ad-Dîn : *l'astre de la religion.*

Chouhoub شُهُب

Shuhub (pluriel de shihâb) : *étoiles scintillantes.*

Sarfan, Sarfane صَرْفَان

• Ṣarfân : « les deux déclinaisons », c'est-à-dire *le jour et la nuit* (duel de ṣarf : *grammaire, ce qui se décline, se conjugue et passe d'un état à un autre*).

Tarik, Tarek, Tariq, Tareq طَارق

• Ṭâriq : la planète Vénus ; la 86e sourate du Coran porte ce nom. Ṭâriq Ibn Ziyâd (m. 720) : commandant berbère musulman, conquérant de l'Andalousie. Le rocher de Gibraltar (« Jebel Târiq » : *le mont Târiq*) lui servit de tête de pont en Europe.

MASCULIN | **FÉMININ**

Tali طَالِع

• Ṭâli' : *qui s'élève*, c'est-à-dire *nouvelle lune* ; *bonne étoile, fortune, chance* ; *ascendant* (astrologie).

Taouali, Tawali طَوَالِع

Ṭawâli' (pluriel de ṭâli') : *étoiles qui se lèvent* ; dans le soufisme : *premières lueurs de la manifestation divine.*

Outarid, Otared عُطَارِد — **Outarid, Otared** عُطَارِد

• 'Uṭârid (mixte) : *la planète Mercure.*

Ayouk, Ayouq عَيُّوق

• 'Ayyûq : *petite étoile rouge.*

Fatayan فَتَيَان

• Fatayân (duel de fatâ : *jeune homme*) : les « *deux jeunes hommes* », c'est-à-dire *la nuit et le jour* (nuit et jour sont du genre masculin en arabe).

Fanar فَنَار

• Fanâr : *lanterne, phare.*

Kamar, Qamar قَمَر — **Kamar, Qamar** قَمَر

• Qamar (mixte) : *la Lune.* [Correspondance : Luna, Séléna]

Kamaredine
Qamaredine قَمَرالدِّين

Qamar ad-Dîn : *la lune de la religion.*

Koumayr, Koumeir
Qoumayr, Qoumeir قُمَيْر

Qumayr (diminutif de qamar) : *petite lune.*

MASCULIN | **FÉMININ**

Akmar, Aqmar أَقْمَار

Aqmâr (pluriel de qamar) : *lunes.*

Akmar, Aqmar أَقْمَر **Kamra, Qamra** قَمْرَاء

Aqmar / Qamrâ' : *éclatant de blancheur, plus brillant que la lune.* Qamrâ signifie aussi : *nuit de clair de lune.*

Ikmar, Iqmar إِقْمَار

Iqmâr : *apparition de la lune.*

Kaoukab, Kawkab كَوْكَب

• Kawkab : *étoile brillante, astre.* [Correspondance : Esther, Estelle, Stella]

Kaoukaba, Kawkaba كَوْكَبَة

Kawkaba (nom d'unité) : *une étoile.*

Kawakib كَوَاكِب

Kawâkib (pluriel de kawkab) : *étoiles.*

Laela لأْلاء

• La'lâ' : *halo lumineux de la bougie.*

Lami لَامِع **Lamia** لَامِعَة

• Lâmi' / Lâmi'a : *scintillant, chatoyant, qui miroite.* Lâmi'a : *la fontanelle* (partie encore souple du crâne du nouveau-né) *que l'on voit palpiter ; clarté scintillante.*

Almaa أَلْمَع **Lamaa** لَمْعَاء

Alma' / Lam'â' : *très brillant.*

Layl لَيْل

• Layl : *nuit.* Al-Layl, titre de la sourate 92 du Coran.

MASCULIN		FÉMININ	
		Layal, Leyal	لَيَال

Layâl (pluriel de layl) : *nuits.*

Layali, Leyeli لَيَالِي

Layâlî (pluriel de layl) : *nuits.*

Laylae لَيْلاَء

Laylâ' : *nuit longue, nuit sombre de la fin d'un mois lunaire.*

Leyla, Layla لَيْلَى
Laïla, Leila, Lila

Laylâ : *nuit* ; *début de l'ivresse* ; symbole de la femme passionnée et fidèle. Qays Ibn al-Mulawwaḥ, appelé « Majnoun Laylâ » (*le fou de Layla*), clame son amour impossible pour Layla à travers sa poésie ; il inspira de nombreux auteurs, tel le poète persan Nizamî (m. 1209) : Majnûn et Layla sont les Tristan et Yseult de la poésie orientale. Dans la poésie soufie, Laylâ représente l'Essence divine, si désirée. **Lila** en est la variante dialectale maghrébine. Leila est un prénom adopté en Europe dès le XVIIIe siècle. Il n'est pas rare qu'il soit attribué aux petites filles nées durant la nuit.

Najm, Nejm نَجْم — **Najma, Nejma** نَجْمَة

• Najm / Najma : *étoile, astre.*

Najmédine نَجْم الدِّين
Nejmédine

Najm ad-Dîn : *l'étoile de la religion.*

Noujaym نُجَيْم — **Nojayma** نُجَيْمَة
Nojaïm, Nojeime — **Nojaïma, Nojeima**

Nujaym / Nujayma (diminutif de najm / najma) : *petite étoile.*

Noujoum نُجُوم

Nujûm (pluriel de najm) : *étoiles, astres.*

MASCULIN **FÉMININ**

Anjoum أَنْجُم

Anjum (pluriel de najm) : *étoiles, astres.*

Najmi, Nejmi, Nejmy نَجْمِيّ **Najmiya, Nejmiya** نَجْمِيَّة

Najmî / Najmiyya : *étoilé.*

Nibras نِبْرَاس **Nibras** نِبْرَاس

• Nibrâs (mixte) : *flambeau, lanterne.*

Manara مَنَارَة

• Manâra : *phare, source de lumière.*

Hilal, Hilel هِلاَل **Hilal, Hilel** هِلاَل

• Hilâl (mixte) : *fin croissant de lune.*

Hilali, Hilaly هِلاَلِي

Hilâlî : *aussi beau qu'un croissant de lune.*

Hilaledine هِلاَل الدّين

Hilâl ad-Dîn : *le croissant de la Foi.*

Moutassik, Moutaciq مُتَّسِق

• Muttasiq : *la Lune* (du verbe ittasaqa : *être en harmonie, en plénitude* ; cf. Coran 84 : 18).

C. JOUR ET SOLEIL

MASCULIN | **FEMINININ**

Bacisse بَصِيص

• Baṣîṣ : *lueur, rayon de lumière, reflet lumineux.*

Ibsar إِبْصَار — **Ibsar** إِبْصَار

• Ibṣâr (mixte) : *lumière du jour, lumière du soleil.*

Bakir بَاكِر

• Bâkir : *le premier moment de la matinée.*

Bakri, Bekri بَكْرِيّ

Bakrî : *qui prend l'initiative ; matinal, précoce.*

Bakkar بَكَّار

Bakkâr : *très matinal, très précoce.*

Ibkar, Ibkare إِبْكَار

Ibkâr : *hâte matinale.*

Balja بَلْجَة

• Balja : *lumière du matin.*

Boulja, Bolja بُلْجَة

Bolja : *lumière du matin* (variante de balja).

Iblaj إِبْلاَج

Iblâj : *lever du soleil.*

Ithara, Issara إِثَارَة

• Ithâra : *éclaircissement.*

Jala, Jalae جَلاَء

• Jalâ' : *lumière éclatante, resplendissante.*

MASCULIN | **FÉMININ**

Jaloua, Jéloua, Jelwa جَلْوَة

Jalwâ' : *clarté, lumière éclatante et resplendissante ; apparition du jour dans toute sa splendeur ; levée du voile de la mariée se montrant pour la première fois à son époux.*

Ajla أَجْلَى

Jalwae جَلْوَاء

Ajlâ / Jalwâ' : *très clair, très lumineux, éclatant ; au teint clair, éclatant ; au front haut.* [Correspondance : Claire, Clara, Clarisse, Chiara]

Jaouna, Jawna جَوْنَة

• Jawna : *soleil rouge à l'heure du coucher.*

Jawnae جَوْنَاء

• Jawnâ' : *soleil.*

Khourchid خُورْشِيد
Khorchid

• Khûrshîd : *soleil ; lieu de jonction des eaux d'un fleuve et de la mer* (mot d'origine persane).

Dhouka ذُكَاء
Douka, Zouka

• Dhukâ' : *ardeur du soleil ; soleil.*

Sabra سَبْرَة

• Sabra : *matinée fraîche.*

Soubouhate سُبُحَات

• Subuḥâṭ : *lumières.*

Sahar سَحَر

• Saḥar : *aube, aurore.* [Correspondance : Aurore, Roxane]

MASCULIN		FÉMININ	

Sirej سِرَاج

• Sirâj : *flambeau* ; *soleil.*

Sirejédine سِرَاج الدّين

Sirâj ad-Dîn : *le flambeau de la religion.*

Soreij سُرَيْج

Surayj (diminutif de sirâj) : *petit flambeau.*

Sana سَنَا ، سَنَى

• Sanâ : *clarté* ; *éclat des éclairs.*

Souzane, Suzanne سُوزَان

• Sûzân : *qui enflamme, qui embrase* (mot d'origine persane).

Chourouk, Chorouk شُرُوق

• Shurûq : *lever du soleil.*

Charqi شَرْقي **Charqiya** شَرْقيّة

Sharqî / Sharqiyya : *qui vient du côté où le soleil se lève, du Levant, de l'Orient, oriental.* [Correspondance : Anatole / Anatolie]

Achrak, Achraq أَشْرَق

Ashraq : *éclatant de lumière, resplendissant, clair.*

Ichraq إِشْرَاق **Ichraq** إِشْرَاق

Ishrâq (mixte) : *éclat du soleil, d'un beau visage.* [Correspondance : Hélène, Eléna ; Ilona, Lana]

Chams, Chems شَمْس **Chams, Chems** شَمْس

• Shams (mixte) : *soleil.* [Correspondance : Hélie, Hélios / Hélia]

Choumous شُمُوس

Shumûs (pluriel de shams) : *soleils.*

MASCULIN		FÉMININ	

Chamsedine شَمْس الدِّين
Chemsedin

Shams ad-Dîn : *le soleil de la religion*. Shams ad-Dîn Tabrîzî (m. 1247), plus connu sous le nom de Shams : originaire de Tabrîz en Iran, il est le maître spirituel qui inspira la quête de Rûmî et sa poésie mystique (Diwân-e Shams-e Tabrîzî).

Chamis, Chamisse شَامِس

Shâmis : *jour ensoleillé.*

Masculin		Féminin	
Choumays / **Choumeis**	شُمَيْس	**Choumaysa** / **Choumaïssa**	شُمَيْسَة

Shumays / Shumaysa (diminutif de Shams) : *petit soleil.* [Correspondance : Samson]

Masculin		Féminin	
Sabah	صَبَاح	**Sabah**	صَبَاح

• Ṣabâḥ (mixte) : *matin, première partie de la matinée.*

Masculin		Féminin	
Soubh	صُبْح	**Soubh, Sobh**	صُبْح

Ṣubḥ (mixte) : *aurore, petit matin* ; aṣ-ṣubḥ : prière musulmane *de l'aube.* Sobh (m. 999) ou Aurora (d'origine basque), mère du calife omeyyade de Cordoue Hishâm Ibn al-Hakam.

Misbah مِصْبَاح

Miṣbâḥ : *qui apporte la lumière.*

Saghoua صَغْوَاء

• Ṣaghwâ' : « *celle qui s'incline* », c'est-à-dire *le soleil couchant* (en arabe, soleil est du genre féminin).

MASCULIN		FÉMININ	
		Douha, Doha	ضُحَى

•Ḍuḥâ : *matinée, moment de la matinée où le soleil est déjà haut et commence à chauffer la terre ; clarté d'esprit et d'expression, lucidité.* Nom de la prière surérogatoire faite en fin de matinée.

Dahwa, Dahoua ضَحْوَة

Ḍaḥwa : *matinée, heure de la matinée* (juste avant ḍuḥâ).

Dahi ضَاحِي

Ḍâḥî : *exposé au soleil* ; *extérieur, en évidence.*

Diya ضِيَاء — **Diya** ضِيَاء

•Ḍiyâ' (mixte) : *lumière, clarté.*

Diyaelhak
Diyaelhaq ضِيَاء الحَقّ

Ḍiyâ' al-Ḥaqq : *la lumière de la Vérité.*

Diyaoudine
Diyaedine ضِيَاء الدِّين

Ḍiyâ' ad-Dîn : *la lumière de la religion.*

Diyaï ضِيَائِي

Ḍiyâ'î : *lumineux.*

Daoui, Dawi ضَاوِي — **Dawiya** ضَاوِيَة

Ḍâwî / Ḍâwiya : *qui illumine, resplendit.*

Adwa, Adoua أَضْوَاء

Aḍwâ' (pluriel de ḍaw' et ḍiyâ') : *lumières.*

Moustadi مُسْتَضِيء

Mustaḍî' : *lumineux.* Al-Mustaḍî : calife abbasside (1170-1180).

MASCULIN		FÉMININ	
Zohour	ظُهُور	**Zohour**	ظُهُور

• Ẓuhûr (mixte) : *clarté, évidence, manifestation.*

		Ghouroub	غُرُوب

• Ghurûb : *coucher du soleil.*

Ghadi	غَادِي	**Ghadia**	غَادِيَة

• Ghâdî / Ghâdiya : *matinal, qui sort de grand matin* ; Ghâdiya : *pluie du matin, nuage du matin.*

		Ghaoura, Rawra	غَوْرَة

• Ghawra : *soleil.*

Fajr	فَجْر	**Fajr**	فَجْر

• Fajr (mixte) : *aube, point du jour.*

Fajry فَجْرِي

Fajrî : *beau comme l'aube.*

Falaj فَلَج

• Falaj : *matin.*

Falaq فَلَق

• Falaq : *aube naissante, « fente » dans la nuit* (du verbe falaqa : *fendre*). Dans le Coran (113 : 1), Dieu est appelé Rabb al-falaq, « le Seigneur de l'aube naissante ».

		Fay	فَيْء

• Fay' : *ombre qui s'allonge vers l'est après que le soleil a dépassé le zénith* ; *butin qui revient de droit, obtenu sans lutte.*

Kachif	كَاشِف	**Kachifa**	كَاشِفَة

• Kâshif / Kâshifa : *qui dévoile, met au jour.*

MASCULIN | **FÉMININ**

Najir, Nagir نَاجِر

• Nâjir : *les mois d'été, la chaleur de l'été.*

Nahar نَهَار | **Nahar** نَهَار

• Nahâr (mixte) : *jour.*

Anhar أَنْهَر | **Nahra** نَهْرَاء

Anhar / Nahrâ' : *très lumineux.*

Nour نُور | **Nour** نُور

• Nûr (mixte) : *lumière.* Un des noms du prophète Muhammad. An-Nûr, nom divin : *la Lumière.* Nom de la 24e sourate du Coran. [Correspondance : Luc, Lucas, Lucien, Loan / Luce, Lucie, Lucile, Loane, Loana, Eloane, Svetlana]

Noura, Nora نُورَة

Nûra (variante féminine de nûr) : *lumière.* [Correspondance : Nora]

Nourane, Norane نُورَان

Nûrân (duel de nûr) : *deux lumières, lumière sur lumière.*

Nouri, Nori, Nory نُورِيّ | **Nouriya** نُورِيَّة
Nouria, Noria

Nûrî / Nûriyya : *de nature lumineuse.*

Anwar أَنْوَر | **Nawrae** نَوْرَاء

Anwar / Nawrâ' : *très lumineux, éblouissant.*

Nawar نَوَّار | **Nawara** نَوَّارَة

Nawwâr / Nawwâra : *très lumineux ; qui a un grand rayonnement.*

Nourallah نُور الله | **Nourallah** نُور الله

Nûr-Allâh (mixte) : *la lumière de Dieu.* [Correspondance : Eléonore (*Dieu est ma lumière*), Aliénor]

MASCULIN | **FÉMININ**

Nour-Elislam نُور الإسْلام **Nour-Elislam** نُور الإسْلام

Nûr al-islâm (mixte) : *la lumière de l'islam.*

Nouredine, Nordine نُور الدّين

Nûr ad-Dîn : *la lumière de la religion.*

Nourelhak نُور الحَقّ **Nourelhak** نُور الحَقّ
Nourelhaq **Nourelhaq**

Nûr al-Haqq (mixte) : *la lumière de la Vérité.*

Nour-Elhouda نُور الهُدَى

Nûr al-Hudâ : *la lumière de la guidance.*

Nour-Ezaman نُور الزّمان **Nour-Ezaman** نُور الزّمان

Nûr az-Zamân (mixte) : *la lumière du temps.*

Anwâr أَنْوَار **Anwâr** أَنْوَار

Anwâr (mixte) (pluriel de nûr) : *lumières, rayons lumineux.*

Nayir نَيِّر **Nayira** نَيِّرَة

Nayyir / Nayyira : *très lumineux, éclatant, splendide.*

Manar مَنَار **Manar** مَنَار

Manâr (mixte) : *source lumineuse. Tafsîr al-manâr* : commentaire « réformiste » du Coran rédigé par Mohamed 'Abduh et Rashîd Riḍâ (début du XXe siècle).

Mounawara مُنَوَّرَة
Monawara

Munawwara : *illuminée.* Nom donné à la ville de Médine, « illuminée » par la présence prophétique.

MASCULIN | **FÉMININ**

Tanouir, Tanwir تَنْوِير | **Tanouir, Tanwir** تَنْوِير

Tanwîr (mixte) : *illumination.*

Mounir مُنِير | **Mounira** مُنِيرَة

Munîr / Munîra : *qui illumine, qui rayonne.* Munîr : un des noms du prophète Muhammad.

Hagira هَجِيرَة

• Hajîra : *mi-journée, soleil au zénith.*

Hela هَالَة

• Hâla : *halo de lumière, auréole lumineuse autour de la lune, graine de cardamome* (mot d'origine grecque). Hâlâ Bint Khuwaylid, sœur de Khadîja.

Wamid وَمِيض

• Wamîḍ : *éclat (de l'éclair)* ; *apparition (du jour)* ; *sourire (d'une femme).*

Youh يُوح | **Youha, Yoha** يُوحَى

• Yûḥ / Yûḥâ : *soleil.*

11.
L'eau

A. Pluie, neige et vent
B. De la source à la mer

« Si l'homme était un fleuve,
la femme en serait le pont »

(proverbe arabe)

A. PLUIE, NEIGE ET VENT

Les prénoms en rapport avec l'eau (les nuages, la pluie, la mer...) sont tout particulièrement à l'honneur dans la culture arabo-musulmane. Si rare dans la péninsule arabique, l'eau est accueillie par les hommes comme une miséricorde, une bénédiction et un signe d'abondance. Au Paradis, selon les descriptions qu'en fait le Coran, fleuves, fontaines, sources et breuvages délicieux feront partie de la récompense des croyants (cf. chapitre Eternité).

MASCULIN		FEMININ	
Ari, Ary	أَرِيّ		

• Arî : *vents qui chassent les nuages.*

Balil	بَلِيل	**Balila**	بَلِيلَة

• Balîl / Balîla : *vent frais et humide.*

Thafafide, Safafide ثَفَافِيد

• Thafâfîd : *nuages blancs qui s'amoncellent et se chevauchent.*

Thalje, Telje, Selje ثَلْج

• Thalj : *neige.*

Thalja, Telja, Selja ثَلْجَة

Thalja : *flocon de neige.*

Ithlaje, Itlaje, Isleje إِثْلاَج

Ithlâj : *chute de neige.*

Jirbiya جِرْبِيَاء

• Jirbiyâ' : *vent frais du nord.*

Jawd, Jaoud جَوْد

• Jawd : *ondée généreuse en eau.*

MASCULIN | **FÉMININ**

Jaïd جَائِد

Jâ'id : *pluie abondante et généreuse.*

Tajaouid, Tajawid تَجَاوِيد

Tajâwîd : *pluie abondante et salvatrice.*

Hafif حَفِيف

• Ḥafîf : *bruit du vent dans les branches.*

Khazraj خَزْرَج

• Khazraj : *vent* ; *lion*. Khazraj, nom d'une tribu arabe de Yathrîb (nom de la ville de Médine avant l'arrivée du Prophète).

Doujana دُجَانَة

• Dujâna : *pluie abondante* ; *nuit noire* (dérivé de dajn : *nuage épais, chargé de pluie, qui assombrit le ciel*).

Midrar مِدْرَار

• Midrâr (dérivé de darr : *lait abondant*) : *eau qui ruisselle* ; *nuage qui apporte une eau abondante* ; *lait qui coule généreusement,* symbole de faveur divine.

Darka, Darqa دَرْقَاء

• Darqâ' : *nuages.*

Dalih دَالِح

• Dâliḥ : *nuage qui apporte une pluie abondante.*

Dalouh دَلُوح

Dalûḥ : *nuages chargés de pluie.*

Dima دِيمَة

• Dîma : *pluie douce et silencieuse.*

MASCULIN	FEMININ

Rabab رَبَّاب

• Rabâb : *nuages qui changent de nuance, passant du blanc au noir* ; rebab : *instrument de musique traditionnel* à cordes et à archet (sorte de vièle ou de rebec).

Rababa رَبَّابَة

Rabâba (nom d'unité de rabâb) : *nuage qui change de nuance, passant du blanc au noir.*

Rébi رَبِيع

• Rabî' : *pluie printanière, printemps.*

Marabi مَرَابِيع

Marâbî' (pluriel de marba') : *pluies printanières.*

Roukhama, Rokhama رُخَامَا

• Rukhâma : *vent léger et doux.*

Radhad, Raded, Razez رَذَاذ

• Radhâdh : *pluie fine et silencieuse.*

Rihma رِهْمَة

• Rihma : *pluie fine et constante.*

Riham, Rihem رِهَام

Rihâm (pluriel de rihma) : *pluies fines et constantes.*

Rawh, Raouh رَوْح

• Rawḥ : *brise légère* ; *joie et paix.*

Riyah رِيَاح — **Riyah** رِيَاح

Riyâḥ (mixte) : en tant que prénom masculin, signifie *début de la nuit* ; en tant que prénom féminin (pluriel de rîḥ), signifie *vents* ; *souffles en faveur de quelqu'un,* c'est-à-dire *succès, puissance.* [Correspondance : Anémone]

MASCULIN		**FÉMININ**	

Rawaih رَوَائِح

Rawâ'iḥ (pluriel de râ'iḥa : *qui s'en va* ; *qui revient le soir*) : *nuages et pluies du soir* ; *fraîcheur du teint.*

Zafayane, Zafyan زَفَيَان

• Zafayân : *vents qui poussent avec vigueur les nuages.*

Sahab سَحَاب — **Sahab** سَحَاب

• Saḥâb (mixte) : *nuages.*

Sahaba سَحَابَة

Saḥâba (nom d'unité) : *un nuage.*

Sada سَدَى

• Sadâ : *rosée de la nuit* ; *bienfait* ; *don généreux.*

Sadime سَدِيم

• Sadîm : *nuage très clair, brume légère* ; *célèbre.*

Sariya سَارِيَة — **Sariya** سَارِيَة

• Sâriya (mixte) : *nuage se déplaçant de nuit, ou donnant de la pluie au cours de la nuit.* Sâriya Ibn Zanîm : compagnon du Prophète, poète et chef d'armée.

Saba صَبَا

• Ṣabâ : *vent d'est, alizé.* [Correspondance : Alizée]

Sabaouat, Sabawat صَبَوَات

Ṣabawât (pluriel de ṣabâ) : *vents d'est, alizés.*

Tilel طِلَال

• Ṭilâl (pluriel de ṭall) : *rosée ou pluie très légère.*

MASCULIN | **FEMINININ**

Anna عَنَّة

• 'Anna : *nuage.*

Ghamama, Ramema غَمَامَة

• Ghamâma : *nuage.*

Ghamam, Ramam غَمَام

Ghamâm (pluriel de ghamâma) : *nuages.*

Ghayth, Rays غَيْث — Ghaytha, Raysa غَيْثَة

• Ghayth / Ghaytha : *pluie abondante* ; *végétation qui surgit grâce à cette pluie.* Un des noms du prophète Muhammad.

Ghaythae, Raytae غَيْثَاء

Ghaythâ' : *pluie abondante.*

Ghaythana, Raysana غَيْثَانَة

Ghaythâna : *pluie abondante.*

Ghouyoum, Rouyoum غُيُوم

• Ghuyûm (pluriel de ghaym) : *nuages épais.*

Foutouh فُتُوح

• Futûḥ : *les premières pluies du printemps,* perçues comme une grâce divine (pluriel de fatḥ : *ouverture* ; *victoire* ; *grâce divine*).

Afawik, Afawiq أَفَاوِيق

• Afâwîq : *ondées passagères entrecoupées d'accalmies, giboulées.*

MASCULIN | **FÉMININ**

Kouhafa, Qouhafa قُحَافَة

• Quḥâfa : *qui arrive avec impétuosité et emporte tout sur son passage* (pluie, torrent...).

Mouzne مُزْن **Mouzna** مُزْنَة

• Muzn / Muzna : *nuage qui apporte la pluie.* Muzna : *pluie.*

Mouzayna, Mozaïna مُزَيْنَة

Muzayna (diminutif de muzna) : *petite pluie.*

Mazine مَازِن **Mazina** مَازِنَة

Mâzin / Mâzina : *nuage qui apporte la pluie* ; *personne au visage rayonnant.*

Nada, Neda نَدَى

• Nadâ : *rosée* ; *générosité* ; *magnanimité.*

Nadiya نَدِيَّة

Nadiyya : *couverte de rosée.*

Nassim, Nessim نَسِيم **Nassima, Nessima** نَسِيمَة

• Nasîm / Nasîma : *brise légère, zéphyr.* [Correspondance : Zéphyr, Zéphyrin]

Nissam نِسَام

Nisâm (pluriel de nasîm) : *brises légères.*

Ansame أَنْسَام

Ansâm (pluriel de nasam) : *les souffles légers du vent qui se lève* ; *souffles de l'âme.*

Nassiman نَسِيمَان

Nasîmân (duel de nasîm) : *les « deux brises »*, c'est-à-dire les *légers souffles d'air du matin et du soir.*

MASCULIN | **FEMINININ**

Hadna, Hedna هَدْنَة

• Hadna : *pluie fine.*

Hilala, Hilela هِلاَلَة

• Hilâla : *ondée.*

Ahalil أَهَالِيل

Ahâlîl (pluriel d'uhlûl) : *pluies.*

Hamaïm هَمَائِم

• Hamâ'im (pluriel de hamîm) : *pluie douce qui tombe en légères gouttes.*

Ouabil, Wabil وَابِل

• Wâbil : *pluie forte, abondante* ; mot employé dans des paraboles coraniques.

Wachma وَشْمَة

• Washma : *goutte de pluie.*

B. DE LA SOURCE À LA MER

MASCULIN		FÉMININ	

Aty أَتِيّ

• Atî : *le courant ou le cours d'eau que l'on ne peut contrôler* ; *l'eau qui sert à irriguer une parcelle de terre.*

Arkhabil أَرْخَبِيل

• Arkhabîl : *archipel, îles voisines* (d'origine grecque).

Bahr, Baher بَحْر — **Bahr, Baher** بَحْر

• Baḥr (mixte) : *mer, grand lac* ; terme générique pour désigner une grande étendue d'eau : le Nil est appelé *al-Baḥr* (« la mer ») par les Egyptiens pour ses dimensions majestueuses ; al-baḥr al-muḥît : *la mer qui entoure,* c'est-à-dire *l'océan.* [Correspondance : Océan / Océane]

Bouhayra بُحَيْرَة (féminin)

Buḥayra (diminutif de baḥr) : *petite mer* ; *lac.*

Bahri, Bahry بَحْري — **Bahria** بَحْرِيَّة

Baḥrî / Baḥriyya : *marin, maritime, qui vient de la mer.* Asma' bint 'Umays, épouse de Ja'far (le cousin d'Ali), fut surnommée **al-Baḥriyya**, *la Maritime* car, fuyant les persécutions contre les musulmans de La Mecque, elle émigra par la mer en Abyssinie. [Correspondance : Marin, Morgan (né de la mer), Pélage (de la haute mer) / Marine, Marina, Morgane, Pélagie]

Oubayhir, Obayhir أُبَيْحِر

Ubayḥir (diminutif d'abḥur, pluriel de baḥr) : *petites mers.*

Bilal, Bilel بِلال

• Bilâl : *rafraîchissement* (eau, lait…) ; *fraîcheur du jeune âge.* Bilâl al-Ḥabashî (Bilâl l'Ethiopien) : esclave éthiopien d'origine noble, puis affranchi par Abû Bakr, il fut un compagnon très proche du Prophète, et le premier muezzin de l'islam (m. vers 641).

MASCULIN **FEMININIΝ**

Bandar بَنْدَر

• Bandar (d'origine persane) : *ancre de navire* ; *port, havre* ; *grande ville*. Bandar Seri Begawan (*le havre béni*), capitale du sultanat de Brunei.

Tihami تِهَامِي

• Tihâmî : *qui est né dans la région de Tihâma,* plaine côtière désertique de la mer Rouge. At-Tihâmî, une des *nisba* de Muhammad.

Tayar تَيَّار

• Tayyâr : *forte vague qui déferle et se brise.*

Tayhour تَيْهُور

• Tayhûr : *haute vague* ; *dune de sable.*

Joudda جُدَّة

• Judda : *littoral* ; *littoral du Hedjaz*, d'où le nom de Djedda, ville d'Arabie au bord de la mer Rouge.

Jidda جِدَّة

Jidda : *rivage d'un fleuve* ; *richesse et opulence.*

Mijdah مِجْدَاح

• Mijdâḥ : *rivage marin.*

Jadaouil, Jadawil جَدَاوِل

• Jadâwil (pluriel de jadwal) : *petits ruisseaux.*

Jafar, Jaafar جَعْفَر

• Ja'far : *ruisseau* ; *fleuve*. Ja'far Ibn Abî Tâlib (m. 629), frère de 'Alî et cousin de Muhammad ; surnommé durant son vivant **Abû al-masâkîn**, *le Père des pauvres*, et, après sa mort, **aṭ-Ṭayyar**, *le volant* : il mourut après avoir perdu dans une bataille les deux bras, qui, annonça le Prophète, lui seront remplacés par deux ailes. Ja'far aṣ-Ṣâdiq (m. 765) : descendant du Prophète, fondateur de l'école chiite ja'farite, sixième imam pour les chiites.

MASCULIN | **FÉMININ**

Hanbal حَنْبَل

• Ḥanbal : *mer*. L'imam Aḥmad Ibn Ḥanbal (m. 855), fondateur d'un des quatre grands rites théologiques et juridiques, le hanbalisme.

Khidrim خِضْرِم

• Khiḍrim : *mer immense, océan.*

Daema دأْمَاء

• Da'mâ' : *mer.*

Doulfine دُلْفِين

• Dulfîn : *dauphin* ; mot d'origine grecque signifiant *esprit de la mer*. [Correspondance : Delphine, Dauphine]

Dalia دَالِيَة

• Dâliya : *roue à eau qui irrigue les champs et les vergers* ; *cep de vigne.*

Ardane أَرْدَن

• Ardan : *étoffe de soie sauvage rouge* ; *le Jourdain* : fleuve qui a donné son nom à la Jordanie (Al-Urdun) : il arrose la Palestine et se jette dans la mer Morte à – 392 m d'altitude. Son nom est lié à l'histoire des prophètes en Terre sainte. [Correspondance : Jordan / Jordane, Jordana]

Rassim رَاسِم

• Râsim : *eau qui court.*

Rafed رَافِد

• Râfid : *affluent d'un cours d'eau.*

Rafidane رَافِدَان

Râfidân : « *les deux substituts* » : *le Tigre et l'Euphrate* (duel de râfid : *substitut du roi en son absence*).

MASCULIN | **FEMININ**

Raoua, Rawa, Rawae رَوَاء

• Rawâ' : *eau douce abondante, au goût agréable ; le puits de zemzem à La Mecque.*

Riwa رِوَى

Riwâ : *eau douce abondante.*

Reyya رَيَّة

Rayya : *source abondante en eau, qui désaltère.*

Rayyan, Rayan رَيَّان — **Rayyana, Rayana** رَيَّانَة

Rayyân / Rayyâna : *désaltéré* ; se dit aussi pour une *plante bien arrosée* ; *beau, à la fleur de l'âge.*

Rawi, Raoui رَاوِي — **Rawia** رَاوِيَة

Râwî / Râwiya : *qui abreuve, donne à boire* ; *qui rapporte des récits, narre des histoires, récite de la poésie.*

Zabad زَبَد

• Zabad : *écume de l'eau, de la mer* ; *don.*

Zoulal, Zoulel زُلَال

• Zulâl : *eau pure et limpide.*

Isja, Esja إِسْجَاء

• Isjâ' : *retour au calme de la mer après la houle.*

Sahil, Sahel سَاحِل

• Sâḥil : *bord, rivage, plaine côtière* ; d'où le mot Sahel en français qui désigne certaines zones géographiques littorales ainsi que tous les pays qui bordent le sud du Sahara.

Assahil أَسَاحِل

Asâḥil : *lits des cours d'eau.*

MASCULIN | **FÉMININ**

Saki, Saqi سَاقِي — **Sakia, Saqia** سَاقِيَة

• Sâqî / Sâqiya : *qui verse à boire, échanson.* Dans la poésie soufie, as-Sâqî désigne Dieu qui, lorsqu'Il se manifeste dans le cœur de l'homme, suscite l'« ivresse » spirituelle.

Saïl سَيْل

• Sayl : *flot, torrent.*

Chalel شَلاَل

• Shalâl : *cascade, cataracte.*

Difaf ضِفَاف

• Ḍifâf (pluriel de ḍiffa) : *rives d'un fleuve.*

Touhra طُهْرَة

• Ṭuhra : *eau pure qui purifie.*

Obab عُبَاب — **Obabe** عُبَاب

• 'Ubâb (mixte) : *eaux qui débordent* ; *vagues gonflées.*

Outba, Otba عُتْبَة

• 'Utba : *méandre d'une rivière.* 'Utba Ibn Ghazwân, compagnon du Prophète.

Outayba, Oteiba عُتَيْبَة

'Utayba (diminutif de 'utba) : *petite courbe d'une rivière.*

Adan, Adane عَدَان

• 'Adân : *rivage maritime ou fluvial* ; de la même racine que 'Adan, la ville d'Aden au Yémen, et de *'adn*, mot coranique pour évoquer le Paradis (Eden).

Adhba, Adba, Azba عَذْبَة

• 'Adhba : *douce, agréable, suave* (se dit de l'eau).

MASCULIN		FEMININ	

Oudhayba, Odaïba, Ozaïba عُذَيْبَة

'Udhayba (diminutif de 'adhba) : *douce*, *agréable*, *suave* (se dit de l'eau).

Oudhouba Ouzouba, Odouba عُذُوبَة

'Udhûba : *douceur et fraîcheur de l'eau.*

Allal عَلاَّل

• 'Allâl : *qui boit de l'eau deux fois de suite.*

Ghadir, Radir غَدِير — **Ghadir, Radir** غَدِير

• Ghadîr (mixte) : *étang* ; *bras d'un fleuve.*

Ghazir, Razir غَزِير — **Ghazira, Razira** غَزِيرَة

• Ghazîr / Ghazîra : *abondant*, *exubérant*, *fécond*, se dit de l'eau qui jaillit avec force de la source, d'une pluie abondante…

Ghamre, Ramre غَمْر — **Ghamra** غَمْرَى

• Ghamr / Ghamrâ : *qui couvre tout* ; synonyme d'abondance : *grande étendue d'eau, mer profonde* ; *richesse immense* ; *personne généreuse.*

Ghaylan, Raylan غَيْلاَن

• Ghaylân (mot dérivé de ghayl : *lait de la mère qui allaite tout en étant enceinte*) : *lait qui coule en abondance* ; *fond de vallée où abondent les sources.* Ghaylân Ibn 'Uqba Dhû ar-Rumma (m. vers 735), poète lyrique dont l'œuvre est une source pour les lexicographes, notamment dans le domaine animalier.

Fourate فُرَات — **Fourate** فُرَات

• Furât (mixte) : *eau douce, agréable au goût* ; Al-Furât : *l'Euphrate*, grand fleuve d'Asie ; la Mésopotamie (« entre les deux fleuves ») est la région traversée par l'Euphrate et le Tigre (en Irak).

MASCULIN | **FÉMININ**

Fawar فَوَّار **Fawara** فَوَّارَة

• Fawwâr / Fawwâra : *source d'eau qui jaillit avec force.*

Karir, Qarir قَرِير

• Qarîr : *rafraîchi, réconforté, serein.*

Kalla, Kallae كَلاَّء

• Kallâ' : *rivage ; mouillage sûr, à l'abri des vents.*

Lamaane لَمَعَان

• Lama'ân : *miroitement de l'eau, scintillement des étoiles, étincellement des éclairs.* [Correspondance : Muriel (mer brillante)]

Alwae أَلْوَاء

• Alwâ' : *rives sinueuses ; bandes de sables ondulantes ; plages.*

Amwaj أَمْوَاج

• Amwâj : *onde ; vagues.* [Correspondance : Ondine]

Mawr, Maour مَوْر

• Mawr : *ondulation des flots ; vagues.*

Mahi مَاهِي

• Mâhî : *qui a les qualités de l'eau* (dérivé de mâh : *eau*).

Yanbo يَنْبُوع **Yanbo** يَنْبُوع

• Yanbû' (mixte) : *source.*

Yenabi يَنَابِيع

Yanâbî' (pluriel de yanbû') : *sources.*

Nassifa نَاصِفَة

• Nâṣifa : *le milieu d'un cours d'eau.*

MASCULIN		FEMININ	

Némir نَمِير

• Namîr : *eau limpide et pure.*

Nahr نَهْر

• Nahr : *eau douce* ; *fleuves, rivières.* [Correspondance : India]

Anhar أَنْهَار

Anhâr (pluriel de nahr) : *fleuves, rivières.*

Nahla نَهْلَة

• Nahla : *première gorgée d'eau* ; *breuvage que l'on goûte pour la première fois.*

Nehla نَهْلَى

Nahlâ : *désaltérée.*

Nahel نَاهِل — **Nahela** نَاهِلَة

Nâhil / Nâhila : *désaltéré.*

Nahil نَهِيل — **Nahila** نَهِيلَة

Nâhil / Nâhila : *désaltéré.*

Nehlan, Nehlane نَهْلاَن

Nahlân : *qui a étanché sa soif.*

Manhal مَنْهَل

Manhal : *source, fontaine.*

Nahdane نَهْدَان

• Nahdân : *bassin empli d'eau.*

Houlahil هُلاَهِل

• Hulâhil : *eau limpide.*

MASCULIN

•Wâtin : *eau qui court* ; *stable.*

Ouadi, Ouedi وَادِي

•Wâdî : *rivière, fleuve* (oued).

Yam, Yem يَمّ

•Yamm : *mer.*

FÉMININ

Watine وَاتِن

12.
La terre

A. Fleurs et parfums
B. Arbres et fruits
C. De la plaine à la montagne
D. Déserts

« Parle à la terre, elle t'enseignera »

(proverbe arabe)

A. FLEURS ET PARFUMS

MASCULIN | **FÉMININ**

Araj أَرَج

• Araj : *parfum qui s'exhale.*

Arij أَرِيج — **Arij, Arije** أَرِيج

Arîj (mixte) : *parfum qui s'exhale.*

Arija أَرِيجَة

Arîja : *un parfum.*

Adalia أَضَاليَا

• Aḍâliyâ : *dahlia.* [Correspondance : Dahlia]

Benafsaj بَنَفْسَج

• Banafsaj : *violette* (fleur) [Correspondance : Violette, Violaine]

Bahrame بَهْرَم

• Bahram : *fleur de henné.*

Joulab, Jouleb جُلاَب

• Julâb : *eau de rose ; eau de fleur d'oranger. Potion calmante et adoucissante à base d'eau et de sirop* (mot d'origine persane).

Joullab, Jollab جُلاَّب

Jullâb : *eau de rose, sirop adoucissant* (variante de julâb).

Joulnar جُلْنار

• Julnâr : *fleur du grenadier* (origine persane).

Jouri, Jory جُوري

• Jûrî : *variété de rose rouge très parfumée, rose de Damas* ou « wardat kull ash-shuhûr » « *rose de tous les mois* », car elle fleurit à toutes les époques de l'année.

MASCULIN		FÉMININ	
		Jouriya, Jouria	جُورِيَّة

Jûriyya : *variété de rose rouge.*

		Habka, Habqa	حَبْقَة

• Ḥabqa : *basilic* ; *armoise.*

		Jolassane	جُلَّسَان

• Jullasân : *dispersion de pétales de rose sur le sol* (d'origine persane).

Jady جَادِي

• Jâdî : *safran.*

Hanzala حَنْظَلَة

• Ḥanẓala : *la coloquinte,* plante de la famille des cucurbitacées dont le fruit est utilisé pour ses vertus médicinales. Plusieurs Compagnons portèrent ce nom, dont Ḥanẓala Ibn 'Âmir, dit **Hanẓala al-Kâtib** (*l'écrivain*) car il comptait parmi les secrétaires du Prophète.

Hannoun	حَنُّون	**Hannoune**	حَنُّون

• Ḥannûn (mixte) : *fleur* (de tout arbre ou plante). [Correspondance : Florent, Florentin, Florian, Floréal / Fleur, Flora, Florence, Floriane, Florentine]

Khardal	خَرْدَل	**Khardala**	خَرْدَلَة

• Khardal / Khardala : *graine de moutarde, de sénevé.* Dans le Coran (31 : 16), cette graine est citée pour imager l'infiniment petit ; dans les textes chrétiens et hindous, elle illustre la parabole du « plus petit » qui contient en germe ce qu'il y a de « plus grand » (car cette toute petite graine donne la plus haute des plantes potagères) : c'est le symbole du principe divin qui réside dans l'être.

Khouzam, Khozam	خُزَام	**Khouzama, Khozama**	خُزَامى

• Khuzâm / Khuzâmâ : *lavande.*

MASCULIN		FÉMININ	
		Khadila	خَضِيلَة

• Khaḍîla : *jardin, parterre de fleurs.* [Correspondance : Hortense]

Difel	دِفْل	**Difla**	دِفْلَى

• Difl / Diflâ : *le laurier-rose.*

		Doufla	دُفْلَى

Duflâ : *laurier-rose.* Variante de diflâ.

Rahik	رَحِيق		

• Rahîq : *musc pur, parfum ; liqueur ou vin pur* (Coran 83 : 25).

Rand, Rend	رَنْد	**Rande, Rende**	رَنْد

• Rand (mixte) : *laurier* ; *aloès* ; *myrte* [Correspondance : Laurent, Loris / Laurence, Laurentine, Laura, Laure, Lorena, Daphné]

		Randa, Renda	رَنْدَة / رَنْدَا

Randa ou Randâ : *laurier* ; *bois d'aloès* ; *myrte.*

		Rawand	رَوَنْد

Rawand (variante de rand) : *plante parfumée.*

		Rined	رِناد

Rinâd (pluriel de rand) : *lauriers* ; *myrtes.*

		Rayya	رَيَّا

• Rayya : *parfum, odeur agréable.*

Rayhan, Reyhan	رَيْحَان	**Rayhan, Rayhane** **Reyhan, Reyhane**	رَيْحَان

• Rayḥân (mixte) : *le myrte* : arbrisseau dont le bois est utilisé comme encens ; *plante aromatique* en général, et surtout *le basilic.* [Correspondance : Marjolaine]

MASCULIN	FÉMININ

Rayhana, Reyhana رَيْحَانَة

Rayḥâna (nom d'unité de rayḥân) : *le myrte.* [Correspondance : Myrtille]

Zafrana زَعْفَرَانَة

• Za'farâna (nom d'unité de za'farân) : *brin de safran.*

Zenbak, Zenbaq زَنْبَق

• Zanbaq : *le lilas.*

Zenbaka, Zenbaqa زَنْبَقَة

Zanbaqa (nom d'unité de zanbaq) : *une fleur de lilas.*

Zenjabil زَنْجَبِيل

• Zanjabîl : *gingembre* (d'origine persane).

Zahr زَهْر

• Zahr : *fleur.* [Correspondance : Anthéa]

Zouhour زُهُور

Zuhûr (*pluriel de* zahr) : *fleurs.*

Zahra زَهْرَة

Zahra : *une fleur* ; *beauté* ; *éclat* ; *blancheur.* [Correspondance : Fleur, Flora, Florence, Floriane, Florentine]

Ezhar أَزْهَار

Azhâr (pluriel de zahra) : *fleurs.*

Azahir أَزَاهِير

Azâhîr (*pluriel de* azhâr) : *fleurs.*

Izhar إِزْهَار

Izhâr : *éclosion de la fleur.*

MASCULIN | **FÉMININ**

Zaynab, Zeynab زَيْنَب
Zeyneb, Zineb

•Zaynab : *arbrisseau du désert aux fleurs parfumées* ; *narcisse.* (cf. chapitre Famille de Muhammad).

Zanoubia, Zénobia زَنُوبِيَا

Zanûbiyâ (variante de zaynab) : Zénobie, reine de Palmyre (ville syrienne dont le nom sémitique – et toujours actuel – est Tadmor), centre important de culture hellénistique au IIIe siècle de l'ère chrétienne : cette souveraine résista vaillamment aux Romains, et mourut en captivité à Rome en 272. [Correspondance : Zénobie]

Sawsan, Sawsane سَوْسَن
Sawsen, Sawsene

•Sawsan : *iris, lis.* [Correspondance : Lilian / Liliane, Lilia, Lily]

Saoussane سَوْسَان

Sawsân (variante de sawsan) : *iris, lis.*

Sawsana سَوْسَنَة

Sawsana (nom d'unité de sawsan) : *un iris, un lis.*

Souzane سُوزَان

•Sûzân (variante de Sawsan) : *iris, lis.* [Correspondance : Suzanne, Suzon, Suzie]

Salama سَلَمَة

•Salama : *mimosa.* Salama Ibn Abî Salama, compagnon du Prophète et fils d'Umm Salama, épouse de Muhammad.

Sounboul سُنْبُل | **Sounboula** سُنْبُلَة

•Sunbul : *épi* (de blé ou d'autres céréales) ; Sunbula (nom d'unité) : *un épi, un brin de lavande, la jacinthe* ; nom donné au signe du Zodiaque de la Vierge qui tient un épi de blé à la main. [Correspondance : Eustache (*chargé d'épis*)]

MASCULIN | **FÉMININ**

Sice سِيس

• Sîs : *jasmin.*

Chedan شَدَن

• Shadan : *jasmin.* [Correspondance : Jasmin]

Chedha, Cheda شَذَا

• Shadhâ : *parfum voluptueux, effluves de musc.*

Chedho, Chedo شَذْو

Shadhw : *musc, odeur du musc, couleur du musc.*

Chokar, Choqar شُقَّار **Chokara, Choqara** شُقَّارَى

• Shuqqâr / Shuqqârâ : *anémone rouge.* [Correspondance : Anémone]

Asfaran, Asfarane أَصْفَرَان

• Aṣfarân (duel de aṣfar) : *les deux jaunes, le safran et l'or* ; cette épice est aussi précieuse que l'or. Le mot français safran vient du mot arabe aṣfar qui signifie *jaune.*

Tibe طِيب

• Ṭîb : *parfum* ; *douceur* ; *pureté.*

Touyoub طُيُوب

Ṭuyûb (pluriel de ṭîb) : *parfums.*

Tayiba, Tayeba طَيِّبَة

Ṭayyiba : *parfumée, qui exhale une bonne odeur* ; *douce.* Aṭ-Ṭayyiba : « la Parfumée », l'un des noms de la ville de Médine « parfumée » par la tombe du Prophète ; Ṭâba, variante de Ṭayyiba, autre nom de Médine.

Zeyan, Zeyane ظَيَّان

• Ẓayyân : *la clématite* ; *le jasmin sauvage* ; *le miel.*

MASCULIN | **FÉMININ**

Abir عَبِير (féminin)

• 'Abîr : *parfum composé de différentes essences, bouquet ; safran.*

Abak, Abaq عَبَق — **Abake, Abaq** عَبَق

• 'Abaq (mixte) : *parfum exaltant.*

Abik عَبِيق

'Abîq : *odeur agréable.*

Abhar عَبْهَر — **Abhar** عَبْهَر

• 'Abhar (mixte) : *jasmin ; amarante ; jeune homme beau et svelte ; jeune femme belle et délicate.* [Correspondance : Amarante]

Itre عِطْر (féminin)

• 'Iṭr : *parfum.*

Outour عُطُور (féminin)

'Uṭûr (pluriel de 'iṭr) : *parfums.*

Itriya عِطْرِيَّة (féminin)

'Iṭriyya : *parfumée, qui sent bon.*

Atir عَاطِر — **Atira** عَاطِرَة

'Âṭir / 'Âṭira : *qui répand autour de soi une bonne odeur.*

Aattar عَطَّار

'Âṭṭâr : *parfumeur.* Farîd ad-Dîn 'Aṭṭâr (m. 1220), poète persan de Nichapour (Khorasan), célèbre pour son œuvre philosophique et spirituelle *Manṭiq aṭ-ṭayr* (*Le langage des oiseaux*).

Alkama, Alqama عَلْقَمَة

• 'Alqama : *coloquinte.*

MASCULIN	FÉMININ

Anebari عَنْبَرِي

• 'Anbarî (dérivé de 'anbar) : *qui sent l'ambre* (cf. chapitre La beauté).

Ghoumra غُمْرَة

• Ghumra : *safran.*

Fayha, Feyha فَيْحَاء

• Fayḥâ' : *qui répand son parfum ; jardin d'où se dégagent des parfums capiteux ; vaste.*

Fawahan فَوَحَان

Fawaḥân : *effluves de parfum qui se répandent généreusement.*

Faghma, Farma فَغْمَة

• Faghma : *odeur agréable, parfum.*

Faghwa, Farwa فَغْوَة

• Faghwa : *fleur du henné.*

Faghia, Faria فَاغِيَة

Fâghiya : *fleur du henné.*

Faïgha, Faïra فَائِغَة

Fâ'igha : *parfum qui se répand partout.*

Foulla, Fella فُلَّة

• Fulla (nom d'unité de full) : *jasmin d'Arabie ; seringa.* « Ṣabâḥ al-full ! » (*Bon matin* [parfumé] *de jasmin*) : salutation matinale poétique.

Fayd فَيْد

• Fayd : *feuilles ou fleurs de safran.*

Ikda, Ekda إِقْدَاء

• Iqdâ' : *parfum de musc qui s'exhale.*

MASCULIN	FÉMININ

Karanfoul قَرَنْفُل

• Qaranful : *giroflier,* arbre dont les boutons floraux sont les clous de girofle, épice fameuse.

Kaysoum, Qaysoum قَيْصُوم

• Qayṣûm : *plante aromatique de la famille de l'armoise.*

Kafour كَافُور

• Kâfûr : *camphre* (d'origine arabe vient de kâfûr), substance blanche odorante aux vertus thérapeutiques, extraite d'un arbre, le camphrier ; *boisson du Paradis* (Coran 76 : 5). Ce prénom parfumé était souvent donné aux esclaves : Abû al-Misk Kâfûr, (nom doublement parfumé de *musc* et de *camphre*) esclave noir affranchi par son maître, le gouverneur d'Egypte, auquel il succéda en 966.

Loubna, Lobna لُبْنَى

• Lubnâ : *le benjoin,* résine tirée d'un arbrisseau, le styrax, et très utilisée en parfumerie. Qays Ibn Ḍârîḥ (m. 688) et Lubnâ : couple légendaire de la littérature courtoise arabe.

Louisa لوِيزَة

• Luwîza : *verveine*, mot et prénom utilisés au Maghreb uniquement.

Laylak, Lilak لَيْلَك

• Laylak : *lilas* ; littéralement, laylak signifie aussi en arabe *ta nuit,* mais ce nom de fleur vient du persan et a le sens de *couleur bleutée.* [Correspondance : Lilas]

Malab مَلاَب

• Malâb : *plante aromatique proche du safran.*

Misk مِسْك — Miske مِسْك

• Misk (mixte) : *musc*, parfum tiré de la sécrétion d'un animal, le chevrotin, surnommé « porte-musc » en français, *ghazâl al-misk* en arabe. Misk est aussi *le pois de senteur* ; Misk ar-Rûm (*le musc d'Occident*), fleur blanche parfumée connue en parfumerie sous le nom de musc blanc.

MASCULIN | **FÉMININ**

Miska مِسْكَة

Miska : *morceau de musc.*

Miskia مِسْكِيَّة

Miskiyya : *dont le corps exhale une odeur* parfumée semblable au musc.

Narjis نَرْجِس
Narjisse, Narjes

• Narjis : *narcisse* (mot d'origine persane).

Narjissa نَرْجِسَة

Narjissa (nom d'unité de narjis) : *une fleur de narcisse.*

Naridine نَارِدِين

• Nâridîn : *variété de valériane au parfum capiteux.* Le nard en pharmacopée est une huile parfumée obtenue à partir des racines de la plante. C'est aussi une épice rare, le nard indien.

Nardine نَرْدِين

Nardîn (variante de nâridîn) : *valériane.*

Nisrine, Nesrine نِسْرِين

• Nisrîn : *églantier* (mot d'origine persane). [Correspondance : Églantine]

Nisrina نِسْرِينَة

Nisrîna (nom d'unité de nisrîn) : *une fleur d'églantier.*

Nafha نَفْحَة

• Nafḥa : *souffle de l'air, bouffée d'air pur* ; *parfum qui repose l'âme* ; *don.*

Nafahat نَفَحَات

Nafaḥât (pluriel de nafḥa) : *souffles d'air pur* ; *parfums qui reposent l'âme* ; *dons.*

MASCULIN		FÉMININ	
		Naour, Nawr	نَوْر

• Nawr : *fleurs blanches ou roses blanches.*

		Nawra, Naoura	نَوْرَة

Nawra (nom d'unité de nawr) : *une fleur blanche ou une rose blanche.* [Correspondance : Rosalba]

Nowar	نُوَّار	**Nowara**	نُوَّارَة

Nuwwâr / Nuwwâra : *fleurs, surtout blanches.*

		Warde	وَرْد

• Ward : *roses* ; *fleurs.*

		Warda, Ouarda	وَرْدَة

Warda : *une rose.* [Correspondance : Rhoda, Rose, Rosa, Rosalia]

		Wouroud	وُرُود

Wurûd (pluriel de warda) : *roses.*

		Wardiya **Ouardiya, Wardia**	وَرْدِيَّة

Wardiyya : *qui a les qualités de la rose.*

		Yasmine	يَاسَمِين

• Yâsamîn (prononcé Yasmîn) : *jasmin* (mot d'origine persane). [Correspondance : Jasmine]

		Yasmina	يَاسْمِينَة

Yâsmîna (nom d'unité) : *une fleur de jasmin.*

B. ARBRES ET FRUITS

MASCULIN | **FEMININ**

Athab أَثْأَب

• Ath'ab : *banian* ou *figuier de l'Inde.*

Athala أَثَالَة

• Athâla : *arbre bien enraciné dans la terre.*

Orjawan أُرْجَوَان

• Urjawân : *pourpre, couleur rouge tirée d'un arbuste et utilisée en teinture* (mot persan). [Correspondance : Garance]

Aroum أَرُوم — **Arouma** أَرُومَة

• Arûm / Arûma : *racine.*

Arze أَرْز — **Arza** أَرْزَة

• Arz : le *cèdre* ; Arza, nom d'unité : *un cèdre*. Le cèdre, emblème du Liban.

Assal أَسَل

• Asal : *arbre à longues épines semblables à la pointe des lances.*

Ayk, Aïk أَيْك — **Ayka, Aïka** أَيْكَة

• Ayk / Ayka : *forêt dense où les arbres s'enchevêtrent*. [Correspondance : Guy, Sylvestre, Sylvain / Guyon, Sylvie, Sylvia, Sylviane]

Bouroum بُرْعُم — **Bouroum** بُرْعُم

• Bur'um (mixte) : *bourgeon.*

Boustane بُسْتَان

• Bustân : *verger, jardin où les palmiers espacés permettent une culture au sol.*

MASCULIN		FÉMININ	

Békir بَكِير — **Békira** بَكِيرة

• Bakîr / Bakîra : *les premières figues, ou fruits précoces, primeurs.*

Bana بَانَة

• Bâna : *saule d'Egypte* ; *jeune fille dont le corps mince ressemble à une branche de saule.*

Balsam بَلْسَم

• Balsam : *onguent végétal parfumé* confectionné à partir de l'écorce résineuse des *balsamiers* (arbres) ; ce mot a donné les termes « baume » et « balsamique » en français.

Baylassane بَيْلَسَان

• Baylasân : *sureau* (arbre) ; mot d'origine byzantine.

Bousre بُسْر

• Busr : *dattes nouvelles, tendres et colorées, mais qui ne sont pas encore mûres* ; se dit aussi de *tout ce qui est nouveau* : soleil levant, jeune fille… Busr Ibn Arṭât, compagnon du Prophète.

Atrouje أَتْرُج

• Atruj : *cédratier*, espèce voisine du citronnier.

Tamr تَمْر — **Tamra** تَمْرَة

• Tamr : *dattes*. Tamra (nom d'unité) : *une datte.* Fruit béni en islam ; le Prophète a dit : « Dieu aime celui qui aime les dattes » (Ṭabarânî). [Correspondance : Tamara]

Tamir تَامِر — **Tamira** تَامِرَة

Tâmir / Tâmira : *qui offre des dattes.*

Tamara تَمَارَة

Tamâra : *riche en dattes.*

MASCULIN		**FÉMININ**	
		Itmar	إِتْمَار

Itmâr : *mûrissement des dattes.*

		Tèla	تَالَة

• Tâla : *palmier de petite taille.*

		Tina	تِينَة

• Tîna (nom d'unité) : *une figue.* At-Tîn (Le Figuier) : titre de la sourate 95 du Coran.

Taynam	تَيْنَم		

• Taynam : *arbre du désert.*

		Thamar	ثَمَر

• Thamar : *fruits.*

Thimar	ثِمَار	**Thimar**	ثِمَار

Thimâr (mixte) (pluriel de thamar) : *fruits* (de la nature ou du travail) ; *prospérité* (sous toutes ses formes : *argent, enfants...*).

		Thamara	ثَمَرَة

Thamara (nom d'unité de thamar) : *un fruit.*

		Thamarate **Tamarate, Samarate**	ثَمَرَات

Thamarât (pluriel de thamara) : *des fruits.*

Thamir	ثَامِر	**Thamira**	ثَامِرَة

Thâmir / Thâmira : *qui porte des fruits, fructueux, fécond.*

		Ithmar	إِثْمَار

Ithmâr : *fructification.*

MASCULIN **FÉMININ**

Jarim جَارِم

• Jârim : *celui qui taille les palmiers, ou qui fait la récolte des dattes.*

Jazale جَزَال

• Jazâl : *récolte des dattes.*

Jana جَنَى / جَنَا

• Janâ : *cueillette de fruits, récolte, moisson* (sens propre et figuré) ; cf. Coran 55 : 54.

Ijna, Ejna إِجْنَاء

Ijnâ' : *période de la maturité des fruits et de la cueillette.*

Jawza جَوْزَة

• Jawza : *noix.*

Defwa دَفْوَاء

• Dafwâ' : *arbre dont la ramure généreuse offre une ombre bienfaisante.*

Daloukh دُلوخ

• Dalûkh : *palmier généreux en dattes.*

Dawha, Daouha دَوْحَة

• Dawḥa : *arbre majestueux.*

Daly دَالِي

• Dâlî : *raisin noir.*

Ribasse رِيبَاس

• Rîbâs : *groseille.*

Arta أَرْطَى

• Arṭa : *arbre qui pousse dans un sol sablonneux et dont le fruit ressemble au jujube.*

MASCULIN **FÉMININ**

Rétiba رَطِيبَة

• Raṭîba : *tendre, délicate, fraîche, juteuse.* Se dit des dattes dont la meilleure qualité est nommée Ruṭab : c'est le mot coranique pour désigner les dattes proposées à Marie qui vient d'enfanter (19 : 25).

Rommane, Romane رُمَّان

• Rummân : *la grenade, fruit du grenadier* (mot d'origine persane : *fruit très juteux*). Fruit introduit en Europe par les musulmans, il donne son nom au xe siècle à la ville andalouse de Grenade (Gharnâṭa en arabe). « Chaque grenade contient un grain d'une des grenades du paradis. » (hadith)

Rommana, Romana رُمَّانَة

Rummâna (nom d'unité de Rummân) : *une grenade.*

Zaytoun زَيْتُون **Zaytouna** زَيْتُونَة
Zeitoun, Zitoun **Zeitouna, Zitouna**

• Zaytûn / Zaytûna : *olive, olivier* : arbre béni mentionné plusieurs fois dans le Coran, symbole de l'Homme universel, du Prophète et de la lumière divine ; le rameau d'olivier est aussi un symbole de paix et d'espérance : c'est celui de la colombe annonçant à Noé la fin du déluge. Az-Zaytûna : *la mosquée de l'Olivier,* célèbre université des sciences religieuses à Tunis, fondée en 734. [Correspondance : Olivier / Olive, Olivia, Livia]

Zane زَان **Zana** زَانَة

• Zân / Zâna : *arbres dont le tronc est droit et long.*

Sarwa, Saroua سَرْوَة

• Sarwa : *cyprès.*

Sira, Sirae سِرَاء

Sirâ' : *cyprès.*

Safarij سَفَارِج

• Safârij (pluriel de safarjal) : *coings.*

MASCULIN | FÉMININ

Samoura سَمُرَة

• Samura : *espèce de mimosas* ; *espèce d'arbre à épine.* Samura Ibn Jundub, compagnon du Prophète.

Sindyane سِنْدِيَن

• Sindyan : *chêne.*

Tarafa طَرَفَة

• Ṭarafa : *tamaris*

Talh, Talhe طَلْح

• Ṭalḥ : *acacia* ; *bananier* ; *fleurs du palmier.*

Talha طَلْحَة

Ṭalḥa (nom d'unité de ṭalḥ) : *un acacia* ; *un bananier.* Ṭalḥa Ibn 'Ubayd-Allâh : compagnon du Prophète, qui le surnomma **Ṭalḥat al-Jûd**, *l'arbre de la générosité,* tant il était vertueux.

Toulayha طُلَيْحَة

Ṭulayḥa (diminutif de ṭalḥa) : *petit acacia* ; *petit bananier.*

Tilahe طِلَاح

Ṭilâḥ (pluriel de ṭalḥ) : *acacias* ; *bananiers.*

Inabe, Ineb عِنَب

• 'Inab : *raisin.*

Ounnab, Onneb عُنَّاب

'Unnâb : *jujubier, arbre épineux.*

Ounnaba, Onneba عُنَّابَة

'Unnâba : *jujube, fruit du jujubier appelé aussi « datte de Chine ».*

MASCULIN | **FÉMININ**

Aydan, Aydane عَيْدَان

• 'Aydân : *grand palmier.*

Gharis غَارِس **Gharissa** غَارِسَة

• Ghâris / Ghârisa : *qui plante des arbres, arboriculteur.*

Ghusne, Rousne غُصْن

• Ghusn : *rameau tendre et flexible.* [Correspondance : Virgile]

Ghusayna, Roussaïna غُصَيْنَة

Ghusayna (diminutif de ghuṣn) : *petit rameau tendre et flexible.*

Aghsane, Arsane أَغْصَان

Aghsân (pluriel de ghuṣn) : *rameaux tendres et flexibles.*

Ghanna, Ranna غَنَّاء

• Ghannâ' : *jardin verdoyant et fleuri résonnant de chants d'oiseaux.*

Fakih, Fakihe فَاكِه **Fakiha** فَاكِهَة

• Fâkih : *fruit.* Fâkiha (nom d'unité) : *un fruit.*

Fanane فَنَن

• Fanan : *branche, rameau.*

Afnane أَفْنَان

Afnân (pluriel de fanan) : *branches, rameaux.*

Afanine أَفَانِين

Afânîn (pluriel de afnân) : *branches, rameaux.*

Fanwa, Fanoua فَنْوَاء

Fanwâ' : *arbre paré d'un riche feuillage.*

MASCULIN **FÉMININ**

Qatada قَتَادَة

• Qatâda : *astragale,* arbrisseau qui fournit la gomme adragante utilisée en médecine. Qatâda Ibn Nu'mân : compagnon du Prophète réputé pour son courage.

Qitaf قِطَاف

• Qiṭâf : *cueillette, récolte, vendange.*

Karaza, Caraza كَرَزَة

• Karaza : *une cerise, un cerisier.* [Correspondance : Cerise, Cherry]

Karma كَرْمَة

• Karma : *cep de vigne.* [Correspondance : Carmel / Carmela, Carmen (vigne de Dieu)]

Akmam, Akmame أَكْمَام

• Akmâm (pluriel de kimm) : *calices, enveloppes protectrices des fleurs du palmier* (Coran 55 : 11). [Correspondance : Calypso]

Lawza, Laouza, Louza لَوْزَة

• Lawza : *une amande*, fruit de l'amandier. [Correspondance : Amanda, Amandine]

Louwayza, Lowaïza لُوَيْزَة

Luwayza (diminutif de lawza) : *petite amande.*

Lawziya لَوْزِيَّة
Louzia, Lousia

Lawziyya : *qui vient de l'amande.*

Louna, Lona لُونَة

• Lûna : *palmier aux fruits excellents* (dérivé du mot lawn : *couleur*).

MASCULIN **FÉMININ**

Meys مَيْس

• Mays : *micocoulier*, grand arbre utilisé pour la fabrication des selles.

Mayla مَيْلاَء

• Maylâ' : *arbre aux nombreuses branches feuillues qui penchent et se balancent.*

Laymona لَيْمُونَة

• Laymûna (nom d'unité) : *un citronnier.*

Lina لِينَة

• Lîna : *palmier* ; *souple.*

Nakhla نَخْلَة

• Nakhla : *un palmier* ; *pure* ; *préférée.* [Correspondance : Palmyre]

Nacham نَشَم

• Nasham : *arbre de la famille des ormes* (utilisé pour la fabrication des arcs).

Wayn, Ouayn وَيْن **Ouayna, Wayna, Waïna** وَيْنَة

• Wayn / Wayna : *raisin noir.*

Yani, Yeni يَانِع **Yenia** يَانِعَة

• Yâni' / Yâni'a : *fruit mûr, datte mûre dont la couleur annonce la cueillette* ; *tout ce qui est de couleur rouge telle la cornaline.*

C. DE LA PLAINE À LA MONTAGNE

MASCULIN **FEMININ**

Ajame آجَام

• Âjâm (pluriel d'ajma) : *collines* ; *refuges.*

Bouthayna بُثَيْنَة
Boutayna, Boussaïna

• Buthayna (diminutif de bathna) : *terre sablonneuse et tendre* ; *belle femme à la peau douce*. Jamîl et Buthayna : couple légendaire de la littérature courtoise arabe.

Tabris تَبْرِيس

• Tabrîs : *aplanir la terre, l'adoucir.*

Baraïl بَرَئِل

• Bara'il : *herbe qui recouvre la terre, tel le plumage d'un oiseau.*

Ibchache إِبْشَاش

• Ibshâsh : *terre riante et verte où l'herbe nouvelle pousse abondamment.*

Boutros بُطْرُس

• Buṭrus (origine grecque) : *pierre, rocher.* Prénom porté par les chrétiens d'Orient, il se réfère à Pierre, un des douze apôtres de Jésus : son prénom d'origine était Simon, mais Jésus le renomma Képhas, *rocher* en araméen, c'est-à-dire la *pierre* sur laquelle Jésus bâtit son église. [Correspondance : Pierre, Pierrick / Petra, Perrine]

Bounana, Bounena بُنَانَة

• Bunâna : *prairie riante.*

Tella تَلَّة

• Talla : *colline, élévation* ; a donné en français le mot « tell » (tertre). [Correspondance : Tara]

MASCULIN | **FÉMININ**

Tilal, Tilel تِلاَل

Tilâl (pluriel de talla) : *collines.*

Jabal, Jébel جَبَل

• Jabal : *montagne*, symbole de puissance.

Joubayl, Joubeil جُبَيْل

Jubayl (diminutif de jabal) : *petite montagne.*

Jodama, Joudama جُدَامَة

• Judâma : *épis chargés de grains.*

Joudi جُودِي

Jûdî : Al-Jûdî (dérivé de jûd : *générosité*), nom coranique (11 : 44) de la montagne sur laquelle s'échoua l'arche de Noé après le déluge, au nord de la Mésopotamie (actuelle Turquie) ; la Bible parle du "mont Ararat", mais il s'agirait du même lieu.

Jawalih, Jaoualih جَوَالِح

• Jawâliḥ (pluriel de jawlaḥ) : *légers filaments qui se détachent des roseaux ou des papyrus et qui voltigent dans l'air tels des flocons de neige.*

Jioua, Jiwa جِوَاء

• Jiwâ' : *vallée profonde.*

Harith حَارِث

• Ḥârith : *qui cultive la terre, qui laboure et ensemence* ; *qui étudie* ; *qui médite le Coran* ; *lion.* Prénom du mari de la nourrice de Muhammad, surnommé **al-Hârith as-Sa'dî** (l'heureux cultivateur). Ce prénom fait partie de ceux recommandés par le Prophète.

MASCULIN **FÉMININIS**

Haritha حَارِثَة

Ḥâritha : *qui cultive la terre, qui laboure et ensemence.* Prénom masculin, comme de nombreux prénoms anciens se terminant par un *ta' marbûṭa.* Ḥâritha Ibn Wahb : compagnon du Prophète.

Kheizoran, Kheizran خَيْزُرَان

• Khayzurân : *osier, bambou.* Al-Khayzurân (m. 789) femme du calife abbasside al-Mahdî, qui intrigua pour faire accéder ses fils au pouvoir : Mûsâ al-Hâdî et Ḥârûn ar-Rashîd.

Kheizorana خَيْزُرَانَة

Khayzurâna : *tige de roseaux, bambou.*

Ikhsab, Ikhsabe إِخْصَاب

• Ikhṣâb : *vivre dans un pays fertile et bénéficier en abondance des produits de la terre.*

Khadir خَضِر

• Khaḍir (ou Khiḍr) : *verdoyant* ; *toujours vivant, immortel* ; en référence au personnage énigmatique Al-Khiḍr, qui but à la source de la vie et dont la vie est ainsi prolongée jusqu'à la fin des temps ; initiateur de Moïse dans le Coran (18, 65-82), il apparaît aux saints musulmans. La couleur verte symbolise la vie éternelle ; c'est aussi la couleur de l'islam.

Khoudayr, Khodayr خُضَيْر

Khuḍayr (diminutif de khaḍir) : *petit verdoyant.*

Akhdar أَخْضَر

Akhḍar : *vert.*

Lakhdar الأَخْضَر

Al-Akhḍar (forme déterminée d'akhḍar) : *le vert.* Al-Akhḍar Ibn Abî al-Akhḍar al-Anṣârî, compagnon du Prophète.

MASCULIN | **FÉMININ**

Akhdaran, Akhdarane أَخْضَرَان

Akhdarân (duel de akhḍar : *vert*) : « *les deux verts* », c'est-à-dire *l'herbe et les arbres.*

Khadrae خَضْرَاء

Khaḍrâ' : *verte.*

Khawalid خَوَالِد

• Khawâlid (pluriel de khâlid : *éternel*) : *montagnes.*

Dhiroua, Dirwa ذِرْوَة — **Dhiroua, Dirwa** ذِرْوَة

• Dhirwa (mixte) : *sommet de la montagne, apogée.*

Dhourwa, Dourwa ذُرْوَة — **Dhourwa, Dourwa** ذُرْوَة

Dhurwa (mixte) (variante de dhirwa) : *sommet de la montagne, apogée.*

Mirbab مِرْبَاب

• Mirbâb : *terre fertile, riche en végétation.*

Rabcha, Rebcha رَبْشَاء

• Rabshâ' : *terre fertile et luxuriante.*

Raby رَابِي — **Rabiya** رَابِيَة

• Râbî / Râbiya : *qui croît, se développe.* Râbiya : *colline.*

Robba رُبَّى

Rubbâ (pluriel de râbiya) : *collines* ; *bienfaits.*

Rihab, Riheb رِحَاب

• Riḥâb (pluriel de raḥba) : *espaces larges et ouverts* ; *places* ; *vastes plaines peuplées et cultivées*, d'où l'expression « Marḥaban ! » (*Que cette place vous soit large,* c'est-à-dire *Bienvenue !*). [Correspondance : Maéva]

MASCULIN	FÉMININ

Rahib راَحِب

• Râḥib : *spacieux, ouvert, accueillant.* [Correspondance : Bienvenu]

Radwa رَضْوَى

• Raḍwâ : *nom d'une montagne élevée aux environs de la ville de Médine.*

Raouassi, Rawassi رَوَاسِي

• Rawâsî : *montagnes.*

Rawda, Raouda رَوْضَة

• Rawḍa : *jardin luxuriant, bassin d'eau* ; Ar-Rawḍa : partie de la mosquée du Prophète (à Médine) située entre son tombeau et sa chaire, et désignée par lui comme étant « un des jardins du Paradis ».

Riyad, Riad رِيَاض

Riyâḍ (pluriel de rawḍa) : *jardins luxuriants et paradisiaques où l'eau abonde, bassins.* Riyad, capitale du royaume d'Arabie saoudite. *Riyâḍ aṣ-Ṣâliḥîn* (*Le jardin des vertueux*), recueil de paroles (hadith) du Prophète par l'imam an-Nawawî (m. 676), fameux dans tout le monde musulman.

Riad-Eddin رِيَاض الدِّين

Riyâḍ ad-Dîn : *les jardins de la Foi.*

Rouwa, Rowa رُوَاء

• Ruwâ' : *beau paysage.*

Zahiya زَهِيَّة

• Zahiyya : *végétation luxuriante* ; *belle, fière.*

Sabacibe سَبَاسِب

• Sabâsib (pluriel de sabsab) : *vastes plaines, savane.* [Correspondance : Savannah]

MASCULIN | **FÉMININ**

Semsem سِمْسِم

• Simsim : *graine de sésame.*

Sanabil سَنَابِيل

Sanâbîl (pluriel de sunbul) : *épis.*

Sara صَارَة

• Ṣâra : *sommet de la montagne, crête.*

Ablae عَبْلَة

• 'Abla : *rocher blanc visible de très loin.*

Efrae عَفْرَاء

• 'Afrâ' : *terre blanche et poudreuse que personne n'a foulée.* [Correspondance : Nolwenn]

Falih, Félih فَالِح **Faliha, Féliha** فَالِحَة

• Fâliḥ / Fâliḥa : *qui cultive la terre* ; *heureux et prospère, qui réussit ce qu'il entreprend.* [Correspondance : Georges, Jorgi, Youri / Georgia, Georgina, Georgette]

Finde, Fende فِنْد

• Find : *montagne haute et imposante* ; *rameau.*

Findi, Fendy فِنْدِي

Findî : *qui vient de la haute montagne.*

Fouma فُومَة

• Fûma : *épi.*

MASCULIN | **FÉMININ**

Kinda كِنْدَة

• Kinda : *montagne* ; nom d'une tribu arabe chrétienne : Banû Kinda (litt. *Les enfants de Kinda*) dont le dernier roi est le père du poète Imru al-Qays (m. 540). Al-Kindî (*nisba* : *de la tribu de Kinda*), philosophe et savant polyvalent (m. 873) qui participa au rayonnement intellectuel de la Maison de la Sagesse (*Bayt al-Ḥikma*) de Bagdad.

Qoulla, Qolla قُلَّة

• Qulla : *cime d'une montagne.*

Mourouj, Mourej مُرُوج

• Murûj (pluriel de *marj*) : *prairies.*

Maytha مَيْثَاء

• Maythâ' : *sol très tendre et égal.*

Néjoua نَجْوَة

• Najwâ : *monticule, colline* ; *tout ce qui s'élève de la terre et qui est à l'abri de l'eau.*

Haouma, Hawma هَوْمَة

• Hawma : *vaste plaine.*

Wasmi, Ouasmi وَسْمِي — Wasmia, Ouasmiya وَسْمِيَّة

• Wasmî / Wasmiyya : *printanier* ; wasmî : *pluie du début du printemps* ; *premiers germes après une pluie printanière.*

Awtad أَوْطَاد

• Awṭâd : *montagnes inébranlables.*

MASCULIN **FÉMININ**

Wasid, Ouasid وَصِيد

• Waṣîd : *montagne* ; *grotte, caverne* ; *seuil.* Mot cité dans la sourate La Caverne pour désigner le seuil de la grotte où se tient le chien à côté des « *Ahl al-kahf* », les Gens de la Caverne (Coran 18 : 18). Dans la tradition musulmane, la grotte est un lieu de retraite, de sauvegarde divine et de réalisation spirituelle. Cette référence est en relation avec les « Sept Dormants » de la tradition chrétienne.

D. DÉSERTS

MASCULIN | **FÉMININ**

Abab, Ababe أَبَاب

• Abâb : *mirage* ; *grande étendue d'eau.*

Bijad بِجَاد

• Bijâd : *manteau rayé porté par les Arabes du désert* ; *guide dans le désert qui connaît son sujet à fond.*

Baha بَاحَة

• Bâḥa : *oasis, étendue de palmiers.*

Badiya بَادِيَة

• Bâdiya : *désert, terre des peuples nomades* ; *commencement.*

Badawi بَدَوِي

Badawî : *bédouin, qui vit dans le désert, nomade.*

Beyda بَيْدَاء

Baydâ' : *désert.* [Correspondance : Dune]

Tayma تَيْمَاء

• Taymâ' : *désert immense.*

Daymoum دَيْمُوم **Daymouma** دَيْمُومَة

• Daymûm / Daymûma : *vaste désert sans eau.*

Ramde رَمْض

• Ramḍ : *brûlant*, se dit du sable ou des pierres embrasées par l'ardeur du soleil (même racine et même sens que le mot Ramaḍan).

MASCULIN | **FÉMININ**

Ramla رَمْلَة

• Ramla : *grain de sable*. Ramla, prénom d'une des femmes de Muhammad (Umm Ḥabîba) et de deux des filles d'Ali (nées de mariages postérieurs à la mort de Fatima).

Roumayla رُمَيْلَة
Romaïla, Romeila

Rumayla (diminutif de ramla) : *petit grain de sable.*

Râma رَامَة

• Râma : *nom d'une ville dans le désert de Syrie.*

Sabta, Sebta سَبْتَاء

• Sabtâ' : *désert.*

Sarab, Sarabe سَرَاب

• Sarâb : *mirage.*

Assakil عَسَاقِل

• 'Asâqil (pluriel de 'asqal) : *mirages*. Ce mot est de la même famille que 'Asqalân (Ascalon), ville portuaire antique située au nord de Gaza.

Falate فَلَاة

• Falât : *désert sans point d'eau.*

Mafaza مَفَازَة

• Mafâza : *étendue désertique, désert très vaste.*

Fayf, Feyf فَيْف

• Fayf : *désert.*

Afyefe أَفْيَاف

Afyâf (pluriel de fayf) : *déserts.*

MASCULIN **FÉMININ**

Kayrawan, Kerwan قَيْرَوَان

• Qayrawân : *caravane* (origine persane) ; *troupe de voyageurs* ; *bivouac, armée.* Nom de la ville de Kairouan (actuelle Tunisie), première ville musulmane fondée au Maghreb : en 670, ‘Uqba Ibn Nâfi’ choisit cet emplacement à l’intérieur des terres pour servir comme avant-poste à la conquête musulmane en Afrique du Nord (Ifriqiyya).

Kathib كَثِيب

• Kathîb : *dune de sable.* Mot coranique pour évoquer les montagnes transformées en dunes de sable à la fin des temps.

Miaas مِيعَاس

• Mî‘âs : *sable doux.*

Hal هَال

• Hâl : *mirage* ; *cardamome.*

Waha, Ouaha وَاحَة

• Wâḥa : *oasis.*

13.
Le bestiaire

A. Insectes
B. Oiseaux
C. Chamelles, chevaux…
D. Gazelles…
E. Lions, loups…

« L'air du paradis est celui qui souffle entre les oreilles du cheval »

(proverbe arabe)

A. INSECTES

Durant la période préislamique, la société arabe bédouine était très attachée à ses troupeaux et ses caravanes, sources majeures de sa richesse. Mais, au-delà, elle entretenait un rapport quasi totémique avec les animaux qu'elle jugeait nobles, tels que le lion et le cheval. En témoignent les proverbes et la poésie, qui calquent les qualités et les défauts des hommes sur ceux des animaux, et surtout le lexique arabe attaché au règne animal, qui est d'une richesse exceptionnelle : environ mille noms pour désigner le lion, sept cents pour le cheval, trois cents pour le loup, etc. Porter un des noms du lion ou de l'aigle, c'était être investi de sa force et de sa valeur guerrière, ou de sa ruse en ce qui concerne le loup. Pour une femme, porter l'un des noms de la gazelle, c'était s'approprier sa beauté. Privilégiant certains animaux (tels le cheval et le chat), l'islam a préservé et consacré cette proximité entre règne humain et règne animal. Il a doté le second d'un *rûḥ* (âme-esprit), qui permet à l'animal de connaître Dieu, selon les anciens oulémas, et même d'être ressuscité. Dans le Coran, quelques sourates portent ainsi des noms d'animaux.

MASCULIN **FÉMININ**

Joundoub جُنْدُب

• Jundub : *variété de criquet.* Jundub Ibn Junâda, compagnon du Prophète.

Chouqayr شُقَيْر

• Shuqayr : *variété de criquet.*

Chouhde شُهد

• Shuhd : *rayon de miel.*

Chouhda شُهدَة

Shuhda (nom d'unité de shuhd) : *un rayon de miel.*

Chouhdi شُهْدِي

Shuhd : *doux comme un rayon de miel.*

Faracha, Feracha فَرَاشَة

• Farâsha : *papillon.*

MASCULIN **FÉMININ**

Yassoub يَعْسُوب

• Ya'sûb : *libellule* ; « *prince* » *des abeilles*, et non pas *reine des abeilles* comme en français ; *prince, chef, le premier parmi les siens* ; *tache blanche sur la tête du cheval*. Nom donné à un des chevaux du prophète Muhammad.

Assel عَسَل — Assel عَسَل

• 'Asal (mixte) : *miel*. [Correspondance : Mélie, Méline, Mélina]

Aassil عَاسِل — Aassila عَاسِلَة

'Âsil' / 'Âsila : *qui récolte le miel* ('asal) *dans les ruches* ; *personne douce et vertueuse comme le miel*. [Correspondance : Paméla]

Assoul, Assoule عَسُول

'Asûl : *homme doux comme le miel, honnête et pur comme le miel.*

Okasse, Okace عُكَاس

• 'Ukâs (variante de 'Ukâsha) : *araignée.*

Okacha عُكَاشَة

• 'Ukâsha : *araignée* ; *toile d'araignée* ; *étendard, bannière*. 'Ukâsha Ibn Miḥṣan, compagnon du Prophète. L'araignée est un insecte respecté par les musulmans. La tradition rapporte en effet que cet animal sauva Muhammad qui, fuyant les persécutions des Mecquois, s'était réfugié dans une grotte : en tissant une toile à l'entrée de celle-ci, l'araignée laissa croire à ceux qui poursuivaient le Prophète que le lieu était désert.

Nahle نَحْل — Nahle نَحْل

• Naḥl (mixte) : *abeilles* ; *cadeau*. An-Naḥl : Les Abeilles, titre de la 16e sourate du Coran.

Nahla نَحْلَة

Naḥla (nom d'unité) : *une abeille*. [Correspondance : Déborah, Mélissa]

Nassil نَسِيل

• Nasîl : *gouttes de miel qui coulent d'un gâteau.*

B. OISEAUX

MASCULIN		FEMININIM	

Baz بَاز

• Bâz : *faucon, épervier.*

Ababil أَبَابِيل

• Abâbîl : *volée d'oiseaux.* La sourate 105, L'Eléphant, raconte comment, en 570, La Mecque fut attaquée par Abraha, souverain du Yémen : son armée, conduite par des éléphants, fut décimée par une grêle de pierres lancées par des volées d'oiseaux (*abâbîl*).

Awalif أَوَالِف

• Awâlif : *oiseaux familiers.*

Bachak, Bachaq بَاشَق

• Bâshaq : *aigle, faucon, épervier, oiseau de proie au regard perçant.*

Boulboul بُلْبُل — **Boulboula** بُلْبُلَة

• Bulbul / Bulbula : *rossignol* ; *qui possède une belle voix* ; *toupie.*

Toulaj تُلَج

• Tulaj : *faucon, épervier, aigle.*

Ajdal أَجْدَل

• Ajdal : *faucon, épervier.*

Joumlana, Jomlena جُمْلاَنَة

• Jumlâna : *rossignol.*

Janah جَنَاح — **Janah** جَنَاح

• Janâḥ (mixte) : *aile.*

MASCULIN		FÉMININ	
		Houbara, Hobara	حُبَارَى

• Ḥubârâ : *outards.*

Hajal	حَجَل	**Hajala**	حَجَلَة

• Ḥajal / Ḥajala : *perdrix.*

Hassoun حَسُّون

• Ḥassûn : *chardonneret.*

Houmara حُمَّرَة

• Ḥummara : *oiseaux.*

Hamama حَمَامَة

• Ḥamâma : *colombe.* [Correspondance : Colombe]

Akhtab أَخْطَب

• Akhṭab : *épervier, pivert, pie-grièche.*

Dalouf دَلُوف

• Dalûf : *aigle rapide.*

Riel, Rielle رِئَال

• Ri'âl (pluriel de ra'l) : *poussins d'autruche.*

Irfafe إِرْفَاف

• Irfâf : *déployer les ailes pour couver les œufs du nid.*

Rahdan, Rahdane	رَهْدَن	**Rahdana**	رَهْدَنَة

• Rahdan / Rahdana : *petit oiseau.*

Rawah, Raouahe رَوَح

• Rawaḥ : *les oiseaux qui rejoignent leur nid le soir.*

MASCULIN | **FÉMININ**

Zaghloul, Zarloul زَغْلُول **Zaghloula, Zarloula** زَغْلُولَة

• Zaghlûl / Zaghlûla : *petit pigeon.*

Zourayk, Zourayq زُرَيْق

• Zurayq (diminutif de azraq : *bleu*) : petit bleu, c'est-à-dire un *geai.*

Zaqi زَاقِي

• Zâqî : *coq* ; *qui pousse son cri.*

Zalma, Zelma زَلْمَاء

• Zalmâ' : *femelle du faucon ou de l'épervier.*

Sadana, Saadana سَعْدَانَة

• Sa'dâna : *pigeon, tourterelle, colombe.*

Salwa, Selwa سَلْوَى

• Salwâ : *cailles* ; *miel* ; *soulagement, consolation.* Dans le Coran, l'expression « de la manne et des cailles » revient à trois reprises pour désigner la générosité divine à l'égard des « fils d'Israël ».

Chahine شَاهِين

• Shâhîn : *faucon blanc* (mot d'origine persane).

Sakre, Saqre صَقْر

• Ṣaqr : *faucon, oiseau de proie.*

Taous, Taos طَاؤُوس **Taous, Taos** طَاؤُوس

• Ṭâûs (mixte) : *paon.*

Touways, Touweis طُوَيْس **Touways, Touweis** طُوَيْس

Ṭuways (mixte) (diminutif de ṭâûs) : *petit paon.*

Ateq عَاتِق

• 'Âtiq : *jeune oiseau qui commence à peine à voler.*

MASCULIN | **FÉMININ**

Othman, Osmane عُثْمان

• ʿUthmân : *poussin de l'outarde* (oiseau échassier) ; *jeune serpent*. ʿUthmân Ibn al-ʿAffân (m. 656), troisième calife après la mort du Prophète. La dynastie des Ottomans (*al-ʿUthmâniyyûn*) (1299-1922) tire son nom de son fondateur, le sultan Othmân Ier.

Ousfour, Osfour عُصْفُور — Ousfoura, Osfoura عُصْفُورَة

• ʿUṣfûr / ʿUṣfûra : *passereau, petit oiseau* en général (sens courant du mot qui en recouvre bien d'autres : paradis, seigneur, tache blanche au front du cheval, livre…).

Asafir عَصَافِير

ʿAṣâfîr (pluriel de ʿuṣfûr) : *passereaux.*

Yacoub, Yaqoub يَعْقُوب

• Yaʿqûb : *perdreau, perdrix* ; le prophète Jacob (cf. chapitre Les prophètes).

Ikrima عِكْرِمَة

• ʿIkrima : *tourterelle*. ʿIkrima Ibn Abî Jahl, compagnon et cousin du Prophète.

Andala عَنْدَلَة

• ʿAndala : *chant du rossignol.*

Andalib عَنْدِلِيب

ʿAndalîb : *rossignol*. **Al-ʿAndalîb al-asmar**, *le rossignol brun* ou *le merle* : surnom de Ziryâb (m. 857), célèbre chanteur et musicien à la cour andalouse.

Anadile عَنَادِل

ʿAnâdil (pluriel de ʿandalîb) : *rossignols.*

Gharid غَرِيد

• Gharîd : *qui chante, qui gazouille.*

MASCULIN		FÉMININ	

Ghirrid غِرِّيد

Ghirrîd : *gai comme un pinson, qui chante sans cesse, comme un oiseau.*

Agharide أَغَارِيد

Aghârîd (pluriel d'ughrûda) : *gazouillis, chants des oiseaux.*

Fakhita, Fékhita فَاخِتَة

• Fâkhita : *pigeon à collier, ramier.* Fâkhita Bint Abî Tâlib, sœur d'Ali, connue sous la *kunya* de Umm Hânî'.

Fatima فَطِيمَة

• Faṭîma : *oiseau des bords de mer.*

Kitam, Qitam قِطَام

• Qiṭâm : *épervier.*

Kitami, Qitami قِطَامِي

Qiṭâmî : *qui a la nature de l'épervier.*

Koumriya, Qoumria قُمْرِيَّة

• Qumriyya : *tourterelle.*

Karawan, Karaouan كَرَوَان — **Karwana, Karouana** كَرَوَانَة

• Karawân / Karawâna : *le courlis, petit échassier.*

Nouham, Noham نُحَام — **Nouhama, Nohama** نُحَامَة

• Nuḥâm / Nuḥâma : *flamant rose.*

Nesr نَسْر

• Nasr : *oiseau de proie, aigle.* [Correspondance : Arnaud, Arnold].

Nossour نُسُور

Nusûr (pluriel de nasr) : *oiseaux de proie, vautours, aigles.*

MASCULIN | **FÉMININ**

Noussayr, Nousseir نُسَيْر

Nusayr (diminutif de nasr) : *aiglon*. Mûsâ Ibn Nusayr (m. 718), général musulman omeyyade qui acheva la conquête du Maghreb et lança son lieutenant, Târiq Ibn Ziyâd, vers l'Andalousie.

Nawras, Naouras نَوْرَس

• Nawras : *mouette, goéland*.

Naâma نَعَامَة

• Na'âma : *autruche*.

Haytham هَيْثَم

• Haytham : *jeune faucon*. Ibn al-Haytham (m. 1038), connu sous le nom d'Alhazen en Occident, un des pères de l'optique physiologique. Un astéroïde porte son nom. [Correspondance : Gauvain]

Hadil هَدِيل

• Hadîl : *roucoulement de la tourterelle*.

Wirchan وِرشَان — Wirchan وِرشَان

• Wirshân (mixte) : *tourterelle*.

Warqa وَرْقَاء

• Warqâ' : *colombe* ; *louve* ; *petit arbre feuillu*.

Yamam يَمَام — Yamama يَمَامَة

• Yamâm / Yamâma : *pigeon, ramier*. [Correspondance : Paloma]

C. CHAMELLES, CHEVAUX…

MASCULIN | **FÉMINININ**

Oumama أُمَامَة

• Umâma : *troupeau de trois cents chameaux* ; *symbole de prospérité.* Petite-fille du Prophète (cf. chapitre Les prophètes).

Bahira بَحِيرَة

• Baḥîra : *chamelle née d'une mère dite « Saïba ».* La chamelle Saïba est celle qui a eu dix petites femelles dans ses portées successives : elle peut alors paître librement, n'est plus chargée ou montée, et n'est traite que pour offrir son lait à des pauvres ou aux hôtes ; ensuite, si Saïba donne naissance à une onzième petite chamelle, celle-ci est appelée Baḥira : marquée à l'oreille d'un signe honorifique, elle jouit dès lors des privilèges accordés à sa mère.

Boughame, Bourame بُغَام

• Bughâm : *voix douce de la gazelle ou de la chamelle à la recherche de son petit.*

Bakre, Baker بَكْر

• Bakr : *chamelon* ; *aube* ; *fils aîné.* Abû Bakr (*l'Homme au chamelon*), un des premiers compagnons du Prophète, surnommé ainsi pour son statut d'homme riche et respectable : le chameau, ou plutôt le dromadaire, est l'animal emblématique des régions désertiques de l'Arabie, et symbole de richesse.

Tabra, Tabrae تَبْرَاء

• Tabrâ' : *chamelle de couleur dorée* (dérivé de tibr : *or*).

Tawkala, Tawqala تَوْقَلَة

• Tawqala : *cheval qui gravit avec vigueur une montagne.*

Jahla, Jahlaa جَحْلَاء

• Jaḥlâ' : *belle chamelle.*

MASCULIN | **FÉMININ**

Jarir جَرِير

• Jarîr (dérivé du verbe jarra : *tirer*) : *rênes pour guider et maîtriser sa monture.* Jarîr Ibn 'Abd-Allah, compagnon du Prophète.

Jawad, Jawed جَوَاد

• Jawâd : *cheval d'excellente nature et rapide à la course* ; *généreux*

Joune جُون

• Jûn : *blanc ou noir.* Nom donné dans l'histoire musulmane à des chevaux prestigieux.

Khabbab خَبَّاب

• Khabbâb (intensif de khâbb) : *cheval qui va au trot* ; *homme à la marche rapide.* Khabbâb Ibn al-Art, fabricant de sabres à La Mecque qui compta parmi les premiers musulmans.

Khadij, Kadij خَدِيج — Khadija, Kadija خَدِيجَة

• Khadîj / Khadîja : *chamelon mort-né* ; *nouveau-né prématuré, précoce.* Ce prénom se donne en référence à Khadîja, première épouse de Muhammad (cf. chapitre Les prophètes). Le masculin Khadîj n'est guère porté qu'en tant que patronyme.

Houdhayfa, Hodayfa, Hozayfa حُذَيْفَة

• Ḥudhayfa (diminutif de ḥadhâfa) : *petit mouton noir du Hijâz.* Ḥudhayfa Ibn al-Yamân, compagnon du Prophète.

Ikhlij إِخْلِيج

• Ikhlîj : *beau cheval, rapide à la course.*

Khansa خَنْسَاء

• Khansâ' : *génisse sauvage* ; *gazelle* ; *qui a le nez retroussé, aplati.* Al-Khansâ' : surnom de la célèbre poétesse antéislamique, Tamaḍur Bint 'Amr (m. 664), convertie à l'islam.

MASCULIN		FÉMININ	
		Dassira	دَاسِرَة

• Dâsira : *chamelle rapide à la course.*

Doulam دُلَم

• Dulam : *éléphant.*

Ramka, Remka رَمْكَة

• Ramka : *jument de haras utilisée pour la reproduction de poulains de race.*

Zayma, Zima زَيْمَة

• Zayma : *groupe composé de trois à quinze chameaux.*

Moussab مُصْعَب

• Muṣ'ab : *étalon*, symbole de noblesse. Muṣ'ab Ibn 'Umayr : compagnon valeureux du Prophète, surnommé **Muṣ'ab al-Khayr** (*l'étalon du bien*).

Tamim, Tamime طَمِيم

• Ṭamîm : *cheval pur-sang.*

Ghadhawan, Ghadwan غَذَوَان

• Ghadhawân : *cheval rapide.*

Fourays, Foreis فُرَيْس — **Fourayssa, Foraïssa** فُرَيْسَة

• Furays / Furaysa (diminutif de faras) : *poulain / pouliche.*

Faris, Fares فَارِس

Fâris : *cavalier* ; *chevalier ou guerrier monté à cheval* ; *qui connaît les règles de l'équitation.* [Correspondance : Philippe (qui aime les chevaux)]

MASCULIN | **FÉMININ**

Fatima فَاطِمَة

• Fâṭima : *chamelle dont le petit est sevré* ; *qui se tient à l'écart du péché.* Nom de la fille de Muhammad (cf. chapitre Les prophètes). Prénom très répandu dans le monde musulman : **Fatimata** ou **Fatimatou** en Afrique noire, **Petimat** en Tchétchénie, **Fadimé** en Turquie… Le prénom Fatima a fait son entrée dans le monde chrétien en 1917, lors des apparitions de la Vierge à Fatima, petite ville portugaise dont le nom remonte à la période musulmane.

Fatima-Zahrae فَاطِمَة الزَهْرَاء

Fâṭima az-Zahrâ' : *Fatima l'éblouissante*, prénom composé souvent attribué aux petites filles musulmanes en l'honneur de la fille de Muhammad dont c'était le surnom.

Fattoum فَطُّوم

Faṭṭûm (diminutif de fâṭima) : *chamelle dont le petit est sevré.*

Fattouma فَطُّومَة

Faṭṭûma (variante de faṭṭûm) : *chamelle dont le petit est sevré.*

Fatim فَطِيم | **Fatime** فَطِيم

Faṭîm (mixte) : *chamelon sevré* ; *enfant sevré.*

Koumayt كُمَيْت

• Kumayt : *bai* (*brun-rouge*) ; se dit de la robe d'un cheval.

Kawdan, Kaoudane كَوْدَن

• Kawdan : *cheval métis né d'un étalon arabe et d'une jument non arabe* ; *éléphant.*

Olhoub أُلْهُوب

• Ulhûb : *ardeur du cheval à la course* ; *cheval au galop.*

MASCULIN | **FÉMININ**

Mirâs, Mirâce مِرْآس

• Mir'âs : *cheval qui aime la compétition, qui gagne des courses.*

Mariya مَارِيَة

• Mâriya : *jeune veau femelle de couleur blanche* ; *vache qui met bas des veaux de couleur blanche* ; *colombe* ; *antilope blanche* ; *femme au teint blanc.*

Maraya مَرَايَا

Marâyâ (pluriel de marî) : *chamelles qui donnent un lait abondant.*

Najia, Nagia نَاجِيَة

• Nâjiya : *chamelle rapide.*

Hijan, Hijane هِجَان

• Hijân : *grand chameau blanc d'excellente race.*

Hind هِنْد

• Hind : *groupe de cent à deux cents chameaux* (symbole d'abondance) ; Al-Hind : *l'Inde.* En grammaire arabe classique, Hind est le prénom qui représente le genre féminin. C'était à l'origine un prénom mixte : Khadîja, la première épouse de Muhammad, avait un garçon et une fille d'un précédent mariage, tous deux appelés Hind ; nom de plusieurs reines du royaume arabe chrétien des Lakhmides de Hîra (Irak), dont la mère du roi 'Amr Ibn Hind (m. 569) qui fonda de nombreux monastères chrétiens ; Hind Bint 'Utba : épouse d'Abû Sufyân et mère du calife Mu'âwiya : après avoir combattu avec acharnement le Prophète et les Compagnons, elle se soumit lors de la prise de La Mecque (en 630).

Hounayd, Honeid هُنَيْد — Hounayda, Honaïda هُنَيْدَة

Hunayd / Hunayda (diminutif de hind) : *groupe de cent à deux cents chameaux* (symbole d'abondance).

Wabila, Ouabila وَابِلَة

• Wâbila : *petits moutons* ou *petits chameaux.*

MASCULIN **FÉMININ**

Wassa, Ouassa وَسَاع

- Wasâ' : *cheval alerte et endurant* ; *homme actif et bon marcheur.*

D. GAZELLES…

MASCULIN	FÉMININ

Khawla خَوْلَة

• Khawla : *gazelle femelle*. Nom d'une épouse de Ali après la mort de Fatima.

Khouwayla خُوَيْلَة
Khowaïla

Khuwayla (diminutif de khawla) : *petite gazelle femelle*.

Rim رِئْم

• Ri'm (prononcé rîm) : *gazelle blanche*. Dans la poésie arabe, la gazelle symbolise la grâce féminine.

Rima رِيمَا

Rîmâ (variante de rîm) : *gazelle blanche*.

Arame أَرَام

Arâm (pluriel de ri'm) : *gazelles blanches*.

Racha رَشَا

• Rashâ : *faon, petite gazelle*.

Arwiya أَرْوِيَّة

• Arwiyya : *femelle du chamois* ; *belle femme*.

Arwa أَرْوَى

Arwâ (pluriel de Arwiyya) : *femelles du chamois* ; *belles femmes*. Arwâ Bint 'Abd al-Muṭṭalib, tante paternelle de Muhammad. Arwâ bint Aḥmad (m. 1138), reine de Jiblah au Yémen, de la dynastie ismaélienne des Sulayhides.

Chadine شَادِن — **Chadine** شَادِن

• Shâdin (mixte) : *faon, petit de la gazelle qui est déjà sevré*.

MASCULIN **FÉMININ**

Ichdane إِشْدَان

Ishdân : *naissance du faon, du petit de la gazelle.*

Tala طَلاً — Tala طَلاً

• Ṭalâ (mixte) : *petit de la gazelle.*

Zabi, Zaby ظَبْي — Zabia ظَبْيَة

• Ẓaby : *antilope, chamois, gazelle.* Ẓabia : *jeune fille.* Abû Dhabi, *Le père de la gazelle,* nom d'un des sept émirats que comptent les Emirats Arabes Unis.

Zabian, Zabiane ظَبْيَان

Ẓabyân (duel de ẓabî) : *deux gazelles.* Ẓabyan Ibn Rabî'a, compagnon du Prophète.

Zoubaya ظُبَيَّة

Ẓubayya (diminutif de ẓabya) : *petite gazelle.*

Zibae ظِبَاء

Ẓibâ' (pluriel de ẓabi) : *gazelles.*

Azza عَزَّة

• 'Azza : *jeune gazelle.* 'Azza, passionnément aimée par le poète Kuthayyir (m. 723) qui la chanta dans sa poésie, d'où son surnom **'Azza Kuthayyir**, *la Gazelle de Kuthayyir.*

Aasma عَصْمَاء

• 'Aṣmâ' : *gazelle qui porte une tache blanche sur l'une des pattes.*

Aafar أَعْفَر

• A'far : *gazelle de couleur brune.*

Yafour يَعْفُور

Ya'fûr : *gazelle, antilope.*

MASCULIN | **FÉMININ**

Ghazal غَزَال
Razal, Razel

Ghazala غَزَالَة
Razala, Razéla

• Ghazâl / Ghazâla : *gazelle* ; *soleil levant.*

Ghizlane غِزْلَان
Ghizlaine, Rizlane

Ghizlân (pluriel de ghazâl) : *gazelles.*

Ghouzayl, Rouzaïl غُزَيْل

Ghuzayl (diminutif de ghazâl) : *petite gazelle* ; *très délicate et tendre.*

Fawr, Faour فَوْر

• Fawr : *gazelle, antilope.*

Maha مَهَى

• Mahâ : *antilope* ; *cristal.*

E. LIONS, LOUPS…

MASCULIN **FÉMININ**

Arsalane أَرْسَلاَن

• Arsalân : *lion* (mot d'origine turque).

Arslane أَرْسْلاَن

Arslân (variante d'arsalân) : *lion*. Cheikh Arslân (m. vers 1160) : saint patron de la ville de Damas.

Raslan, Raslane رَسْلاَن

Raslân (variante d'arslân) : *lion*.

Assad أَسَد

• Asad : *lion* ; nom générique du lion ; nom de nombreux chef de guerre, le lion symbolisant la force et le courage. Asad ibn al-Furât (m. 828) : originaire de l'Ifriqiya (actuelle Tunisie), il dirigea une expédition victorieuse pour la conquête de la Sicile byzantine. [Correspondance : Léo, Léon, Lionel, Léonce]

Assad Eddine أَسَد الدّين

Asad ad-Dîn : *le lion de la religion*.

Assadallah أَسَد الله

Assadoullah

Asad-Allâh : *le lion de Dieu*. Surnom donné à 'Alî, dont la bravoure au combat était sans pareille. [Correspondance : Ariel / Arielle]

Assâd آسَاد

Âsâd (pluriel d'asad) : *lions*.

Oussayd, Osseyd, Oced أُسَيْد

Usayd (diminutif d'asad) : *lionceau*. Usayd Ibn Khuḍayr, compagnon du Prophète que celui-ci estimait particulièrement.

MASCULIN **FÉMININI**

Oussama, Ossama أُسَامَة

• Usâma : *lion*. Usâma Ibn Zayd, fils du fils adoptif du prophète Muhammad : celui-ci le chérissait comme un petit- fils.

Berbeir بَرْبَار

• Barbâr : *qui gronde* ; *lion.*

Jab جَأْب

• Ja'b : *lion* ; *onagre.*

Jarmouz جَرْمُوز

• Jarmûz : *louveteau.*

Harith حَارِث **Haritha** حَارِثَة

• Ḥârith / Ḥâritha : *lion / lionne qui parcourt de longues distances* ; *cultivateur.*

Hafs حَفْص **Hafsa** حَفْصَة

• Ḥafṣ / Ḥafṣa : *petit lion*. Ḥafṣa, *petite lionne* : fille de 'Umar et épouse de Muhammad. Les Hafsides, dynastie berbère qui régna en Ifriqiya (Algérie de l'Est, Tunisie et nord-ouest de la Libye) du XIIIe au XVIe siècle, et dont Tunis était la capitale. [Correspondance : Léa, Léonie, Léontine, Léonce]

Hamza حَمْزَة

• Ḥamza : *lion* (cf. chapitre Les prophètes).

Hami حَامِي

• Ḥâmî : *lion* ; *qui protège.*

Ahwas أَحْوَس

• Aḥwas : *lion* ; *courageux.*

MASCULIN **FÉMININ**

Haydar حَيْدَر

• Ḥaydar : *lion*. Nom qu'Ali reçut de sa mère ; son père, Abû Ṭâlib, préféra le nommer ‘Alî. Lors de la prise de Khaybar, Ali provoqua l'ennemi en se vantant d'avoir été appelé « lion » par sa mère.

Khader خَادِر

• Khâdir : *lion ; qui se cache dans sa tanière.*

Dirbas دِرْبَاس

• Dirbâs : *le lion.*

Daghfal, Darfal دَغْفَل

• Daghfal : *louveteau* ; *ourson* ; *éléphanteau.*

Dilham دِلْهَم

• Dilham : *loup.*

Dawsar دَوْسَر

• Dawsar : *lion.*

Dawkas دَوْكَس

• Dawkas : *lion.*

Dehi دَاهِي

• Dâhî : *lion* ; *habile et ingénieux.*

Dawwas دَوَّاس

• Dawwâs : *lion* ; *courageux.*

Dhouayb, Doueib ذُؤَيْب

• Dhu'ayb (diminutif de dhi'b) : *louveteau*. Dhu'ayb Ibn Abî Dhu'ayb (*Loup, fils du Père du Loup*), compagnon du Prophète.

MASCULIN **FÉMININ**

Ribal رِئْبَال

• Ri'bâl : *lion* ; *loup.*

Rabid رَابِض

• Râbiḍ : *lion, qui attend patiemment sa proie.*

Razim رَزِيم

• Razîm : *qui rugit.*

Razzam رَزَّام

Razzâm : *lion qui défend sa proie en rugissant.*

Arkat, Arqat أَرْقَط

• Arqaṭ : *panthère* ; *animal bigarré.*

Arqam, Arqame أَرْقَم

• Arqam : *bigarré de blanc et de noir* ou *de rouge et de noir.* Al-Arqam : *serpent bigarré dont la piqûre est mortelle* ; Al-Arqam Ibn 'Abd Manâf, compagnon du Prophète.

Zaïr زَائِر

• Zâ'ir : *lion rugissant.*

Zoufar زُفَر

• Zufar : *lion* ; *courageux* ; *homme considérable* ; *mer* ; *grand fleuve.*

Sabr سَبْر

• Sabr : *lion* ; *qui a une belle prestance.*

Asbar أَسْبَار

Asbâr (pluriel de sabr) : *lions.*

Sibtar سِبْطَر

• Sibṭar : *lion hardi et rapide* ; *qui s'élance.*

MASCULIN **FÉMININ**

Sabanda سَبَنْدَى

• Sabandâ : *léopard ; panthère ; courageux, téméraire.*

Sirhan, Serhan سِرْحَان

• Sirḥân : *loup.* [Correspondance : Loup]

Sary سَارِي

• Sârî : *lion ; qui circule la nuit.*

Sawar, Saouar سَوَّار

• Sawwâr : *le lion.*

Syde, Cid سِيد

• Sîd : *loup, lion* (dérivé de sâ'id : *chef*).

Sydana, Sidana سِيدَانَة

Sîdâna (variante de sîd) : *loup, louve.*

Chible, Chibel شِبْل

• Shibl : *lionceau.*

Achbal أَشْبَال

Ashbâl (pluriel de shibl) : *lionceaux, louveteaux.*

Chibly, Chebly شِبْلِيّ

Shiblî : *qui a la nature d'un lionceau.* Abû Bakr ash-Shiblî : soufi de l'école de Bagdad (m. 945).

Ichbale إِشْبَال

Ishbâl : *naissance de lionceaux.*

Achdakhe أَشْدَخ

• Ashdakh : *lion qui fracasse ; cheval à tache blanche sur le front.*

MASCULIN **FÉMININ**

Chakim شَكِم

• Shakim : *lion.*

Asbah أَصْبَح

• Aṣbaḥ : *lion ; très matinal.*

Sarim صَارِم

• Ṣârim : *sévère, austère ; implacable ; lion.* [Correspondance : Sévère, Séverin / Séverine]

Sildam صِلْدَم

• Ṣildam : *lion ; cheval aux sabots durs.*

Ashabe أَصْهَب

• Aṣhab : *lion ; au pelage roux ou doré ; homme aux cheveux roux ; jour froid.*

Souhayb, Soheib صُهَيْب

Ṣuhayb : *lionceau ; qui a les cheveux roux comme la crinière du lion.* Ṣuhayb ar-Rûmî, originaire de Grèce, compagnon du Prophète.

Asyad أَصْيَد

• Aṣyad : *lion ; roi ; noble.*

Dabour ضَبُور

• Ḍabûr : *lion ; fort ; véhément.*

Dargham ضَرْغَام

• Ḍarghâm : *lion.*

Daygham, Dayram ضَيْغَم

• Ḍaygham : *lion à la gueule puissante.*

MASCULIN | **FÉMININ**

Abbas عَبَّاس **Abbassa** عَبَّاسَة

• 'Abbâs / 'Abbâsa : *qui a la mine sévère* ; *lion* (cf. chapitre Les prophètes). 'Abbâssa, sœur de Harûn ar-Rashîd.

Azzam عَزَّام

• 'Azzâm : *lion* ; *résolu* ; *fort.*

Anbas, Anbace عَنْبَس

• 'Anbas : *lion.*

Awfe عَوْف

• 'Awf : *lion* ; *loup* ; *coq* ; *chance, fortune* ; *invité* ; *père de famille qui se consacre aux siens* ; *plante parfumée.* 'Abd al-Raḥman Ibn 'Awf (m. 652) : l'un des premiers compagnons du Prophète, et l'un des « dix promis au Paradis ».

Mouawiya, Moawiya مُعَاوِيَة

• Mu'âwiya : *renardeau* ; *chiot.* Mu'âwiya Ibn Abî Sufyân (m. 680) : l'un des secrétaires du Prophète ; il fut ensuite gouverneur de la Syrie, avant de fonder la dynastie omeyyade à Damas en 661.

Aghlab, Arlabe أَغْلَب

• Aghlab : *lion* ; *victorieux.*

Ghayyal غَيَّال

• Ghayyâl : *lion* ; *qui se cache dans les fourrés.*

Firas فِرَاس

• Firâs (ou Abû Firâs) : *lion* (du verbe farasa : *briser le cou* ; *dévorer*). Abû Firâs al-Hamadânî : prince et poète arabe (m. en 968 en Syrie).

Farras فَرَّاس

Farrâs : *lion* ; *qui dévore.*

MASCULIN | **FÉMININ**

Fazara فَزَارَة

• Fazâra : *panthère.*

Fahd, Fehd فَهْد | **Fahda, Fehda** فَهْدة

• Fahd / Fahda : *guépard.*

Fahdi فَهْدِي

Fahdî : *qui a la nature d'un guépard.*

Fouhayd, Foheid فُهَيْد

Fouhayd : *qui a la nature d'un guépard.*

Akdam, Aqdam أَقْدَم

• Aqdam : *lion* ; *audacieux* ; *qui prend des initiatives.*

Kirdab, Qirdab قِرْضَاب

• Qirḍâb : *lion* ; *sabre tranchant.*

Kaswar, Qaswar قَسْوَر

• Qaswar : *lion* ; *robuste.*

Qismal قِصْمَل

• Qiṣmal : *lion* ; *fort* ; *vorace.*

Kaffat, Kaffate كَفَّات

• Kaffât : *lion.*

Kahmas, Kahmace كَهْمَس

• Kahmas : *lion* ; *loup.*

Labed لَابِد

• Lâbid : *lion* ; *immobile.*

MASCULIN		FÉMININ	
		Labwa, Laboua	لَبْوَة

•Labwa : *lionne*. En arabe égyptien, ce mot est utilisé comme une injure envers les femmes.

Layth	لَيْث	**Laïtha, Layta**	لَيْثَة

•Layth / Laytha : *lion / lionne*. L'imam al-Layth Ibn Sa'd (m. 791) : grand savant musulman égyptien.

Laythi لَيْثِي

Laythî (variante de layth) : *qui a la nature d'un lion*. [Correspondance : Léandre]

Laïthe لَائِث

Lâ'ith : *lion* ; *immobile*.

Alyes أَلْيَس

•Alyas : *lion* ; *brave*.

Mallaz مَلَّاز

•Mallâz : *loup*.

Najid نَجِيد

•Najîd : *lion* ; *intrépide, courageux*.

Namir	نَمِر	**Namira**	نَمِرَة

•Namir / Namira : *tigre, tigresse*. [Correspondance : Tigrane]

Anmar أَنْمَار

Anmâr (pluriel de namir) : *tigres*.

MASCULIN | **FÉMININ**

Noumayr, Nomeir نُمَيْر **Noumayra, Nomaïra** نُمَيْرَة

Numayr / Numayra (diminutif de namir / namira) : *petit du tigre.*

Mounhite مُنْهِت

• Munhit : *lion.*

Nahid نَاهِد

Nâhid : *lion* ; *fougueux, qui attaque de front.*

Nahchal نَهْشَل

• Nahshal : *loup* ; *grand oiseau de proie.*

Mayyas, Mayyace مَيَّاس

• Mayyâs : *lion* ; *qui marche avec fierté, qui se pavane.*

Hijris هِجْرِس

• Hijris : *renard, ours, louveteau.* [Correspondance : Arthur, Artus (ours) / Ursule, Ursula]

Harit هَرِيت

• Harît : *lion.*

Harout هَرُوت

Harût : *lion.*

Harrat هَرَّات

Harrât : *lion.*

MASCULIN **FÉMININ**

Hourayra هُرَيْرَة

Hurayra (diminutif de hirra) : *petite chatte*. Abû Hurayra, « *l'homme à la petite chatte* » : grand rapporteur de hadith, surnommé ainsi par le Prophète car il était toujours accompagné d'une petite chatte qu'il affectionnait particulièrement. Selon plusieurs rapporteurs, le Prophète a dit : « L'amour des chats fait partie de la foi. »

Harice هَرِس

• Haris : *lion ; chat ; qui dévore.*

Hirmas هِرْماس

• Hirmâs : *lion féroce ; jeune panthère.*

Hassir, Hacire هَاصِر

• Hâṣir : *lion.*

Hassour هَصُور

Haṣûr : *lion ; qui brise, qui écrase.*

Haysar هَيْصَر

• Hayṣar : *lion.*

Haysam هَيْصَم

• Hayṣam : *lion ; homme robuste et fort.*

Hilqam هِلْقَم

• Hilqam : *lion ; puissant.*

Hawwas, Haouas هَوَّس

• Hawwas : *lion féroce, qui fracasse sa proie.*

Hawwam هَوَّام

• Hawwâm : *lion ; qui a une tête très grande.*

MASCULIN **FÉMININ**

Ward, Ouard وَرْد

• Ward : *lion* ; *homme hardi.*

Wardi, Wardy وَرْدِي

Wardî : *hardi comme un lion.* [Correspondance : Léonard]

Wardane وَرْدَان

Wardân (duel de ward) : *courageux comme deux lions.* Wardân al-‘Anbarî, compagnon du Prophète.

14.
Les deux mondes

A. **Temps et vitalité**
B. **Bien-être et prospérité**
C. **Éternité**

« Œuvre pour ta vie ici-bas comme si tu devais vivre toujours
et pour ta vie dans l'au-delà
comme si tu devais mourir demain »

(imam Ali)

A. TEMPS ET VITALITÉ

MASCULIN | **FÉMININ**

Oubay أُبَيّ

• Ubay (diminutif de ab) : *petit père* ou *très fier, qui dédaigne.* Prénom de plusieurs compagnons du Prophète, tel Ubay Ibn Ka'b, religieux juif converti : il fut l'un des secrétaires du Prophète qui notait par écrit la révélation coranique.

Athar, Atar, Assar آثَار

• Âthâr (pluriel de athar) : *empreintes, traces du temps passé* (histoire des Anciens), *vestiges des civilisations anciennes.*

Issae إِسَاء

• Isâ' : *remède, soin.* [Correspondance : Ophélie].

Assia, Assiya آسِيَة

Âsiya : *qui soigne et soulage, femme qui exerce la médecine.* Âsiya, épouse de Pharaon, elle sauva Moïse des eaux et le recueillit. La tradition islamique la compte au nombre des femmes parfaites.

Oumayma, Omayma أُمَيْمَة

• Umayma (diminutif de umm) : *jeune mère, petite mère.* Tante paternelle de Muhammad.

Amar أَمَار

• Amâr : *temps ou lieu d'un rendez-vous* ; *signe.*

Anassi أَنَاسِي

• Anâsî (pluriel de ins) : *êtres humains, hommes et femmes.*

Awane, Aouane أَوَان

• Awân (pluriel de ân) : *temps.*

MASCULIN		FÉMININ	

Bora بُرَاء

• Burâ' : *innocent, libre ; guéri, convalescent.*

Balal, Balel بَلَل

• Balal : *guérison.* [Correspondance : Jason]

Iblal, Iblel إِبْلاَل — **Iblal, Iblel** إِبْلاَل

Iblâl (mixte) : *guérison.*

Ibtilal إِبْتِلاَل (féminin)

Ibtilâl : *guérison.*

Bilad بِلاَد (féminin)

Bilâd : *pays.* [Correspondance : Gladys]

Balsame بَلْسَم (féminin)

• Balsam : *baume, balsamine ; guérison* (mot d'origine grecque).

Taïk تَئِق — **Taïka** تَئِقَة

• Ta'iq / Ta'iqa : *débordant de vie et d'ardeur.*

Athab, Assab أَثَاب

• Athâb : *guérir, recouvrer la santé.*

Athwab, Aswab أَثْوَب

Athwab : *guérir, recouvrer la santé.*

Ithaba, Issaba إِثَابَة (féminin)

Ithâba : *guérison.*

MASCULIN **FÉMININIΝ**

Jabre جَبْر

• Jabr : *réparer une fracture* ; *restaurer une situation* ; *assister quelqu'un en difficulté*. Al-jabr a donné le mot *algèbre*, science mathématique fondée par le savant musulman al-Khawarizmî (m. vers 850). Ce prénom est de la même racine que le nom divin al-Jabbâr, *l'Impérieux, le Réducteur* (notion de restauration de l'ordre par la contrainte).

Jabir جَابِر — Jabira جَابِرَة

Jâbir / Jâbira : *qui répare une fracture* ; *qui restaure une situation* ; *qui assiste quelqu'un en difficulté*. Jâbir Ibn 'Abd-Allah, compagnon du Prophète. Jâbir Ibn Ḥayyân (m. 815), célèbre chimiste et alchimiste, connu en Europe sous le nom de Geber, considéré comme le « Père de la chimie » (chimie vient du mot arabe *al-kîmyâ'*).

Joubayr, Joubeir جُبَيْر

Jubayr (diminutif de jâbir) : *qui répare et restaure*. Ibn Jubayr (m. 1217), voyageur andalou célèbre pour sa relation de voyage en Orient.

Gibran, Gebrane جِبْرَان

Jibrân : *qui répare et restaure* (ce prénom peut aussi être une variante de Jibrîl). Gibran Khalîl Gibrân (m. 1931) : écrivain libanais d'origine chrétienne, auteur d'une œuvre universaliste.

Jihane, Jihene جِهان جيهان

• Jihân ou Jîhân : *vie d'ici-bas* ; *safran* (mot persan).

Jil, Jyl جِيل — Jil, Jyl جِيل

• Jîl (mixte) : *tribu, génération, siècle*.

Jilan جِيلان — Jilan جِيلان

Jîlân (mixte) (duel de jîl) : *deux tribus, deux générations, deux siècles*. Nom d'un lieu au sud de la mer Caspienne d'où est originaire 'Abd al-Qâdir al-Jîlânî [voir le prénom Jîlânî], grand saint de Bagdad.

MASCULIN | **FÉMININ**

Hayat, Hayet حَيَاة

• Ḥayât : *vie.* [Correspondance : Zoé, Zoëlle]

Hayyane حَيَّان

Ḥayyân : *doté d'une grande vitalité.*

Yahya يَحْيَى

Yaḥyâ : *qu'il vive !* Jean, fils de Zacharie et d'Elisabeth (cf. chapitre Les prophètes). [Correspondance : Yohanna, Hanna, Johan, Jean, John, Yannis (forme grecque adoptée aujourd'hui par les Arabes du fait de sa proximité avec le prénom Anis), Yoann, Yann, Yannick, Giovanni, Hans, Hansi, Evan, Ivan… / Jeanne, Jane, Jenny, Johanna, Joana, Ivana…]

Mouhyi مُحْيِي

Muḥyî : *qui vivifie, qui redonne vie* ; *qui sauve.* [Correspondance : René (né une seconde fois) / Renée]

Mouhyeddine مُحْيِي الدِّين
Mohiedine

Muḥyî ad-Dîn : *le vivificateur de la religion.* Muḥyî ad-Dîn Ibn ʻArabî (m. 1240 à Damas) : célèbre maître soufi et auteur spirituel d'origine andalouse, surnommé **ash-Sheikh al-Akbar**, *le plus grand maître.*

Dani, Dany دَانِي | **Dania, Danya** دَانِيَة

• Dânî / Dâniya : *proche, bas.*

Adna أَدْنَى | **Dounya, Dounia, Donia** دُنْيَا

Adnâ / Dunyâ : très proche ; dunyâ : *le monde d'ici-bas, le monde « le plus proche de l'homme »*, en comparaison avec le monde céleste. Ibn Abî ad-Dunya, rapporteur de hadiths. « Al Islâm, Dîn wa Dunya » (*l'islam est à la fois adoration et plaisirs de ce monde*) : adage islamique célèbre. Le prénom Dunyâ n'est pas porté dans certains milieux musulmans, du fait que le Coran et la Tradition prophétique utilisent ce terme pour fustiger le monde matériel.

MASCULIN		FÉMININ	

Doniazad دُنْيَازَد

Dunyâzâd : *fille du monde* (suffixe zâd d'origine persane).

Daha دَاحَة

• Dâḥa : *joujou, hochet* ; *la vie d'ici-bas*, en référence à l'expression arabe *ad-Dunya dâḥa* : « ce monde n'est qu'un hochet ».

Idhka, Idka, Izka إِذْكَاء

• Idhkâ' : *animer, raviver.*

Dhourriya, Zourria ذُرِّيَة

• Dhurriyya : *postérité, descendance.*

Rébi رَبِيع — **Rébia** رَبِيعَة

• Rabî' : *printemps* ; *végétation abondante* ; *pluie printanière* ; Rabî'a : prénom souvent assimilé à une variante féminine de Rabî', il signifie en fait la « pierre » (cf. chapitre La puissance). Ar-Rabî' Ibn Ziyâd, compagnon du Prophète.

Reïane رَيْعَان

• Ray'ân : *commencement, premier et meilleur moment d'une chose (*de la jeunesse, de la pluie, de la végétation…) ; *la fleur de l'âge, la tendre jeunesse.* [Correspondance : Chloé (*verdure nouvelle*)]

Zaman, Zamane زَمَان

• Zamân : *temps.*

Azmina أَزْمِنَة

Azmina (pluriel de zamân) : *les quatre saisons de l'année.*

Chabib, Chébib شَبِيب — **Chabiba, Chébiba** شَبِيبَة

• Shabîb / Shabîba : *jeune homme / jeune femme* ; *nouveau.* Shabîba : *jeunesse* ; *prélude.*

MASCULIN		FÉMININ	
		Chifa	شِفَاء

• Shifâ' : *guérison*. Ash-Shifâ' Bint 'Abd Allâh, "compagnonne" du Prophète.

Chefy شَافِي — **Chéfiya** شَافِيَة

Shâfî / Shâfiya : *qui guérit*. Shâfî : un des noms du Prophète. [Correspondance : Raphaël (Dieu guérit) / Raphaëlle]

Chahdar شَهْدَر

• Shahdar : *jeune garçon* (prénom mixte à l'origine : *très jeune garçon ou très jeune fille*).

Siba صِبَا

• Ṣibâ : *enfance, jeunesse, caractère juvénile* ; *amour juvénile ardent.*

Sabae صَبَاء

Ṣabâ' : *enfance, jeunesse, caractère juvénile.*

Sebwa صَبْوَة

Ṣabwa : *gaieté juvénile.*

Toufayl, Toufaïl طُفَيْل

• Ṭufayl (diminutif de ṭifl) : *petit enfant, tout ce qui est menu* (ce mot signifie aussi *pique-assiette, celui qui prend part à la noce sans y être invité, un parasite*). Aṭ-Ṭufayl Ibn 'Amr : poète arabe qui se convertit en entendant le Prophète psalmodier le Coran. [Correspondance : Paul, Paulin, Pablo / Paule, Paula, Paola, Pauline]

Tila طِيلَة

• Ṭîla : *longévité.*

Taafi تَعَافِي

• Ta'âfi : *être en excellente santé.*

MASCULIN | **FÉMININ**

Afiya, Afia عَافِيَة

'Âfiya : *santé, vitalité* ; *sauvegarde divine qui apporte la paix du cœur* ; *salut éternel.* Dans certaines régions du Maghreb, ce terme désigne paradoxalement le *feu* et est utilisé pour des formules de malédiction : il n'y est donc pas porté en tant que prénom.

Aqib عَاقِب **Aqiba** عَاقِبَة

• 'Âqib / 'Âqiba : *successeur, descendant, qui marche sur les pas de ses ancêtres.*

Yaamar يَعْمَر

• Ya'mar : *il vit longtemps.*

Amr عَمْرُو **Amra** عَمْرَة

'Amr / 'Amra : *vie* ; *longévité* ; *pratique rituelle* ; *religion.* 'Amr : nom porté par de nombreux compagnons du Prophète, dont 'Amr Ibn al-'Âṣ, conquérant de l'Egypte. 'Amr s'écrit en arabe avec un *waw* final qui ne se prononce pas mais qui sert à distinguer ce prénom de celui de 'Umar, tous deux ayant la même orthographe consonantique. En grammaire arabe classique, le prénom Amr est utilisé pour illustrer les exemples.

Oumar, Omar عُمَر

'Umar : *destiné à une vie longue, féconde et prospère.* 'Umar Ibn al-Khaṭṭâb (m. 644) : ami et beau-père de Muhammad, deuxième calife de l'islam ; 'Umar Ibn 'Abd al-Aziz ou 'Umar II (m. 720), huitième calife omeyyade : du fait de sa piété et de son sens de la justice, certains le considèrent comme le cinquième des califes « bien dirigés ».

Oumayr, Omeir عُمَيْر

'Umayr (diminutif de 'umar) : *destiné à une vie longue, féconde et prospère.* 'Umayr Ibn Wahab, compagnon du Prophète.

Aamir عَامِر **Aamira** عَامِرَة

'Âmir / 'Âmira : *bien établi* ; *à la vie longue, féconde et prospère* ; *qui construit.* 'Amir Ibn 'Abd-Allah (Abû 'Ubayda Ibn al-Jarrâh), compagnon du Prophète, qui le surnomma **Amîn al-Umma** (« l'homme de confiance de la Communauté »).

MASCULIN | **FÉMININ**

Ouwaymir عُوَيْمِر

'Uwaymir (diminutif de 'âmir) : *prospère ; établi*. 'Uwaymir Ibn Mâlik, compagnon du Prophète.

Imran عِمْرَان

'Imrân : *longue vie et prospérité* ; *contrée peuplée et florissante*. 'Imrân (Amran) : père du prophète Mûsâ (Moïse) et du prophete Hârûn (Aaron). La troisième sourate du Coran a pour nom Âl 'Imrân (La famille de 'Imrân).

Mouamar, Moamar مُعَمَّر

Mu'ammar : *à qui Dieu prête longue vie.*

Yaïch يَعِيش

• Ya'îsh : « *il vit* », *vivant*. Prénom de plusieurs compagnons du Prophète.

Icha عِيشَة

'Îsha : *vie, existence.*

Aïche عَائِش **Aïcha** عَائِشَة

'Â'ish / 'Â'isha : *vivant, plein de vie*. Aïcha : fille d'Abû Bakr et épouse bien-aimée du prophète Muhammad ; elle enseigna la religion aux premières générations de musulmans. [Correspondance : Vivian, Vivien / Viviane, Eve, Eva, Evelyne]

Ayache عَيَّاش

'Ayyâsh : *débordant de vie, à la vie longue.*

Ayouche عَيُّوش

'Ayyûsh : *débordante de vie, à la vie longue.*

Ghoulam, Roulam غُلَام

• Ghulâm : *jeune homme, adolescent*. [Correspondance : Sven]

MASCULIN		FÉMININ	

Ghoulwan, Roulwan غُلْوَان

• Ghulwân : *première jeunesse ; début de l'enfance.*

Fatet فَتَاة

• Fatât : *jeune fille.*

Fatiya, Fatia فَتِيَّة

Fatiyya : *jeune fille.* [Correspondance : Corinne, Corinna]

Farfour فَرْفُور

• Farfûr : *jeune homme adulte.*

Foussoul فُصُول

• Fuṣûl (pluriel de faṣl) : *séparations*, c'est-à-dire les *quatre saisons de l'année.*

Fina, Fyna فِينَة

• Fîna : *moment, temps.*

Karib, Qarib قَرِيب **Kariba, Qariba** قَرِيبَة

• Qarîb / Qarîba : *proche, de même parenté.*

Kawn, Kaoun كَوْن

• Kawn : *univers* ; *cosmos* ; *Création.* [Correspondance : Côme / Cosima]

Kawnayn كَوْنَيْن

Kawnayn : *deux mondes.* Le prophète Muhammad est appelé Sayyid al-kawnayn : « le Prince des deux mondes », l'ici-bas et l'au-delà.

Najil, Najel نَاجِل **Najila, Najéla** نَاجِلَة

• Nâjil / Nâjila : *qui engendre, qui a une descendance* ; *noble.*

Nassam نَسَم **Nassama** نَسَمَة

• Nasam : *souffle vital* ; *léger souffle d'air.* Nasama (nom d'unité) : *un souffle* ; *âme.* [Correspondance : Vitalis / Vitalie]

MASCULIN		**FÉMININ**	
		Ansam	أَنْسَام

Ansâm (pluriel de nasam) : *légers souffles du vent, souffles de vie.*

		Nassamate	نَسَمَات

Nasamât (pluriel de nasama) : *souffles d'air, souffles de vie.*

Noussaym	نُسَيْم	**Noussayma**	نُسَيْمَة
Nossaym		**Noussaïma**	

Nusaym / Nusayma (diminutif de nasama) : *petite brise légère, petit souffle de vie.*

Nassib نَصِيب

• Naṣîb : *part qui échoit à chacun, chance, destin* (dérivé de naṣb : *qui est fiché en terre et dressé, borne, limite*...).

Noumane نُعْمَان

• Nu'mân : *sang*. Les anémones sont appelées *shaqâ'iq Nu'mân* (« les sœurs de Nu'mân »), du fait de leur couleur rouge sang. Prénom de plusieurs compagnons du Prophète.

Woujoud	وُجُود	**Woujoud**	وُجُود

• Wujûd (mixte) : *existence.*

Warid, Ouarid وَرِيد

• Warîd : *veine jugulaire* ; « Nous [Dieu] sommes plus proche de lui [l'homme] que sa veine jugulaire (*warîd*) » (Coran 50 : 16).

		Wafira, Ouafira	وَافِرَة

• Wâfira : *ce bas-monde, riche de toutes sortes de biens et de jouissances.*

		Waliba, Oualiba	وَالِبَة

• Wâliba : *enfants, progéniture, postérité* ; *rameau de l'arbre.*

MASCULIN **FÉMININ**

Walid, Oualid وَلِيد **Walida, Oualida,** وَلِيدَة

• Walîd / Walîda : *qui naît à la vie, nouveau-né.* Al-Walid Ier (m. 705) : calife omeyyade qui fit bâtir la mosquée des Omeyyades de Damas.

Wallada, Wellada وَلَّادَة

Wallâda : *qui donne naissance à de nombreux enfants.* Wallâda Bint Muhammad al-Mustakfî bi-Llah (m. 1091), princesse andalouse omeyyade (m. 1025) et fille du dernier calife de Cordoue. Poétesse, elle tenait un salon littéraire (*majlis al-adab*) et chanta son amour pour le poète Ibn Zaydûn.

Mawloud, Mouloud مَوْلُود **Mawlouda, Moulouda** مَوْلُودَة

Mawlûd / Mawlûda : *engendré, enfanté* ; *nouveau-né, enfant.* Mouloud est la variante maghrébine. La fête du Mawlid (ou Mouloud) célèbre la naissance du prophète Muhammad le 12 rabî' al-awwal, troisième mois de l'année hégirienne.

Milad, Miled مِيلَاد **Milada, Mileda** مِيلَادَة

Mîlâd / Mîlâda : *jour de naissance* ; Al-Mîlâd : *Noël, jour de la naissance de Jésus* ; prénom chrétien. En arabe, le mot anniversaire se dit : *'îd mîlâd.* [Correspondance : Noël / Nathalie, Natacha, Noëlle, Noélie]

B. BIEN-ÊTRE ET PROSPÉRITÉ

MASCULIN | **FÉMININ**

Oubbaha, Obbaha أُبَّهَة

• Ubbaha : *apparat, faste, grandeur.*

Ibtikal اِبْتِكَال

• Ibtikâl : *prise de butin*. [Correspondance : Edith]

Balla, Bella بَلَّة

• Balla : *bien-être qui survient après une période de pauvreté.*

Taraf تَرَف

• Taraf : *vie douce et raffinée ; bien-être ; faste.*

Taly, Tély تَلِيّ — **Talia, Taliya, Télia** تَلِيَّة

• Talî / Taliyya : *fortuné, riche.*

Thara, Tara ثَرَاء

• Tharâ' : *richesse.*

Tharoua, Tarwa ثَرْوَة

Tharwa : *fortune, richesse.*

Tharouat, Sarouat ثَرْوَت

Tharwat (variante de tharwa) : *fortune, richesse.* [Correspondance : Edgard]

Ithra, Itra, Etra إِثْرَاء

Ithrâ' : *fortune, enrichissement.*

Thari, Tari ثَرِيّ — **Thariya, Taria** ثَرِيَّة

Tharî / Thariyya : *fortuné.* [Correspondance : Fortuné / Fortunée]

MASCULIN | **FÉMININ**

Tharwan ثَرْوَان
Tarwan, Sarwan
Tharwân : *qui possède une grande fortune.*

Athkal, Atkal, Asqal أَثْقَال
• Athqâl : *trésors de la terre.*

Jabil جَبِيل
• Jabîl : *assemblée ; multitude ; abondance.*

Jadoua, Jadwa, Jedwa جَدْوَى
• Jadwâ : *utilité, profit.*

Hissa حِصَّة
• Ḥiṣṣa : *part qui revient à quelqu'un dans le partage des biens ; durée.*

Haz حَظّ
• Ḥaẓẓ : *chance, fortune.*

Houzouz حُظُوظ
Ḥuẓûẓ (pluriel de ḥaẓẓ) : *chances.*

Haziz حَظِيظ **Haziza** حَظِيظَة
Ḥaẓîẓ / Ḥaẓîẓa : *personne chanceuse, qui a une bonne étoile.*

Halewa, Halaoua حَلاَوَة
• Ḥalâwa : *douceur, beauté.*

Houlwa حُلْوَة
Ḥulwâ : *douce comme du sucre.*

Houlwa حُلْوَى
Ḥulwâ : *plus douce que le sucre.*

MASCULIN		FÉMININ	

Khazin خَازِن

• Khâzin : *gardien du trésor, d'un secret.* [Correspondance : Gaspard]

Khanan خَنَان

• Khanân : *vie aisée, facile.*

Daji, Dajy دَاجِي — **Dajia** دَاجِيَة

• Dâjî / Dâjiya : *aisé, fortuné.*

Rabih رَابِح — **Rabiha** رَابِحَة

• Râbiḥ / Râbiḥa : *qui prospère, réussit.*

Rabah, Rabeh رَبَّاح

Rabâḥ : *profit, gain* [Correspondance : Lucrèce / Lucretia]

Rabila, Rébila رَبِيلَة

• Rabîla : *fortune, vie aisée, luxueuse.*

Rakha رَخَاء

• Rakhâ' : *aisance ; vie douce et sans soucis.*

Raghada رَغَادَة

• Raghâda : *prospérité et abondance.*

Raghid رَاغِد — **Raghida** رَاغِدَة

Râghid / Râghida : *prospère, qui mène une vie aisée.*

Raghdan رَغْدَان — **Raghda** رَغْدَاء

Raghdân / Raghdâ' : *prospère, qui mène une vie aisée.*

Irfaa إِرْفَاع

• Irfâ' : *prospérité, vie facile, aisée.*

MASCULIN		FÉMININ	
Rafah	رَفاه	**Rafah**	رَفاه

• Rafâh (mixte) : *aisance, bien-être.*

Rafaha رَفاهَة

Rafâha : *aisance, bien-être.*

Rafih رَفِيه — **Rafiha** رَفِيهَة

Rafîh / Rafîha : *qui vit dans l'aisance et le bien-être.*

Rikaz, Rikez رِكَاز

• Rikâz : *trésor, filon.*

Azaal أَزْعَل

• Az'al : *vie prospère, heureuse.*

Mouzhir, Mozhir مُزْهِر — **Mouzhira, Mozhira** مُزْهِرَة

• Muzhir / Muzhira : *florissant, épanoui* ; *en fleur* (dérivé de zahr : *fleur*).

Izdihar إِزْدِهَار

Izdihâr : *épanouissement, prospérité.*

Yazid يَزِيد

• Yazîd : « *il prospère* ». Le calife omeyyade Yazîd Ier, tristement célèbre pour ses actes impies, a compromis la réputation de son prénom, à telle enseigne que certains oulémas en déconseillent l'usage.

Zad, Zade زَاد

Zâd : *provision de route, viatique.*

MASCULIN | **FÉMININ**

Zayd, Zaïd زَيْد — **Zayda, Zaïda** زَيْدَة

Zayd / Zayda : *accroissement, abondance.* Zayd, nom de plusieurs compagnons du Prophète, dont Zayd Ibn Ḥâritha, esclave affranchi par le Prophète : celui-ci l'aimait comme son fils. En grammaire arabe, le prénom Zayd est utilisé pour illustrer des exemples.

Zaydoun زَيْدُون
Zeydoun, Zidoun

Zaydûn : *abondance.* Ibn Zaydûn (1071), poète andalou amoureux de la poétesse Wallâda Bint al-Mustakfî.

Zaydan, Zaïdan زَيْدَان
Zeidan, Zidan

Zaydân : *accroissement, fructification.*

Zaydi زَيْدِيّ — **Zaydiya, Zaïdiya** زَيْدِيَّة
Zeidy, Zidy — **Zedia, Zidia**

Zaydî / Zaydiyya : *en abondance.*

Ziyad, Ziyed, Ziad زِيَاد

Ziyâd : *abondance, surcroît.* Ziyâd Ibn Ḥanẓala, compagnon du Prophète. Ziyâd Ibn Abî Sufyân (m. 676), administrateur brillant, vice-roi des provinces orientales sous les Omeyyades. Il porte le même nom de filiation (*nasab* : Ibn Abî Sufyân) que Mu'awiya car celui-ci, fils d'Abû Sufyân, l'adopta officiellement comme son demi-frère. Cependant, certains chroniqueurs le désignent avec condescendance par le nom de Ziyâd Ibn Abîhi (*Ziyâd fils de son père*) pour rappeler une probable origine servile.

Mazida مَزِيدَة

Mazîda : *abondance.*

MASCULIN | **FÉMININ**

Sehle سَهْل **Sahla, Sehla** سَهْلَة

• Sahl / Sahla : *facile, simple, doux* ; *au visage lisse*. Sahl : *plaine*. D'où l'expression de bienvenue « Ahlan wa sahlan » : *Tu es ici comme dans ta famille* (ahl), *et tout y est facile comme si tu marchais dans une plaine* (sahl). Sahl Ibn Ḥanîf : compagnon du Prophète.

Souhayl, Soheil سُهَيْل **Souhayla, Soheila** سُهَيْلَة

Suhayl / Suhayla (diminutif de sahl) : *aisé, facile* ; *joie* ; *petite plaine* ; *Canopus*, une des étoiles les plus brillantes de notre ciel. Suhayl Ibn 'Amr, grand orateur de La Mecque : ce fut lui, en tant qu'émissaire des Quraychites, qui conclut avec le Prophète la trêve de Hudaybiyya.

Tawl, Taoul طَوْل

• Ṭawl : *bien-être, richesse et puissance.*

Ghadaf, Radaf غَدَف

Ghadaf : *abondance et bien-être.*

Ghanim, Ranem غَانِم **Ghanima, Ranéma** غَانِمَة

• Ghânim / Ghânima : *qui réussit sans effort et qui s'enrichit* (mot dérivé de ghanam *: le gain, la fortune, la chance* d'où le sens aussi d'*ovins,* à savoir brebis, moutons et agneaux).

Ghénim, Rénim غَنِيم **Ghénima, Rénima** غَنِيمَة

Ghanîm / Ghanîma : *gagnant, prospère.* [Correspondance : Prosper]

Ghannem, Rannem غَنَّام

Ghannâm : *qui jouit d'une bonne fortune.*

Ghanema, Ranema غَنَامَة

Ghanâma : *qui jouit d'une bonne fortune.*

Ightiname, Irtinam إِغْتِنَام

Ightinâm : *profiter, saisir une occasion favorable.*

MASCULIN | **FÉMININ**

Ghina غِنَى

• Ghinâ : *richesse et contentement.* [Correspondance : Ada, Edda]

Ghéni غَنِيّ **Ghéniya, Ghénia** غَنِيَّة

Ghanî / Ghaniyya : *riche.* [Correspondance : Odilon / Oda, Odile, Odelia, Odette]

Ighna, Irna إِغْنَاء

Ighnâ' : *enrichir autrui, le contenter et le satisfaire.*

Ightina, Irtina اِغْتِنَاء

Ightinâ' : *enrichissement, prospérité.*

Ikbal, Iqbal إِقْبَال **Ikbal, Iqbal** إِقْبَال

• Iqbâl (mixte) : *abondance, prospérité* ; *avenir.* Muḥammad Iqbâl (m. 1938), poète mystique et réformiste musulman indien, père spirituel du Pakistan.

Kathir, Katir كَثِير

• Kathîr : *abondant, nombreux.* Ibn Kathîr, savant musulman et historien syrien (m. 1373).

Kousayr, Kothayir كُثَيِّر

Kuthayyir (diminutif de kathîr) : *abondant, nombreux.* Poète médinois (m. 723), chantre des Omeyyades ; célèbre pour l'amour qui le liait à 'Azza.

MASCULIN		FÉMININ	
Moukthir **Mouktir, Moksir**	مُكْثِر	**Moukthira** **Mouktira, Moksira**	مُكْثِرَة

Mukthir / Mukthira : *riche, fortuné.*

Kassib	كَاسِب	**Kassiba**	كَاسِبَة

• Kâsib / Kâsiba : *qui gagne sa vie* ; *travailleur.*

Kassab, Kaceb	كَسَّاب	**Kassaba, Kaceba**	كَسَّابَة

Kassâb / Kassâba : *qui gagne beaucoup grâce à son travail.*

		Kenza, Kanza	كَنْزَة

• Kanza (variante de kanz) : *trésor.*

		Kounouz, Kounez	كُنُوز

Kunûz (pluriel de kanz) : *trésors, merveilles.*

Kinaz	كِنَاز		

Kinâz (pluriel de kanz) : *trésors.* Kinâz Ibn Ḥaṣîn, compagnon du Prophète.

Kounayz **Kounaïz, Kouneiz**	كُنَيْز	**Kounayza** **Kounaïza, Kouneiza**	كُنَيْزَة

Kunayz / Kunayza (diminutif de kanz) : *petit trésor.*

Labid	لَبِيد	**Labida**	لَبِيدَة

• Labîd / Labîda : *qui séjourne dans un pays* ; *qui est attaché à une terre* ; *prospère* ; *oiseau qui reste à terre.* Labîd Ibn Rabî'a (m. en 661) : poète arabe préislamique, un des sept auteurs des « Mu'allaqât », poèmes « suspendus » à la Kaaba.

		Nouma	نُعْمَى

• Nu'mâ : *aisance, opulence* ; *générosité.*

MASCULIN		FÉMININ	

Naem نَاعِم **Naéma** نَاعِمَة

Nâ'im / Nâ'ima : *agréable, doux, soyeux.*

Naoum نَعُوم

Na'ûm : *très doux, onctueux.*

Tourath, Touras تُرَاث

• Turâth : *héritage.* [Correspondance : Elodie, Elody]

Wafir, Ouafir وَافِر

• Wâfir : *abondant.*

Yousr يُسْر **Yousr** يُسْر

• Yusr (mixte) : *aisance, douceur ; facilité de caractère, prospérité.*

Yousri, Yosry يُسْرِيّ **Yousriya, Yosriya, Yousria** يُسْرِيَّة

Yousrî / Yousriyya : *qui a de la chance, qui réussit facilement.*

Yasser يَاسِر **Yassera** يَاسِرَة

Yâsir / Yâsira : *prospère ; facile à vivre, doux.* Yâsir Ibn 'Âmir : torturé par les Mecquois qui refusaient la nouvelle religion, il fut l'un des premiers martyrs de l'islam. [Correspondance : Faustin / Faustine]

Yassir يَسِير **Yassira** يَسِيرَة

Yasîr / Yasîra : *facile.*

Aysar, Aïssar أَيسَر **Yousra, Yosra** يُسْرَى

Aysar / Yusrâ : *très facile.* Yusrâ : *les choses agréables et faciles de la vie.*

Yassar يَسَار

Yasâr : *facilité, aisance, abondance.*

MASCULIN		FÉMININ	
Moussir	مُوسِر	**Moussira**	مُوسِرَة

Mûsir / Mûsira : *aisé, fortuné.*

Maysara	مَيْسَرَة	**Maysara**	مَيْسَرَة
Maïssara, Messara		**Maïssara, Messara**	

Maysara (mixte) : *douceur de caractère* ; *aisance, richesse.* Maysara Ibn Masrûq, compagnon du Prophète, et général musulman.

Maysour	مَيْسُور	**Maysour, Maïssour**	مَيْسُور
Meissour		**Meissour**	

Maysûr (mixte) : *facile, plaisant, aisé.*

		Mayassir	مَيَاسِير

Mayâsîr (pluriel de maysûr) : *personnes favorisées, riches.*

Mouyassar	مُيَسَّر	**Mouyassara**	مُيَسَّرَة
Moyassar		**Moyassara**	

Muyassar / Muyassara : *à qui les choses sont facilitées.*

Taysir, Taïsir	تَيْسِير	**Taysir, Taïsir**	تَيْسِير

Taysîr (mixte) : *rendre facile* ; *prospérité, succès.*

		Issar	إِيسَار

Îsâr : *enrichissement, fortune.*

C. ÉTERNITÉ

MASCULIN **FÉMINININ**

Araïk أَرائِك

• Arâ'ik (pluriel de arîka) : *lits d'apparats où se reposent les gens du Paradis* (Coran 18 : 31).

Azal أَزَل

• Azal : *éternité* ou *prééternité* ; opposé à abad : *post-éternité* ou *éternité à venir.*

Barzakh بَرْزَخ

• Barzakh : *isthme* ; « *monde intermédiaire* » où séjournent les âmes des défunts dans l'attente du Jugement.

Janna, Jenna جَنَّة

• Janna : *jardin luxuriant, paradisiaque* ; *Paradis*. Le Prophète est appelé **Miftâḥ al-Janna** : *la clé du Paradis.*

Jannate جَنَّات

Jannât (pluriel de janna) : *jardins luxuriants, paradisiaques* ; *paradis.*

Jinane جِنَان

Jinân (pluriel de janna) : *paradis.*

Jounayna, Jounaïna
Jonayna, Jonaïna, Jounina جُنَيْنَة

Junayna (diminutif de janna) : *petit paradis, jardin.*

Houria, Houriya حُورِيَّة

• Ḥûriyya : *houri* ; *jeune femme à la beauté incomparable*. Les houris sont des créatures paradisiaques mentionnées dans le Coran, que Dieu réserve aux croyants et aux croyantes dans la vie future (56 : 22-24) ; d'un point de vue spirituel, elles représentent les états de félicité.

MASCULIN	FÉMININ

Khouloud خُلُود

•Khulûd : *éternité.*

Khouldi, Khouldy خُلْدِي

Khuldî : *éternel* (dérivé de khuld : *éternité*).

Khalid, Khaled خَالِد **Khalida, Khaleda** خَالِدَة

Khâlid / Khâlida : *éternel* ; *demeurant pour l'éternité au Paradis, bienheureux.* Khâlid Ibn al-Walîd, compagnon du Prophète et commandant des troupes musulmanes (cf. Sayf-Allâh).

Khouwaylid خُوَيْلِد
Khoweilid

Khuwaylid (diminutif de khâlid) : *petit éternel.*

Khoulida, Kholida خُلِيدَة

Khulîda (variante de khâlida) : *éternelle.* [Correspondance : Amarante]

Khaldoun خَلْدُون

Khaldûn : *éternel.* Variante de Khâlid d'origine andalouse. Ibn Khaldûn (m. 1406), savant tunisois auteur de la *Muqaddima* (« *Introduction* »), ouvrage dans lequel il expose une théorie universelle de l'histoire.

Daran, Darane دَارَان

•Darân (duel de dâr : *maison*) : *les deux demeures, les deux mondes,* c'est-à-dire *l'ici-bas et l'au-delà.*

Rahik, Rahiq رَحِيق

•Raḥîq : *breuvage pur* ; *nectar de fleurs ou de fruits* ; mot coranique pour évoquer la boisson des gens du paradis : *vin fin au goût musqué.*

Ridouane, Ridwan رِضْوَان
Redouane, Redwan

•Riḍwân : *satisfaction, contentement.* Nom d'un ange gardien du Paradis.

MASCULIN		**FÉMININ**	
		Rawda, Raouda	رَوْضَة

• Rawḍa : *bassin d'eau* ; *jardin luxuriant et bien arrosé* ; partie de la mosquée du Prophète (à Médine) située entre son tombeau et sa chaire (*minbar*), et désignée par lui comme étant « un des parterres du Paradis ».

Rayyan, Rayan, Rayane رَيَّان **Rayyana, Rayana** رَيَّانَة

• Rayyân / Rayyâna : *désaltéré* ; se dit aussi pour une plante *bien arrosée* ; *beau, à la fleur de l'âge*. Ar-Rayyân : porte du Paradis réservée aux jeûneurs.

Sidra, Cedra سِدْرَة

• Sidra : *lotus*. Sidrat al-Muntahâ (« lotus de la limite ») : expression coranique (53 :14) désignant un arbre au septième ciel que seul le Prophète, lors de son « Ascension » (*Mi'râj*), put dépasser pour se rapprocher de Dieu. Il symbolise le terme ultime de la connaissance de Dieu accessible aux créatures. [Correspondance : Lotus]

Sarmad سَرْمَد **Sarmada** سَرْمَدَا

• Sarmad : *éternité* ; *longue nuit (ou long jour) qui semble n'avoir pas de fin*. Sarmadâ : variante féminine de Sarmad.

Sarmadi, Sarmady سَرْمَدِي

Sarmadî : *éternel*.

Salsabil سَلْسَبِيل

• Salsabîl : *une des sources du Paradis* (Coran 76 : 18).

Salâma سَلاَمَة

• Salâma : *salut éternel* ; *paix et sécurité absolues*.

Tasnim, Tasnim تَسْنِيم **Tasnim, Tasnime Tesnime** تَسْنِيم

• Tasnîm (mixte) : *source paradisiaque réservée aux « Rapprochés de Dieu »* (Coran 83 : 27-28).

MASCULIN **FÉMININ**

Touba, Toba طُوبَى

• Ṭûbâ : *félicité, prospérité.* Nom d'un arbre du Paradis aux ornements somptueux.

Zilal, Zilel ظِلاَل **Zilal, Zilel** ظِلاَل

• Ẓilâl (mixte) : *ombre* ; *le paradis* : terme coranique pour symboliser le bien-être paradisiaque.

Zalil ظَلِيل **Zalila** ظَلِيلَة

Ẓalîl / Ẓalîla : *ombragé, frais* ; *durable, perpétuel.*

Araf أَعْرَاف

• A'râf : *hauteurs.* Al-A'râf, nom du mur qui sépare le Paradis de l'Enfer et du haut duquel les élus seront appelés ; titre de la 7e sourate du Coran.

Okba, Oqba عُقْبَى

• 'Uqbâ : *fin* ; *rétribution* (peine ou récompense) ; *au-delà* ; *vie future.* 'Uqbâ Ibn Nâfi' : compagnon du Prophète et chef militaire ayant ouvert le Maghreb à l'islam.

Maad مَعَاد

• Ma'âd : *lieu de retour,* c'est à dire *la vie future* ; *La Mecque.*

Miaad مِيعَاد

Mî'âd : *rendez-vous suprême, le jour de la résurrection des âmes.*

Ghayt, Rayt غَيْط

• Ghayt : *jardin, paradis.*

Firdaous
Firdaws, Ferdaous فِرْدَوْس

• Firdaws : *jardin paradisiaque* ; *le Paradis.* Nom d'origine persane. Le Firdaws est le plus élevé des paradis (Coran 18 : 107).

MASCULIN | **FÉMININ**

Faradis, Faradice فَرَادِيس

Farâdîs (pluriel de firdaws) : *paradis*, du mot persan paradisu.

Falah فَلَاح

• Falâḥ : *salut, délivrance, félicité*. Ḥayya 'alâ l-falâḥ ! : « *Hâtez-vous vers le Salut !* », expression contenue dans l'appel à la prière (*adhân*) musulmane.

Mouflih مُفْلِح **Moufliha** مُفْلِحَة

Mufliḥ / Mufliḥa : *qui jouit de la félicité, gagnant.*

Kawthar, Kawtar كَوْثَر

Kaousar, Kawsar

• Kawthar : *abondance, profusion*. Al-Kawthar : fleuve du Paradis promis au Prophète dans le Coran ; titre de la sourate 108.

Mikaïl مِيكَائِيل

• Mîkâ'îl : *qui est comme Dieu*. Nom d'origine hébraïque ; Mîkaîl ou Mîkâl selon la graphie coranique (2 : 98), archange des forces de la nature ; dans la tradition chrétienne, il est appelé Saint Michel, le « défenseur de la foi » : c'est lui qui terrassa le dragon. Ce nom est rarement porté par les musulmans, au contraire des chrétiens. [Correspondance : Michel, Mikael / Michelle, Mikaela]

Mikhaïl مِيخَائِيل

Mîkhâîl (variante de Mîkâ'îl) : *qui est comme Dieu.*

Malak مَلَك، مَلَاك

• Malak ou Malâk : *créature angélique, ange*. [Correspondance : Ange (du grec « messager »), Angel, Séraphin (de l'hébreu « brûlant » pour désigner les créatures angéliques) / Angie, Angela, Angelina, Angélique, Séraphine]

Malaïka مَلَائِكَة

Malâ'ika (pluriel de malak) : *anges.*

MASCULIN

FÉMININ

Naïm نَعِيم

Naïma نَعِيمَة

• Na'îm : *plaisir* ; *délice* ; an-Na'îm : *la Béatitude, la Félicité*, terme coranique pour évoquer le Paradis. [Correspondance : Eden / Eden, Edna]

Nouaïm, Noaïm نُعَيْم

Nu'aym (diminutif de na'îm) : *petit délice.*

Naïmallah نَعِيم الله
Naïmoullah

Na'îm-Allâh : *le délice de Dieu.*

BIBLIOGRAPHIE

NOMS ET PRÉNOMS

'ABD AR-RAḤÎM Muḥammad, *Ikhtar ism mawlûdik min asmâ' as-ṣaḥâba al-kirâm*, Beyrouth, 1990.

'AKÂRÎ Sûzân, *Mawsû'at al-'asmâ' al-'arabiyya wa ma'ânîhâ*, Dâr al-fikr al-'arabî, Beyrouth, 2003.

AL-ARNA'ÛT Chafîq, *Qâmûs al-asmâ' al-'arabiyya al-muwassa'*, Dâr al-'ilm lil-malâyîn, Beyrouth, 2007.

AL-KHAZRAJÎ 'Abbûd Aḥmad, *Asmâ'unâ, asrâruhâ wa-ma'ânîhâ*, Al-mu'asasa al-'arabiyya lil-dirâsât wa-l-nashr, Beyrouth, 2002.

IBN QAYYIM AL-JAWZIYYA, *Tuḥfat al-mawdûd bi-aḥkâm al-mawlûd*, Dâr al-kitâb al-'arabî, Beyrouth, 1983.

MATTHIEU Jean-Luc, *2 000 prénoms, origine signification loi*, Ed. Ouest-France, Rennes, 2002.

NÂṢÎF Walîd, *Al-Asmâ' wa-ma'ânîhâ*, Dâr al-kitâb al-'arabî, Damas, 1997.

SCHIMMEL Annemarie, *Noms de personne en Islam*, PUF, Paris, 1996.

TAMER Jana, *Les sources étonnantes des noms du monde arabe*, Maisonneuve & Larose, Paris, 2004.

DICTIONNAIRES

IBN MANẒÛR, *Lisân al-'Arab*.

KAZIMIRSKI A., *Dictionnaire arabe-français*, Librairie du Liban (rééd.), Beyrouth, 1860.

Al-munjid fî al-lugha wa-l-a'lâm, Dar al-Machriq, Beyrouth, 1987.

SOURDEL Dominique et Janine, *Dictionnaire historique de l'Islam*, PUF, Paris, 1996.

Index des prénoms masculins en français

Aafar ... 399
Aamir ... 420
Aassil ... 385
Aattar ... 358
Abab ... 380
Ababe ... 380
Abadil ... 79
Abak ... 358
Abane ... 123
Abaq ... 358
Abbad ... 78
Abbas ... 55, 407
Abboud ... 78
Abchar ... 251
Abd ... 77
Abdal ... 91
Abdallah ... 47, 55, 79
Abdan ... 78
Abdane ... 78
Abdar ... 315
Abdechafi ... 84
Abdechahid ... 84
Abdechakour ... 84
Abdedaïm ... 82
Abdedari ... 82
Abdeladel ... 85
Abdelafouw ... 85
Abdelali ... 85
Abdelalim ... 85
Abdelatif ... 88
Abdelazim ... 85
Abdelaziz ... 85
Abdelbadhikh ... 79
Abdelbadhil ... 80
Abdelbadi ... 79
Abdelbaïth ... 80
Abdelbaqi ... 80
Abdelbar ... 79
Abdelbary ... 80
Abdelbassir ... 80
Abdelbassit ... 80
Abdelbatine ... 80
Abdelfarouk ... 86
Abdelfatir ... 86
Abdelfattah ... 86
Abdelghaffar ... 85
Abdelghafour ... 86
Abdelghalib ... 86
Abdelghani ... 86
Abdelhadi ... 89
Abdelhafez ... 81
Abdelhafiz ... 81
Abdelhakam ... 81
Abdelhakim ... 82
Abdelhalim ... 82
Abdelhamid ... 82
Abdelhannan ... 82
Abdelhaq ... 81
Abdelharis ... 81
Abdelhassib ... 81
Abdelhay ... 82
Abdeljabbar ... 80
Abdeljalil ... 80
Abdeljami ... 81
Abdeljawad ... 81
Abdelkabir ... 87
Abdelkader ... 86
Abdelkarim ... 88
Abdelkhabir ... 82
Abdelkhaliq ... 82
Abdelkhallaq ... 82
Abdelmaboud ... 85
Abdelmajid ... 88
Abdelmalek ... 88
Abdelmalik ... 88
Abdelmannane ... 88
Abdelmaqsoud ... 87
Abdelmatine ... 88
Abdelmawjoud ... 89
Abdelmohcine ... 81
Abdelmohsi ... 81
Abdelmoïde ... 85
Abdelmoïne ... 85
Abdelmoïzze ... 85
Abdelmomin ... 79
Abdelmoubdi ... 79
Abdelmoughith ... 86
Abdelmoughni ... 86
Abdelmouhaymin ... 89
Abdelmouhyi ... 82
Abdelmoujib ... 81
Abdelmounim ... 89
Abdelmouqaddim ... 87
Abdelmouqit ... 87
Abdelmouqsit ... 87
Abdelmouqtadir ... 87
Abdelmoussawir ... 84
Abdelqadi ... 87
Abdelqadir ... 86
Abdelqahir ... 87
Abdelqawi ... 87
Abdelqayyoum ... 87

Abdelqouddous 87
Abdelrani 86
Abdelwadoud 89
Abdelwahhab 90
Abdelwahib 90
Abdelwahid 89
Abdelwajid 89
Abdelwakil 89
Abdelwâli 90
Abdelwaly 90
Abdelwarith..............89
Abdelwassi................89
Abdenafi...................88
Abdenasser 88
Abdenassir................88
Abdennour................89
Abderabbouh 83
Abderachid................83
Abderafi 83
Abderahim 83
Abderahmane............83
Abderaouf 83
Abderazaq 83
Abderrab 83
Abdessabour.............84
Abdessalam...............84
Abdessamad 84
Abdessami 84
Abdessattar...............83
Abdessayyid..............84
Abdessiddiq..............84
Abdettam 80
Abdettawab 80
Abdezahir.................84
Abdouh 78
Abdoullah 47, 55, 79
Abdoun.....................78
Abed 78
Abha 295
Abhar.....................358
Abid 78
Abidine 78
Abik 358
Ablagh....................140
Ablaj 277
Ablare.....................140
Abou Bakr................60
Aboubekr 60
Abqari 146
Abrar......................185
Absal 219
Absame 250
Abyad.....................296
Abyan.....................123
Achaab 283
Achak.....................271
Achame 284
Achaq.....................271
Achbal....................405
Achdakhe 405
Achek.....................271
Acheq.....................271
Achfak....................189
Achfaq....................189
Achhal....................284
Achik 271
Achiq 271
Achir 270
Achja......................223
Achjaa 223
Achour 97, 271
Achraf 167
Achrafedine............167
Achrak....................326
Achraq....................326
Adab 139
Adal 143
Adam 30
Adame......................30
Adan 345
Adane.....................345
Adda 72
Adel 132
Adham 317
Adhin.......................64
Adib 139
Adil 132
Adine 64
Adlane....................132
Adli 133
Adna 417
Adnan 54
Adnane.....................54
Adoudedine............239
Adoul 133
Afar 287
Afdal 157
Afdaledine..............157
Afif.........................183
Afifeddine 183
Afraa 287
Aghlab....................407
Aghlabe 226
Aghyad...................287
Ahde 133
Ahdi 133
Ahmad 42, 176
Ahmas....................221
Ahmed 42, 176
Ahna 186
Ahouaj 228
Ahsam....................124
Ahsane 279
Ahwaj.....................228
Ahwas 402
Ahyas 229
Aïche......................421
Aïd 98, 258
Aïde 191
Aïdy 258
Aïk 363
Aïssa.........................37
Aïssar 443
Aïze........................241
Ajad 153
Ajaouid 200
Ajawid....................200
Ajbah 277
Ajdal 386
Ajhar......................278
Ajla 325
Ajmal 278
Ajouad 200
Ajwad.....................200
Ajyad......................278
Akdam 408
Akef 72
Akhcha.....................68

Akhdar 374
Akhdaran 375
Akhtab 387
Akhyal 280
Akhyar 186
Akif 72
Akil 146
Akmal 158
Akmaledine 158
Akmar 321
Akram 206
Alae 168, 198
Alaedine 168
Alaoui 93
Alawi 93
Ali 60, 61, 168
Alif Eddine 264
Alif 264
Alim 147
Alkama 358
Allal 346
Allam 147
Allama 147
Almaa 321
Alouf 264
Alqama 358
Alwi 169
Alyes 409
Amali 102
Amanallah 112
Amane 112
Amanoullah 112
Amide 240
Amin 39, 126
Aminallah 126
Amine 39, 126
Aminedine 126
Amir Eddine 214
Amir 214
Amjad 171
Ammar 72
Amne 112
Amr 420
Amsal 158
Amtal 158
Amthal 158
Anane 313
Anas 265
Anbace 407
Anbas 407
Anebari 359
Aneber 305
Anhar 330
Ani 194
Anik 276
Aniq 276
Anis Eddine 265
Anis 265
Anjab 172
Anmar 409
Annous 265
Anouaf 174
Anouf 161
Antar 225
Antara 225
Anwaf 174
Anwar 330
Anwâr 331
Aouabe 65
Aouad 191
Aoufa 137
Aouhaz 294
Aous 198
Aousam 293
Aqdam 408
Aqel 146
Aqib 48, 420
Aqil 146
Aqmar 321
Araba 146
Arabi 167
Araby 167
Araf 146
Arafat 97
Araj 352
Arane 219
Archad 129
Archah 144
Ari 334
Arib 157
Aribe 157
Arif 146
Arif-Eddine 146
Arij 352
Arine 250
Arjal 222
Arkan 68
Arkane 68
Arkat 404
Arkhabil 341
Arlabe 226, 407
Arouad 113
Aroum 363
Aroune 250
Arqam 404
Arqame 404
Arqat 404
Arraf 146
Arsalane 401
Arslane 401
Arta 366
Arwaa 145
Arwad 113
Ary 334
Aryad 287
Aryahi 202
Arze 363
Asbah 406
Asbar 404
Asfaran 357
Asfarane 357
Ashab 285
Ashabe 406
Asjad 305
Asjah 282
Aslam 116
Asmaa 145
Asmar 283
Asqal 426
Asr 97
Assaad 256
Assab 415
Assad Eddine 401
Assad 401
Assâd 401
Assadallah 401
Assadoullah 401
Assakil 381

Assal....363
Assel....385
Assem....240
Assil....161
Assim....240
Assir....161
Assoul....385
Assoule....385
Aswab....415
Asyad....406
Ata....204
Atal....161
Atallah....204
Atef....271
Atek....204
Ateq....388
Atfa....190
Atfe....271
Atfi....190
Atfy....190
Athab....363
Athâb....415
Athal....161
Athbate....124
Athir....152
Athkal....426
Athwab....415
Atif....271
Atiq....167
Atir....358
Atkal....426
Atkiya....66
Atouf....271
Atrouje....364
Attar....224
Aty....341
Atyab....190
Awab....65
Awad....191
Awfa....137
Awfe....407
Awhaz....294
Awjah....293
Awnallah....241
Awnat....241
Awne....241
Awni....241
Awny....241
Awsam....293
Ayache....421
Aydan....369
Aydane....369
Ayib....64
Ayk....363
Ayman....262
Aymane....262
Ayoub....33, 65
Aysar....443
Ayyade....258
Ayyoub....33
Azaal....428
Azam....225
Azhad....69
Azhar....296
Azharan....317
Azharane....317
Azher....317
Azine....64
Aziz....48, 225, 270
Azmi....225
Azouz....270
Azre....219
Azzam....225, 407
Bachache....252
Bachak....386
Bachaq....386
Bachar....251
Bachiche....252
Bachir....40, 251
Bachouche....252
Badawi....380
Bader....314
Badhel....198
Badhil....198
Badi....122
Badikh....162
Badir....314
Badr....39, 230, 314
Badrane....314
Badrédine....314
Badri....315
Bahae....295
Bahaedine....295
Bahar....295
Baher....341
Bahi....295
Bahige....252
Bahij....252
Bahir....295
Bahjat....252
Bahma....220
Bahr....341
Bahram....298
Bahri....341
Bahry....341
Bajil....162
Baker....392
Bakhte....250
Baki....127
Bakir....324
Bakkar....324
Bakre....392
Bakri....324
Balage....276
Balaj....276
Balal....415
Balel....415
Baligh....140
Balighe....40
Balil....334
Balir....40, 140
Bandar....342
Baqi....127
Baqir....140
Bara....180
Baraïl....372
Barakat....102
Bari....276
Bariz....152
Barr....39
Bary....180
Barz....127
Barzakh....435
Bassam....250
Bassel....219
Bassem....250
Bassil....219
Bassim....250

Bassir 140
Bassoul 219
Batal 219
Batine 112
Bayan 40, 123
Bayane 40, 123
Baz 386
Bazel 198
Bazil 198
Béchir 251
Bédi 295
Bedrane 314
Béhi 295
Béhij 252
Behjat 252
Béjil 162
Békir 364
Bekri 324
Berbeir 402
Béri 152
Berjis 315
Bichre 251
Bijad 380
Bijal 162
Bikhtir 276
Bilal 341
Bilel 341
Birjis 315
Bistame 230
Bora 415
Borhan 123
Borhane 40
Boubacar 60
Boubakeur 60
Boudayr 314
Boukhari 91
Boukhayt 250
Boulboul 386
Boumediene 91
Bourak 40
Bouraq 40
Bourhan 40
Bourhane 40, 123
Bourhanedine 123
Bouroum 363
Bousre 364
Boussiri 91
Boutros 372
Brahim 31
Cadous 227
Camil 158
Chabane 96
Chabib 418
Chaddad 223
Chadheur 304
Chadhili 92
Chadi 257
Chadine 398
Chafak 319
Chafaq 319
Chaféi 107
Chafi 45, 107
Chafik 45, 189
Chafiq 45, 189
Chafouk 189
Chafouq 189
Chaghaf 269
Chaghef 116
Chaghouf 189
Chahdar 419
Chahed 45, 70
Chahid 45, 70
Chahine 388
Chahiq 167
Chahir 46, 155
Chaker 195
Chakhil 269
Chakib 203
Chakik 269
Chakim 224, 406
Chakir 195
Chakour 195
Chalel 345
Chamikh 167
Chamil 155
Chamis 327
Chamisse 327
Chams 326
Chamsedine 327
Chanib 284
Chaqiq 269
Chaqir 284
Charaf 45, 166
Charafedine 166
Charef 45, 166
Charif 166
Charouf 189
Charqi 326
Chawal 96
Chawq 107
Chawqi 107
Chazeur 304
Chébib 418
Chebly 405
Chechaane 283
Cheda 357
Chedan 357
Cheddad 223
Chedha 357
Chedho 357
Chedli 92
Chedo 357
Chedy 257
Chéfi 45, 107
Chéfik 45, 189
Chéfiq 189
Chefy 419
Chéhid 70
Cheikhane 216
Chékib 203
Chékim 224
Chémil 189
Chems 326
Chemsedin 327
Chériq 283
Chibel 405
Chible 405
Chibly 405
Chihab 319
Chihabeddine 319
Chithe 30
Chokar 357
Chokri 195
Choqar 357
Chouayb 33
Chouhdi 384
Choujaa 223
Choujay 223

Choukrallah 195
Choukri 195
Choukroullah..........195
Choumays...............327
Choumeis................327
Chouqayr................384
Cid..........................405
Codoum..................227
Dabour....................406
Daghfal 403
Dahab 302
Dahak 257
Dahi........................328
Dahouk...................257
Daï......................43, 68
Daïb........................194
Daji.........................427
Dajy 427
Dakir.......................104
Dakour...................143
Dakwan..................143
Daky 143
Dalham 268
Dalih.......................335
Dalil.................43, 124
Dalouf....................387
Daloukh 366
Daly 366
Damice 187
Damine..................239
Damir 116
Damithe.................187
Danan 224
Danane 224
Dani.......................417
Danial 35
Daniel 35
Dany 417
Daoub 194
Daoud......................35
Daoui.....................328
Daran.....................436
Darane 436
Darfal.....................403
Dargham 406
Dari 143
Darqawi 92
Dary.......................143
Dawad....................238
Dawi 328
Dawkas 403
Dawsar...................403
Dawwas..................403
Dayf.......................204
Daygham 406
Daymoum..............380
Dayram 406
Dehi.......................403
Deif........................204
Derwiche..................92
Dhahab 302
Dhahin...................144
Dhakawan 143
Dhaki 143
Dhakir....................104
Dhakour.................143
Dhamir 222
Dhawad..................238
Dhihni 144
Dhikrallah 43, 104
Dhikroullah...........104
Dhimr 222
Dhiroua 375
Dhiyad 238
Dhouayb 403
Dhourwa.........163, 375
Dibaa 71
Difel.......................354
Dihia......................214
Dihni 144
Dikrallah 43
Dilfe.......................222
Dilham...................403
Dimam...................155
Dimr 222
Dirbas 403
Dirwa.....................375
Diya 328
Diyad 238
Diyaedine...............328
Diyaelhak...............328
Diyaelhaq...............328
Diyaï......................328
Diyaoudine 328
Djibrîl 220
Dolama 280
Douaije 280
Doueib...................403
Doulam..................394
Doulama 280
Dourwa..........163, 375
Driss.......................143
Echik......................271
Echiq......................271
Echir 270
Ecil.........................276
Edrak 143
Ekil 217
Elarabi......................47
élias 35
Eliassa 36
elyacin 36
Emin 112
Emine 112
Eqil 217
Erib........................139
Erkan 68
Esmat.....................240
Essam.....................240
Faddoul..................157
Fadel 49, 156
Fadi........................226
Fadil.................49, 157
Fadlallah.................156
Fadlan 157
Fadlane...................157
Fadle 156
Fadledine................156
Fadli.......................156
Fadouane................227
Fadwane.................227
Fady 226
Fahd.......................408
Fahdi......................408
Fahim.....................148
Fahmane 148
Fahmi.....................148
Faïk........................157

Faïq........................157
Fairouz....................306
Faïz........................246
Fajr.........................329
Fajry.......................329
Fakhir.....................305
Fakhredine............169
Fakhri.....................169
Fakih.......................369
Fakihe....................369
Falah......................439
Falaj.......................329
Falak......................313
Falaq......................329
Falih...............245, 377
Faltane...................227
Fanaa......................205
Fanar......................320
Faouaz...................246
Faour.....................400
Faouz.....................246
Faouzane...............246
Faouzi....................246
Farah.....................259
Faraj................48, 258
Farajallah..............258
Faraji.....................258
Fared.....................217
Fareh.....................259
Fares.....................394
Farfour..................422
Farhane.................259
Farhat...................259
Farid......................156
Farih......................147
Faris......................394
Fariz......................156
Farouk...................125
Farouq...................125
Farraj....................259
Farras...................407
Fasih.......................48
Fassih...................147
Fatayan.................320
Fateh....................245
Faten....................148
Fath......................245
Fathedine.............245
Fathi.....................245
Fatih..............49, 245
Fatim....................395
Fattah...................245
Fattane.................287
Fawahan..............359
Fawar...................347
Fawaz...................246
Fawr.....................400
Fawz.....................246
Fawzane...............246
Fawzi....................246
Fayad...................205
Fayçal..................133
Fayd..............205, 359
Faydi....................205
Fayf.....................381
Faylaq..................233
Faynan.................288
Fayrouz................306
Fehd.....................408
Féhim...................148
Fékih....................259
Félih.....................377
Feltane.................227
Fende...................377
Fendy...................377
Fériz....................156
Fetih.......................48
Fétîn....................148
Fétine..................148
Feyf.....................381
Fida.....................226
Fidaï....................226
Finde...................377
Findi....................377
Firas....................407
Firouz..................306
Fitr.........................98
Fodayl.................157
Fodeil..................157
Foheid.................408
Folje....................245
Foreis..................394
Forkane................125
Forqane................125
Fouad...................117
Foued...................117
Fouhayd...............408
Foulayh................246
Foulje...................245
Fourate................346
Fourays................394
Fozi......................246
Gebrane...............416
Gebril...................220
Ghadaf.................430
Ghadhawan..........394
Ghadi...................329
Ghadir..................346
Ghadwan.............394
Ghali....................156
Ghalib..................244
Ghalleb................244
Ghamam..............338
Ghamre................346
Ghani............196, 286
Ghanim................430
Ghannem.............430
Ghany...........196, 286
Gharid..................389
Gharis..................369
Ghassane.............226
Ghatous...............226
Ghaws....................48
Ghayd..................287
Ghaylan...............346
Ghayssan.............226
Ghayt...................438
Ghayth.................338
Ghayyal...............407
Ghazal.................400
Ghazi...................217
Ghazir..................346
Ghazwan.............225
Ghazy..................217
Ghéni...................431
Ghénim................430
Ghinae.................258
Ghirrid.................390

Ghiyas 48
Ghiyas-Eddine 242
Ghiyath 242
Ghodani 286
Ghoufrane 191
Ghoulam 421
Ghoulwan 422
Ghusne 369
Gibran 416
Gihed 103
Habbabe 267
Habbar 234
Habib 266
Habiballah 41, 267
Habiboullah 41, 267
Hachem 54
Hachid 221
Hachim 54
Hachimi 54
Hachir 41
Haci 141
Hacif 141
Hacine 180
Hacire 411
Hadhiq 141
Hadi 52, 136
Hafez 237
Haffef 261
Hafi 41
Hafif 335
Hafiz 237
Hafs 402
Haïd 74
Hajal 387
Hajam 234
Hajid 74
Hajir 159
Hajjaj 94
Hajje 94
Hak 41
Hakam 128
Hakem 127
Hakim 142
Hakka 221
Hakki 124
Hal 382
Halim 185
Hamd 175
Hamdane 176
Hamdi 175
Hamdoun 176
Hamed 42, 175
Hames 221
Hami 238, 402
Hamid 42, 175
Hamidallah 175
Hamidedine 176
Hamidoullah 175
Hamim 267
Hamis 221
Hammad 176
Hammadi 176
Hammoud 176
Hamy 238
Hamza 55, 402
Hanbal 343
Hani 261
Hanif 128
Hanifedine 128
Hannoun 353
Hanoun 185
Hany 186
Hanzala 353
Haouas 411
Haous 221
Haq 41
Haqqa 221
Haraman 95
Hares 237
Harice 411
Haris 41
Harit 410
Harith 373, 402
Haritha 374
Haroun 34, 261
Harout 410
Harrat 410
Harz 237
Hassab 163
Hassan 59, 279
Hassanayn 279
Hassâne 279
Hassane 59, 279
Hasseb 141
Hassi 141
Hassib 163
Hassif 141
Hassine 180
Hassir 411
Hassoun 387
Hassour 411
Hatem 127
Hatim 127
Hawwam 411
Hawwas 411
Haybane 218
Haydar 403
Haysam 411
Haysar 411
Haytham 391
Hayyane 417
Haz 426
Hazem 127
Hazi 163
Hazim 228
Haziz 426
Hazme 141
Hazoum 141
Hedi 52, 136
Hedy 52, 136
Héfiz 237
Héjazi 95
Hemam 111
Hémid 175
Hemmam 111
Hibbe 266
Hiber 141
Hicene 237
Hicham 210
Hichmat 180
Hijan 396
Hijane 396
Hijazi 95
Hijram 141
Hijris 410
Hikmat 142
Hilal 323
Hilaledine 323

Hilali....................323
Hilaly....................323
Hilel....................323
Hilm....................185
Hilqam....................411
Himaya....................238
Himayat....................238
Himayatallah....................238
Himayatoullah....................238
Hirmas....................411
Hisne....................237
Hobabe....................267
Hobba....................266
Hocine....................59, 279
Hodayfa....................393
Homam....................110
Honeid....................396
Honouk....................142
Hosni....................278
Hossam....................231
Hossam-Eddine....................231
Hossan....................279
Hossane....................279
Hossein....................59, 279
Houbabe....................267
Houbba....................266
Houd....................30
Houdhayfa....................393
Houlahil....................348
Houmada....................176
Houmam....................110
Houmayd....................175
Houmeid....................175
Hounayd....................396
Hounayn....................104
Hounes....................67
Hounous....................67
Houroun....................95
Housni....................278
Houssam....................231
Houssan....................279
Houssane....................279
Houssayn....................59, 279
Hozam....................228
Hozayfa....................393
Ibadi....................79
Ibady....................79
Iblal....................415
Iblel....................415
Ibrahim....................31, 58
Ibriz....................298
Ibsar....................324
Ichke....................271
Ichq....................271
Ichraq....................326
Ide....................98
Idrak....................143
Idris....................30, 143
Idriss....................143
Idy....................258
Ihmad....................177
Ihmas....................221
Ihsan....................154
Ijlal....................163
Ikbal....................431
Ikdam....................227
Ikhlas....................181
Ikhlij....................393
Iklil....................39, 298
Ikramallah....................206
Ikrima....................389
Ilhamallah....................109
Ilhami....................109
Ilhamoullah....................109
Ilhemi....................109
Ilias....................35
Ilies....................35
Ilyas....................35
Imade....................240
Imadeddine....................240
Imam....................39, 64
Imame....................39
Imdad....................242
Imdadallah....................242
Imdadoullah....................242
Imjad....................177
Imran....................421
Insijam....................269
Insijem....................269
Iqbal....................431
Iqdam....................227
Ireb....................139
Irfane....................146
Ishak....................31, 255
Ishaq....................31, 255
Iskandar....................236
Islam....................69
Islem....................69
Islite....................230
Ismaël....................32, 189
Ismaïl....................32, 189
Ismet....................240
Issa....................37
Issam....................240
Itban....................204
Itmam....................315
Iyad....................236
Iyas....................198
Iyed....................236
Izedine....................224
Izmim....................317
Izzat....................225
Izze....................224
Izzet....................225
Jaafar....................342
Jab....................402
Jabal....................373
Jabil....................426
Jabir....................416
Jabre....................416
Jad....................140
Jadallah....................200
Jadde....................140
Jadhal....................253
Jadhil....................253
Jadidan....................315
Jadir....................153
Jady....................353
Jafar....................342
Jah....................214
Jahed....................103
Jahid....................103
Jahir....................254
Jaïd....................335
Jalal....................162
Jalaledine....................162
Jalel....................162
Jalil....................163

Jamal........................277
Jamalédine...............277
Jamel........................277
Jami..........................41
Jamil........................277
Janah.......................386
Jandal......................221
Jaoud.......................334
Jaouid......................200
Jarallah...................266
Jarim.......................366
Jarir.........................393
Jarmouz..................402
Jasre........................220
Jassar......................220
Jassir.......................220
Jassour....................220
Jawad.............200, 393
Jawd........................334
Jawdan....................200
Jawed.............200, 393
Jawhar....................299
Jawid.......................200
Jawwad...................200
Jayad......................278
Jaychane.................230
Jaylam....................316
Jazal.......................253
Jazel.......................140
Jazil........................199
Jébel.......................373
Jédidan...................315
Jédir.......................153
Jélil........................163
Jémil.......................277
Jeyad......................278
Jézil........................199
Jibraïl.....................220
Jibril.......................220
Jihad.......................103
Jil...........................416
Jilan........................416
Jilani........................91
Jioua.......................373
Jirm........................316
Jiwa........................373
Jodhlane.................253
Jollab......................352
Jomala....................278
Jomoua.....................94
Joubayl...................373
Joubayr...................416
Joubeil....................373
Joubeir....................416
Joud........................199
Jouda......................153
Joudan....................200
Joudhlane...............253
Joulab.....................352
Jouleb.....................352
Joullab....................352
Joumala..................278
Jounayd..................230
Joundi....................230
Joundoub...............384
Joundy...................230
Joune.....................393
Jouneid..................230
Joussem.................141
Joussoum...............141
Jouzlane.................253
Jozlane...................253
Jyl..........................416
Kaab.......................170
Kaceb.....................432
Kachif.....................329
Kadari....................109
Kadij.......................393
Kadoum..................227
Kaffat.....................408
Kaffate...................408
Kafi........................197
Kafil...............50, 242
Kafour....................360
Kahil.......................306
Kahmace................408
Kahmas..................408
Kaïm.......................134
Kalim.......................50
Kalimoullah..............34
Kamal.....................158
Kamaledine............158
Kamar....................320
Kamaredine............320
Kamel....................157
Kamil.............50, 158
Kaoudane...............395
Karam....................205
Karami...................169
Karaouan...............390
Karawan................390
Karib......................422
Karim.............49, 206
Karir.......................347
Kassab...................432
Kassam..................288
Kassem..................134
Kassib....................432
Kassim...................134
Kaswar...................408
Katem....................117
Kathib....................382
Kathir.....................431
Katib......................148
Katim.....................117
Katir......................431
Katoum...................117
Kattam....................117
Kattame..................117
Kawdan..................395
Kawi.........................49
Kawnayn................422
Kayis......................148
Kays.......................169
Kaysar....................134
Kaytar....................134
Kaythar..................134
Kazem....................196
Kazim.....................196
Kémmi...................228
Kessim...................288
Ketman..................117
Khabbab................393
Khabir....................142
Khacib...........142, 201
Khader..........316, 403
Khadij....................393
Khadir....................374

Khadle ... 300
Khafikan ... 312
Khafiqan ... 312
Khaldoun ... 436
Khaled ... 436
Khalid ... 436
Khalil ... 42, 268
Khalilallah ... 31
Khalis ... 181
Khaloussi ... 181
Khamis ... 231
Khanan ... 427
Khardal ... 353
Khassib ... 142, 201
Khatib ... 42
Khatim ... 42, 154
Khatime ... 42
Khatir ... 104
Khattar ... 231
Khayr ... 186
Khayri ... 186
Khayyir ... 201
Khazin ... 427
Khazraj ... 335
Khedam ... 201
Kheir ... 186
Kheirallah ... 186
Kheiredine ... 187
Kheiroullah ... 186
Kheiry ... 186
Khidrim ... 343
Khil ... 268
Khilce ... 267
Khils ... 267
Khodayr ... 374
Khomal ... 268
Khorchid ... 325
Khoudayr ... 374
Khouldi ... 436
Khoulous ... 181
Khoumel ... 268
Khourchid ... 325
Khouwaylid ... 436
Khouzam ... 353
Khoweilid ... 436
Khozam ... 353
Kifah ... 233
Kinan ... 117
Kinaz ... 432
Kirdab ... 408
Kitam ... 390
Kitami ... 390
Kitman ... 117
Kiyan ... 118
Kkouldy ... 436
Komel ... 158
Koraychi ... 49
Kostan ... 313
Kothayir ... 431
Koudsi ... 98
Koudsy ... 98
Koudwa ... 133
Kouhafa ... 339
Koumayl ... 158
Koumayr ... 320
Koumayt ... 395
Koumeir ... 320
Kounaïz ... 432
Kounayz ... 432
Kouneiz ... 432
Kounout ... 73
Kouram ... 206
Kouraychi ... 49
Kousayr ... 431
Koussam ... 205
Koutam ... 205
Koutham ... 205
Labed ... 408
Labib ... 149
Labid ... 432
Laïthe ... 409
Lakhdar ... 374
Lami ... 321
Lamine ... 39
Larbi ... 47
Layin ... 290
Layl ... 321
Layth ... 409
Laythi ... 409
Lazaward ... 307
Lazourd ... 307
Lies ... 35
Liess ... 35
Lika ... 260
Liqa ... 260
Lissan-Eddine ... 149
Liwa ... 233
Loqman ... 149
Lotfy ... 192
Louay ... 233
Loubab ... 118
Lout ... 32
Loutayf ... 192
Louteif ... 192
Loutfallah ... 192
Loutfe ... 192
Loutfi ... 192
Loutfoullah ... 192
Maad ... 438
Maarouf ... 190
Mabar ... 39
Mabrouk ... 102
Mabsar ... 122
Machboub ... 283
Machhour ... 96
Machih ... 224
Machkour ... 177
Madani ... 50, 98
Madi ... 234
Madiane ... 33
Madih ... 178
Mady ... 234
Madyan ... 33
Mahaj ... 95
Mahboube ... 267
Mahdi ... 52, 136
Maher ... 149
Mahfouz ... 238
Mahi ... 50, 347
Mahir ... 149
Mahmoud ... 42, 176
Mahrane ... 149
Mahrouce ... 237
Mahrous ... 237
Mahsoun ... 280
Maïssara ... 434
Maïz ... 159
Majd ... 170

Majdedine 170
Majdi 170
Majed 171
Majid 171
Makam 49
Makarim 206
Makhlouf 201
Makin 51
Makine 51, 134
Makki 50, 98
Makram 206
Malek 217
Malih 290
Malik 217
Mallaz 409
Malouf 265
Mamdouh 178
Mamoun 39, 126
Mamoune 39
Manar 331
Manhal 348
Mannah 207
Mansour 51, 247
Maour 347
Maqam 49
Maqboul 196
Marame 106
Marjan 307
Marouane 308
Maroun 171
Marwan 308
Marwane 308
Marzouk 202
Marzouq 202
Masaad 257
Masbour 282
Masrour 255
Massoun 239
Matine 228
Matta 207
Maujir 237
Mawdoud 273
Mawhoub 211
Mawloud 424
Mawr 347
Mawsimi 99
Mawsimy 99
Mayad 291
Mayas 291
Mayaz 125
Maymoun 263
Maysara 434
Maysour 434
Mayyace 410
Mayyas 410
Mazine 339
Médih 178
Mehdi 52, 136
Mehdy 52, 136
Mehrab 221
Mehrez 237
Meissour 434
Mejd 170
Mejdi 170
Mejdy 170
Méjid 171
Mekky 50, 98
Menoubi 93
Messaoud 256
Messara 434
Métine 50
Meys 371
Miaad 438
Miaas 382
Midha 177
Midhake 257
Midhat 177
Mihrab 95
Mijad 170
Mijdah 342
Mikaïl 439
Mikdad 288
Mikdam 227
Mikhaïl 439
Mikram 206
Milad 424
Milah 290
Mildam 228
Mildham 228
Miled 424
Milhane 290
Milzam 228
Mimoun 263
Minhajedine 136
Minhar 207
Miqdad 288
Miqdam 227
Mirâce 396
Mirâs 396
Mirbab 375
Mirej 47
Mirsal 231
Misbah 327
Misk 360
Missak 138
Missal 134
Missam 293
Mital 134
Mithak 138
Mithal 134
Miwad 273
Moamar 421
Moamil 39
Moawiya 407
Moayed 236
Moaze 241
Mobalir 40
Mobarak 102
Mobtahej 253
Modakir 43
Modari 50
Mofaddal 157
Mohamed 42, 177
Mohammed 42, 177
Mohanna 262
Mohannad 235
Moharrem 95
Mohaymin 53
Mohcine 154
Mohib 218
Mohiedine 417
Mohyi 42
Moïzedine 239
Mojab 200
Mojtaba 41
Mokadem 217
Mokhtar 42, 154
Moksir 432

Moktacid.................134
Momene....................64
Monis.............112, 266
Moqtacid.................134
Moqtafi.....................49
Moradi...................106
Moslih................47, 71
Moslim......................70
Mossadek 46, 131
Mossala 97
Mostafa 46
Motassim 240
Motawakil 138
Motawassit 137
Mouadhe.................241
Mouamar 421
Mouammil 39
Mouawiya 407
Mouayad.................236
Moubachir 40, 251
Moubajjal................162
Mouballighe 40
Moubarak................102
Moubin......................40
Moubine 40, 124
Moubtahij 253
Mouchayi 224
Mouchir...................131
Mouchrif..................216
Moudakir.................105
Moudari....................50
Moudathir..................43
Moudhakir...............105
Moudhakkir...............43
Moudrik...................143
Moufadal....................49
Moufadel....................49
Moufdi.....................108
Moufid.....................191
Mouflih....................439
Moughira.................226
Moughith.................242
Mouhanna...............262
Mouhaymin 53
Mouhdy...................136
Mouhib 267
Mouhriz 237
Mouhsine.................154
Mouhtadi.................136
Mouhyeddine...........417
Mouhyi 42, 417
Mouïne 241
Mouïnedine.............241
Moujab 41, 200
Moujahed................103
Moujib 41, 200
Moujibedine...............67
Moujir......................237
Moujtaba..........41, 153
Moukabal.................169
Moukadem...............217
Moukafa.....................49
Moukaram 50, 170
Moukhlis..................181
Moukhtar........42, 154
Mouktafi....................50
Moukthir 432
Mouktir 432
Moulham 109
Mouloud 424
Moumin.....................64
Mounaka.................184
Mounaqa.................184
Mounchid 260
Moundhir 51, 73
Moundir.....................73
Mounhite 410
Mounib......................73
Mounif.....................174
Mounir.............52, 332
Mounis....................266
Mounji.............51, 243
Mounjid...................243
Mounjiz 159
Mounjy 243
Mounsef...................135
Mounsif 135
Mountassir...............247
Mounzir.....................73
Mouqabal.................169
Mouqaffa 49
Mouqtafi....................49
Mourad 106
Mouradi 106
Mourchid 130
Mourhaf..................282
Mourid....................106
Moursad..................201
Moursi 129
Mourtada 177
Mourthad................201
Mousïd...................257
Mouslih..............47, 71
Mouslim....................70
Moussa.....................34
Moussab.................394
Moussaddak 46
Moussala 97
Moussir 434
Moustadi.................328
Moustafa 46, 155
Moustaïn................242
Moustakfi................197
Moustapha 46, 155
Moutaa.....................47
Moutaciq.................323
Moutahajid 74
Moutahar 47
Moutammim...........153
Moutassik...............323
Moutassim 240
Moutawakil...............53
Moutia 47
Mouttalib 54
Mouwaffaq.............248
Mouyassar 434
Mouzaffar...............244
Mouzakir................105
Mouzammil..............44
Mouzhir 428
Mouzne...................339
Moyassar 434
Mozakir....................43
Mozamil...................44
Mozhir 428
Muhammad 42
Nabah 171
Nabbal 234

Nabel 234
Naber 159
Nabhane....................149
Nabigh....................159
Nabih....................149
Nabil....................171
Nabir....................159
Nacer 51
Nacham 371
Nached....................110
Nachid 260
Nachit....................260
Nader....................297
Nadhir 51, 73
Nadij....................150
Nadil....................234
Nadim....................73
Nadir....................159
Nadis....................150
Nadre....................308
Naem 433
Nafi....................192
Nafis 309
Nagir....................330
Nahar....................330
Nahchal....................410
Nahd....................173
Nahdane....................348
Nahel 348
Nahid....................410
Nahij....................136
Nahil....................348
Nahle 385
Naïm....................52, 440
Naïmallah 440
Naïmoullah 440
Naja 118
Najah 246
Najati 118
Najbe 172
Najda 228
Najeb 172
Najel 422
Najiallah....................51
Najib....................172
Najibedine....................172
Najid....................228, 409
Najih....................246
Najil....................422
Najioullah 51
Najir....................330
Najjad 242
Najm....................51, 322
Najmédine 322
Najmi....................323
Najouane....................118
Naki....................184
Nal....................209
Nami....................174
Namir 409
Namy....................174
Naouaf....................174
Naoufal 208
Naoufel 208
Naoum....................433
Naouras....................391
Naqi....................184
Nask....................73
Nasr 246
Nasrallah....................247
Nasredine....................247
Nasri 247
Nasroullah....................247
Nassam....................422
Nassar 247
Nasseb....................272
Nassef....................135
Nasseh....................51, 184
Nasser 51, 243
Nassib 423
Nassif....................135
Nassih 51, 134
Nassik 73
Nassim 339
Nassiman 339
Nassir....................51, 243
Nassour....................247
Nathir 192
Natik....................150
Natiq....................150
Natir 192
Nawaf 174
Nawar 330
Nawf....................173
Nawfal....................208
Nawfel....................208
Nawras 391
Nayf....................173
Nayif....................173
Nayir....................331
Nazem....................135
Nazer....................73
Nazim 135
Nazmi 135
Nédim....................260
Nédir....................297
Néfis 309
Néfys....................309
Nehd....................173
Néhid....................173
Néhij....................136
Nehlan 348
Nehlane....................348
Néji....................118
Néjib....................172
Nejm....................51, 322
Nejmédine 322
Nejmi....................323
Nejmy....................323
Nejwan....................118
Nejy 118
Nel....................209
Némir 348
Nesk....................73
Nesr 390
Nessib 172
Nessim 339
Nézih 183
Nibras 323
Nidaï....................260
Nidal....................234
Nijad....................234
Nijed....................234
Nima....................208
Nimatallah 208
Nimatoullah....................208
Nizam 135
Nizameddine....................135

Nizar....................159
Noaïm....................440
Nobaïla....................234
Noham....................390
Nojaïm....................322
Nojeime....................322
Nomeir....................410
Nordine....................331
Nori....................330
Nory....................330
Nossaym....................423
Nossayr....................247
Nosseir....................247
Nossour....................390
Nouaïm....................440
Noubayla....................234
Noubough....................159
Noubour....................159
Nouh....................30
Nouhad....................173
Nouham....................390
Noujaba....................172
Noujaym....................322
Noumane....................423
Noumayr....................410
Noun....................36
Noune....................36
Nour....................52, 330
Nourallah....................330
Nouredine....................331
Nourelhak....................331
Nourelhaq....................331
Nour-Elislam....................331
Nour-Ezaman....................331
Nouri....................330
Noussak....................74
Noussayb....................173
Noussaym....................423
Noussayr....................391
Nousseir....................391
Nowar....................362
Obab....................345
Obayhir....................341
Oced....................401
Okace....................385
Okacha....................385
Okasse....................385
Okba....................438
Olfi....................264
Olfy....................264
Olhoub....................395
Omar....................61, 420
Omeir....................420
Omeya....................77
Oqba....................438
Osfour....................389
Osmane....................61, 389
Ossama....................402
Osseyd....................401
Otared....................320
Otba....................345
Oteiba....................345
Othman....................61, 389
Ouabil....................340
Ouacil....................273
Ouaddah....................294
Ouadi....................349
Ouadid....................272
Ouafaï....................137
Ouafi....................137
Ouafik....................273
Ouafir....................433
Ouaheb....................210
Ouahid....................53, 159
Ouaïz....................75
Ouajid....................111, 272
Ouajih....................53, 293
Ouakil....................53, 138
Ouali....................53, 93
Oualiallah....................93
Oualid....................424
Oualif....................313
Ouani....................309
Ouard....................412
Ouarid....................423
Ouasid....................379
Ouasmi....................378
Ouassa....................397
Ouassib....................229
Ouassil....................53, 111
Ouassim....................293
Ouassoul....................53
Ouayn....................371
Ouazine....................137
Oubay....................414
Oubayd....................78
Oubaydallah....................79
Oubaye....................219
Oubayhir....................341
Oudda....................72
Ouedi....................349
Ouéfi....................160
Ouifak....................273
Ouissam....................174
Oukayl....................147
Oulfi....................264
Oulouw....................168
Oulwan....................169
Oumar....................420
Oumaya....................77
Oumayr....................420
Ounce....................112
Ounci....................112
Ouns....................112
Ounsi....................266
Ourayb....................167
Oureib....................167
Ouroua....................239
Ourwa....................48, 239
Ousfour....................389
Oussama....................402
Oussayd....................401
Ouswa....................214
Outarid....................320
Outayba....................345
Outba....................345
Ouwaymir....................421
Ouwayni....................241
Ouways....................198
Ouweis....................198
Oways....................198
Qabil....................196
Qablan....................196
Qabous....................288
Qadari....................109
Qadiri....................92
Qadoum....................227
Qadous....................227

Qaïm....................134
Qalbedine 117
Qamar....................320
Qanite......................72
Qarib 422
Qarir 347
Qassam 288
Qassem 58, 134
Qassim.............58, 134
Qaswar...................408
Qatada 370
Qawi 49
Qayim......................49
Qays......................169
Qirdab 408
Qismal 408
Qitam 390
Qitami 390
Qodama 217
Qodmous 217
Qodoum 227
Qostan 313
Qouboul 196
Qoudama 217
Qoudmous.............217
Qoudsi 98
Qoudwa 133
Qouhafa.................339
Qoumayr................320
Qoumeir 320
Qounout 73
Qousay.....................54
Qoutbedine............134
Qoutham 205
Rabah....................427
Rabbani...................68
Rabeh....................427
Rabid 404
Rabih 427
Raby......................375
Rachad 129
Rached 129
Rachid...................129
Rachik...................281
Rachiq...................281
Racime 222
Radaf.....................430
Radif......................317
Radir 346
Rafah.....................428
Rafed.............238, 343
Rafi 44, 164
Rafid 202
Rafidane.................343
Rafidi 202
Rafif.......................296
Rafih 428
Rafik 269
Rafiq 269
Raghbe...................106
Raghdan.................427
Raghid 427
Rahdan..................387
Rahdane.................387
Rahib 376
Rahif......................282
Rahik 354
Rahim 43, 188
Rahime.....................43
Raïd 215
Raïf.......................187
Raïk 181
Raïq 181
Raïs.......................215
Raïssan 226
Raja.......................105
Rajab.......................95
Rajabane 95
Raji 106
Rajil 222
Rajouane 106
Rajwan 106
Rajy.......................106
Raki 68
Rakib 144
Rakine...................130
Rakiz.....................130
Rali 156
Ralib 244
Ramadane 96
Ramam 338
Ramde...................380
Rami 232
Ramih 231
Ramiz....................145
Rammah 232
Ramre 346
Ramy 232
Ramzi....................145
Ramzy...................145
Rand 354
Ranem...................430
Ranim 254
Rannem 430
Rany 281
Raouf..............43, 187
Raouh 113
Raouhi 113
Raoui 202, 344
Raqi 164
Raslan 401
Raslane..................401
Rassane 226
Rassem 144
Rassib....................128
Rassid....................201
Rassim...................343
Rassoul....................44
Rathid 201
Ratib 128
Ratid 201
Ratouce 226
Rawfe....................130
Rawh.....................113
Rawhi....................113
Rawi..............202, 344
Rawnak 296
Rawnaq 296
Raws 48
Rayan............344, 437
Rayane 437
Rayhan..................354
Raylan...................346
Rays 48, 338
Rayt 438
Rayyan 344, 437
Razal 400
Razane...................128

Razek .201
Razel .400
Razi .144
Razik .201
Razim .404
Razine .128
Razir .346
Razouk .201
Razouq .201
Razwan .225
Razy .144
Razzam .404
Rébi 336, 418
Rébia .222
Reda .194
Rédouane .195
Redouane .436
Redwan 195, 436
Refki .269
Refqi .269
Reïane .418
Rémi .232
Rémiz .145
Rend .354
Rénim .430
Reyhan .354
Reyhane .354
Reza .194
Riad .376
Riad-Eddin .376
Ribal .404
Rida 44, 194
Ridouane 195, 436
Ridwan 195, 436
Rifa .269
Rifaa .164
Rifaat .164
Rifaï .92
Rifke .268
Rifq .268
Rikze .202
Rimah .231
Riyad .376
Riyah .336
Riyasedine .242
Rizk .201
Rizkallah .201
Rizq .201
Rmzy .145
Rochayd .129
Rochdane .129
Rochde .129
Rochdi .129
Rocheid .129
Rodani .286
Rofrane .191
Rostom .222
Rouchdane .129
Rouchdi .129
Roufayd .202
Roufeid .202
Rouhi .113
Rouknedine .130
Roulam .421
Roulwan .422
Roumayh .231
Roumeih .231
Roumi .92
Roumy .92
Rousne .369
Rowayd .188
Roweid .188
Saad 44, 256
Saadallah 44, 256
Saadane .318
Saade-Eddine .256
Saadi .256
Saadoun .256
Sabah .327
Sabanda .405
Sabanta .223
Sabate .127
Sabek .44
Saber .195
Sabhane .285
Sabih .285
Sabour .196
Sabr .404
Sabri .196
Sadad .130
Sadek 46, 131
Sadi .256
Sadid .131
Sadil .114
Sadok .131
Sadouk .131
Sadredine .116
Safar .97
Safi .182
Safiallah .155
Safieddine .155
Safih .313
Safioullah .155
Safir .189
Safit .203
Safiyallah .46
Safiyoullah .46
Safouane .182
Safouh .204
Safwan .182
Safwate .182
Safwe .182
Safy .155
Sahab .337
Sahel .344
Sahib .46
Sahil .344
Saïb .132
Saïd .256
Saïf .233
Saïh .70
Saïk .44
Saïl .345
Saïq .44
Saji .130
Sajid .69
Sajjad .69
Sajle .202
Sajy .113
Sakha .203
Sakhi .203
Saki .345
Sakre .388
Salah .71
Salahedine .71
Salam .115
Salama .356
Salâma .437

Salamatallah 115
Salamatoullah..........115
Saleh 46
Salem 115
Salih..................31, 71
Salim......................115
Salkhad 224
Salmane..................116
Samaydaa 203
Samed 165
Sami.......................165
Samiane..................224
Samid......................132
Samih......................189
Samim....................116
Samir......................269
Samoud..................132
Samour...................304
Samoura.................368
Samy......................165
Sanad 239
Sanaya....................166
Sandari...................223
Sandid....................216
Sani........................283
Saoua 131
Saouab 132
Saouar 405
Saqi........................345
Saqre 388
Sard........................182
Sarfan.....................319
Sarfane 319
Sarih.......................181
Sarim......................406
Sariya 337
Sarmad...................437
Sarmadi..................437
Sarmady 437
Sarou......................203
Sarouat...................425
Sarre.......................255
Sarwan 426
Sary........................405
Sawa.......................131
Sawab.....................132
Sawar 405
Sawban.....................66
Sayf.................45, 232
Sayfallah...........45, 233
Sayfedine................233
Sayid 45, 215
Sayidan 60
Sayidane...........60, 215
Sayyid 45
Sébik 223
Sébiq 223
Sebti.........................96
Sédid......................131
Sédik 270
Sédine 69
Séfit........................203
Sehle 430
Seïd........................216
Seif.........................232
Seifedine.................233
Seifoullah 233
Séji.........................113
Sejle 202
Sélim......................115
Selje 334
Selmane..................116
Seltane....................224
Semaane.................107
Sémi.......................165
Sémir......................269
Séni........................166
Serhan 405
Seyf..........................45
Shahriar..................216
Shahzad..................216
Sibtar 404
Sice 357
Siddik.....................131
Siddiq.....................131
Sidk..........................46
Sidki.......................131
Sidq..........................46
Sidqi.......................131
Sihamou-Layl.........232
Sildam....................406
Silm 115
Simak.....................318
Sinan......................232
Sinane 232
Sinouane 270
Sinwan 270
Sirat 46
Sirej..................44, 326
Sirejédine 326
Sirhan.....................405
Skandar..................236
Slimane 35
Smaïn.....................189
Sobhi......................284
Sofiane 223
Soheib 285, 406
Soheil 430
Solayman 116
Soleim....................116
Soliman............35, 116
Soltan.....................215
Soreij......................326
Soubh.....................327
Soubhi....................284
Soufi 182
Soufiane 223
Souhayb 285, 406
Souhayl 430
Soulaym 116
Soulayman 35, 116
Soultan...................215
Sounboul................356
Sourah....................182
Sourour 255
Syde 405
Taani......................194
Tabaro....................199
Tabarou..................199
Tabate 127
Tabet......................127
Tachahoud 70
Tadafour.................239
Tadamoun..............239
Taha 47
Tahajoud 74
Taher..........47, 58, 182
Tahir 47, 58, 182

Tahour 183
Tahsine....................280
Taï.............................71
Taïk.........................415
Taïsir 434
Taj.....................41, 214
Taje 41
Tajeddine 214
Tajedine 214
Tajouid.......................67
Tajwid.........................67
Taki.............................65
Tala 399
Talaa.........................285
Talal 258
Talat..........................285
Taleb 145
Talh...........................368
Talha 368
Talhe 368
Tali....................66, 320
Talib..........................145
Taliq..........................244
Talouk.......................204
Talouq.......................204
Taly 425
Tamam...........152, 315
Tamih 108
Tamim 152, 394
Tamime.................. 394
Tamine.................... 153
Tamir 364
Tammam.................. 152
Tamoud.....................199
Tamour 112
Tamr 364
Tanafoul.......................74
Tanassouf 243
Tanassouk 74
Tanassour 243
Tanouir 332
Tanwir........................332
Taos 388
Taouaf............................97
Taouassoul..................111
Taouhid..........................75
Taoul..........................430
Taous 388
Taqi................................65
Taqiallah 66
Taqiyeddine...................66
Tarab...........................108
Tarafa 368
Tarek...........................319
Tareq...........................319
Tarhim 188
Tari 425
Tarib 108
Tarik 319
Tariq 319
Tarwan 426
Tasdik 131
Tasdiq 131
Taslim 70
Tasnim 437
Tassadok........................70
Tassadouq......................70
Tassawoub.....................67
Taswib............................66
Tathwib..........................66
Tatwib............................66
Tawâd 197
Tawaf 71, 97
Tawarou 75
Tawassoul....................111
Tawban 66
Tawfiq 248
Tawhid 75
Tawl 430
Tayar 342
Tayeb 47, 58, 190
Tayhour.......................342
Tayib 47, 58, 190
Tayid 236
Taym 77
Taymallah......................77
Taymoullah 77
Taymour.......................230
Taynam 365
Taysir 434
Tazahour 239
Tazaki 68
Telje 334
Tély 425
Témim 152
Térif 305
Tertil 68
Thabar 127
Thabate........................127
Thabet 127
Thabte 124
Thakib 140
Thalje...........................334
Thamine 153
Thamir.........................365
Thamoud 199
Thaqib 140
Thaqife 140
Thari 425
Tharouat 425
Tharwan 426
Thawban 66
Thimar..........................365
Tibre 299
Tidhkar 105
Tidkar 105
Tihami 342
Tijani 91
Tilel 337
Timour..........................230
Tizkar 105
Tohfa.............................199
Torfa 305
Toufaïl...........................419
Toufayl..........................419
Toufik 248
Touhfa...........................199
Toulaj 386
Toulayb 145
Toulayha 368
Touways 388
Touweis 388
Turfa 305
Uwayd............................191
Wabil 340
Wacil 273
Wadaa 119
Waddah..........................294

Wadi 119
Wadid 272
Wadullah.................138
Wafaï......................137
Wafi 137
Wafik 273
Wafir.......................433
Wafy.......................137
Wahab....................210
Wahb 210
Waheb....................210
Wahib 211
Wahid 53, 159
Waïl 243
Waïz.........................75
Wajdi 111
Wajed.....................111
Wajid 111, 272
Wajih 53, 293
Wakari....................137
Wakil 53, 138
Wakour 137
Walef......................274
Walhan...................274
Wali 53, 93
Waliallah 93
Walid 424
Waliedine 93
Walif 313
Wani 309
Wanis 265
Waqari 137
Waqour 137
Ward 412
Wardane.................412
Wardi 412
Wardy 412
Warid 423
Wasid 379
Wasmi....................378
Wassa 397
Wassik....................138
Wassil..............53, 111
Wassim...................293
Wassoul....................53
Wathib 229
Wathik 138
Watik 138
Wayn......................371
Wazine 137
Wecil......................119
Wediaa 136
Wedy......................184
Wéfi 160
Wéhib 211
Wejdi 111
Wifak 273
Wifaq 273
Wikam 235
Wiqam 235
Wirchan 391
Wissal.....................120
Wissam 174
Woujoud 423
Wouloua 274
Yaala......................168
Yaamar 420
Yachkour 195
Yacoub 32, 389
Yafour 399
Yahya 37, 417
Yaïch 421
Yakine 150
Yakoub 32
Yakout....................310
Yakzan....................150
Yam.......................349
Yamam 391
Yaman 262
Yamane 262
Yamani 262
Yamen 262
Yameni 262
Yamin.....................262
Yamine 262
Yanbo 347
Yani 371
Yaqine 150
Yaqoub.............32, 389
Yaqout....................310
Yaqzan....................150
Yaroub....................167
Yassar 433
Yasser 443
Yassin 53
Yassine......................53
Yassir 443
Yassoub 385
Yazid 428
Yem........................349
Yémine 262
Yeni........................371
Yomni 263
Yosry 443
Youcef 33
Youh.......................332
Youmne..................262
Youmni 263
Younès......................36
Younous 36
Yousr 443
Yousri 443
Youssouf....................33
Zabad.....................344
Zabi 399
Zabian....................399
Zabiane 399
Zaby.......................399
Zad 428
Zade.......................428
Zafar 244
Zafayane.................337
Zafir.......................244
Zafyan....................337
Zaghloul.................388
Zahab.....................302
Zaher 296
Zahid 69
Zahir 239
Zahran 296
Zahrane..................296
Zahrédine...............297
Zahri 297
Zaïd 429
Zaïdan....................429
Zaïm 215
Zaïr 404
Zajil 215

Zakariya 36
Zakhir 202, 255
Zaki 181
Zakir 104
Zakour 143
Zaky 181
Zalil 438
Zalm 286
Zaman 418
Zamane 418
Zamir 222
Zamor 282
Zamour 282
Zane 367
Zaqi 388
Zarif 258, 286
Zarloul 388
Zawad 238
Zayd 429
Zaydan 429
Zaydi 429
Zaydoun 429
Zayin 304
Zayne 303
Zaynedine 303
Zayn-Elabidine 303
Zayni 303
Zaytoun 367
Zehi 297
Zehy 297
Zeidan 429
Zeidy 429
Zeine 303
Zeini 303
Zeitoun 367
Zeni 303
Zeny 303
Zeydoun 429
Ziad 429
Ziberkan 317
Zibriqan 317
Zidan 429
Zidoun 429
Zidy 429
Zihni 144
Zikrallah 43
Zilal 438
Zilel 438
Zimr 222
Zinad 238
Zine 303
Zined 238
Zinedine 303
Zin-Elabidine 303
Ziryab 302
Zitoun 367
Ziyad 238, 429
Ziyane 304
Ziyed 429
Zohar 317
Zohour 329
Zoubayr 222
Zoubeir 222
Zoufar 215, 404
Zouhad 69
Zouhar 317
Zouhayr 297
Zouhir 297
Zoukane 145
Zoulfeqar 231
Zoulkifl 34
Zounnoun 36
Zourayk 388
Zourayq 388

Index des prénoms Féminins en français

Aamira 420
Aasma 399
Aassila 385
Ababil 386
Abake 358
Abaq 358
Abbassa 407
Abda 78
Abdale.......................91
Abeda 78
Abhar 358
Abida 78
Abir.........................358
Abla 286
Ablae.......................377
Abqaria....................146
Achaka 271
Achaqa 271
Achéka 271
Achéqa 271
Achika.....................271
Achiqa.....................271
Achira 270
Achoura.....................97
Achwaq 107
Acila........................276
Adab 139
Adalia......................352
Adba 345
Adbae......................286
Adèla.......................132
Adhba 345
Adhra 183
Adiba 139
Adila 132
Adla 133
Adlae.......................133
Adlia 133
Adma 280
Admae.....................280
Adoua 328
Adra 183
Adwa.......................328
Afaf.........................183
Afafa 183
Afanine 369
Afaq 312
Afawik.....................338
Afawiq.....................338
Afia 420
Afifa 183
Afiya 420
Afkar 108
Aflak 313
Afnane 369
Afrah 259
Afyefe......................381
Agharide..................390
Aghsane...................369
Ahalil 340
Ahdaf 110
Ahlam 103
Ahlem 103
Aïcha................56, 421
Aïda 191
Aïka 363
Aïssata.......................37
Aïssatou.....................37
Aïza.........................241
Ajaïb 297
Ajame......................372
Ajba 286
Ajbae.......................286
Ajfane......................277
Akarim 177
Akdar 109
Akefa.........................72
Akhyar 186
Akic 305
Akida 72
Akifa 72
Akila 146
Akmam 370
Akmame..................370
Akmar 321
Alae.........................198
Alama................48, 125
Alawiya 93
Albabe.....................149
Alhane.....................259
Alia 168
Aliae........................313
Alifa 264
Alima 147
Aliya........................168
Aliyate.....................168
Allama.....................147
Alma 289
Almas 298
Almassa 298
Aloua 168
Alouf.......................264

Alouk.......................271
Alouq.......................271
Altafe.......................192
Alwa.......................168
Alwae.......................347
Ama.......................77
Amaci.......................314
Amal.......................102
Amalide.......................291
Amaliya.......................102
Amana.......................126
Amanallah.......................112
Amane.......................112
Amani.......................110
Amanoullah.......................112
Amar.......................414
Amara.......................122
Amatallah.......................77
Amatoullah.......................77
Ambrine.......................305
Ameina.......................126
Ameinate.......................126
Amel.......................102
Amelia.......................102
Amelle.......................102
Amina.......................55, 126
Amira.......................214
Amjad.......................170
Ammara.......................72
Amra.......................420
Amwaj.......................347
Anadile.......................389
Anafa.......................161
Anaka.......................276
Anane.......................313
Anaqa.......................276
Anassi.......................414
Anat.......................194
Andala.......................389
Andalib.......................389
Anebara.......................305
Aneber.......................305
Anebra.......................305
Anghame.......................261
Anhar.......................348
Ania.......................194
Anika.......................276
Aniqa.......................276
Anissa.......................265
Anjoum.......................323
Anna.......................338
Annoussa.......................265
Anouf.......................161
Anrame.......................261
Ansam.......................423
Ansame.......................339
Ansar.......................243
Ansare.......................243
Anwâr.......................331
Aouaba.......................65
Aouane.......................414
Aouatif.......................271
Aqdar.......................109
Aqiba.......................420
Aqic.......................305
Aqida.......................72
Aqila.......................146
Aqmar.......................321
Arad.......................281
Araf.......................438
Araïk.......................435
Arame.......................398
Ardane.......................343
Arfa.......................146
Arifa.......................146
Arij.......................352
Arija.......................352
Arije.......................352
Aroube.......................286
Arouma.......................363
Arouna.......................250
Arsane.......................369
Arwa.......................398
Arwiya.......................398
Arza.......................363
Asafir.......................389
Asdafe.......................318
Asdane.......................114
Asjade.......................305
Asma.......................166
Asmae.......................166
Asmahane.......................161
Asmar.......................318
Asrar.......................114
Assahil.......................344
Assar.......................122, 152
Assâr.......................122, 414
Assarir.......................114
Assarire.......................114
Assel.......................385
Assia.......................414
Assila.......................161
Assiya.......................414
Ata.......................204
Atae.......................204
Atar.......................122, 152
Atâr.......................122, 414
Ataya.......................205
Atéfa.......................271
Atéka.......................204
Atfa.......................190
Atfiya.......................190
Athala.......................363
Athar.......................122, 152
Athâr.......................122, 414
Athil.......................161
Athir.......................152, 312
Atifa.......................271
Atil.......................161
Atiqa.......................167
Atira.......................358
Atiya.......................204
Atiyate.......................205
Atouf.......................271
Awaba.......................65
Awalif.......................386
Awane.......................414
Awanis.......................265
Awatif.......................271
Awtad.......................378
Aya.......................122
Ayamine.......................263
Ayate.......................122
Ayetallah.......................122
Ayète.......................122
Ayka.......................363
Ayouche.......................421
Ayouk.......................320

Ayouq 320
Azahir 355
Azal........................435
Azba.......................345
Azbae 286
Aziane 303
Aziza 225, 270
Azma......................225
Azmia.....................225
Azmina...................418
Azmiya...................225
Azra........................183
Azyane 303
Azza 399
Bachacha 252
Bachaïr...................251
Bachécha 252
Bachira...................251
Bachouche..............252
Bacisse....................324
Badéra....................314
Badhel....................198
Badhila...................198
Badia......................122
Badira.....................314
Badiya....................380
Badr 230
Badra......................314
Badria.....................315
Badriya...................315
Baha.......................380
Bahae 295
Bahar......................295
Baher......................341
Bahia......................295
Bahija.....................252
Bahira.............295, 392
Bahja......................252
Bahma....................220
Bahr 341
Bahrame.................352
Bahria.....................341
Baïa........................127
Baïna......................123
Bajila......................162
Bajla.......................161
Bajlae 162
Bakhta....................250
Bakour 140
Baligha...................140
Balila......................334
Balira......................140
Balja.......................324
Baljae 277
Balla.......................425
Balqis 35
Balsam....................364
Balsame..................415
Bana.......................364
Baqira.....................140
Baqour 140
Baraa......................180
Barahine.................123
Barakat...................102
Barhana..................123
Baria.......................180
Bariaa.....................276
Bariza 152
Barja.......................276
Barza 127
Basma 250
Basmala....................65
Basra 298
Bassela....................219
Basséma..................250
Bassila 219
Bassima 250
Bassira....................140
Bassoul 219
Batala 219
Batil 65
Batina.....................112
Batla.........................65
Batoul 37
Bawadir..................139
Bawazir 315
Bayaa......................127
Bayane....................123
Bayda 296
Bayina 123
Baylassane 364
Bazel 198
Bazigha...................315
Bazila 198
Bazira 315
Béchira...................251
Bédiaa 295
Béhija.....................252
Béhira.....................277
Béhiya 295
Behja......................252
Béjila......................162
Békira.....................364
Bella.......................425
Benafsaj..................352
Béria.......................152
Bétoul 37
Beyda 380
Bichara 251
Bichra.....................251
Bikhtir....................276
Bilad.......................415
Bilqis........................35
Bolja.......................324
Borhana 123
Boria 102
Borra 298
Bouchra............40, 251
Boudour.................314
Boughame..............392
Boughia..................102
Bouhayra................341
Boulboula...............386
Boulja.....................324
Bounana.................372
Bounena.................372
Bourame 392
Bourhana 123
Bouria 102
Bouroum................363
Boussaïna 372
Boustane 363
Boutayna................372
Bouthayna..............372
Camila 158
Caraza 370
Cedra 437
Chaba 233

Chabiba 418
Chada 257
Chadhilia 92
Chadia 257
Chadine 398
Chafia 107
Chafika 189
Chafiqa 189
Chaghaf 269
Chaheda 70
Chahida 70
Chahiqa 167
Chahira 155
Chahla 284
Chaïma 55, 284
Chakéra 195
Chakhila 269
Chakiba 203
Chakika 269
Chakira 195
Chakoura 195
Chama 284
Chamaïl 190
Chamerdal 284
Chamikha 167
Chamila 155
Chamma 284
Chamour 304
Chams 326
Chaniba 284
Chaqiqa 269
Chaqra 284
Charaa 223
Charaf 45, 166
Charef 45, 166
Charifa 166
Charqiya 326
Chawkia 107
Chawq 107
Chawqiya 107
Chayma 55, 284
Chébiba 418
Chédia 257
Chedlia 92
Chéfia 107
Chéfika 189
Chéfiqa 189
Chéfiya 419
Chéhida 70
Chékiba 203
Chémila 189
Chemma 284
Chémour 304
Chems 326
Chérifa 166
Chériqa 283
Chifa 419
Chima 190
Chirine 283
Chokara 357
Chokma 203
Chokria 195
Choqara 357
Chorouk 326
Chouhda 384
Chouhde 384
Chouhoub 319
Choukma 203
Choukria 195
Choumaïssa 327
Choumaysa 327
Choumous 326
Chourouk 326
Daaja 280
Daema 343
Daha 418
Dahab 302
Dahaba 302
Dahoua 328
Dahouka 257
Dahwa 328
Daïba 194
Dajia 427
Dakia 143
Dakira 104
Dalal 268
Dalia 343
Dalila 124
Dalis 301
Dalla 268
Dallae 143
Dalma 316
Dalouh 335
Damassa 187
Damatha 187
Damige 316
Damij 316
Damina 239
Damis 316
Damissa 187
Damisse 316
Damitha 187
Damtha 187
Dana 301
Dania 417
Danya 417
Daouha 366
Dara 317
Daria 143
Dariya 143
Darka 335
Darqa 335
Dassira 394
Dawha 366
Dawiya 328
Dawlaa 301
Dayfa 204
Daymouma 380
Defwa 366
Dehbia 302
Deifa 204
Delfa 280
Délis 301
Demsa 187
Derwicha 92
Dhahab 302
Dhahaba 302
Dhahabia 302
Dhakira 104
Dhakiya 143
Dhelfa 280
Dhikra 104
Dhikrallah 104
Dhikroullah 104
Dhimam 128
Dhiroua 375
Dhouka 325
Dhoura 163

Dhourriya 418
Dhourwa.........163, 375
Diana 68
Dibaje 300
Difaf.......................345
Difla.......................354
Dikra......................104
Dilfa.......................222
Dima......................335
Dimaks 301
Dimam...................155
Dimaqs 301
Dina..........................32
Dirwa.....................375
Diya 328
Diyâf......................204
Diyana 68
Doha......................328
Dohda....................244
Donia.....................417
Doniazad................418
Dora.......................301
Dorra 301
Doua......................104
Doufla....................354
Douha....................328
Douja.....................316
Doujana 335
Douka....................325
Doulayil 268
Doulfine.................343
Doumlaj.................302
Dounia...................417
Dounya..................417
Dour 301
Dourar 301
Dourra 301
Dourria 301
Dourwa..........163, 375
Ebdar 314
Ebla.......................286
Echika 271
Echiqa 271
Echire.....................270
Ecila 276
Ecile 276
Edrake....................143
Efrae.......................377
Ejna........................366
Ekda.......................359
Ekila..............217, 305
Emel.......................102
Emelle....................102
Emina 112
Emla 102
Emna 55, 112
Ensa 265
Eqila...............217, 305
Eriba 139
Esja 344
Esma 240
Essa........................193
Etra 425
Ezhar......................355
Facila......................306
Fadela.....................156
Fadia 226
Fadila 49, 157
Fadimé 395
Fadle 156
Fadoua 227
Fadwa.....................227
Faghia 359
Faghma 359
Faghwa...................359
Fahda 408
Fahima 148
Fahmia 148
Fahmiya 148
Faïgha 359
Faïka 157
Faïqa 157
Faïra.......................359
Fairouz 306
Faïza.......................246
Fajr.........................329
Fakhira 305
Fakhita 390
Fakiha 369
Falak 313
Falate......................381
Faliha 377
Faltana 227
Fanane....................369
Fanoua 369
Fanwa.....................369
Faouze 246
Faouzia...................246
Faraa 287
Faracha...................384
Faradice..................439
Faradis....................439
Farah 259
Faraha 288
Farahia 227, 288
Faraïd 306
Fareha 259
Farha 259
Faria 359
Fariaa 287
Farida 156, 306
Fariel 133
Fariha 147
Fariza 156
Farma.....................359
Farra.......................287
Farwa 359
Fassiha...................147
Fassila.....................306
Fataha 245
Fatana 148
Fateha 245
Faténa 148
Fatet.......................422
Fathia 245
Fathiya 245
Fatia 422
Fatiha 245
Fatima......59, 390, 395
Fatimata 395
Fatimatou...............395
Fatima-Zahrae 395
Fatime 395
Fatina 287
Fatine 287
Fatiya 422
Fatna 287
Fattana 287

Fattoum 395
Fattouma............ 395
Fawara.....................347
Fawze 246
Fawzia 246
Fay 329
Fayha.......................359
Faynana............... ..288
Fayrouz 306
Fayrouza..................306
Fazara......................408
Fehda 408
Féhima 148
Feirouza...................306
Fékhita 390
Fékiha 259
Féliha 377
Fella 359
Feltana 227
Feracha.....................384
Ferdaous..................438
Feriaa 287
Férida 306
Feriel .... .133
Fériza 156
Fétina 148
Fétîna 148
Fetna 147
Feyha.......................359
Fida 226
Fidda...................... 306
Fina 422
Firassa 147
Firassate...................147
Firdaous 438
Firdaws....................438
Firouz.......................306
Firouza 306
Fodayla 157
Fodeila 157
Folja 245
Foraïssa 394
Fotouwa 191
Foulja 245
Foulla.......................359
Fouma.....................377
Founoun 306
Fourate............... ...346
Fourayssa............ ...394
Foussoul 422
Foutouh 338
Fozia 246
Frida.........................306
Fyna 422
Ghada 287
Ghadia 329
Ghadir................ ..346
Ghalabe...................244
Ghalia 156
Ghaliba 244
Ghaliya....................156
Ghamama 338
Ghamra................ .346
Ghanema .... .430
Ghania 196, 286
Ghanima 430
Ghanna 369
Ghaoura 329
Gharissa 369
Ghaya.................... 108
Ghayda.................. 287
Ghaydae 287
Ghayssana 226
Ghaytha 338
Ghaythae.................338
Ghaythana..............338
Ghazal 272
Ghazala 400
Ghazira 346
Ghénia 431
Ghénima 430
Ghéniya 431
Ghina.......................431
Ghinae 258
Ghizlaine.................400
Ghizlane..................400
Ghodania 286
Ghoufrane..............191
Ghoulwa 226
Ghoumra 359
Ghouroub 329
Ghouyoum.............338
Ghouzayl.................400
Ghusayna 369
Gihed 103
Habbaba 267
Habiba 266
Habka 353
Habqa 353
Hachida 221
Hacia 141
Hacifa 141
Hacine 180
Hadaya....................209
Hadba 292
Hadhaqa 141
Hadhiqa 141
Hadia 136
Hadil.......................391
Hadiya 209
Hadiyatallah......52, 209
Hadiyatoullah ...52, 209
Hadna 340
Hafeza.....................237
Haffefa 261
Hafiza 237
Hafsa................56, 402
Hagira 332
Haïda 74
Haïfa 292
Hajala 387
Hajar.........................31
Hajer.........................31
Hajida 74
Hajira......................159
Hajja 94
Hakema 127
Hakima 142
Hakka 221
Hala 300
Halaoua..................426
Halewa 426
Halia 300
Halima 55, 185
Hamaïm..................340
Hamama 387
Hamda 175
Hamdala 177

Hamdiya.................175
Haméda..................175
Hamia.....................238
Hamida...................175
Hamima..................267
Hamissa..................221
Hammouda.............176
Hamsa.....................119
Hamsae...................221
Hana.......................261
Hanane...................185
Hania......................261
Hanifa.....................128
Hanim....................174
Hanina....................103
Hanine....................103
Haniya....................186
Hanna.....................185
Hannane.................185
Hannoune...............353
Hanoua...................186
Hanouna.................185
Hanoune.................185
Hanwa....................186
Haoua.......................30
Haouja....................228
Haouma..................378
Haqqa....................221
Harir.......................299
Haritha...................402
Hasna.............180, 279
Hasnae....................279
Hassana............67, 279
Hassanate..................67
Hasseba...................141
Hassiba...................163
Hassifa....................141
Hassina...................180
Hassine...................180
Hassiya...................141
Hawa........................30
Hawja.....................228
Hawma...................378
Haya..............180, 293
Hayaa.....................293
Hayat......................417
Hayba..............75, 218
Haybana.................218
Hayet......................417
Hayfa......................292
Hayssa....................229
Hazaya....................163
Hazema..................127
Haziyya..................163
Haziza....................426
Hazoum.................141
Hedba....................292
Hédia.....................136
Hedna....................340
Héfiza....................237
Héjazia.....................95
Hela.......................332
Helia......................300
Hémida..................175
Henna....................300
Hiba.......................210
Hibae.....................200
Hibatallah..............210
Hibate....................210
Hibba.....................266
Hichma..................180
Hidaya...................136
Hijaziya....................95
Hijra.........................74
Hikam....................142
Hikma....................142
Hilal.......................323
Hilala.....................340
Hilel.......................323
Hilela.....................340
Hilia.......................300
Hilya......................300
Himaya..................238
Himayat.................238
Hind.......................396
Hinna.....................300
Hissa......................426
Hiyam....................272
Hobaba..................267
Hobara...................387
Hobba....................266
Hocina...................279
Hodna....................235
Homa.....................300
Homaïra.................280
Honaïda.................396
Honouka................142
Hosna....................180
Hosnia...................278
Hosseina................279
Houbaba................267
Houbara.................387
Houbba..................266
Houbour................254
Houda..............52, 136
Houdna..................235
Houdou.................119
Houja.....................124
Houjja....................124
Houlwa..................426
Houma...................300
Houmara................387
Houmayda.............175
Houmayra..............280
Houmeida..............175
Hounayda..............396
Hourayra................411
Houria...................435
Houriya..................435
Hourriya................244
Housna..................280
Housne..................278
Housnia.................278
Houssayna.............279
Houzouz................426
Howayda................192
Ibada........................78
Ibana......................124
Ibchache.................372
Ibchar.....................252
Ibdaa......................139
Ibdar......................139
Ibdare.....................139
Ibha........................298
Ibhaj.......................253
Ibhar.......................295
Ibhej.......................253
Ibkar.......................324

Ibkare........................324
Iblaj..........................324
Iblal..........................415
Iblel..........................415
Ibra...........................146
Ibrah.........................123
Ibrak.........................312
Ibrame.......................122
Ibraq.........................312
Ibrissam.....................298
Ibrissoum...................298
Ibriza.........................298
Ibsar.........................324
Ibtidaa.......................139
Ibtidar.......................139
Ibtidare.....................139
Ibtihaj.......................253
Ibtihal.......................102
Ibtihale.....................102
Ibtihej.......................253
Ibtikal.......................425
Ibtilal........................415
Ibtissam.....................250
Ibtissama...................250
Ibtissem.....................250
Ibtissema...................250
Icha...........................421
Ichbale.......................405
Ichdane......................399
Ichra..........................270
Ichraq........................326
Ichtiyak......................107
Ichtiyaq......................107
Ida..............................98
Idhka..........................418
Idka...........................418
Idlal...........................268
Idra............................143
Idrake........................143
Ifdal...........................157
Ifdale.........................157
Ifrah...........................259
Iftiâle........................108
Iftida..........................227
Iftikar........................148
Iftikare......................148
Iftirar.........................258
Iftitah...........................72
Iftitane.............109, 287
Ighassa......................242
Ighna.........................431
Ightibate....................258
Ightina.......................431
Ightiname...................430
Ihae............................111
Ihbabe........................267
Ihbar..........................254
Ihkam........................154
Ihsane........................154
Ihtida.........................136
Ihtifa...............185, 254
Ihtifae.............185, 254
Ihtifal........................254
Ihtiram.......................175
Ihtissab.........................67
Ihtissabe.......................67
Ijada..........................153
Ijara...........................236
Ijdel...........................253
Ijdhal.........................253
Ijlal............................163
Ijna............................366
Ijtiba..........................153
Ijtidel.........................254
Ijtidhal.......................254
Ijtihad..........................67
Ijtihade.........................67
Ijtiza..........................194
Ijtizel.........................254
Ijzal...........................199
Ijzel...........................253
Ikbal..........................431
Ikda...........................359
Ikdame.......................227
Ikha...........................264
Ikhlas.........................181
Ikhsab........................374
Ikhsabe......................374
Ikhtiyar......................154
Iklil............................298
Ikmal.........................158
Ikmar.........................321
Ikram.........................206
Ikrame.......................206
Iktifa.........................197
Iktimal.......................158
Ila..............................198
Ilafe...........................126
Ilham.........................109
Ilhamallah..................109
Ilhamoullah................109
Ilhem.........................109
Ilia...............................94
Iltimas.......................242
Ilya..............................94
Ima............................120
Imae..........................120
Imane...........................64
Imdad........................242
Imène...........................64
Imrah.........................260
Imtinane.....................207
Imtissal.........................73
Imtital...........................73
Imtithal.........................73
Inaam.........................208
Inabe..........................368
Inas............................266
Inaya..........................190
Inayate.......................191
Inbissate.....................250
Inchirah......................257
Ineb...........................368
Inejad.........................243
Inès............................266
Insafe.........................135
Insijam.......................269
Insijem.......................269
Intifal............................74
Intisafe.......................135
Intisar.........................248
Intisare.......................248
Iqbal..........................431
Iqda...........................133
Iqdame.......................227
Iqmar.........................321
Irada..........................106
Irassa.........................242

Irchade 130
Irfaa.........................427
Irfafe 387
Irfane 146
Irna 431
Irtibate 258
Irtida 195
Irtina 431
Irtinam 430
Irtissam 68
Irtissame....................68
Irtiya 144
Irtiyah 113
Isbate.......................124
Isja 344
Isjal 203
Isjel 203
Islah 71
Islaj 253
Islam 69
Isleje........................334
Islem 69
Isma 240
Israe 94
Issaba 415
Issade 257
Issae 414
Issar.........................434
Issara 324
Istibhaj 253
Istibhej 253
Istifa 155
Istihabe 211
Istijaba 103
Istikrare...................134
Ita 210
Itar 152
Itbate.......................124
Ithaba......................415
Ithaf 199
Ithar 152, 198
Ithara 324
Ithbate.....................124
Ithlaj 253
Ithlaje......................334
Ithmar 365
Ithra 425
Itidale......................133
Itikaf 72
Itikafe........................72
Itilaf 265
Itilafe.......................265
Itilak 272
Itilaq 272
Itimade....................241
Itimane....................126
Itiraf........................117
Itirafe 117
Itisame 240
Itissam.......................72
Itissame 72
Itkane......................160
Itlaje........................334
Itlej 253
Itmam 153
Itmame....................315
Itmar 365
Itqane......................160
Itra 425
Itre 358
Itriya 358
Ittade.......................197
Ittifak 274
Ittifaq 274
Ittihabe....................211
Ittikal 75, 138
Ittikale..............75, 138
Ittissal......................273
Iwa 236
Izaze 190
Izdihar.....................428
Izhar........................355
Izka 418
Izkan 145
Izkane 145
Izza.........................225
Jabha 277
Jabira.......................416
Jada 200
Jadae 200
Jadaouil 342
Jadawil 342
Jadba 103
Jadda 140
Jadhba 103
Jadhiba 277
Jadhla 253
Jadiba 277
Jadira.......................153
Jadla 253
Jadoua 426
Jadwa 426
Jafla 199
Jafna........................199
Jaheda 103
Jahida 103
Jahira.......................254
Jahla 392
Jahlaa 392
Jahra........................278
Jahrae 278
Jaïda 278
Jaïdana 278
Jala 124, 324
Jalae 124, 324
Jalal 162
Jalas.........................162
Jalel 162
Jalila 163
Jaloua 325
Jalwae......................325
Jam..........................254
Jamaïl 278
Jamale 277
Jamame 113
Jamaste....................299
Jamelle 277
Jamila 277
Jamla 278
Jamlae 278
Jana 366
Janad 236
Janade 236
Janah 386
Janane 113
Janna 435
Jannate 435
Jaoualih 373

Jaouda 200
Jaouna 325
Jasra 221
Jassara 220
Jassira 220
Jassour 220
Jawahir 299
Jawalih 373
Jawda 200
Jawdana 200
Jawhar 299
Jawhara 299
Jawna 325
Jawnae 325
Jawwada 200
Jawza 366
Jawzae 316
Jayada 278
Jayda 278
Jaydana 278
Jaza 199
Jazale 366
Jazba 103
Jaziba 277
Jazila 199
Jazla 140
Jazoua 199
Jazwa 199
Jédira 153
Jedwa 426
Jeida 278
Jeidana 278
Jélila 163
Jéloua 325
Jelwa 325
Jem 254
Jemaste 299
Jémila 277
Jénane 113
Jenna 435
Jessala 277
Jetala 277
Jethala 277
Jeyada 278
Jézila 199
Jezla 140
Jidda 342
Jihad 103
Jihane 416
Jihene 416
Jil 416
Jilan 416
Jinane 435
Jirbiya 334
Jodama 373
Johaïna 316
Johayna 316
Jolassane 353
Jomaïna 299
Jomana 299
Jomane 299
Jomlena 386
Jonada 236
Jonaïna 435
Jonane 230
Jonayna 435
Jory 352
Joud 199
Jouda 153
Joudama 373
Joudana 200
Joudda 342
Joude 199
Joudi 373
Joufoun 277
Joulnar 352
Joumana 299
Joumane 299
Joumayna 299
Joumlana 386
Jounada 236
Jounaïna 435
Jounane 230
Jounayna 435
Jounina 435
Jouri 352
Jouria 353
Jouriya 353
Jouwayda 153
Jouwayria 57
Jowayda 153
Joweria 57
Jyl 416
Kaceba 432
Kachifa 329
Kadija 56, 393
Kafa 196
Kafia 197
Kafila 242
Kahila 306
Kahla 288
Kahlae 288
Kaïma 134
Kalla 347
Kallae 347
Kamar 320
Kaméla 157
Kamila 158
Kamra 321
Kanza 432
Kaoukab 321
Kaoukaba 321
Kaoun 422
Kaousar 439
Karam 205
Karama 169
Karame 205
Karanfoul 360
Karaza 370
Kariba 422
Karima 206
Karimane 206
Karma 370
Karouana 390
Karwana 390
Kassaba 432
Kassama 288
Kasséma 134
Kassiba 432
Kassima 134
Katéma 117
Katiba 148
Katima 117
Katma 117
Katoum 117
Kawakib 321
Kawkab 321
Kawkaba 321

Kawn 422
Kawsar 439
Kawtar 439
Kawthar 439
Kayissa 148
Kayrawan 382
Kaysara....................134
Kaysoum 360
Kaytara....................134
Kazéma 196
Kazima....................196
Kenza 432
Kerwan....................382
Késsima...................288
Ketmane..................117
Khabra 142
Khaciba..........142, 201
Khadija 56, 393
Khadila 354
Khadla.....................300
Khadra 296
Khadrae...................375
Khaleda...................436
Khalida 436
Khalila.....................268
Khalissa 181
Khanoum 163
Khansa 393
Khaouda..................300
Khardala..................353
Kharida 300
Khassiba..........142, 201
Khatoun..................163
Khawalid.................375
Khawatir 104
Khawda...................300
Khawla....................398
Khayla.....................280
Khaylae 280
Khayra 186
Khayria 186
Khayyira..................201
Kheira 186
Kheirate 186
Kheiria 186
Kheizoran................374
Kheizorana 374
Kheizran..................374
Khilla 268
Khira.......................154
Khitam....................154
Kholida 436
Kholla 268
Khouda 300
Khoulida 436
Khoulla 268
Khouloud................436
Khoulous.................181
Khoura 186
Khouwayla 398
Khouzama..............353
Khowaïla 398
Khozama 353
Kifae 206
Kifah 233
Kilada......................306
Kinana 233
Kinane 117
Kinda 378
Kirane 72
Kitmane 117
Kiyane.....................118
Kodma 227
Kohaïla....................288
Koudsia 98
Koudwa...................133
Kouhayla.................288
Kouloub 117
Koumriya 390
Kounaïza 432
Kounayza 432
Kouneiza 432
Kounez...................432
Kounout...................73
Kounouz 432
Laâli 307
Laâlie 307
Labiba 149
Labida 432
Laboua 409
Labwa 409
Ladida 259
Ladna 289
Laela.......................321
Laïla 322
Laïne 290
Laïtha 409
Lalie 307
Lamaa 321
Lamaane.................347
Lamha 289
Lamia.............289, 321
Lamis 289
Lamissa 289
Laouza....................370
Latafa 192
Latifa......................192
Lawza.....................370
Lawziya 370
Layal 322
Layali 322
Layana....................290
Layane....................290
Layina 290
Layla 322
Laylae.....................322
Laylak 360
Laymona 371
Layne 290
Layta 409
Lazaward 307
Laziza 259
Lazourd 307
Ledna 289
Leila 322
Lémis 289
Létine......................289
Leyal 322
Leyeli 322
Leyla 322
Liana 290
Likae 260
Lila.........................322
Lilak.......................360
Lina...............289, 371
Line........................289
Liqae 260
Litaf 192

Lobana 109
Lobna 360
Lona 370
Loubab 118
Loubaba 118
Loubana 109
Loublouba 191
Loubna 360
Louisa 360
Loujaïna 307
Loujaïne 307
Loujayn 307
Loujayna 307
Loulou 307
Louloua 307
Louloue 307
Louma 289
Louna 370
Lousia 370
Loutfe 191
Loutfiya 192
Louwayza 370
Louza 370
Louzia 370
Lowaïza 370
Lyn 289
Maani 117
Mabrouka 102
Machaa 108
Machbouba 283
Machia 108
Machiha 224
Machkoura 177
Mada 109
Madaïh 178
Madania 98
Madaniya 98
Madiha 178
Mafaza 381
Magada 170
Maha 308, 400
Mahabba 267
Mahassine 250
Mahat 308
Mahate 308
Mahbouba 267
Mahdia 136
Mahfouza 238
Mahira 149
Mahmada 176
Mahmouda 176
Mahroussa 237
Mahsouna 280
Maïmana 263
Maïmouna 263
Maïsoun 292
Maïssa 291
Maïssam 292
Maïssane 291
Maïssara 434
Maïssour 434
Maïza 159
Majara 316
Majd 170
Majda 170
Majdae 171
Majdiya 170
Majdoline 170
Majéda 171
Majida 171
Makana 171
Makarim 206
Makina 134
Makkia 98
Makrouma 206
Malab 360
Malaïka 439
Malak 439
Malda 291
Maléka 217
Maliha 290
Malika 217
Mamdouha 178
Mamouna 126
Manal 209
Manar 331
Manara 323
Manna 207
Mannaha 207
Manoua 110
Mansoura 247
Manwa 110
Maouadda 273
Maqboula 196
Marabi 336
Marame 106
Maraya 396
Mardia 195
Mardiya 195
Marhama 188
Maria 58
Mariam 37
Mariya 58, 396
Marjana 307
Marjane 307
Marjate 106
Maroua 98
Marwa 98
Maryam 37
Marzouka 202
Marzouqa 202
Masboura 282
Masda 290
Masdae 290
Masroura 255
Massarra 255
Matina 228
Maujira 237
Mawadda 273
Mawahib 211
Mawdouda 273
Mawhouba 211
Mawiya 183
Mawlouda 424
May 77
Maya 77
Mayada 291
Mayamine 263
Mayassa 291
Mayassir 434
Mayaza 125
Mayla 371
Maymana 263
Maymouna 57, 263
Maysa 291
Maysam 292
Maysane 291
Maysara 434

Maysoun 292
Maysour 434
Maytha 378
Mazeya 158
Mazida 429
Mazina 339
Maziya 158
Médiha 178
Mehreza 237
Meïsan 291
Meïsoun 292
Meïssa 291
Meissour 434
Mejd 170
Mejda 171
Mejdia 170
Méjida 171
Mekkia 98
Melda 291
Melsa 291
Menoubia 93
Meriem 37
Meryem 37
Messaouda 256
Messara 434
Mey 77
Meya 272
Méziouna 282
Mibhage 252
Mibhaj 252
Mibsam 251
Michkat 319
Midad 149
Midha 177
Midhaka 257
Midrar 335
Mijada 170
Mikrama 206
Milada 424
Mileda 424
Mimouna 57, 263
Mina 308
Minane 207
Minjad 308
Minjade 308
Minna 207
Minnatallah 207
Minnatoullah 207
Miska 361
Miske 360
Miskia 361
Missak 138
Missal 134
Missoun 292
Mital 134
Mithak 138
Mithal 134
Miwadda 273
Miza 159
Mobaraka 102
Mobtahéja 253
Mohcina 154
Mohiba 218
Mojaba 200
Mokhtara 154
Moksira 432
Momena 64
Mona 110
Monawara 331
Monia 110
Monissa 266
Moradi 106
Morjane 307
Moslima 70
Mossadéka 131
Mossafate 132
Mossaïka 308
Motassima 240
Motawakila 138
Moubachira 251
Moubaraka 102
Moubassata 185
Moubina 124
Moubtahija 253
Mouchira 131
Mouchrifa 216
Moudakira 105
Moudhakira 105
Moudrika 143
Moufida 191
Moufliha 439
Mouhiba 218
Mouhibba 267
Mouhja 118
Mouhriza 237
Mouhsina 154
Mouïna 241
Moujaba 200
Moujaheda 103
Moujiba 200
Moujira 237
Moukabala 169
Moukarama 170
Moukhlissa 181
Moukhtara 154
Moukthira 432
Mouktira 432
Moulaïka 218
Moulayka 218
Mouleha 290
Mouleika 218
Moulhama 109
Moulka 218
Moulouda 424
Moumina 64
Mouna 110
Mounawara 331
Mounchida 260
Mounia 110
Mouniba 73
Mounifa 174
Mounira 332
Mounissa 266
Mounjia 243
Mounjida 243
Mounjiza 159
Mounna 228
Mountaha 110
Mountassira 247
Mounya 110
Mouqabala 169
Mouradi 106
Mourafada 238
Mourchida 130
Mourej 378
Mourhafa 282
Mourida 106
Mourjane 307

Mourouj..................378
Mousïda..................257
Mouslima..................70
Moussanada..............239
Moussayka...............308
Moussira.................434
Moutahajida...............74
Moutassima..............240
Mouwaffaqa..............248
Mouyassara..............434
Mouzaffara..............244
Mouzakira................105
Mouzayna................339
Mouzhira.................428
Mouzna...................339
Mowaha...................291
Moyassara...............434
Mozaïna..................339
Mozhira...................428
Naâma....................391
Nabaha...................149
Nabéla....................171
Nabéra....................159
Nabigha..................159
Nabiha....................149
Nabila.....................171
Nabira....................159
Nabla.....................234
Nachéda..................110
Nachide..................260
Nachita...................260
Nada...............207, 339
Nadea.....................313
Nadeja....................150
Nadéra....................257
Nadhira....................73
Nadia......................208
Nadija.....................150
Nadila.....................234
Nadima.....................73
Nadira.....................159
Nadiya....................339
Nadra.............297, 308
Naëma....................292
Naéma.....................433
Nafahat...................361
Nafal......................208
Nafha.....................361
Nafia......................192
Nafila.......................74
Nafissa....................309
Nagham...................261
Naghama.................261
Nagia......................396
Nahar......................330
Nahed.....................292
Nahela.....................348
Nahij.......................136
Nahila.....................348
Nahla..............348, 385
Nahle......................385
Nahr.......................348
Nahra......................330
Naïfa.......................173
Naïla.......................209
Naïma......................440
Naja........................118
Najaba.....................171
Najah......................246
Najat.......................118
Najba......................172
Najda......................228
Najeba.....................172
Najéla......................422
Najet.......................118
Najia........................119
Najiba......................172
Najida......................228
Najiha......................246
Najila.......................422
Najiya......................119
Najla........................292
Najlae......................292
Najma......................322
Najmiya...................323
Najoie......................119
Najoua.....................119
Najoud...........172, 292
Najoude.........172, 292
Najwa......................119
Naka........................184
Nakawa....................184
Nakhla.....................371
Nakiya.....................184
Nala.........................209
Namia......................174
Namira.....................409
Naoual.....................209
Naour......................362
Naoura....................362
Naqa.......................184
Naqawa...................184
Naqiya.....................184
Naram.....................261
Narama...................261
Nardine...................361
Naridine..................361
Narjes.....................361
Narjis......................361
Narjissa...................361
Narjisse...................361
Nasra......................246
Nasria.....................247
Nasriya...................247
Nassabe..................172
Nassama.................422
Nassamate..............423
Nasseba..................272
Násséfa..................135
Nasséha..................134
Nassera..................243
Nassifa...........135, 347
Nassika.....................73
Nassikat....................74
Nassil......................385
Nassima..................339
Nassira...................243
Natafa....................308
Nathira...................192
Natika....................150
Natiqa....................150
Natira.....................192
Nawal....................209
Nawara..................330
Nawf......................173
Nawfa....................173
Nawr......................362
Nawra....................362

Nawrae....................330
Nayira....................331
Nayla....................209
Nazaha....................183
Nazéma....................135
Nazéra....................73
Nazima....................135
Nazli....................292
Nébila....................171
Nébla....................234
Nechwa....................261
Neda....................339
Nédima....................260
Nédira....................297
Nédra....................308
Néfila....................208
Néfissa....................309
Néhida....................173
Néhij....................136
Nehla....................348
Neila....................209
Néjia....................118
Néjiba....................172
Nejla....................292
Nejma....................322
Nejmiya....................323
Néjoua....................378
Nejwa....................119
Néla....................209
Nérimane....................192
Nermine....................192
Nesrine....................361
Nessiba....................172
Nessima....................339
Ney....................260
Néziha....................183
Nezli....................292
Nibal....................234
Nibras....................323
Nida....................260
Nidal....................234
Nijad....................172
Nima....................52, 208
Nimat....................208
Nimatallah....................52, 208
Nimatoullah....................52, 208
Nisrina....................361
Nisrine....................361
Nissam....................339
Nizam....................135
Nodra....................159
Noha....................150
Nohama....................390
Nojaïma....................322
Nojayma....................322
Nojeima....................322
Nomaïra....................410
Nora....................330
Norane....................330
Noria....................330
Nosra....................246
Nossaïba....................173
Nossayra....................247
Nosseira....................247
Noubough....................159
Noubour....................159
Nouchine....................261
Noudar....................308
Noudra....................159
Noufayssa....................309
Noufissa....................309
Nouha....................150
Nouhad....................173
Nouhama....................390
Noujaba....................172
Noujoum....................322
Nouma....................432
Noumayra....................410
Nour....................52, 330
Noura....................330
Nourallah....................330
Nourane....................330
Nourelhak....................331
Nourelhaq....................331
Nour-Elhouda....................331
Nour-Elislam....................331
Nour-Ezaman....................331
Nourhane....................209
Nouria....................330
Nouriya....................330
Nousra....................246
Noussaïma....................423
Noussayba....................173
Noussayma....................423
Noutafa....................309
Nouzha....................260
Nowara....................362
Nozha....................260
Obabe....................345
Obbaha....................425
Odaïba....................346
Odouba....................346
Ohzouja....................261
Okhoua....................264
Okhowa....................264
Okrouma....................177
Olaya....................313
Olei....................168
Olfa....................264
Omayma....................414
Omdouha....................178
Omeya....................77
Omloda....................291
Omniya....................110
Onneb....................368
Onneba....................368
Orjawan....................363
Osfoura....................389
Otared....................320
Ouabila....................396
Ouacila....................273
Ouaddaha....................294
Ouadha....................293
Ouadia....................119
Ouadida....................272
Ouadouda....................273
Ouafa....................137
Ouafika....................273
Ouafira....................423
Ouafiya....................137
Ouaha....................382
Ouahida....................159
Ouahiya....................309
Ouahza....................294
Ouajd....................272
Ouajida....................111, 272
Ouajiha....................293
Ouajna....................293

Oualaya....................93
Oualha.................274
Oualiba................423
Oualida................424
Oualifa.................313
Oualiya....................93
Oualma..................160
Ouanat...................309
Ouania..................309
Ouarda.................362
Ouardiya..............362
Ouasma..................293
Ouasmiya........159, 378
Ouassama.............. 293
Ouassiba 229
Ouassila.............53, 111
Ouassima 293
Ouayna 371
Ouazina 137
Ouazna 137
Oubayda 78
Oubbaha.........295, 425
Oudayna 276
Oudhayba 346
Oudhouba..............346
Ouéfia.....................160
Oufouk 312
Ouhoude.................133
Ouiâme................. 274
Ouichah 309
Ouidad...................272
Ouifak.....................273
Ouijdane................119
Ouissame 174
Oukayla 147
Oulfa.................... 264
Oulfat 264
Oum Ayman 55
Oum Habiba........... 57
Oum Koulthoum 59, 60
Oum Salama 56
Oumama..........60, 392
Oumaya 77
Oumayma..............414
Oumniya.............. 110
Oumsiya................ 314
Ounce......................112
Ounchouda..............260
Ounnab...................368
Ounnaba.................368
Ouns.......................112
Ounsia 266
Ounsiya...................266
Ourayb....................167
Oureiba...................167
Ousfoura.................389
Oussaïma 166
Oussayma................166
Outarid 320
Outour.....................358
Ouzayna...................276
Ouzouba 346
Ozaïba......................346
Ozaïna......................276
Petimat....................395
Qabila 196
Qadiria......................92
Qaïma 134
Qamar......................320
Qamra......................321
Qanaa 196
Qanita.......................72
Qariba......................422
Qassama..................288
Qasséma..................134
Qassima 134
Qaysoum.................360
Qilada 306
Qirane........................72
Qitaf........................370
Qodma.....................227
Qolla........................378
Qouboul 196
Qoudsia 98
Qoudwa 133
Qoulla......................378
Qouloub 117
Qoumria 390
Qounout 73
Rabab.......................336
Rababa 336
Rabcha 375
Rabia..........................92
Rabiha.......................427
Rabila........................427
Rabiya.......................375
Racha 398
Rachaka.....................281
Rachaqa 281
Rachéda 129
Rachha 144
Rachida 129
Rachika 281
Rachiqa 281
Racia 128
Raciya 128
Rada.................281, 287
Radane 302
Rade..........................281
Raded........................336
Radhad......................336
Radhane....................302
Radia.........................194
Radir 346
Radiya 194
Radwa 376
Rafa...........................187
Rafah.........................428
Rafaha 428
Rafca 269
Raféda........................238
Rafel..........................281
Rafida........................202
Rafif...........................296
Rafiha 428
Rafika.........................269
Rafiqa.........................269
Rafka.................31, 269
Rafqa............................31
Raghada 427
Raghba......................106
Raghda......................427
Raghida.....................427
Rahaf.........................281
Rahdana....................387
Rahifa 282
Rahik 436
Rahil 32

Rahima 188
Rahiq 436
Rahma.........33, 43, 188
Rahmatallah 188
Rahmatoullah..........188
Raïda.......................215
Raïdae 287
Raïfa........................187
Raïka.......................181
Raïma......................188
Raïqa.......................181
Raïssa......................215
Raïssana 226
Raïya.......................187
Raja.........................105
Rajaa 105
Rajae 105
Rajate......................105
Rajawa 105
Rajia........................106
Rajoua.....................105
Rajwa 105
Rakana 130
Rakha......................427
Rakiba.....................144
Rakina.....................130
Rakiza 130
Ralabe 244
Ralia........................156
Raliba......................244
Rama.......................188
Râma.......................381
Ramema..................338
Ramia......................232
Ramiza 145
Ramka.....................394
Ramla......................381
Ramma 144
Ramza 144
Ramzia 145
Ramziya 145
Rana........................281
Randa......................354
Rande......................354
Ranema...................430
Ranéma...................430
Rania.......................281
Ranine.....................255
Raniya.....................281
Ranna......................369
Raoua......................344
Raouahe 387
Raouassi 376
Raoud 281
Raouda...........376, 437
Raoufa....................187
Raouh 113, 336
Raouhiya................113
Raqiya.....................164
Rassane 130
Rassema 144
Rassiba 128
Ratiba 128
Rawa 344
Rawaa 145
Rawae.....................344
Rawah 387
Rawaï......................154
Rawaih 337
Rawand 354
Rawane 281
Rawassi 376
Rawda 376, 437
Rawde 106
Rawfa 187
Rawh.............113, 336
Rawhiya 113
Rawia 202, 344
Rawiya 145
Rawnak 296
Rawnaq 296
Rawra.....................329
Raya 232
Rayana 344, 437
Rayate 232
Rayhan...................354
Rayhana 58, 355
Rayhane 354
Raysa......................338
Raysana..................338
Raytae 338
Rayya 282, 354
Rayyana..........344, 437
Razal 272
Razala......................400
Razana.....................128
Razane.....................128
Razéka.....................201
Razéla......................400
Razez.......................336
Razika 201
Razina 128
Razira......................346
Rebcha 375
Rébia.......................418
Rébila......................427
Réfia.......................164
Refkia......................269
Rekza 144
Rémia......................232
Rémiza 145
Remka.....................394
Renda......................354
Rende......................354
Rénia.......................431
Rénima...................430
Rétiba......................367
Reyhana 355
Reyya 344
Riâya 187
Ribasse 366
Riel 387
Rielle.......................387
Rifa 269
Rifaa........................164
Rifaate.....................164
Rifada......................202
Rifca........................268
Rifka 268
Rifkiya 269
Rihab 375
Riham 336
Riheb 375
Rihem 336
Rihma 336
Rikaz.......................428
Rikez.......................428
Rikka 188

Rikza........................144
Rim........................398
Rima........................398
Rina........................258
Rined........................354
Riqqa........................188
Riwa........................344
Riyah........................336
Rizka........................201
Rizlane........................400
Rizqa........................201
Roa........................105
Robba........................375
Rochdiya........................129
Rodania........................286
Rofrane........................191
Rohcha........................202
Rokaya........................164
Rokhama........................336
Rokya........................164
Romaïla........................381
Romana........................367
Romane........................367
Romeila........................381
Rommana........................367
Rommane........................367
Roqaya........................59, 164
Roqya........................164
Rouchdiya........................129
Roufayda........................202
Roufeida........................202
Rouhcha........................202
Rouhiya........................113
Roukhama........................336
Roukya........................164
Roulwa........................226
Roumayla........................381
Rouqaya........................59
Roussaïna........................369
Routba........................164
Rouwa........................376
Rouyoum........................338
Rouzaïl........................400
Rowa........................376
Rowaïda........................188
Roweida........................188
Roya........................105
Saadana........................388
Saadia........................256
Saadiya........................256
Saba........................337
Sababa........................270
Sabacibe........................376
Sabae........................419
Sabah........................327
Sabaha........................284
Sabaouat........................337
Sabate........................127
Sabawat........................337
Sabeha........................318
Sabéra........................195
Sabha........................285
Sabhae........................235
Sabhala........................69
Sabhana........................285
Sabia........................282
Sabiha........................285
Sabihat........................318
Sabika........................223
Sabiqa........................223
Sabira........................195
Sabiya........................304
Sabla........................282
Sabouh........................285
Sabra........................325
Sabria........................196
Sabriya........................196
Sabta........................381
Sada........................337
Sadana........................388
Sadéka........................131
Sadia........................256
Sadida........................131
Sadime........................337
Sadoka........................131
Sadouka........................131
Safa........................97
Safae........................182
Safafide........................334
Safarij........................367
Safaya........................270
Saféra........................282
Saffana........................304
Safia........................57, 182
Safira........................189
Safita........................203
Safiya........................57, 155
Safoua........................182
Safoura........................34
Safwa........................182
Safwae........................304
Saghoua........................327
Sahab........................337
Sahaba........................337
Sahar........................325
Sahba........................285
Sahira........................318
Sahla........................430
Sahoua........................181
Sahour........................319
Sahr........................257
Sahwa........................181
Saïba........................132
Saïda........................256
Saïfana........................283
Saja........................113
Sajda........................69
Sajha........................282
Sajhae........................282
Sajia........................113
Sajiaa........................130
Sajida........................69
Sajla........................202
Sajoua........................114
Sakha........................203
Sakhaya........................203
Sakhia........................203
Sakia........................345
Sakina........................114
Salam........................115
Salâma........................115
Salamate........................115
Saléma........................115
Salémate........................115
Saliha........................71
Salima........................283
Salma........................116
Salsabil........................437

Salwa......................388
Sama......................312
Samaa......................145
Samae......................312
Samah......................189
Samaha......................203
Samar......................318
Samarate......................365
Sameda......................165
Samia......................165
Samiana......................224
Samida......................132
Samiha......................189
Samira......................269
Samra......................283
Sana......................326
Sanabil......................377
Sanae......................166
Saniaa......................283
Saniha......................304
Saoua......................131
Saouda......................56
Saoussane......................356
Saphira......................189
Saqfa......................140
Saqia......................345
Sara......................31, 377
Sarab......................381
Sarabe......................381
Sarae......................165
Saraha......................132
Saria......................203
Sariha......................181
Sarira......................114
Sariya......................337
Sarmada......................437
Saroua......................367
Sarra......................255
Sarrae......................255
Sarwa......................367
Sawa......................131
Sawab......................66
Sawsan......................356
Sawsana......................356
Sawsane......................356
Sawsen......................356
Sawsene......................356
Sayda......................215
Sayfana......................283
Sayida......................215
Sebia......................282
Sebta......................381
Sebwa......................270, 419
Sédida......................131
Sédika......................270
Sédina......................69
Séfita......................203
Sehla......................430
Seïda......................216
Seifana......................283
Séjia......................113
Sejla......................202
Sejwa......................114
Sékina......................114
Sélima......................115
Selja......................334
Selma......................116
Seltana......................224
Selwa......................388
Sémia......................165
Sémira......................269
Semsem......................377
Sénia......................166
Séniha......................304
Sérira......................114
Setti......................216
Shahinez......................269
Shahrazade......................216
Shérazade......................216
Siba......................419
Sidafa......................114
Sidana......................405
Siddika......................131
Siddiqa......................131
Sidkia......................131
Sidkiya......................131
Sidra......................437
Sifana......................283
Siham......................232
Sihem......................232
Simae......................155
Sindyane......................368
Sira......................367
Sirae......................367
Sirate......................71
Sirine......................255
Sittel-Housne......................278
Sitti......................216
Siwar......................304
Sobaba......................270
Sobh......................327
Sobhia......................284
Sofia......................182
Soha......................319
Soheila......................430
Soheir......................257
Solaïma......................116
Soleima......................116
Soltana......................215
Sophia......................182
Soraya......................315
Souad......................256
Soubh......................327
Soubhia......................284
Soubouhate......................325
Soudoul......................114
Soufiya......................182
Souha......................319
Souhayla......................430
Souhayr......................257
Souhba......................285
Soukaïna......................115
Soukayna......................115
Soukeina......................115
Soukoun......................114
Soulaïma......................116
Soulayma......................116
Soultana......................215
Souma......................165
Soumaya......................165
Soumeya......................165
Sounboula......................356
Soundes......................304
Soundouce......................304
Sourour......................255
Souzane......................326, 356
Sowaïba......................66
Suzanne......................326

Sydana........................ 405
Taafi........................ 419
Taakhi...............................264
Taalouf..........................265
Taayouche.........................272
Tabate..............................127
Tabéta 127
Tabra.................................392
Tabrae...............................392
Tabris................................372
Tachahi.............................107
Tachahoud...........................70
Tadafour............................239
Tadamoun..........................239
Tadhiya.............................224
Tadlile...............................254
Tafani.....................109, 205
Tahajoud.............................74
Tahani...............................262
Tahara...............................183
Tahéra...............................182
Tahira...............................182
Tahour..............................183
Tahsine.............................280
Taïa.....................................71
Taïka.................................415
Taïsir..................................434
Taja....................................214
Tajanous............................266
Tajaouid............................335
Tajawid.............................335
Taje...................................214
Tajouida..............................67
Tajouide..............................67
Tajwid..................................67
Tajwida................................67
Takaya.................................94
Takbir...................................73
Takiya..................................94
Takiyat.................................66
Tala...................................399
Talawa..............................286
Taleba...............................145
Talela...............................286
Talewa..............................286
Talia..................................425
Taliba...............................145
Talida...............................162
Taliqa...............................244
Taliya...............................425
Talla.................................285
Talouka............................204
Talouqa............................204
Tamadour.........................290
Tamam....................152, 315
Tamama...........................315
Tamani.............................110
Tamanni............................110
Tamara..............................364
Tamarate..........................365
Tamiha..............................108
Tamima.............................152
Tamina..............................153
Tamira...............................364
Tamra................................364
Tanae.................................175
Tanafoul..............................74
Tanassouf..........................243
Tanassouk...........................74
Tanassour..........................243
Tanice................................266
Tanisse..............................266
Tanouir..............................332
Tanwir...............................332
Taos..................................388
Taouad..............................273
Taouali..............................320
Taouassoul.........................111
Taouba.................................66
Taouhid................................75
Taouhida..............................75
Taous.................................388
Taqfa..................................140
Taqiyat.................................66
Taqoua.................................65
Taqwa..................................65
Tara...................................425
Tarab..................................108
Taraf..................................425
Taraïk.................................132
Taraïq.................................132
Taraouih...............................96
Tarawih................................96
Tardia.................................194
Tarhima..............................188
Taria...................................425
Tariba.................................108
Tarifa..................................305
Tarnime..............................254
Taroub................................108
Taroube..............................108
Tarouiha..............................113
Tarwa.................................425
Tarwiha...............................113
Tasdia.................................188
Tasdik.................................131
Tasdika...............................131
Tasdiq.................................131
Tasdiya...............................188
Taslim...................................70
Taslima.................................70
Tasnim................................437
Tasnime..............................437
Tassadok...............................70
Tassadouq.............................70
Taswib...................................66
Taswiba.................................67
Tathwib.................................66
Tathwiba...............................67
Tatwib...................................66
Tatwiba.................................67
Tawab...................................66
Tawad.................................273
Tawadoud...........................273
Tawali.................................320
Tawamouk..........................274
Tawamouq..........................274
Tawarou................................75
Tawassoul...........................111
Tawba...................................66
Tawed.................................273
Tawfiqa...............................248
Tawhid..................................75
Tawhida................................75
Tawkala..............................392
Tawqala..............................392
Tayeba.....................190, 357
Tayiba......................190, 357

Tayid....236
Tayma....380
Taysir....434
Tazahour....239
Tazaki....68
Tedlile....254
Tèla....365
Télia....425
Telja....334
Tella....372
Témima....152
Tertil....68
Tertile....68
Tesnime....437
Thabar....127
Thabata....220
Thabate....127
Thabéta....127
Thafafide....334
Thalja....334
Thamar....365
Thamara....365
Thamarate....365
Thamina....153
Thamira....365
Thanae....175
Thaqfa....140
Thaqifa....140
Thara....425
Thariya....425
Tharoua....425
Thawab....66
Thimar....365
Thouraya....315
Thouwayba....66
Tiba....190
Tibe....357
Tibiane....123
Tibre....299
Tibyane....123
Tijane....214
Tijania....91
Tila....419
Tilahe....368
Tilal....373
Tilaoua....66
Tilawa....66
Tilel....373
Tina....365
Toba....438
Tohfa....199
Torfa....305
Touba....438
Toufika....248
Touhfa....199
Touhra....345
Touka....65
Toukat....65
Toulayba....145
Touma....299
Touqa....65
Touqat....65
Touras....433
Tourath....433
Touria....315
Touways....388
Touweis....388
Touyoub....357
Towaïba....66
Turfa....305
Wabila....396
Wachma....340
Wacila....273
Wadaa....119
Waddaha....294
Wadha....293
Wadhae....293
Wadia....119
Wadida....272
Wadouda....273
Wafa....137
Wafika....273
Wafira....423
Wafiya....137
Waha....382
Wahiba....211
Wahida....159
Wahiya....309
Wahza....294
Waïla....243
Waïna....371
Wajd....272
Wajdia....111
Wajéda....111
Wajha....293
Wajhae....293
Wajida....111, 272
Wajiha....293
Wajna....293
Wakar....137
Wakour....137
Wala....274
Walaa....274
Walae....274
Walaya....93
Walha....274
Waliba....423
Walida....424
Walifa....313
Waliya....93
Wallada....424
Walma....160
Wamid....332
Wanat....309
Wania....309
Waniya....309
Waqar....137
Waqour....137
Warda....362
Warde....362
Wardia....362
Wardiya....362
Warqa....391
Wasma....293
Wasmae....293
Wasmia....378
Wasmiya....159
Wassama....293
Wassika....138
Wassila....53, 111
Wassima....293
Wathiba....229
Wathika....138
Watika....138
Watine....349
Wayna....371
Wazina....137
Wazna....137

Wecila 119
Wedaa 184
Wedia 184
Wédiaa 136
Wéfia 160
Wéhiba 211
Wejdia 111
Wejna 293
Wellada 424
Welma 160
Wiâme 274
Wichah 309
Widad 272
Wided 272
Wifak 273
Wifaq 273
Wijdane 119
Wirchan 391
Wissak 138
Wissal 120
Wissame 174
Witak 138
Withaq 138
Woujoud 423
Wouroud 362
Yachbe 309
Yachme 310
Yakaza 150
Yakine 150
Yakout 310
Yakzana 150
Yamama 391
Yamani 262
Yamenia 262
Yamina 262
Yanbo 347
Yaqaza 150
Yaqine 150
Yaqout 310
Yaqouta 310
Yaqzana 150
Yasmina 362
Yasmine 362
Yassera 433
Yassira 433
Yawaqit 310
Yémina 262
Yemna 262
Yenabi 347
Yenia 371
Yoha 332
Yomna 262
Yomniya 263
Yosra 433
Yosriya 433
Youha 332
Youmna 262
Youmne 262
Youmniya 263
Yousr 433
Yousra 433
Yousria 433
Yousriya 433
Zabarjad 302
Zabia 399
Zafar 244
Zafira 244
Zafrana 355
Zaghloula 388
Zahab 302
Zahaba 302
Zahéra 296
Zahida 69
Zahira 239
Zahiya 376
Zahr 355
Zahra 355
Zahrae 296
Zahria 297
Zahriya 297
Zaïda 429
Zaïdiya 429
Zaïla 318
Zaïma 215
Zaïna 303
Zaïne 303
Zaka 181
Zakae 181
Zakhira 202, 255
Zakia 181
Zakira 104
Zakiya 181
Zalila 438
Zalma 388
Zamzam 96
Zana 367
Zanoubia 356
Zarifa 258, 286
Zarka 312
Zarloula 388
Zarqa 312
Zawaïl 318
Zayda 429
Zaydiya 429
Zayine 304
Zayma 394
Zayna 303
Zaynab 56, 57, 58, 60, 356
Zayne 303
Zayniya 303
Zaytouna 367
Zedia 429
Zehbia 302
Zehiya 297
Zeine 303
Zeinia 303
Zeitouna 367
Zelfa 280
Zelma 388
Zemzem 96
Zenbak 355
Zenbaka 355
Zenbaq 355
Zenbaqa 355
Zenia 303
Zenjabil 355
Zénobia 356
Zeyan 357
Zeyane 357
Zeynab 356
Zeyneb 356
Zibae 399
Zibrij 302
Zidia 429
Zifaf 255
Zifafe 255
Zikra 104

Zilal 438
Zilel 438
Zima 394
Zimam 128
Zinad 238
Zine 303
Zineb 56, 57,
58, 60, 356
Zined 238
Zitouna 367
Zobéida...................165
Zoha 282
Zohour....................329
Zohra 296, 317
Zolaïkha....................33
Zolfa 165
Zomouroud............303
Zomourouda 303
Zomroda 303
Zoubaïda.................165
Zoubaya 399
Zoubayda 165
Zoubida 165
Zouha 282
Zouhayra.................297
Zouhira 297
Zouhour..................355
Zouhra 296, 317
Zouka 325
Zoulal 344
Zoulaykha 33
Zoulel 344
Zoulfa 165
Zoumrod.................303
Zourria....................418
Zourwa 163

Index des prénoms masculins en arabe

أَحْسَم 124
أَحْسَن 279
إِحْمَاد 177
إِحْمَاس 221
أَحْمَد 42, 176
أَحْمَس 221
أَحْنَى 186
أَحْوَس 402
أَخْشَى 68
أَخْضَر 374
أَخْضَرَان 375
أَخْطَب 387
إِخْلَاص 181
إِخْلِيج 393
أَخْيَر 186
أَخْيَل 280
أَدَب 139
إِدْرَاك 143
إِدْرِيس 30, 143
أَدَلّ 143
آدَم 30
أَدْنَى 417

أَتْرُج 364
أَتْقِيَاء 66
إِتْمَام 315
أَتِيّ 341
أَثَاب 415
أَثْأَب 363
أَثَال 161
أَثْبَات 124
أَثْقَال 426
أَثْوَب 415
أَثِير 152
أَجَاد 153
أَجَاوِيد 200
أَجْبَه 277
أَجْدَل 386
إِجْلَال 163
أَجْلَى 325
أَجْمَل 278
أَجْهَر 278
أَجْوَد 200
أَجْيَد 278
إِحْسَان 154

أَبَاب 380
أَبَان 123
أَبْدَال 91
أَبْدَر 315
أَبْرَ ر 185
إِبْرَاهِيم 31, 58
إِبْرِيز 298
أَبْسَل 219
أَبْسَم 250
أَبْشَر 251
إِبْصَار 324
إِبْلَال 415
أَبْلَج 277
أَبْلَغ 140
أَبْهَى 295
أَبُو بَكْر 60
أَبُو مَدْيَن 91
أُبَيّ 414
أُبَيّ 219
أُبَيْحِر 341
أُبَيْض 296
أُبَيْن 123

أَدْهَم 317
أَدِيب 139
أَذِين 64
إِرْب 139
أَرَج 352
أَرْجَل 222
أَرْخَبِيل 341
أَرْز 363
أَرْسَلَان 401
أَرْسْلَان 401
أَرْشَح 144
أَرْشَد 129
أَرْطَى 366
أَرْقَط 404
أَرْقَم 404
أَرْكَان 68
أَرَن 219
أَرْوَد 113
أَرْوَع 145
أَرُوم 363
أَرُون 250
أَرِيّ 334
أَرِيب 139
أَرِيج 352
أَرْيَحِي 202
أَرِين 250
أَزْر 219
أَزْعَل 428
إِزْمِيم 317
أَزْهَد 69
أَزْهَر 296, 317
أَزْهَرَان 317
آسَاد 401
أُسَامَة 402
أَسْبَار 404
أَسْجَح 282
إِسْحَاق 31, 255
أَسَد 401
أَسَد الدِّين 401
أَسَد الله 401
آسِر 161
أَسْعَد 256
إِسْكَنْدَر 236
أَسَل 363
إِسْلَام 69
أَسْلَم 116
إِسْمَاعِيل 32, 189
أَسْمَر 283
أُسْوَة 214
أُسَيْد 401
أَسِيل 276
أَشْبَال 405
أَشْجَع 223
أَشْدَخ 405
إِشْرَاق 326
أَشْرَف 167
أَشْرَف الدِّين 167
أَشْرَق 326
أَشْعَب 283
أَشْفَق 189
أَشَمّ 284
أَشْهَل 284
أَصْبَح 406
أَصْفَرَان 357
إِصْلِيت 230
أَصْمَع 145
أَصْهَب 285, 406
أَصْيَد 406
أَصِيل 161
أَطْيَب 190
أَعْرَف 146
أَعْفَر 399
أَغْلَب 226, 407
أَغْيَد 287
أَفَرّ 287
أَفْرَع 287
أَفْضَل 157
أَفْضَل الدِّين 157
إِقْبَال 431
إِقْدَام 227
أَقْدَم 408
أَقْمَر 321
إِكْرَام الله 206
أَكْرَم 206
إِكْلِيل 39, 298
أَكْمَل 158
أَكْمَل الدّين 158
إِلْ يَاسِين 36
آلَاء 198
الأَخْضَر 374

العَرَبِيّ 47
أُلْفِيّ 264
أَلْمَع 321
إِلْهَام الله 109
إِلْهَامِي 109
أَلْهُوب 395
أَلُوف 264
إِلْيَاس 35
أَلْيَس 409
أَلْيَسَع 36
أَلِيف 264
أَلِيف الدِّين 264
إِمَام 39, 64
أَمَان 112
أَمَن الله 112
أَمْثَل 158
إِمْجَاد 177
أَمْجَد 171
إِمْدَاد 242
إِمْدَاد الله 242
أَمَلِي 102
آمِن 112
أَمْن 112
أُمَيَّة 77
أَمِير 214
أَمِيرالدِّين 214
أَمِين 39, 126
أَمِين الدِّين 126
أَمِين الله 126
أَنْجَب 172
أَنَس 265
أُنْس 112
اِنْسِجَام 269
أُنْسِي 112
أُنْسِيّ 266
أَنْمَار 409
أَنْهَر 330
أَنْوَار 331
أَنْوَر 330
أُنُوف 161
أَنْوَف 174
أَنُّوس 265
آنِي 194
أَنِيس 265
أَنِيس الدِّين 265
أَنِيق 276
أَهْوَج 228
أَهْيَس 229
أَوَّاب 65
أَوْجَه 293
أَوْس 198
أَوْسَم 293
أَوْفَى 137
أَوْهَز 294
أُوَيْس 198
إِيَاد 236
إِيَاس 198
آيِب 64
أَيْسَر 443
أَيْك 363
أَيْمَن 262
أَيُّوب 33, 65
بَادِر 314
بَادِي 122
بَاذِخ 162
بَاذِل 198
بَارِز 152
بَارِع 152
بَاز 386
بَاسِل 219
بَاسِم 250
بَاشَق 386
بَاطِن 112
بَاقِر 140
بَاقِي 127
بَاكِر 324
بَالِغ 40
بَاهِر 295
بَاهِي 295
بِجَاد 380
بِجَال 162
بَجِيل 162
بَحْر 341
بَحْرِي 341
بُخَارِيّ 91
بَخْت 250
بِخْتِير 276
بُخَيْت 250
بَدْر 39, 230, 314
بَدْر الدِّين 314

بَـدْرَان ... 314
بَـدْرِيّ ... 315
بَدَوِي ... 380
بُـدَيْر ... 314
بَدِيـع ... 295
بَذْل ... 198
بَرّ ... 39
بَـرَاء ... 180
بُرَاء ... 415
بُرَاق ... 40
بَرْبَار ... 402
بِرْجِيس ... 315
بَرْز ... 127
بَرْزَخ ... 435
بُرْعُم ... 363
بَرَكَات ... 102
بُرْهَان ... 40, 123
بُرْهَان الدِّين ... 123
بَرِيء ... 180
بَرِيع ... 276
بَرَئِل ... 372
بَسَّـام ... 250
بُسْر ... 364
بِسْطَـام ... 230
بَسُول ... 219
بَشَّـار ... 251
بَشَّاش ... 252
بِشْـر ... 251
بَشُـوش ... 252
بَـشِيـر ... 40, 251
بَشِيش ... 252
بَصِيـر ... 140
بُطْرُس ... 372
بَطَل ... 219
بَكَّـار ... 324
بَكْـر ... 392
بَكْـرِيّ ... 324
بَكِير ... 364
بِلاَل ... 341
بُلْبُل ... 386
بَلَج ... 276
بَلَل ... 415
بَلِيـغ ... 140
بَلِيل ... 334
بَنْـدَر ... 342
بَهَـاء ... 295
بَهَـاء الدِّيـن ... 295
بَهَـار ... 295
بَهِج ... 252
بَهْجَـت ... 252
بَهْرَم ... 298
بَهْمَة ... 220
بَـهِـيّ ... 295
بَهِيـج ... 252
بُوصِيرِيّ ... 91
بَيَان ... 40, 123
تَاج ... 41, 214
تَاج الدِّين ... 214
تَامِـر ... 364
تَامُور ... 112
تَأَنِّي ... 194
تَأْيِيد ... 236
تِبْـر ... 299
تَبَرُّع ... 199
تَثَوُّب ... 67
تَثْوِيب ... 66
تِجَانِيّ ... 91
تَـجْوِيد ... 67
تَحْسِيـن ... 280
تُحْفَـة ... 199
تِذْكَار ... 105
تَرْتِيل ... 68
تَرْحِيم ... 188
تَزَكِّي ... 68
تَسْلِيـم ... 70
تَسْنِيـم ... 437
تَشَهُّد ... 70
تَصَدُّق ... 70
تَصْدِيق ... 131
تَضَافُر ... 239
تَضَامُن ... 239
تَظَاهُر ... 239
تَقِـيّ ... 65
تَقِـيّ الدِّيـن ... 66
تَقِـيّ الله ... 66
تُلَج ... 386
تَلِيّ ... 66, 425
تَمَّـام ... 152
تَمَـام ... 152, 315
تَمْر ... 364

تَميم 152
تَناصُر 243
تَناصُف 243
تَنَسُّك 74
تَنَقُّل 74
تَنْوير 332
تِهامي 342
تَهَجُّد 74
تَوْآد 197
تَوْحيد 75
تَوَرُّع 75
تَوَسُّل 111
تَوْفيق 248
تَيَّار 342
تَيْسير 434
تَئِق 415
تَيْم 77
تَيْم الله 77
تَيْمُور 230
تَيْنَم 365
تَيْهُور 342
ثَابِت 127
ثَاقِب 140
ثَامِر 365
ثَبَات 127
ثَبَر 127
ثَبْت 124
ثَرْوَان 426
ثَرْوَت 425
ثَرِيّ 425
ثَقيف 140
ثَلْج 334
ثِمَار 365
ثَمُود 199
ثَمين 153
ثَوْبَان 66
جَأب 402
جَابِر 416
جَادّ 140
جَاد ألله 200
جَادِي 353
جَار الله 266
جَارِم 366
جَاسِر 220
جَامِع 41
جَاه 214
جَاهِد 103
جَاوِيد 200
جَائِد 335
جَبْر 416
جِبْرَان 416
جِبْرَائيل 220
جِبْريل 220
جَبَل 373
جُبَيْر 416
جَبيل 426
جُبَيْل 373
جَديدَ ن 315
جَدير 153
جَذَل 253
جَذل 253
جُذْلاَن 253
جِرْم 316
جَرْمُوز 402
جَرير 393
جَزْل 140
جَزيل 199
جَسَّار 220
جَسْر 220
جُسُم 141
جَسُور 220
جَعْفَر 342
جُلاَب 352
جُلاَّب 352
جَلاَل 162
جَلاَل الدِّين 162
جَليل 163
جَمَال 277
جَمَال الدِّين 277
جُمُعَة 94
جُمَلاَء 278
جَميل 277
جَنَاح 386
جُنْدُب 384
جَنْدَل 221
جُنْدي 230
جُنَيد 230
جِهَاد 103
جَهير 254
جِوَاء 373

جَوَّاد 200
جَوَاد 200, 393
جُود 199
جَوْد 334
جَوْدَان 200
جُودَة 153
جُون 393
جَوْهَر 299
جَيِد 278
جَيْشَان 230
جِيل 416
جِيلان 416
جِيلانِيّ 91
جَيْلَم 316
حَاتِم 127
حَاجّ 94
حَارِث 373, 402
حَارِثَة 374
حَارِس 237
حَازِم 127
حَاسِب 141
حَاشِد 221
حَاشِر 41
حَاصِن 180
حَافِظ 237
حَاقَّة 221
حَاكِم 127
حَامِد 42, 175
حَامِد الله 175
حَامِي 238, 402
حَانِي 186
حِبّ 266
حَبَّاب 267
حُبَاب 267
حُبَّة 266
حِبْر 141
حَبِيب 266
حَبِيب الله 41, 267
حَجَّاج 94
حِجَازِيّ 95
حِجْرَم 141
حَجَل 387
حَذِق 141
حُذَيْفَة 393
حَرْز 237
حُرُم 95
حَرَمَان 95
حَرِيص 41
حَزْم 141
حَزُوم 141
حُسَام 231
حُسَام الدِّين 231
حَسَّان 279
حُسَّان 279
حُسَان 279
حَسَب 163
حَسَن 59, 279
حُسْنِيّ 278
حَسَنَيْن 279
حَسُّون 387
حَسِيب 163
حُسَيْن 59, 279
حِشْمَتْ 180
حِصْن 237
حَصِيّ 141
حَصِيف 141
حَظّ 426
حَظِيّ 163
حَظِيظ 426
حَفْص 402
حَفِيّ 41
حَفِيظ 237
حَفِيف 335
حَقّ 41
حَقِّيّ 124
حَكَم 128
حِكْمَت 142
حَكِيم 142
حِلْم 185
حَلِيم 185
حَمَّاد 176
حَمَّادِي 176
حِمَايَة 238
حِمَايَة الله 238
حَمْد 175
حَمْدَان 176
حُمَدَة 176
حَمْدُون 176
حَمْدِي 175
حَمْزَة 55, 402

حَمِس 221
حَمُّود 176
حَمِيد 175
حُمَيْد 175
حَمِيد الدِّين 176
حَمِيس 221
حَمِيم 267
حَنْبَل 343
حُنُس 67
حَنْظَلَة 353
حُنُك 142
حَنُّون 353
حَنُون 185
حَنِيف 128
حَنِيف الدِّين 128
حُنَيْن 104
حَوُّوس 221
حَيَّال 417
حَيْدَر 403
خَاتِم 42, 154
خَادِر 316, 403
خَازِن 427
خَاطِر 104
خَافِقَان 312
خَالِد 436
خَالِص 181
خَبَّاب 393
خَبِر 142
خَدِيج 393
خَرْدَل 353
خُزَام 353
خَزْرَج 335
خَصِيب 142, 201
خَضِر 374
خِضْرِم 343
خَضْل 300
خِضَم 201
خُضَيْر 374
خَطَّار 231
خَطِيب 42
خِلّ 268
خَلْدُون 436
خُلْدِي 436
خِلْص 267
خُلُوص 181
خَلُوصِيّ 181
خَلِيل 42, 268
خَلِيل الله 31
خُمَال 268
خَمِيس 231
خَنَان 427
خُورْشِيد 325
خُوَيْلِد 436
خَيِّر 201
خَيْر 186
خَيْر الدِّين 187
خَيْرالله 186
خَيْرِيّ 186
دَاجِي 427
دَارَان 436
دَارِي 143
دَاعِي 43, 68
دَالِح 335
دَالِي 366
دَانِي 417
دَانِيَال 35
دَاهِي 403
دَاوُد, دَاوُود 35
دِحْيَة 214
دِرْبَاس 403
دَرْقَاوِيّ 92
دَرْوِيش 92
دُعَيْج 280
دَغْفَل 403
دِفْل 354
دُلَامَة 280
دِلْف 222
دُلَم 394
دَلْهَم 268
دِلْهَم 403
دَلُوخ 366
دَلُوف 387
دَلِيل 43
دَلِيلَ 124
دَمِيث 187
دَوَّاس 403
دَوْسَر 403
دَوْكَس 403
دَوُّوب 194
دَيْمُوم 380

دَئِيب 194
ذَاكِر 104
ذُرْوَة 375, 163
ذِرْوَة 375
ذِكْر الله 43, 104
ذَكْوَان 143
ذَكُور 143
ذَكِيّ 143
ذَمِر 222
ذِمْر 222
ذَهَب 302
ذِهْنِي 144
ذَهِين 144
ذُو الفَقَار 231
ذُو الكِفْل 34
ذُو النُّون 36
ذَوَّاد 238
ذُؤَيْب 403
ذِيَاد 238
رَابِح 427
رَابِض 404
رَابِي 375
رَاتِب 128
رَاثِد 201
رَاجِي 106
رَاحِب 376
رَازِق 201
رَازِي 144
رَاسِب 128
رَاسِم 144, 343
رَاشِد 129
رَاغِد 427
رَافِد 238, 343
رَافِدَان 343
رَافِع 44
رَاقِب 144
رَاقِي 164
رَاكِز 130
رَاكِع 68
رَامِح 231
رَامِز 145
رَامِي 232
رَانِي 281
رَاوِي 202, 344
رَائِد 215
رَائِف 187
رَائِق 181
رَبَاح 427
رَبَّانِي 68
رَبِيع 336, 418
رَبِيعَة 222
رَتِيب 128
رَجَاء 105
رَجَب 95
رَجَبَان 95
رَجْوَان 106
رَجِيل 222
رَحِيق 354
رَحِيم 43, 188
رِدَاء 44
رَدِيف 317
رَزَّام 404
رَزَان 128
رِزْق 201
رِزْق الله 201
رَزُّوق 201
رَزِيم 404
رَزِين 128
رُسْتُم 222
رَسْلَان 401
رَسُول 44
رَسِيم 222
رَشَاد 129
رُشْد 129
رُشْدَان 129
رُشْدِيّ 129
رَشِيد 129
رُشَيْد 129
رَشِيق 281
رِضَا 194
رِضْوَان 195, 436
رَغْب 106
رَغْدَان 427
رِفَاء 269
رِفَاعِيّ 92
رَفَاه 428
رِفْعَة 164
رِفْق 268
رِفْقِيّ 269
رَفِيد 202

رُفَيْد ... 202
رَفِيدِي ... 202
رَفِيع ... 164
رَفِيف ... 296
رَفِيق ... 269
رَفِيه ... 428
رِكْز ... 202
رُكْن لدِّين ... 130
رَكِين ... 130
رَمَّاح ... 232
رِمَاح ... 231
رَمْزِيّ ... 145
رَمْض ... 380
رَمَضَان ... 96
رُمَيْح ... 231
رَمِيز ... 145
رَنْد ... 354
رَنِيم ... 254
رَهْدَن ... 387
رَهِيف ... 282
رَوْح ... 113
رُوحِيّ ... 113
رَوْحِيّ ... 113
رَؤْف ... 130
رُومِي ... 92
رَوْنَق ... 296
رَؤُوف ... 43, 187
رُؤَيْد ... 188
رِبَاح ... 336
رِيَاض ... 376
رِيَاض الدِّين ... 376
رَيَّان ... 344, 437
رِئْبَال ... 404
رَيْحَان ... 354
رَيْعَان ... 418
رَئِيس ... 215
زَاجِل ... 215
زَاخِر ... 202, 255
زَاد ... 428
زَاقِي ... 388
زَاكِي ... 181
زَان ... 367
زَاهِد ... 69
زَاهِر ... 296
زَاهِي ... 297
زَائِر ... 404
زَايِن ... 304
زَبَد ... 344
زِبْرِقَان ... 317
زُبَيْر ... 222
زِرْيَاب ... 302
زُرَيْق ... 388
زَعِيم ... 215
زَغْلُول ... 388
زُفَر ... 215, 404
زَفَيَان ... 337
زَكَرِيَّا ... 36
زُكَن ... 145
زَكِيّ ... 181
زَمَان ... 418
زَمُور ... 282
زِنَاد ... 238
زُهَاد ... 69
زُهَر ... 317
زَهْر الدِّين ... 297
زَهْرَان ... 296
زَهْرِيّ ... 297
زُهَيْر ... 297
زِيَاد ... 429
زِيَان ... 304
زَيْتُون ... 367
زَيْد ... 429
زَيْدَان ... 429
زَيْدُون ... 429
زَيْدِيّ ... 429
زَيْن ... 303
زَيْن الدِّين ... 303
زَيْن العَابِدِين ... 303
زَيْنِيّ ... 303
سَابِق ... 44, 223
سَاجِد ... 69
سَاجِع ... 130
سَاجِي ... 113
سَاحِل ... 344
سَادِن ... 69
سَارّ ... 255
سَارِي ... 405
سَارِيَة ... 337
سَاقِي ... 345
سَالِم ... 115

سَامِد 165
سَامُور 304
سَامِي 165
سَائح 70
سَائِد 216
سَائِف 233
سَائِق 44
سَبْتِي 96
سَبْر 404
سِبْطَر 404
سَبَنْتى 223
سَبَنْدَى 405
سَجَّاد 69
سَجْل 202
سَجِيّ 113
سَحَاب 337
سَخَاء 203
سَخِيّ 203
سَدَاد 130
سَدِيد 131
سَدِيل 114
سِرَاج 44, 326
سِرَاج الدِّين 326
سِرْحَان 405
سَرْمَد 437
سَرْمَدِي 437
سَرْو 203
سُرُور 255
سُرَيْج 326
سَعْد 44, 256
سَعْد الدِّين 256
سَعْد الله 256
سَعْدَ الله 44
سَعْدَان 318
سَعْدُون 256
سَعْدِيّ 256
سَعِيد 256
سُفْيَان 223
سَفِير 189
سَفِيط 203
سَلام 115
سَلاَمَة 437
سَلاَمَةُ اللّه 115
سُلْطَان 215
سِلْم 115
سَلْمَان 116
سَلَمَة 356
سَلِيم 115
سُلَيْم 116
سُلَيْمان 35
سُلَيْمَان 116
سِمَاك 318
سَمُرَة 368
سَمْعَان 107
سَمِيح 189
سَمَيْدَع 203
سَمِير 269
سِنَان 232
سَنَايَا 166
سُنْبُل 356
سَنَد 239
سَنْدَرِي 223
سَنِيّ 166
سَنِيع 283
سِهَامُ اللَّيْل 232
سَهْل 430
سُهَيْل 430
سَوَاء 131
سَوَّار 405
سِيد 405
سَيِّد 45, 215
سَيِّدَان 215
سَيِّدَان 60
سِيس 357
سَيْف 45, 232
سَيْف الدِّين 233
سَيْف الله 45, 233
سَيْل 345
شَادِن 398
شَادِي 257
شَاذِلِيّ 92
شَافِع 107
شَافِعِي 107
شَافِي 419
شَاكِر 195
شَامِخ 167
شَامِس 327
شَامِل 155
شَاهِد 45, 70
شَاهِق 167

شَاهِين 388
شِبْل 405
شِبْلِيّ 405
شَبِيب 418
شُجَاع 223
شُجَيْع 223
شَخِيل 269
شَدَّاد 223
شَدَن 357
شَذَا 357
شَذْر 304
شَذْو 357
شَرَف 45, 166
شَرَف الدِّين 166
شَرْقِي 326
شَرِيف 166
شَرِيق 283
شَعْبَان 96
شَعْتَعَان 283
شُعَيْب 33
شَغَاف 116
شَغَف 269
شَغُوف 189
شَفَق 319
شَفُوق 189
شَفِيع 45, 107
شَفِيق 189
شَفِيق 45
شُقَّار 357
شَقَبر 284
شُقَيْر 384
شَقِيق 269
شُكْرالله 195
شُكْرِيّ 195
شَكِم 406
شَكُور 195
شَكِيب 203
شَكِيم 224
شَلَال 345
شَمْس 326
شَمْس الدِّين 327
شُمَيْس 327
شَمِيل 189
شَنِيب 284
شِهَاب 319
شِهَاب الدِّين 319
شَهْدَر 419
شُهْدِي 384
شَهْرِيَار 216
شَهْزَد 216
شَهِيد 45, 70
شَهِير 46, 155
شَوْق 107
شَوْقِيّ 107
شَوَّال 96
شِيث 30
شَيْخَان 216
صَابِر 195
صَاحِب 46
صَادِق 46, 131
صَارِم 406
صَافِي 182
صَالِح 31, 46, 71
صَامِد 132
صَائِب 132
صَبَاح 327
صُبْح 327
صَبْحَان 285
صُبْحِيّ 284
صَبْرِيّ 196
صَبُور 196
صَبِيح 285
صَدْر الدِّين 116
صِدْق 46
صِدْقِيّ 131
صَدُوق 131
صِدِّيق 131
صَدِيق 270
صُرَاح 182
صِرَاط 46
صَرْد 182
صَرْفَان 319
صَرِيح 181
صَفَر 97
صَفْو 182
صَفْوَان 182
صَفْوَت 182
صَفُوح 204
صَفِيّ 155
صَفِيّ الدِّين 155

صَفِـيّ الله 46, 155
صَفِيح 313
صَقْر 388
صَلاح 71
صَلاح الدِّيـن 71
صَلْتَان 224
صَلْخَد 224
صِلْدَم 406
صَمُود 132
صَمْيَان 224
صَمِيم 116
صَنْدِيد 216
صِنْـوَان 270
صُهَيْـب 285, 406
صَوَاب 132
صُوفِـي 182
ضَـاحِـي 328
ضَـامِـن 239
ضَـاوِي 328
ضِبَاع 71
ضَبُور 406
ضَحَّـاك 257
ضَحُوك 257
ضَرْغَام 406
ضِمَام 155
ضَمِيـر 116
ضَنَن 224
ضِيَـاء 328
ضِيَـاء الحَـقّ 328
ضِيَـاء الدِّيـن 328
ضِيَـائِي 328
ضَيْغَم 406
ضَيْـف 204
طَـارِق 319
طَالِب 145
طَالِـع 320
طَـامِـح 108
طَاهِـر 47, 58, 182
طَاوُوس 388
طَائِع 71
طَـرَب 108
طَرِب 108
طَرَفَة 368
طُرْفَـة 305
طَرِيف 305
طُفَيْـل 419
طَـلاَ 399
طِلال 337
طَـلاَل 258
طَلْح 368
طَلْحَة 368
طَلْعَـة 285
طَلْعَـتْ 285
طَلُـوق 204
طُلَيْب 145
طُلَيْحَة 368
طَلِيق 244
طَمِيم 394
طَـهَ 47
طَهُـور 183
طَهِير 182
طَـوَّاف 71
طَوَاف 97
طَوْل 430
طُوَيْس 388
طَيِّب 47, 58, 190
ظَافِـر 244
ظَبْي 399
ظَبْيَـان 399
ظَرِيف 258, 286
ظَفَـر 244
ظِلاَل 438
ظَلْم 286
ظَلِيل 438
ظُهُور 329
ظَهِيـر 239
عَابِد 78
عَابِديـن 78
عَاتِـق 388
عَاتِك 204
عَادِل 132
عَارِف 146
عَارِف الدِّين 146
عَاسِل 385
عَـاشِـر 270
عَاشِـق 271
عَاشُور 97
عَاصِـم 240
عَاطِـر 358
عَـاطِـف 271

عَاقِب ... 48, 420
عَاقِل ... 146
عَاكِف ... 72
عَالِم ... 147
عَامِر ... 420
عَائِد ... 191
عَائِذ ... 241
عَائِش ... 421
عُبَاب ... 345
عَبَّاد ... 78
عَبَادِل ... 79
عِبادِي ... 79
عَبَّاس ... 55, 407
عَبْد ... 77
عَبْد الْبَاذِخ ... 79
عَبْد الْبَاذِل ... 80
عَبْد البَارِئ ... 80
عَبْد البَاسِط ... 80
عَبْد البَاطِن ... 80
عَبْد البَاعِث ... 80
عَبْد البَاقِي ... 80
عَبْد البَدِيع ... 79
عَبْد البَرّ ... 79
عَبْد البَصِير ... 80
عَبْد التَّامّ ... 80
عَبْد التَّوَّاب ... 80
عَبْد الجَامِع ... 81
عَبْد الجَبَّار ... 80
عَبْد الجَلِيل ... 80
عَبْد الجَوَاد ... 81
عَبْد الْحَارِس ... 81
عَبْد الْحَافِظ ... 81
عَبْد الْحَسِيب ... 81
عَبْد الحَفِيظ ... 81
عَبْد الحَقّ ... 81
عَبْد الحَكَم ... 81
عَبْد الحَكِيم ... 82
عَبْد الحَلِيم ... 82
عَبْد الحَمِيد ... 82
عَبْد الحَنَّان ... 82
عَبْد الحَيّ ... 82
عَبْد الخَالِق ... 82
عَبْد الْخَبِير ... 82
عَبْد الْخَلَّاق ... 82
عَبْد الدَّارِئ ... 82
عَبْد الدَّائِم ... 82
عَبْد الرَّافِع ... 83
عَبْد الرَّبّ ... 83
عَبْد الرَّحْمَان ... 83
عَبْد الرَّحِيم ... 83
عَبْد الرَّزَّاق ... 83
عَبْد الرَّشِيد ... 83
عَبْد الرَّؤُوف ... 83
عَبْد السَّتَّار ... 83
عَبْد السَّلَام ... 84
عَبْد السَّمِيع ... 84
عَبْد السَّيِّد ... 84
عَبْد الشَّافِي ... 84
عَبْد الشَّكُور ... 84
عَبْد الشَّهِيد ... 84
عَبْد الصَّبُور ... 84
عَبْد الصِّدِّيق ... 84
عَبْد الصَّمَد ... 84
عَبْد الظَّاهِر ... 84
عَبْد الْعَدْل ... 85
عَبْد العَزِيز ... 85
عَبْد العَظِيم ... 85
عَبْد الْعَفُوّ ... 85
عَبْد العَلِيّ ... 85
عَبْد العَلِيم ... 85
عَبْد الْغَالِب ... 86
عَبْد الغَفَّار ... 85
عَبْد الغَفُور ... 86
عَبْد الغَنِيّ ... 86
عَبْد الْفَارُوق ... 86
عَبْد الْفَاطِر ... 86
عَبْد الفَتَّاح ... 86
عَبْد القَادِر ... 86
عَبْد الْقَاضِي ... 87
عَبْد الْقَاهِر ... 87
عَبْد القُدُّوس ... 87
عَبْد القَوِيّ ... 87
عَبْد القَيُّوم ... 87
عَبْد الكَبِير ... 87
عَبْد الكَرِيم ... 88
عَبْد اللَّطِيف ... 88
عَبْد الله ... 47, 55, 79
عَبْد الْمَاجِد ... 88
عَبْد الْمَالِك ... 88
عَبْد الْمُبْدِئ ... 79

عَبْد الْمَتِين 88
عَبْد الْمُجِيب 81
عَبْد الْمُحْسِن 81
عَبْد الْمُحْصِي 81
عَبْد الْمُحْيِي 82
عَبْد الْمُصَوِّر 84
عَبْد الْمَعْبُود 85
عَبْد الْمُعِزّ 85
عَبْد الْمُعِيد 85
عَبْد الْمُعِين 85
عَبْد الْمُغْنِي 86
عَبْد الْمُغِيث 86
عَبْد الْمُقْتَدِر 87
عَبْد الْمُقَدِّم 87
عَبْد الْمُقْسِط 87
عَبْد الْمَقْصُود 87
عَبْد الْمُقِيت 87
عَبْد المَلِك 88
عَبْد المَنَّان 88
عَبْد الْمُنْعِم 89
عَبْد الْمُهَيْمِن 89
عَبْد الْمَوْجُود 89
عَبْد الْمُؤْمِن 79
عَبْد النَّاصِر 88
عَبْد النَّافِع 88
عَبْد النُّور 89
عَبْد الهَادِي 89
عَبْد الوَاجِد 89
عَبْد الوَاحِد 89
عَبْد الوَارِث 89
عَبْد الوَاسِع 89
عَبْد الوَالِي 90
عَبْد الْوَاهِب 90
عَبْد الوَدُود 89
عَبْد الوَكِيل 89
عَبْد الوَلِيّ 90
عَبْد الوَهَّاب 90
عَبْد رَبُّه 83
عَبْدَان 78
عَبْدُه 78
عَبْدُون 78
عَبَق 358
عَبْقَرِيّ 146
عَبْهَر 358
عَبُّود 78
عُبَيْد 78
عُبَيْدَ الله 79
عَبِيق 358
عَتَّار 224
عِتْبَان 204
عُتْبَة 345
عُتَيْبَة 345
عَتِيق 167
عُثْمان 389
عُثْمَان 61
عَدَان 345
عُدَّة 72
عَدْلَان 132
عَدْلِيّ 133
عَدْنَان 54
عَدُود الدّين 239
عَدُول 133
عَدِيل 132
عَرَابَة 146
عَرَّاف 146
عَرَبِي 167
عَرَفَات 97
عِرْفَان 146
عُرْوَة 239
عُرْوَة 48
عَرِيب 167
عُرَيْب 167
عِزّ 224
عِزّالدِّين 224
عَزَّام 225, 407
عِزَّت 225
عَزْمِيّ 225
عَزُوز 270
عَزِيز 48, 225, 270
عَسَاقِل 381
عَسْجَد 305
عَسَل 385
عَسُول 385
عَشَّاق 271
عِشْق 271
عَشُور 271
عَشِير 270
عِشِّيق 271
عَشِيق 271
عِصَام 240

عَصْر 97
عُصْفُور 389
عِصْمَت 240
عَطَا 204
عَطَاء 204
عَطَاء الله 204
عَطَّار 358
عُطَارِد 320
عَطْف 271
عَطْفَة 190
عَطْفِيّ 190
عَطُوف 271
عَفِيف 183
عَفِيف الدِّين 183
عُقْبَى 438
عَقْل 146
عَقِيل 217
عُقَيْل 147
عُكَاس 385
عُكَاشَة 385
عِكْرِمَة 389
عَلَاء 168
عَلَاء الدِّين 168
عَلَّال 346
عَلَّام 147
عَلَّامَة 147
عَلْقَمَة 358
عُلُوّ 168
عُلْوَان 169
عَلَوِيّ 93
عَلْوِي 169
عَلِيّ 60, 61, 168
عِمَاد 240
عِمَاد الدِّين 240
عَمَّار 72
عُمَر 61, 420
عِمْرَان 421
عَمْرُو 420
عَمِيد 240
عُمَيْر 420
عَنَان 313
عَنْبَر 305
عَنْبَرِي 359
عَنْبَس 407
عَنْتَر 225
عَنْتَرَة 225
عَهْد 133
عَهْدِي 133
عَوَّاد 191
عَوْف 407
عَوْن 241
عَوْن الله 241
عَوْنَات 241
عَوْنِي 241
عُوَيْد 191
عُوَيْمِر 421
عُوَيْنِي 241
عَيَّاد 258
عَيَّاش 421
عِيد 98, 258
عَيْدَان 369
عِيدِي 258
عِيسَى 37
غَادِي 329
غَارِس 369
غَازِي 217
غَالِب 244
غَالِي 156
غَانِم 430
غَانِي 196, 286
غُدَانِي 286
غَدَف 430
غَدِير 346
غَذْوَان 394
غِرِّيد 390
غًرِيد 389
غَزَال 400
غَزْوَان 225
غَزِير 346
غَسَّان 226
غُصْن 369
غَطُوس 226
غُفْرَان 191
غَلَّاب 244
غُلَام 421
غُلْوَان 422
غَمَام 338
غَمْر 346
غَنَاء 258
غَنَّام 430

غَنِيّ ... 431
غَنِيم ... 430
غَوْث ... 48
غِيَاث ... 48, 242
غِيَاث الدِّين ... 242
غَيَّال ... 407
غَيْث ... 48, 338
غَيْد ... 287
غَيْسَان ... 226
غَيْط ... 438
غَيْلَان ... 346
فَاتِح ... 48, 245
فَاخِر ... 305
فَادِي ... 226
فَارِح ... 259
فَارِس ... 394
فَارِض ... 217
فَارِه ... 147
فَارُوق ... 125
فَاضِل ... 49, 156
فَاطِن ... 148
فَاكِه ... 369
فَالِح ... 245, 377
فَاهِم ... 148
فَائِز ... 246
فَائِق ... 157
فَتَّاح ... 245
فَتَّان ... 287
فَتْح ... 245
فَتْح الدِّين ... 245
فَتْحِيّ ... 245
فَتَيَان ... 320
فَجْر ... 329
فَجْرِي ... 329
فَخْر الدِّين ... 169
فَخْرِي ... 169
فِدَاء ... 226
فِدَائِي ... 226
فَدْوَان ... 227
فُرَات ... 346
فَرَّاج ... 259
فَرَّاس ... 407
فِرَاس ... 407
فَرَج ... 48, 258
فَرَج الله ... 258
فَرَجِي ... 258
فَرَح ... 259
فَرْحَات ... 259
فَرْحَان ... 259
فَرْفُور ... 422
فُرْقَان ... 125
فَرِيد ... 156
فَرِيز ... 156
فُرَيْس ... 394
فَصِيح ... 48, 147
فَضْل ... 156
فَضْل الدِّين ... 156
فَضْل الله ... 156
فَضْلَان ... 157
فَضْلِي ... 156
فَضُّول ... 157
فَضِيل ... 157
فُضَيْل ... 157
فِطْر ... 98
فَطِن ... 148
فَطِيم ... 395
فَطِين ... 148
فَكِيه ... 259
فَلَاح ... 439
فَلْتَان ... 227
فَلَج ... 329
فُلْج ... 245
فَلَق ... 329
فَلَك ... 313
فُلَيْح ... 246
فَنَار ... 320
فِنْد ... 377
فِنْدِي ... 377
فَنَع ... 205
فَهْد ... 408
فَهْدِي ... 408
فَهْمَان ... 148
فَهْمِيّ ... 148
فُهَيْد ... 408
فَهِيم ... 148
فُؤَاد ... 117
فَوَّار ... 347
فَوَّاز ... 246
فَوْحَان ... 359
فَوْر ... 400

فَوْز 246
فَوْزَان 246
فَوْزِيّ 246
فَيَّاض 205
فَيْد 359
فَيْرُوز 306
فَيْصَل 133
فَيْض 205
فَيْضِي 205
فَيْف 381
فَيْلَق 233
فَيْنَان 288
قَابِل 196
قَابُوس 288
قَادِرِيّ 92
قَاسِم 58, 134
قَانِت 72
قَائِم 134
قَبْلاَز 196
قُبُول 196
قَتَادَة 370
قُثَم 205
قُحَافَة 339
قُدَامَة 217
قَدَرِيّ 109
قُدسِي 98
قُدُم 227
قُدْمُوس 217
قُدْوَة 133
قُدُوس 227
قَدُوم 227
قِرْضَاب 408
قَرِيب 422
قَرِير 347
قُرَيْشِيّ 49
قَسَّام 288
قُسْطَان 313
قَسْوَر 408
قَسِيم 288
قِصْمَل 408
قُصَي 54
قِطَام 390
قِطَامِي 390
قُطْب الدِّين 134
قَلْب الدّين 117
قَمَر 320
قَمَرالدِّين 320
قُمَيْر 320
قُنُوت 73
قَوِيّ 49
قَيْس 169
قَيِّم 49
كَاتِب 148
كَاتِم 117
كَاسِب 432
كَاشِف 329
كَاظِم 196
كَافُور 360
كَافِي 197
كَامِل 50, 157
كَتَّام 117
كِتْمَان 117
كَتُوم 117
كَثِيب 382
كَثِير 431
كُثَيِّر 431
كَحِيل 306
كُرَام 206
كَرَامِي 169
كَرَم 205
كَرَوَان 390
كَرِيم 49, 206
كَسَّاب 432
كَعْب 170
كَفَّات 408
كِفَاح 233
كَفِيل 50, 242
كَلِيم 50
كَلِيم ألله 34
كَمَال 158
كَمَال الدِّين 158
كَمِّيّ 228
كُمَيْت 395
كَمِيل 158
كُمَيْل 158
كِنَاز 432
كِنَان 117
كُنَيْز 432
كَهْمَس 408
كَوْدَن 395

كَوْنَيْن 422
كِيَان 118
كَيْثَر 134
كَيِّس 148
لاَبِد 408
لاَزَوَرْد 307
لاَمِع 321
لاَئِث 409
لُبَاب 118
لَبِيب 149
لَبِيد 432
لِسَان الدِّين 149
لُطْف 191
لُطْف الله 192
لُطْفِيّ 192
لُطَيْف 192
لِقَاء 260
لُقْمَان 149
لِوَاء 233
لُوط 32
لُؤَي 233
لَيْث 409
لَيْثِي 409
لَيْل 321
لَيِّن 290
مَاجِد 171
مَاجِي 50
مَادِح 178
مَازِن 339
مَاضِي 234
مَالِك 217
مَأْلُوف 265
مَأْمُون 39, 126
مَاهِر 149
مَاهِي 347
مَائِز 159
مُبَارَك 102
مُبْتَهِج 253
مُبَجَّل 162
مَبَرّ 39
مَبْرُوك 102
مُبَشِّر 40, 251
مَبْصَر 122
مُبَلِّغ 40
مُبِين 40
مُبِينَ 124
مُتَّسِق 323
مُتَمِّم 153
مُتَهَجِّد 74
مُتَوَسِّط 137
مُتَوَكِّل 53, 138
مَتَّى 207
مَتِين 50, 228
مِثَال 134
مُجاب 41
مُجَاب 200
مِجَاد 170
مُجَاهِد 103
مُجْتَبَى 41, 153
مَجْد 170
مَجْد الدِّين 170
مِجْدَاح 342
مَجْدِيّ 170
مُجِيب 41, 200
مُجِيب الدّين 67
مَجِيد 171
مُجِير 237
مُحِبّ 267
مَحْبُوب 267
مَحَجّ 95
مِحْرَاب 95
مِحْرَب 221
مُحْرِز 237
مُحَرَّم 95
مَحْرُوس 237
مُحْسِن 154
مَحْسُون 280
مَحْفُوظ 238
مُحَمَّد 42, 177
مَحْمُود 42, 176
مُحْيِي 42, 417
مُحْيِي الدِّين 417
مُخْتَار 42, 154
مُخْلِص 181
مَخْلُوف 201
مُدَثِّر 43
مِدْحَة 177
مِدْحَتْ 177
مُدْرِك 143
مَدَنِي 98

مَدَنِيّ 50
مَدِيح 178
مَدْيَن 33
مُذَكِّر 43, 105
مُرَاد 106
مُرَادِي 106
مِرْآس 396
مَرَام 106
مِرْبَاب 375
مُرْتَضَى 177
مُرْثَد 201
مَرْجَان 307
مَرْزُوق 202
مِرْسَان 231
مُرْسِي 129
مُرْشِد 130
مُرْهَف 282
مَرْوَان 308
مَرُون 171
مُرِيد 106
مُزَمِّل 44
مُزْن 339
مُزْهِر 428
مَسْبُور 282
مُسْتَضِيء 328
مُسْتَعِين 242
مَسْرُور 255
مَسْعَد 257
مُسْعِد 257
مَسْعُود 256
مِسْك 360
مُسْتَكْفِي 197
مُسْلِم 70
مَشْبُوب 283
مُشْرِف 216
مَشْكُور 177
مَشْهُور 96
مَشِيح 224
مُشِير 131
مُشَيِّع 224
مِصْبَاح 327
مُصَدِّق 46, 131
مُصْطَغَى 46, 155
مُصْطَفَى 46
مُصْعَب 394
مُصْلِح 47, 71
مُصَلَّى 97
مَصُون 239
مِضْحَاك 257
مُضَرِيّ 50
مُطَاع 47
مُطَّلِب 54
مُطَهَّر 47
مُطِيع 47
مُظَفَّر 244
مَعَاد 438
مُعَاذ 241
مُعَاوِيَة 407
مُعْتَصِم 240
مِعْرَاج 47
مَعْرُوف 190
مُعِزّ الدِّين 239
مُعَمَّر 421
مُعِين 241
مُعِين الدِّين 241
مُغِيث 242
مُغِيرَة 226
مُفَضَّل 49, 157
مُفْضِي 108
مُفْلِح 439
مُفِيد 191
مُقَابَل 169
مَقَام 49
مَقْبُول 196
مُقْتَصِد 134
مُقْتَفِي 49
مِقْدَاد 288
مِقْدَام 227
مُقَدَّم 217
مُقَفَّى 49
مَكَارِم 206
مُكْتَفِي 50
مُكْثِر 432
مِكْرَام 206
مُكَرَّم 50, 170
مَكْرَم 206
مَكِّيّ 50, 98
مَكِين 51, 134
مِلَاح 290
مَلَّاز 409

مِلْحَـان 290
مِلْذَم 228
مَلِك 217
مُلْهَـم 109
مَلِيـح 290
مَمْدُوح 178
مَنَّاح 207
مَنَـار 331
مُنْتَـصِـر 247
مُنْجِـد 243
مُنْجِـز 159
مُنْجِـي 51, 243
مِنْحَار 207
مُنْـذِر 51, 73
مُنْشِد 260
مُنْصِـف 135
مَنْصُـور 51, 247
مُنَقًّى 184
مِنْهَـاج الدِّيـن 136
مُنْهِت 410
مَنْهَل 348
مَنُّوبِي 93
مُنِيـب 73
مُنِيـر 52, 332
مُنِيـف 174
مُهْتَـدِي 136
مَهْـدِي 136
مَهْـدِيّ 52
مُهْدِي 136
مَـهْـرَان 149
مُهَنَّـأ 262
مُهَنَّد 235
مُهِيـب 218
مُهَيْمِن 53
مِوَادّ 273
مَـوْدُود 273
مَوْر 347
مُوسِر 434
مَوْسِمِي 99
مُـوسَى 34
مُوَفَّـق 248
مَوْلُـود 424
مُؤَمِّل 39
مُؤْمِـن 64
مُؤْنِـس 112, 266
مَوْهُـوب 211
مُؤَيَّـد 236
مَيَّـاد 291
مَيَّـاز 125
مَيَّاس 291, 410
مِيثَـاق 138
مِيخَائِيل 439
مَيْس 371
مُيَسَّـر 434
مَيْسَرَة 434
مِيسَم 293
مَيْسُور 434
مِيعَاد 438
مِيعَاس 382
مِيكَائِيل 439
مِيلَاد 424
مَيْمُون 263
نَابِـغ 159
نَابِل 234
نَاثِـر 192
نَاجِـب 172
نَاجِح 246
نَاجِر 330
نَاجِل 422
نَاجِـي 118
نَادِر 159
نَادِم 73
نَاسِـب 272
نَاسِـك 73
نَاشِـد 110
نَاصِـح 51, 134, 184
نَاصِـر 51, 243
نَاصِف 135
نَاضِـج 150
نَاضِـر 297
نَاضِـل 234
نَاطِـق 150
نَاظِم 135
نَاعِم 433
نَافِـع 192
نَال 209
نَامِي 174
نَاهِد 410
نَاهِل 348
نَايِف 173

نَبَّال 234
نَبَاه 171
نِبْرَاس 323
نَبْهَان 149
نُبُوغ 159
نَبِيل 171
نُبَيْلَة 234
نَبِيه 149
نَجَا 118
نَجَاتِي 118
نَجَاح 246
نَجَّاد 242
نِجَاد 234
نَجْب 172
نُجَبَة 172
نَجْدَة 228
نَجْم 51, 322
نَجْم الدِّين 322
نَجْمِي 323
نَجْوَان 118
نَجِيّ الله 51
نَجِيب 172
نَجِيب الدِّين 172
نَجِيد 228, 409
نُجَيْم 322
نُحَام 390
نَحْل 385
نِدَائِي 260
نَدِس 150
نَدِيم 260
نَذِير 51, 73
نِزَار 159
نَزِيه 183
نُسَّاك 74
نَسْر 390
نَسْك 73
نَسَم 422
نُسُور 390
نَسِيب 172
نُسَيْب 173
نُسَيْر 391
نَسِيم 339
نُسَيْم 423
نَسِيمَان 339
نَشَم 371
نَشِيد 260
نَشِيط 260
نَصَّار 247
نَصْر 246
نَصْر الدِّين 247
نَصْر الله 247
نَصْرِيّ 247
نَصُّور 247
نَصِيب 423
نَصِيح 51
نَصِير 243
نُصَيْر 247
نِضَال 234
نَضِر 297
نَضْر 308
نَضِير 297
نِظَام 135
نِظَام الدِّين 135
نَظْمِي 135
نُعْمَان 423
نِعْمَة 208
نِعْمَة الله 208
نَعُوم 433
نَعِيم 52, 440
نُعَيْم 440
نَعِيم الله 440
نَفِيس 309
نَقِيّ 184
نَمِر 409
نَمِير 348
نُمَيْر 410
نُهَاد 173
نَهَار 330
نَهْد 173
نَهْدَان 348
نَهْشَل 410
نَهْلَان 348
نَهِيج 136
نَهِيد 173
نَهِيل 348
نَوَّار 330
نُوَّار 362
نَوَّاف 174
نُوح 30
نُور 52, 330

نُور الإِسْلام 331
نُور الحَقّ 331
نُـور الدِّيـن 331
نُور الزَّمَـان 331
نُور الله 330
نَوْرَس 391
نُـورِيّ 330
نَوْف 173
نَوْفَـل 208
,نَوْفَـل 208
نُون 36
نَيِّـر 331
نَيْف 173
هَاجِـد 74
هَاجِر 159
هَـادِي 52, 136
هَـارُون 34, 261
هَـازِم 228
هَـاشِـم 54
هَاشِمِـيّ 54
هَاصِر 411
هَال 382
هَـانِىء 261
هَانِي 261
هَائِـد 74
هَبَّـار 234
هَجَّام 234
هِجَان 396
هِجْرِس 410
هَرَّات 410
هَرِس 411
هِرْمَـاس 411
هَرُوت 410
هَرِيت 410
هُزَام 228
هِـشَـام 210
هَـصُور 411
هَـفَّـاف 261
هِـلاَل 323
هِـلاَل الدِّين 323
هِـلاَلِي 323
هُلاَهِل 348
هِلْقَم 411
هَمَّـام 111
هُمَـام 110
هُنَيْـد 396
هَوَّام 411
هُـود 30
هَـوَّس 411
هَيْبَـان 218
هَيْثَـم 391
هَيْصَر 411
هَيْصَم 411
وَابِل 340
وَاثِـب 229
وَاثِـق 138
وَاجِـد 111, 272
وَادِي 349
وَاسِـل 111
وَاصِـل 53, 119
وَاعِظ 75
وَافِر 433
وَافِي 137, 160
وَالِف 274
وَاهِـب 211
وَائِل 243
وَجْـدِيّ 111
وُجُود 423
وَجِـيه 53, 293
وَحِـيـد 53, 159
وَدَاعَة 119
وَدِيـد 272
وَدِيع 119
وَدِيعَة 136
وَرْد 412
وَرْدَان 412
وَرْدِي 412
وِرشَان 391
وَرِيد 423
وَزِين 137
وَسَاع 397
وِسَام 174
وَسْمِي 378
وَسِـيم 293
وِصَـال 120
وَصُول 53
وَصِيد 379
وَصِيل 273
وَضَّاح 294
وَضِيء 184

وَعْدُ الله 138
وِفَاق 273
وَفَائِي 137
وَفِيق 273
وَقَار 137
وَقَارِي 137
وِقَام 235
وَقُور 137
وَكِيل 53, 138
وَلْهَان 274
وُلُوع 274
وَلِيّ 53, 93
وَلِيّ الدِّين 93
وَلِيّ الله 93
وَلِيد 424
وَلِيف 313
وَنِيّ 309
وَنِيس 265
وَهَّاب 210
وَهَب 210
وَهْب 210
وَهِيب 211
وَيْن 371
يَاسِر 443
يَاسِين 53
يَاقُوت 310
يَامِن 262
يَانِع 371
يَحْيَى 37, 417
يَزِيد 428
يَسَار 433
يُسْر 443
يُسْرِيّ 443
يَسِير 443
يَشْكُر 195
يَعرُب 167
يَعْسُوب 385
يَعْفُور 399
يَعْقُوب 32, 389
يَعْلَى 168
يَعْمَر 420
يَعِيش 421
يَقْظَان 150
يَقِين 150
يَمّ 349
يَمَام 391
يَمَان 262
يَمَانِي 262
يُمْن 262
يُمْنِي 263
يَمِين 262
يَنْبُوع 347
يُوح 332
يُوسُف 33
يُونُس 36

Index des prénoms féminins en arabe

أَ نُّوسَة 265
إِبَانَة 124
اِبْتِدَار 139
اِبْتِدَاع 139
اِبْتِسَام 250
اِبْتِسَامَة 250
اِبْتِكَال 425
اِبْتِلَال 415
اِبْتِهَاج 253
اِبْتِهَال 102
إِبْدَار 139
أَبْدَار 314
اِبْدَاع 139
إِبْرَاق 312
إِبْرَام 122
إِبْرَاه 123
إِبْرِيزَا 298
إِبْرِيسَم 298
إِبْرِيسُم 298
إِبْشَار 252
إِبْشَاش 372
إِبْصَار 324
إِبْكَار 324
إِبْلَاج 324
إِبْلَال 415
إِبْهَاء 298
إِبْهَاج 253
إِبْهَار 295
أُبَّهَة 295, 425
إِتَّاد 197
إِتْحَاف 199
اِتِّصَال 273
اِتِّفَاق 274
إِتْقَان 160
اِتِّكَال 75, 138
إِتْمَار 365
إِتْمَام 153, 315
اِتِّهَاب 211
إِثَابَة 415
آثَار 122, 414
إِثَارَة 324
أَثَالَة 363
إِثْبَات 124
أَثَر 122, 152
إِثْرَاء 425
إِثْلَاج 253, 334
إِثْمَار 365
أَثِير 152, 312
أَثِيل 161
إِجَادَة 153
إِجَارَة 236
اِجْتِبَاء 153
إِجْتِذَال 254
اِجْتِزَاء 194
اِجْتِهَاد 67
إِجْذَال 253
إِجْزَال 199
إِجْلَال 163
إِجْنَاء 366
إِحْبَاب 267
إِحْبَار 254
اِحْتِرَام 175
اِحْتِسَاب 67
اِحْتِفَاء 185, 254
احْتِفَال 254
إِحْسَان 154

إِحْكَام 154
إِخَاء 264
اِخْتِيَار 154
إِخْصَاب 374
إِخْلَاص 181
أُخُوَّة 264
إِدْرَاء 143
إِدْرَاك 143
إِدْلَال 268
إِذْكَاء 418
أُذَيْنَة 276
آرَاد 281
إِرَادَة 106
أَرَام 398
أَرَائِك 435
اِرْتِسَام 68
اِرْتِضَاء 195
اِرْتِيَاء 144
اِرْتِيَاح 113
أُرْجُوَان 363
أَرْدَن 343
أَرْزَة 363
إِرْشَاد 130
إِرْفَاع 427
إِرْفَاف 387
أَرُومَة 363
أَرُونَة 250
أَرْوَى 398
أَرْوِيَّة 398
أَرِيبَة 139
أَرِيج 352
أَرِيجَة 352
أَزَاهِير 355
إِزْدِهَار 428
إِزْكَان 145
أَزَل 435
أَزْمِنَة 418
أَزْهَار 355
إِزْهَار 355
أَزْيَان 303
إِسَاء 414
أَسَاحِل 344
أَسَارِير 114
اِسْتِبْهَاج 253
اِسْتِجَابَة 103
اِسْتِقْرَار 134
اِسْتِهَاب 211
إِسْجَاء 344
إِسْجَال 203
أَسْدَاف 318
أَسْدَان 114
إِسْرَاء 94
أَسْرَار 114
إِسْعَاد 257
إِسْلَام 69
أَسْمَاء 166
أَسْمَار 318
أَسْمَهَان 161
أَسْمَى 166
آسِيَة 414
أَسِيل 276
أَسِيلَة 276
أُسَيْمَة 166
إِشْبَال 405
اِشْتِيَاق 107
إِشْدَان 399
إِشْرَاق 326
اِصْطِفَاء 155
إِصْلَاح 71
أَصِيلَة 161
اِعْتِدَال 133
اِعْتِرَاف 117
اِعْتِصَام 72, 240
اِعْتِكَاف 72
اِعْتِلَاق 272
اِعْتِمَاد 241
أَعْرَاف 438
إِعْزَاز 190
إِغَاثَة 242
اِغْتِبَاط 258
اِغْتِنَاء 431
اِغْتِنَام 430
أَغْصَان 369
إِغْنَاء 431
اِفْتِتَاح 72
اِفْتِتَان 109, 287
اِقْتِدَاء 227
اِغْتِرَار 258
اِفْتِكَر 148
اِغْتِيَال 108

أُمْنِيَّة 110
أَمْوَاج 347
أُمَيَّة 77
أَمِيرَة 214
أُمَيْمَة 414
أَمِينَة 126
أَنَاة 194
أَنَاسِي 414
أَنَاقَة 276
اِنْبِسَاط 250
اِنْتِصَار 248
إِنْتِصَاف 135
اِنْتِفَال 74
إِنْجَاد 243
أَنْجُم 323
أُنْس 112
أَنْسَام 339, 423
آنِسَة 265
اِنْسِجَام 269
أُنْسِيَّة 266
اِنْشِرَاح 257
أُنْشُودَة 260
أَنْصَار 243
إِنْصَاف 135
إِنْعَام 208
أَنْغَام 261
أَنَفَة 161
أَنْهَار 348
أَنْوَار 331
أُنُوف 161
أُمُّ سَلَمَة 56
أُمّ كُلْثُوم 59, 60
إِمَاء 120
أَمَار 414
أَمَارَة 122
أَمَاسِي 314
آمَال 102
أَمَالِيد 291
أُمَامَة 60
أُمَامَة 392
أَمَان 112
أَمَان الله 112
أَمَانَات 126
أَمَانَة 126
أَمَانِي 110
أَمَة 77
أَمَة الله 77
اِمْتِثَال 73
اِمْتِنَان 207
أَمْجَاد 170
إِمْدَاد 242
أُمْدُوحَة 178
إِمْرَاح 260
أُمْسِيَّة 314
أَمَل 102
إِمْلَة 102
أُمْلُودَة 291
أَمَلِيَّة 102
أَمْنَة 126
آمِنَة 55, 112
إِفْرَاح 259
إِفْضَال 157
أُفُق 312
إِقْبَال 431
إِقْدَاء 133, 359
أَقْدَار 109
إِقْدَام 227
أَقْمَار 321
إِقْمَار 321
اِكْتِفَاء 197
اِكْتِمال 158
إِكْرَام 206
أُكْرُومَة 177
إِكْلِيل 298
إِكْمَال 158
اِلْتِمَاس 242
أَلْطَاف 192
أُلْفَت 264
أَلْمَاس 298
أَلْمَاسَة 298
أَلَمَى 289
إِلْهَام 109
إِلْهَام الله 109
أَلْوَاء 347
أُلُوف 264
إِلَى 198
إِلْيَاء 94
أَلِيفَة 264
أُمُّ أَيْمَن 55
أُمُّ حَبِيبَة 57

آنِيَة ... 194
أَنِيسَة ... 265
أَنِيقَة ... 276
اِهْتِدَاء ... 136
أُهْزُوجَة ... 261
أَوَّابَة ... 65
أَوَالِف ... 386
أَوَان ... 414
أَوَانِس ... 265
أَوْطَان ... 378
آيَات ... 122
آيَات الله ... 122
أَيَامِين ... 263
آيَة ... 122
اِيتَاء ... 210
اِئْتِلاف ... 265
اِئْتِمَان ... 126
إِيثَار ... 152, 198
إِيحَاء ... 111
إِيسَار ... 434
إِيصَاء ... 193
أَيْكَة ... 363
إِيلاف ... 126
إِيمَان ... 64
إِينَاس ... 266
إِيوَاء ... 236
بَاحَة ... 380
بَادِرَة ... 314
بَادِيَّة ... 380
بَادِيَة ... 122
بَاذِلَة ... 198
بَارِزَة ... 152
بَارِعَة ... 152
بَازِغَة ... 315
بَاسِلَة ... 219
بَاسِمَة ... 250
بَاطِنَة ... 112
بَاقِرَة ... 140
بَاقُور ... 140
بَانَة ... 364
بَاهِرَة ... 295
بَاهِيَة ... 295
بَائِنَة ... 123
بَتْلَة ... 65
بَتُول ... 37
بَتِيل ... 65
بُثَيْنَة ... 372
بَجْلاء ... 162
بَجْلَة ... 161
بَجِيلَة ... 162
بَحْر ... 341
بَحْرِيَّة ... 341
بَحِيرَة ... 392
بُحَيْرَة ... 341
بَخْتَة ... 250
بِخْتِير ... 276
بَدْر ... 230
بَدْرَة ... 314
بَدْرِيَّة ... 315
بُدُور ... 314
بَدِيعَة ... 295
بَذْل ... 198
بَرَاءَة ... 180
بَرَاهِين ... 123
بُرَّة ... 298
بَرْجَاء ... 276
بَرْزَة ... 127
بُرْعُم ... 363
بَرَكَات ... 102
بُرْهَانَة ... 123
بَرْهَنَة ... 123
بَرِيعَة ... 276
بَرِيئَة ... 180
بُسْتَان ... 363
بَسْمَة ... 250
بَسْمَلَة ... 65
بَسُول ... 219
بِشَارَة ... 251
بَشَّاشَة ... 252
بَشَاشَة ... 252
بَشَائِر ... 251
بِشْرَة ... 251
بُشْرَى ... 40, 251
بَشُوش ... 252
بَشِيرَة ... 251
بَصْرَة ... 298
بَصِيرَة ... 140
بَصِيص ... 324
بَطَلَة ... 219
بُغَام ... 392

بُغْيَة 102
بَكِيرة 364
بِلاَد 415
بُلْبُلَة 386
بَلَّة 425
بَلْجَاء 277
بَلْجَة 324
بُلْجَة 324
بَلْسَم 364
بَلْقِيس 35
بِلْقِيس 35
بَلِيغَة 140
بَلِيلَة 334
بُنَانَة 372
بَنَفْسَج 352
بَهَاء 295
بَهَار 295
بَهِجَة 252
بَهْجَة 252
بَهْرَم 352
بَهْمَة 220
بَهِيَّة 295
بَهِيجَة 252
بَهِيرَة 277
بَوَادِر 139
بَوَازِغ 315
بَيَان 123
بَيْدَاء 380
بَيْضَاء 296
بَيْعَة 127
بَيْلَسَان 364
بَيِّنَة 123
تَاج 214
تَاجَة 214
تَآخِي 264
تَالَة 365
تَالِدَة 162
تَآلُف 265
تَامِرَة 364
تَأْنِيس 266
تَأْيِيد 236
تِبْر 299
تَبْرَاء 392
تَبْرِيس 372
تِبْيَان 123
تَثْوِيب 66
تَثْوِيبَة 67
تَجَانُس 266
تِجَانِيَّة 91
تَجَاوِيد 335
تَجْوِيد 67
تَجْوِيدَة 67
تَحْسِين 280
تُحْفَة 199
تَدْلِيل 254
تُرَاث 433
تَرَاوِيح 96
تَرْتِيل 68
تَرْحِيمَة 188
تَرْضِيَة 194
تَرَف 425
تَرْنِيم 254
تَرْوِيحَة 113
تَزَكِّي 68
تَسْدِيَّة 188
تَسْلِيم 70
تَسْلِيمَة 70
تَسْنِيم 437
تَشَهُّد 70
تَشَهِّي 107
تَصَدُّق 70
تَصْدِيق 131
تَصْدِيقَة 131
تَضَافُر 239
تَضَامُن 239
تَضْحِيَة 224
تَظَاهُر 239
تَعَافِي 419
تَعَايُش 272
تَفَانِي 109
تَفَانِي 205
تُقَاة 65
تَقْوَى 65
تُقَى 65
تَقِيَّات 66
تَكَايَا 94
تَكْبِير 73
تَكِيَّة 94
تِلاَل 373
تِلاَوَة 66

تَلَّة ... 372
تَلِيَّة ... 425
تَمارَة ... 364
تَماضُر ... 290
تَمام ... 152, 315
تَمامَة ... 315
تَمْرَة ... 364
تَمَنِّي ... 110
تَمِيمَة ... 152
تَناصُر ... 243
تَناصُف ... 243
تَنَسُّك ... 74
تَنَقُّل ... 74
تَنْوير ... 332
تَهاني ... 262
تَهَجُّد ... 74
تَوادّ ... 273
تَوامُق ... 274
تَوْبَة ... 66
تَوْحِيد ... 75
تَوْحِدَة ... 75
تَوَدُّد ... 273
تَوَرُّع ... 75
تَوَسُّل ... 111
تَوْغِيقَة ... 248
تَوْقَلَة ... 392
تُومَة ... 299
تِيجان ... 214
تَيْسِير ... 434
تِئِقَة ... 415
تَيْماء ... 380
تِينَة ... 365
ثابِتَة ... 127
ثامِرَة ... 365
ثَبات ... 127
ثَباتَة ... 220
ثَبار ... 127
ثَراء ... 425
ثَرْوَة ... 425
ثُرَيّا ... 315
ثَرِيَّة ... 425
ثَفافيد ... 334
ثَقْفَى ... 140
ثَقِيفَة ... 140
ثَلْجَة ... 334
ثِمار ... 365
ثَمَر ... 365
ثَمَرات ... 365
ثَمَرَة ... 365
ثَمِينَة ... 153
ثَناء ... 175
ثَواب ... 66
ثُوَيْبَة ... 66
جابِرَة ... 416
جادَّة ... 140
جادِبَة ... 277
جاسِرَة ... 220
جام ... 254
جَهَدَة ... 103
جَبْهاء ... 277
جَثالَة ... 277
جَحْلاء ... 392
جَداء ... 200
جُدامَة ... 373
جَداوِل ... 342
جُدَّة ... 342
جِدَّة ... 342
جَدْوَى ... 426
جَدِيرَة ... 153
جَذْبَة ... 103
جَذْلَى ... 253
جِرْبِياء ... 334
جَزاء ... 199
جَزال ... 366
جَزْلَة ... 140
جَزْوَة ... 199
جَزِيلَة ... 199
جَسارَة ... 220
جَسْرَى ... 221
جَسُور ... 220
جَفْلَى ... 199
جَفْنَة ... 199
جُفُون ... 277
جَلاء ... 124, 324
جَلال ... 162
جَلَس ... 162
جُلَّسان ... 353
جُلْنار ... 352
جَلْواء ... 325
جَلْوَة ... 325

جَلِيلَة 163
جَمَال 277
جَمَام 113
جُمَان 299
جُمَانَا 299
جُمَانَة 299
جَمَائِل 278
جَمَسْت 299
جَمْلَاء 278
جُمْلَانَة 386
جَمِيلَة 277
جُمَيْنَة 299
جَنَا 366
جَنَّات 435
جَنَاح 386
جَنَاد 236
جُنَادَة 236
جَنَان 113
جُنَان 230
جِنَان 435
جَنَّة 435
جَنَى 366
جُنَيْنَة 435
جِهَاد 103
جِهَان 416
جَهْرَاء 278
جَهِيرَة 254
جُهَيْنَة 316
جَوَّادَة 200
جَوَالِح 373
جَوَاهِر 299
جُود 199
جَوْدَاء 200
جَوْدَانَة 200
جُودَة 153
جُودِي 373
جُورِي 352
جُورِيَّة 353
جَوْزَاء 316
جَوْزَة 366
جَوْنَاء 325
جَوْنَة 325
جَوْهَر 299
جَوْهَرَة 299
جُوَيْدَا 153
جُوَيْدَة 153
جُوَيْرِيَة 57
جَيْدَاء 278
جَيْدَانَة 278
جَيِدَة 278
جِيل 416
جِيلَان 416
جِيهَان 416
حَاجَّة 94
حَارِثَة 402
حَازِمَة 127
حَاسِبَة 141
حَاشِدَة 221
حَاصِن 180
حَافِظَة 237
حَاقَّة 221
حَاكِمَة 127
حَالِيَة 300
حَامِدَة 175
حَامِيَة 238
حَانِيَة 186
حِبَاء 200
حَبَّابَة 267
حُبَابَة 267
حُبَارَى 387
حُبَّة 266
حِبَّة 266
حَبْقَة 353
حُبُور 254
حَبِيبَة 266
حِجَازِيَّة 95
حُجَّة 124
حَجَلَة 387
حَذَاقَة 141
حَذِقَة 141
حُرِّيَّة 244
حَرِير 299
حَزُوم 141
حُسْن 278
حَسْنَاء 279
حَسَنَات 67
حَسَنَة 67, 279
حَسْنَى 279
حُسْنَى 280
حُسْنِيَّة 278

حَسِيبَة 163
حُسَيْنَة 279
حِشْمَة 180
حِصَّة 426
حَصْنَاء 180
حَصِيَّة 141
حَصِيفَة 141
حَصِينَة 180
حَظَايَا 163
حُظُوظ 426
حَظِيَّة 163
حَظِيظَة 426
حَفْصَة 56, 402
حَفِيظَة 237
حِكَم 142
حِكْمَة 142
حَكِيمَة 142
حَلاً 300
حَلَاوَة 426
حُلْوَة 426
حُلْوَى 426
حِلْيَة 300
حَلِيمَة 55, 185
حَمَامَة 387
حِمَايَة 238
حَمْدَة 175
حَمْدَنَة 177
حَمْدِيَّة 175
حُمَّرَة 387
حَمْسَاء 221
حَمُّودَة 176
حَمِيدَة 175
حُمَيْدَة 175
حُمَيْرَة 280
حَمِيسَة 221
حَمِيمَة 267
حِنَّاء 300
حَنَان 185
حَنَّان 185
حَنَّة 185
حُنُكَة 142
حَنْوَاء 186
حَنُّون 353
حَنُون 185
حَنُونَة 185
حَنِيفَة 128
حَنِيز 103
حَنِينَة 103
حَوَّاء 30
حُورِيَّة 435
حُومَة 300
حَيَاء 180
حَيَاة 417
خَاتُون 163
خَالِدَة 436
خَالِصَة 181
خَانُم 163
خَبْرَى 142
خِتَام 154
خَدِيجَة 56, 393
خَرْدَلَة 353
خَرِيدَة 300
خُزَامَى 353
خَصِيبَة 142, 201
خَضْرَا 296
خَضْرَاء 375
خَضْلَة 300
خَضِيلَة 354
خُلَّة 268
خِلَّة 268
خُلُود 436
خُلُوص 181
خُلِيدَة 436
خَلِيلَة 268
خَنْسَاء 393
خَوَاطِر 104
خَوَالِد 375
خُورَى 186
خَوْضَة 300
خَوْلَة 398
خُوَيْلَة 398
خَيْرَات 186
خِيرَة 154
خَيِّرَة 201
خَيْرَة 186
خَيْرَى 186
خَيْرِيَّة 186
خَيْزُرَان 374
خَيْزُرَانَة 374
خَيْلَاء 280

ذَهَب 302
ذَهَبَة 302
ذَهَبِيَّة 302
رَابِحَة 427
رَابِعَة 92
رَابِيَة 375
رَاتِبَة 128
رَاجِيَة 106
رَاحِيل 32
رَأْد 281
رَأْدَة 281
رَازِقَة 201
رَاسِبَة 128
رَاسِمَة 144
رَاسِيَة 128
رَاشِدَة 129
رَاضِيَة 194
رَاعِيَة 187
رَاغِدَة 427
رَأْفَة 187
رَافِدَة 238
رَاقِبَة 144
رَاقِيَة 164
رَاكِزَة 130
رَامَّة 144
رَامَة 381
رَامِزَة 145
رَامِيَة 232
رَانِيَا 281
رَانِيَة 281

دَلُوح 335
دَلِيص 301
دُلَيِّل 268
دَلِيلَة 124
دَمَاثَة 187
دَمْثَاء 187
دِمَقْس 301
دُمْلَج 302
دَمِيثَة 187
دُنْيَا 417
دُنْيَازَد 418
دَوْحَة 366
دَوْلَعَة 301
دِيَانَة 68
دِيبَاج 300
دِيمَة 335
دِينَا 32
دَيْمُومَة 380
دَئِيبَة 194
ذَاكِرَة 104
ذُرْوَة 163, 375
ذِرْوَة 375
ذُرَى 163
ذُرِّيَّة 418
ذُكَاء 325
ذِكْر الله 104
ذِكْرَى 104
ذَكِيَّة 143
ذَلْفَاء 280
ذِمَام 128

دَاجِيَة 427
دَاحَة 418
دَارَة 317
دَارِيَة 143
دَاسِرَة 394
دَالِيَة 343
دَأْمَاء 343
دَامِج 316
دَامِس 316
دَانَة 301
دَانِيَة 417
دُجَانَة 335
دُجَى 316
دُرّ 301
دُرَّة 301
دُرَر 301
دَرْقَاء 335
دَرْوِيشَة 92
دُرِّيَّة 301
دُعَاء 104
دَعْجَاء 280
دُفْلَى 354
دِفْلَى 354
دَفْوَاء 366
دَلَّاء 143
دَلَال 268
دَلَّة 268
دِلْفَى 222
دُلْفِين 343
دَلْمَاء 316

رَاوِيَة 202, 344
رَايَات 232
رَايَة 232
رَائِدَة 215
رَائِفَة 187
رَائِقَة 181
رَائِمَة 188
رَبَاب 336
رَبَابَة 336
رَبْشَاء 375
رُبَّى 375
رَبِيعَة 418
رَبِيلَة 427
رُتْبَة 164
رَتِيبَة 128
رَجَا 105
رَجَاء 105
رَجَاءَة 105
رَجَاةْ 105
رَجَاوَة 105
رَجْوَى 105
رِحَاب 375
رَحْمَة 33, 43, 188
رَحْمَة الله 188
رَحِيق 436
رَحِيمَة 188
رَخَاء 427
رُخَامَا 336
رَذَاذ 336
رَذَن 302
رَزَان 128
رَزَانَة 128
رِزْقَة 201
رَزِينَة 128
رَشَا 398
رَشَاقَة 281
رَشْحَاء 144
رُشْدِيَّة 129
رَشِيدَة 129
رَشِيقَة 281
رَضَان 130
رَضْوَى 376
رَطِيبَة 367
رِعَايَة 187
رَغَادَة 427
رَغْبَة 106
رَغْدَاء 427
رِفَاء 269
رِفَادَة 202
رِفَاعَة 164
رَفَال 281
رَفَاه 428
رَفَاهَة 428
رِفْعَت 164
رَفْقَة 31, 269
رِفْقَة 268
رِفْقِيَّة 269
رَفِيدَة 202
رُفَيْدَة 202
رَفِيعَة 164
رَفِيف 296
رَفِيقَة 269
رَفِيهَة 428
رِقَّة 188
رُقَيَّة 59, 164
رُقْيَة 164
رِكَاز 428
رَكَانَة 130
رِكْزَة 144
رَكِينَة 130
رُمَّان 367
رُمَّانَة 367
رَمْزَة 144
رَمْزِيَّة 145
رَمْكَة 394
رَمْلَة 381
رَمِيزَة 145
رُمَيْلَة 381
رَنَا 281
رِنَاد 354
رَنْد 354
رَنْدَا 354
رَنْدَة 354
رَنِين 255
رِهَام 336
رَهْدَنَة 387
رُهْشَة 202
رَهَف 281
رِهْمَة 336
رَهِيفَة 282

زَمْزَم 96
زِنَاد 238
زَنْبَق 355
زَنْبَقَة 355
زَنْجَبِيل 355
زَنُوبِيَا 356
زُهَا 282
زَهْر 355
زَهْرَاء 296
زَهْرَة 296, 355
زُهْرَة 296, 317
زَهْرِيَّة 297
زُهُور 355
زَهِيَّة 376
زُهَيْرَة 297
زَوَائِل 318
زَيْتُونَة 367
زَيْدَة 429
زَيْدِيَّة 429
زَيْمَة 394
زَيْن 303
زَيْنَب 56, 57, 58, 60, 356
زَيْنَة 303
زَيْنِيَّة 303
سَابِحَات 318
سَابِحَة 318
سَابِقَة 223
سَابِيَة 282
سَاجِدَة 69
رَيْحَانَة 58
رَيْحَانَة 355
رِئْم 398
رِيمَا 398
رَئِيسَة 215
زَاخِرَة 202, 255
زَاكِيَة 181
زَانَة 367
زَاهِدَة 69
زَاهِرَة 296
زَاهِيَة 297
زَائِلَة 318
زَائِن 303
زَايِن 304
زِبْرِج 302
زَبَرْجَد 302
زُبَيْدَة 165
زَرْقَاء 312
زَعْفَرَانَة 355
زَعِيمَة 215
زَغْلُولَة 388
زِفَاف 255
زَكَاء 181
زَكِيَّة 181
زُلَال 344
زُلْفَى 165
زَلْمَاء 388
زُلَيْخَة 33
زُمُرُّد 303
زُمُرُّدَة 303
رَوَاء 344
رُوَاء 376
رَوَاسِي 376
رَوَان 281
رَوَائِح 337
رَوَائِع 154
رَوَح 387
رَوْح 113, 336
رُوحِيَّة 113
رَوْحِيَّة 113
رَؤُد 281
رَوْد 106
رَوْضَة 376, 437
رَوْعَاء 145
رَوْفَة 187
رَوْنْد 354
رَوْنَق 296
رَؤُوفَة 187
رُؤَى 105
رِوَى 344
رُؤْيَا 105
رَوِيَّة 145
رُوَيْدَة 188
رَيَّا 282, 354
رِيَاح 336
رِئَال 387
رَيَّانَة 344, 437
رِيبَاس 366
رَيَّة 344
رَيْحَان 354

سُكَيْنَة 115
سَلام 115
سَلامَت 115
سَلْسَبِيل 437
سُلْطَانَة 215
سَلِمَة 283
سَلْمَى 116
سَلْوَى 388
سَلِيمَة 115
سُلَيْمَة 116
سُلَيْمَى 116
سُمَا 165
سَمَاء 312
سَمَاح 189
سَمَاحَة 203
سَمَر 318
سَمْرَاء 283
سِمْسِم 377
سُمَيَّة 165
سَمِيحَة 189
سَمِيرَة 269
سَنَا 326
سَنَاء 166
سَنَابِيل 377
سُنْبُلَة 356
سُنْدُس 304
سِنْدِين 368
سَنَى 326
سَنِيَّة 166
سَنِيحَة 304
سَحَابَة 337
سَحَر 325
سَخَاء 203
سَخَايَا 203
سَخِيَّة 203
سِدَافَة 114
سِدْرَة 437
سُدُول 114
سَدَى 337
سَدِيدَة 131
سَدِيم 337
سَرَّاء 255
سَرَاء 165
سِرَاء 367
سَرَاب 381
سَرْمَدَا 437
سَرْوَة 367
سُرُور 255
سَرِيَّة 203
سَرِيرَة 114
سُعَاد 256
سَعْدَانَة 388
سَعْدِيَّة 256
سَعِيدَة 256
سَفَارِج 367
سَفَّانَة 304
سَفِيرَة 189
سَفِيطَة 203
سُكُون 114
سَكِينَة 114
سَاجِعَة 130
سَاجِبَة 113
سَادِنَة 69
سَارَّة 255
سَارَة 31
سَارِيَة 337
سَافِرَة 282
سَاقِيَة 345
سَالِمَة 115
سَامِدَة 165
سَامِيَة 165
سَاهِرَة 318
سَاهُور 319
سَائِدَة 216
سَبَاسِب 376
سَبْتَاء 381
سُبُحَات 325
سَبْحَلَة 69
سَبْرَة 325
سَبْلاَء 282
سَبِيَّة 304
سِتّ الحُسْن 278
سِتِّي 216
سَجَا 113
سَجْحَاء 282
سَجْدَة 69
سَجْلَى 202
سَجْوَى 114
سَجِيَّة 113
سَحَاب 337

سَنِيعَة 283
سِهَام 232
سَهْر 257
سَهْلَة 430
سُهَى 319
سُهَيْر 257
سُهَيْلَة 430
سَوَاء 131
سِوَار 304
سَوْدَة 56
سُوزَان 326, 356
سَوْسَان 356
سَوْسَن 356
سَوْسَنَة 356
سِيدَانَة 405
سَيِّدَة 215
سِيرِين 255
سَيْفَانَة 283
سِيمَاء 155
شَادِن 398
شَادِيَة 257
شَاذِلِيّة 92
شَافِعَة 107
شَافِيَة 419
شَاكِرَة 195
شَامَة 284
شَامِخَة 167
شَامِلَة 155
شَاهِدَة 70
شَاهِقَة 167
شَاهِنَاز 269
شَبَا 233
شَبِيبَة 418
شَخِيلَة 269
شَذَا 257
شَرَاعَة 223
شَرَف 45, 166
شَرْقِيَّة 326
شُرُوق 326
شَرِيفَة 166
شَرِيقَة 283
شَغَف 269
شِفَاء 419
شَفِيعَة 107
شَفِيقَة 189
شُقَّارَى 357
شَقْرَاء 284
شَقِيقَة 269
شُكْرِيَّة 195
شُكْمَى 203
شَكُورَة 195
شَكِيبَة 203
شَمَّاء 284
شَمَائِل 190
شَمَرْدَل 284
شَمْس 326
شَمُّور 304
شُمُوس 326
شُمَيْسَة 327
شَمِيلَة 189
شَنِيبَة 284
شُهُب 319
شُهد 384
شُهدَة 384
شَهْرَزَاد 216
شَهْلَاء 284
شَهِيدَة 70
شَهِيرَة 155
شَوْق 107
شَوْقِيَّة 107
شِيرِين 283
شَيْمَاء 55, 284
شِيمَة 190
صَابِرَة 195
صَادِقَة 131
صَارَة 377
صَافِيَة 182
صَالِحَة 71
صَامِدَة 132
صَائِبَة 132
صَبَا 337
صِبَا 419
صَبَاء 419
صَبَابَة 270
صَبَاح 327
صَبَاحَة 284
صُبْح 327
صَبْحَانَة 285
صَبْحَى 285
صُبْحِيَّة 284

صَبْرِيَّة 196
صَبَوَات 337
صَبْوَة 270, 419
صَبُوح 285
صَبِيحَة 285
صَحْوَة 181
صِدْقِيَّة 131
صَدُوقَة 131
صِدِّيقَة 131
صَدِيقَة 270
صَرَاحَة 132
صِرَاط 71
صَرِيحَة 181
صَغْوَاء 327
صَفَاء 182
صَفَايَا 270
صَفْوَاء 304
صَفْوَة 182
صَفُورَا 34
صَفِى 97
صَفِيَّة 57, 155
صَلْتَانَة 224
صَمْعَاء 145
صَمْيَانَة 224
صَهْبَاء 285
صُهْبَة 285
صُوفِيَّة 182
ضَامِنَة 239
ضَاوِيَة 328
ضَحْوَة 328
ضَحُوكَة 257
ضُحَى 328
ضِفَاف 345
ضِمَام 155
ضُهْدَة 244
ضِيَاء 328
ضِيَاف 204
ضَيْفَة 204
طَالِبَة 145
طَامِحَة 108
طَاهِرَة 182
طَاؤُوس 388
طَائِعَة 71
طَرَائِق 132
طَرَب 108
طَرِبَة 108
طُرْفَة 305
طَرُوب 108
طَرِيفَة 305
طَلاَ 399
طِلاَح 368
طَلاَلَة 286
طَلاَوَة 286
طَلَّة 285
طَلُوق 204
طُلَيْبَة 145
طَلِيقَة 244
طَهَارَة 183
طُهْرَة 345
طَهُور 183
طَهِيرَة 182
طَوَالِع 320
طُوبَى 438
طُوَيْس 388
طِيب 357
طِيبَة 190
طَيِّبَة 190, 357
طِيلَة 419
طُيُوب 357
ظَافِرَة 244
ظِبَاء 399
ظُبَيَّة 399
ظَبْيَة 399
ظَرِيفَة 258, 286
ظَفَر 244
ظِلاَل 438
ظَلِيلَة 438
ظُهُور 329
ظَهِيرَة 239
ظَيَّان 357
عَاتِكَة 204
عَارِفَة 146
عَاشُورَة 97
عَاطِرَة 358
عَاطِفَة 271
عَاقِبَة 420
عَاقِلَة 146
عَالِمَة 147
عَامِرَة 420
عُبَاب 345

عَبَادَة 78
عَبْرَة 146
عَبْلَة 286
عُبَيْدَة 78
عَتِيقَة 167
عَذْبَاء 286
عَذْبَة 345
عَذْرَاء 183
عُذُوبَة 346
عُذَيْبَة 346
عَرْفَاء 146
عِرْفَان 146
عَرُوب 286
عُرَيْبَة 167
عَزَّة 399
عِزَّة 225
عَزْمَة 225
عَزْمِيَّة 225
عَزِيزَة 225, 270
عَسْجَد 305
عَسَل 385
عِشْرَة 270
عَشِير 270
عَشِّيقَة 271
عَصَافِير 389
عُصْفُورَة 389
عِصْمَة 240
عَطَا 204
عَطَاء 204
عُطَارِد 320
عَطَايَا 205
عِطْر 358
عِطْرِيَّة 358
عَطْفَة 190
عَطْفِيَّة 190
عُطُور 358
عَطُوف 271
عَطِيَات 205
عَطِيَّة 204
عَفْرَاء 377
عَقِيدَة 72
عَقِيق 305
عَقِيلَة 217, 305
عُقَيْلَة 147
عُلاَ 168
عَلاَّمَة 147
عَلْوَة 168
عَلُوق 271
عُلَيَّاء 313
عَلِيَّات 168
عَلِيَّة 168
عَلِيمَة 147
عَمَّارَة 72
عَمْبَرِين 305
عَمْرَة 420
عُنَّاب 368
عُنَّابَة 368
عَنَادِل 389
عَنَان 313
عِنَايَات 191
عِنَايَة 190
عِنَب 368
عَنْبَر 305
عَنْبَرَة 305
عَنَّة 338
عَنْدَلَة 389
عَنْدَلِيب 389
عُهُود 133
عَوَاطِف 271
عِيدَة 98
عِيشَة 421
عَيُّوش 421
عَيُّوق 320
غَادَة 287
غَادِيَة 329
غَارِسَة 369
غَالِبَة 244
غَالِيَة 156
غَانِمَة 430
غَانِيَة 196, 286
غَايَة 108
غُدَانِيَة 286
غَدِير 346
غُرُوب 329
غَزَالَة 400
غَزَل 272
غِزْلاَن 400
غَزِيرَة 346
غُزَيْل 400
غُصَيْنَة 369

غُفْران 191
غَلاَب 244
غُلْوَاء 226
غَمَامَة 338
غُمْرَة 359
غَمْرَى 346
غَنَّاء 369
غِنَاء 258
غَنَامَة 430
غِنَى 431
غَنِيَّة 431
غَنِيمَة 430
غَوْرَة 329
غَيْثَاء 338
غَيْثَانَة 338
غَيْثَة 338
غَيْدَاء 287
غَيْدَة 287
غَيْسَانَة 226
غُيُوم 338
فَاتِحَة 245
فَاتِن 287
فَاتِنَة 287
فَاخِتَة 390
فَاخِرَة 305
فَادِيَة 226
فَارِحَة 259
فَارِعَة 287
فَارِهَة 147
فَاصِلَة 306
فَاضِلَة 156
فَاطِمَة 59, 395
فَاطِمَة الزَهْرَاء 395
فَاطِنَة 148
فَاغِيَة 359
فَاكِهَة 369
فَالِحَة 377
فَاهِمَة 148
فَائِزَة 246
فَائِغَة 359
فَائِقَة 157
فَتَاة 422
فَتَاحَة 245
فَتَّانَة 287
فَتْحِيَّة 245
فِتْنَة 287
فُتُوَّة 191
فُتُوح 338
فَتِيَّة 422
فَجْر 329
فِدَاء 226
فَدْوَى 227
فَرَّاء 287
فُرَات 346
فَرَادِيس 439
فِرَاسَة 147
فَرَاشَة 384
فَرَاهَة 288
فَرَاهِيَّة 227, 288
فَرَائِد 306
فَرَح 259
فَرْحَة 259
فِرْدَوْس 438
فَرْعَاء 287
فَرْيَال 133
فَرِيدَة 306
فَرِيدَة 156
فَرِيزَة 156
فُرَيْسَة 394
فَزَارَة 408
فُصُول 422
فَصِيحَة 147
فِضَّة 306
فَضْل 156
فُضَيْل 157
فَضِيلَة 49, 157
فَطَانَة 148
فِطْنَة 148
فِطْنَة 147
فَطُّوم 395
فَطُّومَة 395
فَطِيم 395
فَطِيمَة 390
فَطِينَة 148
فَغْمَة 359
فَغْوَة 359
فَكِيهَة 259
فَلاَة 381
فُلَّة 359
فَلْتَانَة 227

فُلْجَة 245
فَلَك 313
فَنَن 369
فَنْوَاء 369
فُنُون 306
فَهْدَة 408
فَهْمِيَّة 148
فَهِيمَة 148
فَوَّارَة 347
فَوْز 246
فَوْزِيَّة 246
فُومَة 377
فَيْء 329
فَيْحَاء 359
فَيْرُوز 306
فَيْرُوزَة 306
فَيْنَانَة 288
فِينَة 422
قَابِلَة 196
قَادِرِيَّة 92
قَاسِمَة 134
قَانِتَة 72
قَائِمَة 134
قُبُول 196
قُدْسِيَّة 98
قُدْمَة 227
قُدْوَة 133
قِرَان 72
قَرَنْفُل 360
قَرِيبَة 422
قَسَامَة 288
قَسِيمَة 288
قِطَاف 370
قِلَادَة 306
قُلَّة 378
قُلُوب 117
قَمَر 320
قَمْرَاء 321
قُمْرِيَّة 390
قَنَاعَة 196
قُنُوت 73
قَيْرَوَان 382
قَيْصُوم 360
كَاتِبَة 148
كَاتِمَة 117
كَاسِبَة 432
كَاشِفَة 329
كَاظِمَة 196
كَافِيَة 197
كَامِلَة 157
كِتْمَان 117
كَتْمَة 117
كَتُوم 117
كَحْلَاء 288
كُحَيْلَاء 288
كَحِيلَة 306
كَرَامَة 169
كَرَزَة 370
كَرَم 205
كَرْمَة 370
كَرَوَانَة 390
كَرِيمَان 206
كَرِيمَة 206
كَسَّابَة 432
كِفَاء 206
كِفَاح 233
كَفَى 196
كَفِيلَة 242
كَلَاَّء 347
كَمِيلَة 158
كِنَان 117
كِنَانَة 233
كِنْدَة 378
كَنْزَة 432
كُنُوز 432
كُنَيْزَة 432
كَوَاكِب 321
كَوْثَر 439
كَوْكَب 321
كَوْكَبَة 321
كَوْن 422
كِيَان 118
كَيْثَرَة 134
كَيِّسَة 148
لَازَوَرْد 307
لَأْلَاء 321
لَآلِيء 307
لَامِعَة 321
لُبَاب 118
لُبَابَة 118

لُبَانَة 109
لُبْلُبَة 191
لُبْنَى 360
لَبْوَة 409
لَبِيبَة 149
لَبِيدَة 432
لَتِين 289
لُجَيْن 307
لُجَيْنَة 307
لَدْنَة 289
لَذِيذَة 259
لِطَاف 192
لَطَافَة 192
لُطْف 191
لُطْفِيَّة 192
لَطِيفَة 192
لِقَاء 260
لَمْحَة 289
لَمْعَاء 321
لَمَعَان 347
لُمَى 289
لَمْيَاء 289
لَمِيس 289
لَمِيسَة 289
لَوْزَة 370
لَوْزِيَّة 370
لُؤْلُؤ 307
لُؤْلُؤَة 307
لُونَة 370
لوِيزَة 360
لُوَيْزَة 370
لَيَال 322
لَيَالِي 322
لَيَان 290
لَيَانَة 290
لَيْثَة 409
لَيْلَاء 322
لَيْلَك 360
لَيْلَى 322
لَيْمُونَة 371
لِين 289
لَيِّن 290
لِينَا 289
لِينَة 289, 371
لَيِّنَة 290
مَاجِدَة 171
مَادِحَة 178
مَارِيَة 58, 396
مَازِنَة 339
مَالِكَة 217
مَأْمُونَة 126
مَاهِرَة 149
مَاوِيَة 183
مَايَا 272
مَائِزَة 159
مُبَارَكَة 102
مُبَاسَطَة 185
مُبْتَهِجَة 253
مَبْرُوكَة 102
مِبْسَام 251
مُبَشِّرَة 251
مِبْهَاج 252
مُبِينَة 124
مُتَهَجِّدَة 74
مُتَوَكِّلَة 138
مَتِينَة 228
مِثَال 134
مُجَابَة 200
مِجَادَة 170
مُجَاهِدَة 103
مَجْد 170
مَجْدَاء 171
مَجْدَة 170
مَجْدِيَّة 170
مَجَرَّة 316
مُجِيبَة 200
مَجِيدَة 171
مُجِيرَة 237
مَحَاسِن 280
مَحَبَّة 267
مُحِبَّة 267
مَحْبُوبَة 267
مُحْرِزَة 237
مَحْرُوسَة 237
مُحْسِنَة 154
مَحْسُونَة 280
مَحْفُوظَة 238
مَحْمَدَة 176
مَحْمُودَة 176
مُخْتَارَة 154

مُخْلِصَة 181
مِدَاد 149
مَدَائِح 178
مِدْحَة 177
مِدْرَار 335
مُدْرِكَة 143
مَدَنِيَّة 98
مَدَى 109
مَدِيحَة 178
مُذَكِّرَة 105
مَرَابِيع 336
مُرَادِي 106
مُرَافِدَة 238
مَرَام 106
مَرَايَا 396
مَرْجَاة 106
مَرْجَان 307
مُرْجَان 307
مَرْجَانَة 307
مَرْحَمَة 188
مَرْزُوقَة 202
مُرْشِدَة 130
مَرْضِيَّة 195
مُرْهَفَة 282
مَرْوَة 98
مُرُوج 378
مُرِيدَة 106
مَرْيَم 37
مَزَايَا 158
مُزْنَة 339
مُزْهِرَة 428
مَزِيَّة 158
مَزِيدَة 429
مُزَيْنَة 339
مَزْيُونَة 282
مُسَانَدَة 239
مَسْبُورَة 282
مَسْدَاء 290
مَسَرَّة 255
مَسْرُورَة 255
مُسْعِدَة 257
مَسْعُودَة 256
مِسْك 360
مِسْكَة 361
مِسْكِيَّة 361
مُسْلِمَة 70
مُسَيْكَة 308
مَشَاءَة 108
مَشْبُوبَة 283
مُشْرِفَة 216
مِشْكَاة 319
مَشْكُورَة 177
مَشِيحَة 224
مُشِيرَة 131
مَشِيئَة 108
مُصَافَاة 132
مُصَدَّقَة 131
مِضْحَاكَة 257
مُظَفَّرَة 244
مَعَانِي 117
مُعْتَصِمَة 240
مُعِينَة 241
مَفَازَة 381
مُفْلِحَة 439
مُفِيدَة 191
مُقَابَلَة 169
مَقْبُولَة 196
مَكَارِم 206
مَكَانَة 171
مُكْثِرَة 432
مِكْرَامَة 206
مُكَرَّمَة 170
مَكْرُمَة 206
مَكِّيَّة 98
مَكِينَة 134
مَلَاب 360
مُلَاحَة 290
مَلَاك 439
مَلَائِكَة 439
مَلْدَى 291
مَلْسَاء 291
مَلَك 439
مَلِكَة 217
مُلْكَة 218
مُلْهَمَة 109
مَلِيحَة 290
مُلَيْكَة 218
مَمْدُوحَة 178
مَنَّاحَة 207
مَنَار 331

مَنارة 323
مَنال 209
مَنّة 207
مُنّة 228
مِنّة 207
مِنّة الله 207
مُنْتَصِرة 247
مُنْتَهى 110
مِنْجَد 308
مُنْجِدة 243
مُنْجِزة 159
مُنْجِية 243
مُنْشِدة 260
مَنْصُورة 247
مِنَن 207
مَنُّوبِيّة 93
مُنَوَّرة 331
مَنْوى 110
مُنى 110
مُنِيبة 73
مُنْيَة 110
مُنِيرة 332
مُنِيفة 174
مَها 308
مَهاة 308
مُهْجة 118
مَهْدِية 136
مَهى 400
مُهِيبة 218
مُوادّة 273
مَواهِب 211
مُواهَة 291
مَوَدّة 273
مَوْدُودة 273
مُوسِرة 434
مُوَفَّقة 248
مَوْلُودة 424
مُؤْمِنة 64
مُؤْنِسة 266
مَوْهُوبة 211
مَيّ 77
مَيّا 77
مَيّادة 291
مَيّازة 125
مَيّاسة 291
مَياسِير 434
مَيامِين 263
مَيّة 77
مِيْثاء 378
مِيثاق 138
مِيزة 159
مَيْساء 291
مَيْسان 291
مُيَسَّرة 434
مَيْسَرة 434
مَيْسَم 292
مَيْسُور 434
مَيْسُون 292
مَيْلاء 371
مِيلادة 424
مَيْمَنة 263
مَيْمُونة 57, 263
مِينا 308
نابِغة 159
ناثِرة 192
ناجِبة 172
ناجِحة 246
ناجِلة 422
ناجِية 118, 396
نادِرة 159
نادِمة 73
نادِية 208
نارِدين 361
ناسِبة 272
ناسِكات 74
ناسِكة 73
ناشِدة 110
ناصِحة 134
ناصِرة 243
ناصِفة 135, 347
ناضِجة 150
ناضِرة 297
ناضِلة 234
ناطِقة 150
ناظِمة 135
ناعِمة 292, 433
نافِعة 192
نافِلة 74
نالة 209
نامِية 174

نَاهِد ... 292
نَاهِلَة ... 348
نَاي ... 260
نَائِفَة ... 173
نَائِلَة ... 209
نِبَال ... 234
نَبَالَة ... 171
نَبَاهَة ... 149
نِبْرَاس ... 323
نَبْلَة ... 234
نُبُوغ ... 159
نَبِيلَة ... 171
نَبِيهَة ... 149
نَجَا ... 118
نَجَابَة ... 171
نَجَاة ... 118
نَجَاح ... 246
نِجَاد ... 172
نُجَبَة ... 172
نَجْبَة ... 172
نَجْدَة ... 228
نَجْلاَء ... 292
نَجْمَة ... 322
نَجْمِيَّة ... 323
نَجْوَة ... 378
نَجُود ... 172, 292
نُجُوم ... 322
نَجْوَى ... 119
نَجِيبَة ... 172
نَجِيَّة ... 119
نَجِيدَة ... 228
نُجَيْمَة ... 322
نُحَامَة ... 390
نَحْل ... 385
نَحْلَة ... 385
نَخْلَة ... 371
نِدَاء ... 260
نَدْأَة ... 313
نَدْرَة ... 308
نُدْرَة ... 159
نَدَى ... 207, 339
نَدِيَّة ... 339
نَدِيمَة ... 260
نَذِيرَة ... 73
نَرْجِس ... 361
نَرْجِسَة ... 361
نَرْدِين ... 361
نِرْمَان ... 192
نَزَاهَة ... 183
نَزْلِي ... 292
نُزْهَة ... 260
نَزِيهَة ... 183
نِسَام ... 339
نَسَب ... 172
نِسْرِين ... 361
نِسْرِينَة ... 361
نَسَمَات ... 423
نَسَمَة ... 422
نَسِيبَة ... 172
نُسَيْبَة ... 173
نَسِيل ... 385
نَسِيمَة ... 339
نُسَيْمَة ... 423
نَشْوَة ... 261
نَشِيد ... 260
نَشِيطَة ... 260
نُصْرَة ... 246
نَصْرَة ... 246
نَصْرِيَّة ... 247
نَصِيرَة ... 243
نُصَيْرَة ... 247
نُضَار ... 308
نِضَال ... 234
نَضِرَة ... 297
نَضْرَة ... 297
نَضِيرَة ... 297
نَطَفَة ... 308
نُطَفَة ... 309
نِظَام ... 135
نَعَامَة ... 391
نِعْمَة ... 52, 208
نِعْمَة الله ... 52, 208
نُعْمَى ... 432
نَعِيمَة ... 440
نَغَم ... 261
نَغَمَة ... 261
نَفَحَات ... 361
نَفْحَة ... 361
نَفَل ... 208
نَفِيسَة ... 309

نُفَيْسَة 309
نَفِيلَة 208
نَقَاء 184
نَقَاوَة 184
نَقِيَّة 184
نَمِرَة 409
نُمَيْرَة 410
نُهَاد 173
نَهَار 330
نَهْر 348
نَهْرَاء 330
نَهْلَة 348
نَهْلَى 348
نُهَى 150
نَهِيج 136
نَهِيدَة 173
نَهِيلَة 348
نَوَّارَة 330
نُوَّارَة 362
نَوَال 209
نُور 52, 330
نَوْر 362
نُور الإِسْلَام 331
نُور الحَقّ 331
نُور الزَّمَان 331
نُور الله 330
نُور الهُدَى 331
نَوْرَاء 330
نُورَان 330
نُورَة 330
نَوْرَة 362
نُورهَان 209
نُورِيَّة 330
نُوشِين 261
نَوْف 173
نَوْفَة 173
نَيِّرَة 331
نَيْلَة 209
هَاجِدَة 74
هَاجَر 31
هَاجِرَة 159
هَادِيَة 136
هَالَة 332
هَانِم 174
هَانِيَة، هَانِئَة 261
هَائِلة 74
هِبَات 210
هِبَة 210
هِبَة الله 210
هِجْرَة 74
هَجِيرَة 332
هَدَايَا 209
هِدَايَة 136
هَدْبَاء 292
هَدْنَة 340
هُدْنَة 235
هُدُوء 119
هُدَى 52, 136
هَدِيَّة 209
هَدِيَّة الله 52, 209
هَدِيل 391
هُرَيْرَة 411
هَفَّافَة 261
هِلَال 323
هِلَالَة 340
هَمَائِم 340
هَمْسَة 119
هَنَاء 261
هِنْد 396
هُنَيْدَة 396
هَوْجَاء 228
هَوْمَة 378
هُوَيْدَة 192
هَيَاءَة 293
هِيَام 272
هَيْبَانَة 218
هَيْبَة 75, 218
هَيْسَاء 229
هَيْفَاء 292
وَابِلَة 396
وَاتِن 349
وَاثِبَة 229
وَاثِقَة 138
وَاجِدَة 111, 272
وَاحَة 382
وَادِعَة 119
وَاسِلَة 111
وَاصِلَة 119
وَافِرَة 423
وَافِيَة 160

وَالِبَة 423
وَاهِبَة 211
وَائِلَة 243
وِثَاق 138
وَجْد 272
وِجْدَان 119
وَجْدِيَّة 111
وَجْنَة 293
وَجْهَاء 293
وُجُود 423
وَجِيهَة 293
وَحِيدَة 159
وِدَاد 272
وَدَاعَة 119
وَدْهَاء 293
وَدُودَة 273
وَدِيدَة 272
وَدِيعَة 119, 136
وَرْد 362
وَرْدَة 362
وَرْدِيَّة 362
وِرشَان 391
وَرْقَاء 391
وُرُود 362
وَزْنَة 137
وَزِينَة 137
وِسَام 174
وَسَامَة 293
وَسْمَاء 293
وَسْمِيَّة 159
وَسْمِيَّة 378
وَسِيلَة 53, 111
وَسِيمَة 293
وِشَاح 309
وَشْمَة 340
وِصَال 120
وَصِيلَة 273
وَضَاءَة 184
وَضَّاحَة 294
وَضِيئَة 184
وَفَاء 137
وِفَاق 273
وَفِيَّة 137
وَفِيقَة 273
وَقَار 137
وَقُور 137
وَلَاء 274
وَلَّادَة 424
وَلَايَة 93
وَلَع 274
وَلْمَة 160
وَلْهَى 274
وَلِيَّة 93
وَلِيدَة 424
وَلِيفَة 313
وَمِيض 332
وَنَاةْ 309
وَنِيَّة 309
وَهْزَاء 294
وَهِيبَة 211
وَهِيَّة 309
وِئَام 274
وَيْنَة 371
يَاسِرَة 433
يَاسَمِين 362
يَاسْمِينَة 362
يَاقُوت 310
يَاقُوتَة 310
يَامِنَة 262
يَانِعَة 371
يُسْر 433
يُسْرَى 433
يُسْرِيَّة 433
يَسِيرَة 433
يَشْب 309
يَشْم 310
يَقْظَانَة 150
يَقَظَة 150
يَقِين 150
يَمَامَة 391
يَمَانِيَة 262
يُمْن 262
يُمْنَى 262
يُمْنِيَّة 263
يَمِينَة 262
يَنَا 32
يَنَابِيع 347
يَنْبُوع 347
يَوَاقِيت 310
يُوحَى 332

Index des correspondances

Prénoms Masculins

Abraham ... 31
Achille ... 282
Adelphe ... 269
Aimé ... 266
Alaric ... 161, 224
Alban ... 296
Albéric ... 163
Albert ... 166
Albin ... 296
Aldo ... 142
Aldous ... 142
Alex ... 236
Alexandre ... 236
Alexis ... 236
Alix ... 161
Aloïs ... 142, 217
Alphonse ... 227
Amaury ... 237
Amé ... 266
Amédée ... 267
Anaël ... 207
Anatole ... 326
André ... 222
Andréa ... 222
Andy ... 222
Ange ... 44, 439
Angel ... 439
Anicet ... 237
Anthony ... 156
Antoine ... 156
Anton ... 156
Antonin ... 156
Ariel ... 401
Aristide ... 153
Aristote ... 153
Armand ... 220
Arnaud ... 390
Arno ... 128
Arnold ... 390
Arsène ... 222
Arthur ... 410
Artus ... 410
Aubin ... 296
Audric ... 216
Auguste ... 178
Augustin ... 178
Aurel ... 298
Aurélien ... 298
Barnabé ... 258
Barry ... 231
Basile ... 217
Bastian ... 170
Bastien ... 170
Benjamin ... 262
Benoît ... 102
Béranger ... 232
Bienvenu ... 376
Boniface ... 293
Boris ... 230
Boubakeur ... 60
Brian ... 162
Bruno ... 233
Calixte ... 278
Calliste ... 278
Camille ... 77
Candide ... 184
Carlos ... 233
Carmel ... 370
Cédric ... 216
Célestin ... 312
Césaire ... 288
César ... 288
Charles ... 225, 233
Charlie ... 225, 233
Clément ... 188
Clémentin ... 188
Clotaire ... 217
Clovis ... 217
Colas ... 245
Colin ... 245
Côme ... 422
Constant ... 195
Constantin ... 195
Corentin ... 267
Cyr ... 217
Cyril ... 217
Dan ... 35, 127
Danaël ... 35
Dani ... 35
Daniel ... 35, 127
Dave ... 35
David ... 35, 273
Désiré ... 106
Dieudonné ... 205
Domitien ... 247
Eden ... 440
Edgard ... 425
Elian ... 35
Elie ... 35
Elisée ... 36
Eloi ... 155
Emile ... 169
Erasme ... 290
Eric ... 215
Erik ... 215

Ernest 128
Esteban 214
Etienne 214
Eudes 219
Eugène 172
Eustache 356
Evan 37, 417
Ezéchiel 34
Faustin 433
Félicien 256
Félix 256
Fidel 126
Fidèle 126
Fidelio 126
Firmin 228
Flavian 302
Flavien 302
Floréal 353
Florent 353
Florentin 353
Florian 353
Fortuné 425
Francis 244
François 244
Frank 231
Frithjof 240
Gabriel 220
Gaspard 427
Gaston 204
Gauthier 215
Gauvain 391
Geoffrey 115
Geoffroy 115
Georges 377
Gérald 232
Gérard 231
Gérardin 231
Germain 270
Ghislain 226
Gilbert 172, 226
Gilles 172
Giovanni 37, 417
Godefroy 115
Gratien 156
Grégoire 150
Grégory 150
Guillaume 237
Gustave 239
Guy 363
Gwen 182
Gwenaël 204
Hanna 417
Hans 37, 417
Hansi 37, 417
Harold 214
Hector 236
Hélie 326
Hélios 326
Henri 217
Herald 214
Herbert 233
Hervé 227
Hilaire 257
Honoré 162
Hubert 149
Hugo 146
Hugues 146
Humbert 146
Idris 143
Ilian 35
Isaac 31
Ismaël 32, 189
Ivan 37, 417
Jack 32
Jacob 32
Jacques 32
James 32
Jasmin 357
Jason 415
Jean 37, 417
Jérémie 162
Jérémy 162
Jerry 98
Jessé 140
Jésus 37
Joachim 134
Joan 37
Job 33
Jocelyn 214
Johan 37, 417
John 37, 417
Jonah 36
Jonas 36
Jonathan 205
Jordan 343
Jorgi 377
José 33
Joseph 33
Joshua 37
Josse 214
Josselin 214
Josué 37
Justin 132
Justinien 132
Kelly 230
Kevin 173
Klaus 245
Lancelot 78
Laud 176
Laurent 354
Lazare 241
Léandre 409
Léo 401
Léon 401
Léonard 412
Léonce 401
Léopold 222
Lilian 356
Lionel 401
Loan 330
Loïc 217
Loris 354
Louis 217
Luc 330
Lucas 330
Lucien 330
Lucrèce 427
Ludovic 217
Maël 215
Marin 341
Martial 221
Mathéo 205
Mathias 205
Mathieu 205
Mathis 205
Mathurin 150
Maurice 283
Max 165

Maxence 165
Maxime 165
Maximilien 165
Médéric 215
Melchior 217
Melen 284
Michel 439
Mikael 439
Milan 169
Moïse 34
Morgan 341
Moshé 34
Nathan 204
Nathanaël 205
Nazaire 73
Neil 219
Neven 313
Nicolas 245
Nils 245
Noah 30
Noé 30
Noël 424
Nolan 219
Océan 341
Odilon 431
Olivier 367
Orlando 173
Oscar 232
Pablo 419
Pacôme 115
Pascal 220
Patrice 216
Patrick 216
Paul 419
Paulin 419
Pélage 341
Philibert 171
Philippe 394
Pierre 372
Pierrick 372
Pio 72
Prosper 430
Quentin 231
Raphaël 419
Raymond 134
Régis 217
René 417
Richard 217
Robert 171
Robin 171
Rodéric 217
Rodrigue 217
Roger 231
Roland 173
Romaric 217
Ryan 217
Sacha 236
Salaün 35
Salomon 35, 116
Salvador 243
Sam 166
Samson 327
Samuel 166
Samy 166
Sébastien 170
Septime 96
Séraphin 439
Sévère 406
Séverin 406
Siegfried 246
Siméon 107
Simon 107
Solal 124
Stan 169
Stanislas 169
Stéfan 214
Stéphane 214
Stève 214
Sultan 215
Sven 421
Sylvain 363
Sylvestre 363
Tancrède 134
Théo 35
Théodore 205
Théodule 79
Théophane 124
Théophile 267
Théotime 206
Thibault 222
Tigrane 409
Till 149
Timothée 65
Ugo 145
Ugolin 145
Valentin 224
Valère 225
Valérian 225
Valérien 225
Valéry 225
Vassili 217
Victor 245
Victorien 245
Vincent 247
Vitalis 422
Vivian 30, 421
Vivien 30, 421
Vladimir 119
Walter 215
Wilfried 119
William 237
Yan 37
Yann 37, 417
Yannick 37, 417
Yannis 417
Yoann 417
Yohanna 417
Youri 377
Zacharie 36
Zéphyr 339
Zéphyrin 339

Index des correspondances

Prénoms Féminins

Ada 431
Adela 161
Adélaïde 161
Adèle 161
Adélie 161
Adeline 161
Adelphie 269
Agatha 192
Agathe 192
Aglaé 279
Agnelle 183
Agnès 183
Aïda 161
Aimée 266
Alba 296
Albane 296
Alberta 166
Albertine 166
Alda 142
Alexandra 236
Alexandrine 236
Alexane 236
Alexia 236
Alexine 236
Alice 161
Alicia 161
Aliénor 330
Aline 161
Alison 161
Alix 161
Alizée 337
Alma 201
Aloïs 142
Amalia 225
Amanda 265, 370
Amandine 265, 370
Amarante 358, 436
Amata 266
Ambre 305
Amélia 225
Amélie 225
Ameline 225
Anaëlle 207
Anaïs 207
Anatolie 326
Andréa 222
Andrée 222
Anémone 336, 357
Aneth 207
Angela 439
Angelina 439
Angélique 439
Angie 439
Anicée 237
Anna 207
Anne 207
Annie 207
Anouck 207
Anthéa 355
Antonia 156
Arabella 200
Arielle 401
Armance 220
Armande 220
Aube 296
Aude 142
Audrey 166
Augusta 178
Augustine 178
Aure 298
Aurélia 298
Aurélie 298
Aurore 325
Béatrice 257
Béatrix 257
Bénédicte 102
Benjamine 262
Bérangère 232
Bérénice 245
Blanche 296
Blandina 268
Blandine 268
Boris 230
Boubakeur 60
Brigitte 162
Brune 230
Brunhilde 230
Caline 268
Calixte 278
Callista 278
Calypso 370
Camille 77
Candice 184
Candy 184
Carine 270
Carla 225, 233
Carmela 370
Carmen 370
Carole 225, 233
Caroline 225, 233
Cassandre 236
Catherine 181
Cathy 181
Céleste 312
Célia 312

Céline 312
Cerise .... .370
Césarine .... .288
Charlène .... .225
Charlotte.........225, 233
Cherry.................. ..370
Chiara 325
Chloé 418
Claire 325
Clara 325
Clarisse....................325
Clémentine 188
Clothilde 217
Colette 245
Coline 245
Colombe 387
Constance 195
Cora........................ 307
Corail...................... 307
Coralie 307
Coraline .... .307
Cordélia 118
Corentine 267
Corinna....................422
Corinne....................422
Cosima.....................422
Cynthia 310
Cyriane 217
Cyrielle.....................217
Dahlia 352
Danaé..........................35
Daniela.............35, 127
Danièle................... .35
Danielle............35, 127
Daphné 354
Dauphine 343
Davina 35, 273
Déborah 385
Delphine 343
Donatienne 210
Dora.........................209
Doria........................209
Doris 209
Dorothée 209
Dune.........................380
Edda.........................431
Eden...........................440
Edith 425
Edna 440
églantine....................361
Eléna .... .326
Eléonore .... .330
Elia........................ ...35
Eliane 35
Eline.............................35
Elisa 138
Elise 138
Elizabeth 138
Eloane 330
Elodie.........................433
Elody..........................433
Elsa 138
Emeline........... 194
Emeraude.... 303
Emilia 169
Emilie 169
Emilien 169
Emma 225
Erasme 290
Erica...........................215
Erika 215
Erna 128
Esméralda..................303
Estelle.........................321
Esther.............117, 321
Eudeline.....................219
Eugenia 172
Eugénie 172
Eulalie 147
Eva 30, 421
Evangéline................251
Eve 30, 421
Evelyne.............30, 421
Fanny 214
Faustine.....................433
Félicia........................256
Félicie........................256
Fidelia 126
Fiona 182
Flavia 302
Flavie..........................302
Fleur...............353, 355
Flora...............353, 355
Florence 353, 355
Florentine........353, 355
Floriane...........353, 355
Fortunée.................425
France 244
Françoise.................244
Frida.........................238
Gabriela 220
Gabrielle 220
Gaby 220
Garance...................363
Gemma 305
Geneviève...............172
Georgette 377
Georgia 377
Georgina 377
Géraldine 232
Germain..................270
Ghislaine.................226
Gilberte...................172
Gisèle 226
Gladys 415
Gloria.......................170
Grâce.......................156
Guenièvre...............181
Guillemette 237
Guyon......................363
Gwen 182
Gwenaëlle 204
Gwendoline............314
Hannah 207
Harmonie...............269
Hélène.....................326
Hélia 326
Héloïse 217
Henriette................217
Hilary......................257
Hilda........................234
Honorine 162
Hortense 354
Ilia..............................35
Iliana 35
Ilona........................326
India 348
Inès 183, 266

Irène........................115
Irina........................115
Iris........................313
Isabelle........................138
Ismaïla..............32, 189
Ivana................37, 417
Jacinthe........................310
Jackie........................32
Jacqueline........................32
Jade........................310
Jane................37, 417
Jasmine........................362
Jeanne................37, 417
Jenna........................181
Jennifer........................181
Jenny........37, 181, 417
Jérômine........................98
Jessica........................140
Jessie........................140
Jessy........................140
Joana................37, 417
Job........................33
Jocelyne........................214
Johanna............37, 417
Jordana........................343
Jordane........................343
Josée........................33
Josépha........................33
Joséphine........................33
Josiane........................33
Josseline........................214
Joyce........................214
Justine........................132
Katia........................181
Kelly........................230
Laetitia........................259
Lana........................326
Laura........................354
Laure........................354
Laurence........................354
Laurentine........................354
Léa........................402
Léonce........................402
Léonie........................402
Léontine........................402
Léopoldine........................222
Lilas........................360
Lilia........................356
Liliane........................356
Lily........................356
Linda........................187
Livia........................367
Loana........................330
Loane........................330
Lorena........................354
Lotus........................437
Lou........................217
Louisa........................217
Louise........................217
Luce........................330
Lucie........................330
Lucile........................330
Lucretia........................427
Ludivine........................264
Ludvika........................217
Luna........................320
Maëla........................215
Maéva........................375
Magali........................217
Manon........................37
Magda........................170
Margot........................299
Marguerite........................299
Marie........................37
Marina........................341
Marine........................341
Marion........................37
Marisa........................37
Marjolaine........................354
Marjorie........................299
Mary........................37
Maryse........................37
Mathilde........................228
Mathurine........................150
Maud........................228
Maurane........................283
Maureen........................283
Maurine........................283
Melaine........................284
Mélanie........................316
Melena........................284
Mélie........................385
Mélina........................385
Méline........................385
Mélissa........................385
Mélodie........................254
Mélody........................254
Michelle........................439
Mikaela........................439
Mira........................297
Miranda........................297
Mona........................73
Monica........................73
Morgane........................341
Muriel........................347
Myriam........................37
Myrtille........................355
Nadège........................102
Nadia........................102
Nadja........................102
Naomie........................292
Natacha........................424
Nathalie........................424
Nathanaëlle........................209
Nevena........................313
Nicole........................245
Nicoletta........................245
Noélie........................424
Noëlle........................424
Noémie........................292
Nolwenn........................377
Nora........................330
Norma........................133
Océane........................341
Oda........................431
Odelia........................431
Odette........................431
Odile........................431
Olive........................367
Olivia........................367
Ondine........................347
Opale........................305
Ophélie........................414
Orianne........................298
Orlanda........................173
Orlane........................173
Orna........................303
Ornella........................303

Palmyre....................371
Paloma....................391
Paméla....................385
Paola....................419
Pascale....................220
Patricia....................216
Paula....................419
Paule....................419
Pauline....................419
Pélagie....................341
Perle....................301
Perline....................301
Perrine....................372
Petra....................372
Pia....................72
Prisca....................167
Priscilla....................167
Rachel....................32
Raïssa....................115
Randi....................230
Raphaëlle....................419
Raquel....................32
Raymonda....................134
Raymonde....................134
Rebecca....................31
Régina....................217
Reine....................217
Renée....................417
Rhoda....................362
Rivka....................31
Roberta....................171
Rolande....................173
Rosa....................362
Rosalba....................362
Rosalia....................362
Rose....................362
Roxane....................325
Rubis....................310
Ruth....................187
Salomé....................35, 115
Samantha....................166
Sandra....................236
Sandrine....................236
Sandy....................236
Sarah....................31
Savannah....................376
Ségolène....................247
Séléna....................320
Séphora....................34
Séraphine....................439
Séréna....................114
Servane....................78
Séverine....................406
Simone....................107
Sofia....................142
Solange....................254
Solène....................254
Sonia....................142
Sophie....................142
Steffy....................214
Stella....................321
Stéphanie....................214
Sultana....................215
Sultane....................215
Suzanne....................356
Suzie....................356
Suzon....................356
Svetlana....................330
Sybille....................109
Sylvia....................363
Sylviane....................363
Sylvie....................363
Tamara....................364
Tara....................372
Théa....................35
Théodora....................209
Théophanie....................124
Tiffany....................122
Tiphaine....................122
Ursula....................410
Ursule....................410
Valentine....................224
Valéria....................226
Valériane....................226
Valérie....................226
Vassilia....................217
Véra....................64
Vérane....................64
Victoria....................246
Victorine....................246
Vinciane....................247
Violaine....................352
Violette....................352
Virginia....................183
Virginie....................183
Vitalie....................422
Viviane....................30, 421
Xénia....................204
Zénobie....................356

Table des Matières

Avant-propos à la nouvelle édition 9
Introduction 11
Le nom arabe 11
Essence et apparence 11
L'identité arabe traditionnelle 11
L'identité arabe aujourd'hui 13
La tradition du prénom en islam 14
Influence du nom sur le nommé 14
Les plus beaux prénoms 16
Usages islamiques 17
Choisir un prénom arabe 18
Arabité et islamité 18
La quête du sens 19
Tendances actuelles 20
État d'âme et état civil 21
Les rituels de la naissance 23
Notice explicative 25
Système de francisation 25
Système de transcription 26
1. Les prophètes 29
A. D'Adam à Jésus 29
B. Muhammad 29
C. Famille de Muhammad 29
Quelques ancêtres et parents 54
Ses épouses 55
Ses concubines 58
Sa descendance 58
Ses fils 58

Ses filles 58
Ses petits-enfants 59
Les quatre premiers califes 60
2. La vie religieuse 63
A. Piété 64
B. Adoration et servitude 76
C. Sainteté 91
D. Lieux et temps sacrés 94
3. Les secrets de l'âme 101
A. Aspiration et inspiration 102
B. Intimité et quiétude 112
4. La sagesse 121
A. Preuve et évidence 122
B. Droiture et stabilité 126
C. Intelligence et connaissance 139
5. L'excellence 151
A. Perfection et élection 152
B. Noblesse et élévation 161
C. Louange 175
6. Les qualités de cœur 179
A. Pureté 180
B. Bonté et clémence 185
C. Patience et satisfaction 194
D. Générosité 198
7. La puissance 213
A. Pouvoir 214
B. Force et courage 219
C. Armes et combat 230
D. Assistance et protection 236
E. Victoire 244

8. Le bonheur **249**
A. Joie et fête 250
B. Harmonie, amitié et amour 264
9. La beauté **275**
A. Charme et grâce 276
B. Splendeur 295
C. Parures 298
10. La Lumière **311**
A. Ciel 312
B. Nuit, Lune et étoiles 314
C. Jour et Soleil 324
11. L'eau **333**
A. Pluie, neige et vent 334
B. De la source à la mer 341
12. La terre **351**
A. Fleurs et parfums 352
B. Arbres et fruits 363
C. De la plaine à la montagne 372
D. Déserts 380
13. Le bestiaire **383**
A. Insectes 384
B. Oiseaux 386
C. Chamelles, chevaux… 392
D. Gazelles… 398
E. Lions, loups… 401
14. Les deux mondes **413**
A. Temps et vitalité 414
B. Bien-être et prospérité 425
C. Éternité 435
Bibliographie **441**

INDEX DES PRÉNOMS MASCULINS EN FRANÇAIS 443
INDEX DES PRÉNOMS FÉMININS EN FRANÇAIS 464
INDEX DES PRÉNOMS MASCULINS EN ARABE 487
INDEX DES PRÉNOMS FÉMININS EN ARABE 510
INDEX DES CORRESPONDANCES : PRÉNOMS MASCULINS 533
INDEX DES CORRESPONDANCES : PRÉNOMS FÉMININS 536

Ouvrage réalisé par
l'Atelier Graphique Albouraq
2009

تم بحمد الله

Impression achevée en Juillet 2009
Imprimé en Italie